谨以此书献给沁县第四届(2012)端午民俗文化节

沁州风俗

本书顾问　王兆林　任守忠

马留堂　浪音　编著

沁县铜川文化研究会　编

山西人民出版社

图书在版编目（CIP）数据

沁州风俗 / 马留堂，浪音编著. —太原：山西人民出版社，2012.5
ISBN 978-7-203-07655-1

Ⅰ. ①沁… Ⅱ. ①马… ②浪… Ⅲ. ①风俗习惯—沁县 Ⅳ. ① K892.425.4

中国版本图书馆CIP数据核字（2012）第070577号

沁州风俗

编　　著：	马留堂　浪　音
责任编辑：	武　静
出 版 者：	山西出版传媒集团·山西人民出版社
地　　址：	太原市建设南路21号
邮　　编：	030012
发行营销：	0351-4922220　4955996　4956039
	0351-4922127（传真）　　4956038（邮购）
E-mail：	sxskcb@163.com　　发行部
	sxskcb@126.com　　总编室
网　　址：	www.sxskcb.com
经 销 者：	山西出版传媒集团·山西人民出版社
承 印 者：	山西出版传媒集团·山西省美术印务有限责任公司
开　　本：	890mm×1240mm　　1/32
印　　张：	13.5
字　　数：	500千字
印　　数：	1-2 000册
版　　次：	2012年5月　第1版
印　　次：	2012年5月　第1次印刷
书　　号：	ISBN 978-7-203-07655-1
定　　价：	50.00元

如有印装质量问题请与本社联系调换

序言

守护沁州人的精神植被

品读《沁州风俗》一书的心得

田禹定

丰富多彩而又底蕴深厚的沁州民俗文化,是沁州人在沁州这块世世代代生息繁衍的土地上、在漫长的社会历史进程中从事物质生产和精神生产所总结和积累起来的精神财富,是深深植根于每一个沁州人血脉之中的集体记忆,是沁州地域文化得以与时俱进、持续发展的精神植被,也是沁州人共同的心灵皈依和精神家园。

历史悠久的沁州,古称铜鞮,远在黄帝时代就有先民栖息于此,拥有5000多年的开发史,2300多年的建制史和1500多年的文化教育史。作为中华民族黄河文化的发祥地之一,从尧、舜、禹立国建都、后稷教民稼穑、嫘祖养蚕缫丝,直至今天的"中国名米之乡"和"中国曲艺之乡"的申遗成功,数千年来农耕文明的积淀,在这块黄土地上形成了异常浓厚、丰富而又具有鲜明地域特色的民俗文化层。而正是在这种民俗文化滋润下所形成的农事规程、宗族礼仪、婚丧嫁娶、生日寿诞、服饰礼仪、待人接物,以及社火庙会、敬神祭祀、集市贸易、节庆游乐、方言俚语、工艺美术、建筑型制等等民间习俗,犹如沁州人的文化基因,营造了沁州具有浓厚地域特色的文化氛围,哺育了沁州相对独特的文化生态,形成了沁州人之所以是沁州人的文化品格和文化身份,是沁州人弥足珍贵的非物质文化遗产。

在沁州民俗文化的沐浴和濡染下,山水风物,因之含情;顽石枯木,因之有灵;春花秋月,因之凝神;奔雷闪电,因之动容。经过漫长的"文而化之、化而文之"的渗透和积淀,锻造了沁州人相对独特的精神风貌,形成了沁州人的主流意识形态,亦即沁州精神。这种沁州精神,正如笔者在《辉煌沁州》一书的序言中所述,概括起来就是:耕读传家、诗书继世的尚智精神;追求卓越、见贤思齐的进取精神;含蓄内敛、不事张扬的务实精神;宽厚诚信、乐善好施的包容精神和直道而行、义无反顾的牺牲精神。这种沁州精神,既与中华民族的民族精神一脉相承,又具有鲜明的沁州特色、沁州风格和沁州气派。

总之,沁州民俗文化是沁州人自我创造和广泛参与的文化。千百年来,沁州人在为社会创造巨大物质财富的同时,也以强烈的文化追求、质朴本真和充满活力的文化样式凝冻智慧、抒发感情,寄托审美诉求和文化理想,从而获得精神满足和文化认同。同其他任何地方的民俗文化一样,沁州民俗文化兴发于生产劳动,植根于民间土壤,在火热的生活中汲取养分,孕育智慧,营造丰富的文化意蕴和艺术形式,承载传统的道德情感和风俗教化,传递共同的价值观念和行为准则,推动着沁州文化的与时俱进,是每一个沁州人的生命底色。

温家宝总理2007年6月9日在我国第二个文化遗产日的讲话中曾说:"非物质文化遗产也有物质性。它的物质性就是文象,非物质性就是文脉。我们要把非物质文化遗产的物质性和非物质性结合在一起。"又说,文象、文脉,"其中有精,其中有神;其精甚真,其神甚明。"学习这段论述,使我们对民俗文化的认识得到了升华。什么是沁州民俗文化的文象?那就是沁州人在长期的物质生产、生活中所创造出来的物质形态的文化载体。它是一种看得见、摸得着而又蕴含着沁州文化意韵的物质形态,构成了沁州民俗文化的本体或载体;而蕴含于其中的文化意蕴就是沁州民俗文化的文脉。它是一种看不见、摸不着,但却无时不有、无处不在的文化底蕴,构成了沁州民俗文化的灵魂。因此,我们可以说,任何地方的民俗文化,都是一种有体有魂、魂以附体、体以载魂的文化。

改革开放以来,随着世界多极化、经济全球化,以及人们生产生活方式的多样化和思维方式的多元化,作为非物质文化遗产之一的民俗文化必然受到前所未有的冲击。正如民俗学家钟敬文先生所说:一个养育了自己多少年的生活环境、文化生态和文化氛围,转眼间就可能被新的行为方式和思维方式所代替。那些传统的风俗习惯,那些约定俗成的思维方式和情感方式,尽管渗透着令人依依不舍的人伦、道德和文化、艺术色彩,但在新思潮的冲击下,却眼睁睁地看着它们无可奈何花落去,被无情地逐出现实,成为历史的记忆。不管你感情上多么难以接受,可你又不得不承认,这是历史进步、社会发展、时代变迁的必然趋势。

但是,我们也必须看到,经济全球化并不意味着人类文化发展也要"趋同化"和"一体化",相反,越是民族的,才越是世界的;越是全球化,就越是要保持自己的地域特色和人文个性,否则就会在全球化的浪潮中迷失了自我,丧失了话语权,这无疑是一个关乎文化安全的大问题。事实上,在日益变小的世界里,人类更需要葆有丰富多彩的精神生活、独立自主的思维空间、和而不同的行为方式和价值取向,这正是不同文明之间对话的基础。因此,保护带有地域特色的民俗文化,不仅是存续民族民间文化血脉的当务之急,更是提升中华民族文化软实力、用我们的血肉筑成我们中华民族文化长城的必然选择。

资深民俗学家咨华筠在2000年的人类学国际会上提出了"民族民间文化是人类的精神植被"这一崭新理念。他认为,人类在工业化过程中取得了巨大的效益,也付出了巨大的代价:环境污染,植被退化、气候变暖、冰川融化……在文化现代化的过程中,我们不应该也不能够让文化生态遭到和自然生态同样的噩运。人与自然和谐发展需要保护自然植被;不同民族不同地域之间文化的协调发展,各种文化之间的相互对话、交流、融合,也需要保护精神植被。各地只有保护好自己的精神植被,呵护好自己的文化生态,才能在更高层次、更广领域和更大范围内实现不同文化的平等交流、交融、交锋,从而创造出丰富多彩而又与时俱进的新文化。这对于我们建设一个和谐社会、和谐世界的宏伟目标,无疑具有十分积极的时代意义。

各地开发民俗文化的丰富实践已经证明,民俗文化具有双重价值:一是它的存在价值,这是由它的文象和文脉的普适性和先进性所决定的,包括历史、艺术和科学价值,具有研究、观赏和教育的社会功能。这是它的核心价值,这一价值决定了保护第一、抢救第一的原则。二是它的经济价值,这是存在价值派生出来的价值,包括直接的和间接的、显性的和隐性的经济价值。有了这些价值,只要赋予它以时代的内涵和物质的载体,使文象和文脉有机结合、融为一体，就可以开发出广大人民群众喜闻乐见的文化产品，进而形成相应的文化产业，收获丰厚的经济回报。实践证明，民俗文化的存在价值越大，经济价值也越大，其转化为直接的经济效益的可能性也就越大。

民俗是一渠流淌的"活水"。它对于涵养文明、催生经典、塑造精神家园、传承民族血脉的贡献不可磨灭。因此，保护民俗文化资源也应该确立活态思维、平民视角和发展眼光：所谓活态思维，就是要使民俗文化在历史与现实的碰撞中沟通起来，在本地与外地的对话中凸显出来，成为地域文化的名片；所谓平民视角，就是要探索出一条使民俗文化贴近生活、贴近实际、贴近群众的模式，使其在最朴素的"文化回家"当中彰显其人文精神和实用价值，充实人民群众的精神世界和生活方式；所谓发展眼光，就是要把民俗文化放在动态发展的过程中，在保持其原生态特质的原则下，去伪存真、去粗取精、锤炼提纯、与时俱进，使之适合我们的时代，而不是固守陈规、一成不变。

感谢马留堂、浪音等同志们的卓越贡献。他们在策划和保护沁州民俗文化方面付出了不懈的努力。现在摆在我们面前的《沁州风俗》一书，就是他们"十年磨一剑"所取得的又一重大成果。这几位具有强烈社会责任感的编撰人员，长期以来致力于沁州历史文化的发掘工作。他们不辞劳苦，跋山涉水，遍访民情，征集到濒临消亡的各类民俗图片近百幅、文字资料百万字，并进行了认真严谨的甄别、梳理、分类和撰稿、编辑、排版、校勘等工作，倾注了作为沁州儿女对家乡故土文化传承的赤子情怀，使沁州民俗文化得以以文本形式保存下来。笔者有幸作为《沁州风俗》一书的第一位读者，深为他们的这种精神而感动。我们有理由相信,这样一部书的问世,必将对沁州历史文化资源的发掘、整理、研究、传承和开发利用产生具有里程碑意义的重要价值。

　　让我们从惋惜沁州民俗文化日渐式微的伤感中走出来,继承传统民俗文化中的优秀成果,赋予其中国特色社会主义核心价值体系的时代内涵,与时俱进,开拓创新,为实现沁州民俗文化的大发展大繁荣而不懈努力。

2012年3月于湖滨道寓所

(作者系原沁县教育局副局长、《沁州新闻》特邀编审)

目 录

引言 ··· 1

人 生 礼 俗

生 育

生殖崇拜 ························· 9
　借喻 ····························· 9
　求神拜药 ······················ 10
　偷泥孩 ························· 11
　其他 ····························· 11
受孕俗信 ························· 11
　与阴阳五行 ··················· 11
　与天象 ························· 12
　与经血 ························· 12
　与属相 ························· 12
判断胎儿性别传统方法 ··· 13
　听房子 ························· 13
　妊娠反应 ······················ 13
　男左女右 ······················ 13
　梦象预测 ······················ 13
　计算法 ························· 14
孕妇及婴儿禁忌习俗 ······ 14

　忌参与红白喜事 ········· 14
　忌入生子人家 ············ 15
　有碍胎教禁忌 ············ 15
　孕妇饮食禁忌 ············ 15
　其他禁忌 ···················· 15
产妇禁忌 ························· 16
生育俗性 ························· 17
　补胎 ··························· 17
　分娩 ··························· 17
　早产 ··························· 17
　难产 ··························· 17
　死产 ··························· 17
　哺乳 ··························· 18
　坐月子 ························· 18

寿 诞

诞生礼 ··························· 20
　洗三 ··························· 20
　送烧香 ························· 20

满月	20	昵称	38
叫四十天	21	子连父名	38
周岁	21	正名命名	38
完十二	22	**起名的方法**	38
成年礼	23	按祖谱字辈伦序命名	39
加冠	23	以五行命名	39
加笄	23	以生肖命名	40
冠礼笄礼的功能	24	以出生时间命名	41
寿诞礼	24	以出生重量命名	42
寿联	25	以出生地命名	42
寿幛	26	托庇命名	42
寿屏	27	祈福命名	43
贺寿诗词	27	求康寿命名	43
赋诗祝寿	28	盼富命名	43
寿酒	28	重学增智命名	43
寿桃	28	抒志命名	43
寿面	29	求美命名	43
人寿俗信	30	数词达意命名	44
		虚实相间命名	44

命 名

		借用成语命名	45
名的种类	34	巧用诗言典故命名	45
小名	34	尚德扬善命名	46
大名	35	男孩起名特征	46
字	35	女孩起名特征	47
号	35	**名字内涵的文化精神**	48
起名的习俗	37	命名与宗族观念	49
普通命名	37	命名与伦理精神	49
卑贱命名	37	命名与民间信仰	50
		命名与性别观念	50

命名与汉字特点 ……… 51
　　命名与成语典故 ……… 52

婚　嫁

多样的婚配 ………… 55
　　童婚 …………… 55
　　交换婚 ………… 56
　　再婚 …………… 56
　　招女婿 ………… 57
　　一夫多妻 ……… 58
　　买卖婚 ………… 59
　　冥婚 …………… 60
　　夕阳伴 ………… 61
繁琐的婚仪 ………… 62
婚前礼 ……………… 62
　　纳采 …………… 62
　　问名 …………… 69
　　纳吉 …………… 71
　　纳征 …………… 73
　　请期 …………… 76
婚嫁礼 ……………… 80
　　送嫁妆 ………… 80
　　铺房 …………… 80
　　喜字 …………… 81
　　婚联 …………… 83
　　开脸 …………… 86
　　坐亲 …………… 86
　　亮轿 …………… 87

　　暖房 …………… 87
　　点曲 …………… 87
　　送食篚 ………… 88
　　亲迎 …………… 88
　　迎亲队列 ……… 89
　　上头 …………… 90
　　满盅 …………… 91
　　辞亲 …………… 91
　　上轿 …………… 92
　　撒谷豆 ………… 93
　　起轿 …………… 93
　　出嫁队列 ……… 94
　　迎亲工具 ……… 95
　　回程 …………… 96
　　下马面 ………… 96
　　拦轿凳 ………… 96
　　喜冲喜 ………… 97
　　下轿 …………… 98
　　念喜歌 ………… 98
　　扫轿 …………… 99
　　拜堂 …………… 99
　　要钥匙 ………… 100
　　入洞房 ………… 100
　　镇新房 ………… 101
　　合卺 …………… 101
　　撒帐 …………… 101
　　闹新房 ………… 102
　　鸳鸯疙瘩汤 …… 103
　　送喜盆 ………… 103

守坛斗	104
脑窗台	106
婚后礼	108
道喜	108
送木梳	109
拜邻居	109
回门	109
逗姐夫	109
会亲	110
请九天	110
拜年	110
传统婚姻是宗法制度的体现	111
现代婚礼	114
新郎新娘在婚礼上的礼仪	114
仪表着装	114
迎宾待客	114
谈话说笑	114
坐立行走	114
相互配合	115
家庭婚礼	115
准备工作	115
婚礼仪式程序	116
主婚人致辞	116
集体婚礼	119
准备工作	120
婚礼仪式程序	120

丧 葬

人生最后礼仪	123
葬前礼	124
净身	124
更衣	124
临终	126
死的别称	126
整容理装	127
含口	127
烧落气纸	127
放阁魂汤	128
移尸	128
蒙面	128
燃长明灯	129
设香案	129
告丧	129
贴门纸	129
恸哭	129
放哀乐	130
报丧	130
请人主	130
讣告	131
哭路头	131
治丧	131
居丧	132
孝服	132
孝帽	132

孝鞋 …………… 132	读祭文 …………… 151
麻眼纱 ………… 133	大奠 ……………… 152
麻辫 …………… 133	揣富贵 …………… 152
搭头 …………… 133	装馅饭罐 ………… 152
哭杖 …………… 133	摔盆 ……………… 152
散孝 …………… 134	转棺 ……………… 153
戴孝 …………… 135	绞棺 ……………… 153
守孝 …………… 136	起棺材头 ………… 153
陈仙 …………… 136	出殡 ……………… 153
铺棺 …………… 136	发引 ……………… 154
装尸 …………… 136	路祭 ……………… 155
殉葬品 ………… 137	燃枕除邪 ………… 155
人主察看 ……… 137	盆镜插刀 ………… 156
撒花 …………… 137	下葬 ……………… 156
钉棺 …………… 138	背哭棍 …………… 157
招魂 …………… 139	谢土 ……………… 158
灵堂祭 ………… 140	完坟 ……………… 158
灵棚 …………… 140	过火焰山 ………… 158
移灵 …………… 140	**葬后礼** ………… 158
烧纸 …………… 141	覆山 ……………… 159
迎灯 …………… 141	过七 ……………… 159
吹棚 …………… 141	过百日 …………… 161
吩咐马儿 ……… 142	忌日祭 …………… 161
送魂 …………… 144	**祭品样式** ……… 162
伴灵 …………… 145	香 ………………… 162
挽联 …………… 146	纸钱 ……………… 163
埋葬礼 ……… 148	哭声 ……………… 163
古葬日礼法 …… 149	食用品 …………… 164
迎供 …………… 151	**祭礼禁忌** ……… 165

祭者禁忌	…… 165	现代丧葬 ……	178
祭时禁忌	…… 165	经济实用的火葬 ……	178
祭仪禁忌	…… 166	葬礼程序(一) ……	180
祭品禁忌	…… 166	移尸 ……	180
祭地禁忌	…… 167	报丧 ……	180
祭事禁忌	…… 167	整容 ……	180

祭仪的目的和功能 …… 168
 寻求人生的精神
  补偿 …… 168
 祈望死者福荫后人 … 169
 统治者的御用工具 … 171
 整合社群与集体意识 … 171

丧葬改革势在必行 …… 172
 灵魂不灭观念是
  丧葬之源 …… 172
 丧葬是宗教的产物 … 173
 宗法礼教对生者成为
  折磨 …… 175
 丧葬形成的巨大浪费 … 176

 追悼会(遗体告别) … 180
葬礼程序(二) …… 180
 移尸 …… 180
 治丧理事会 …… 181
 布置灵堂 …… 181
 讣闻刊发 …… 181
 收礼、签名处注意事项 · 181
 出殡注意事项 …… 181
追悼会仪式 …… 181
 悼词 …… 183
慰问死者家属的礼仪 … 184
吊丧的礼仪 …… 185

岁 时 年 节

年节与年节文化	…… 189	春节 ……	196
年节的类型	…… 191	春节由来 ……	197
性质方面	…… 191	祭灶 ……	199
内容方面	…… 191	扫尘 ……	202
范围方面	…… 194	窗花 ……	202
年节的准备	…… 195	春联 ……	203
年节的习俗	…… 196	"福"字 ……	210

年画	211	扫墓	242
爆竹	212	春游	243
除夕	213	植树	244
压岁钱	216	其他习俗	245
接灶神	217	清明节功能	246
拜年	217	**端午节**	247
食俗	219	节名略考	247
禁忌	220	起源之说	248
舞狮	221	节俗活动	250
龙灯	222	古都遗风	255
高跷	223	**六月六**	255
旱船	224	牧工节	256
破五	224	天贶节	256
人日	225	半年节	256
十不动·老鼠娶妻	226	猫狗生日	256
元宵节	226	**七月七**	256
节日由来	226	节日由来	256
火树银花不夜天	228	牛郎织女	257
打灯谜	229	乞巧节俗	258
吃元宵	231	**七月十五**	260
元宵说"闹"	231	中元节	260
添仓节	235	盂兰节	260
二月二	236	鬼节	261
三月三	238	送羊节	261
曲水流觞	239	**中秋节**	261
戴荠菜花	239	月宫揭迷	262
蟠桃会	240	嫦娥奔月	264
清明节	240	拜月	266
寒食	241	赏月	267

月饼 ………… 269
重阳节 ………… 271
　登高会 ………… 271
　菊花会 ………… 273
十月一 ………… 275
　送寒衣 ………… 276
　牛王节 ………… 277
　开斋节 ………… 277
冬至 ………… 278
　别称之说 ………… 278
　祭冬坐九 ………… 279
　尊师敬长 ………… 280
　拜贺馈赠 ………… 280
　九九消寒 ………… 281

腊八节 ………… 283
　腊日 ………… 283
　腊八粥 ………… 283
　良药粥俗 ………… 285
年节的传说 ………… 286
年节的效应 ………… 288
　加强血缘联系与巩固
　　亲属观念 ………… 289
　增强社群集体意识与树立
　　爱国主义精神 ………… 289
　调整身心与饮食 ………… 290
　促进物资交流与商品
　　经济繁荣 ………… 291
　积淀社会文化 ………… 291

民间信仰

择吉

择吉术 ………… 295
　择吉的由来 ………… 295
　择吉的名称 ………… 295
基础理论 ………… 296
　天干地支 ………… 296
　阴阳五行 ………… 298
　天干地支与阴阳五行
　　的配合 ………… 300

　五行的旺相休囚死和
　　寄生十二宫 ………… 301
　天干地支的刑冲害
　　化合 ………… 303
　九星术 ………… 305
　建除十二客 ………… 306
　二十八宿 ………… 308
　黄道黑道 ………… 310
　神煞类系 ………… 311
择日方法 ………… 312
　因事以择神 ………… 312

据神以择吉时吉方 … 313
因时系神据神设事 … 313
历书 … 313
起八字方法 … 315
　年柱排法 … 315
　月柱排法 … 315
　日柱排法 … 317
　时柱排法 … 317
将凶转吉的变通 … 319
　择吉必须变通 … 319
　用日原则与权变之法 … 320
古人对择日的批判 … 324
从逻辑与科学看择日之术 … 326
　自相矛盾 … 326
　臆造神煞 … 328
　太岁乌有 … 330
　荒诞不经 … 331

风 水

风水之说 … 334
风水名称 … 336
　风水术 … 336
　形法 … 336
　堪舆 … 337
　青囊 … 337
　青乌 … 337
　相宅 … 337
相地 … 337
风水形成前提 … 338
　自然崇拜 … 338
　土地崇拜 … 339
　大山崇拜 … 339
　风崇拜 … 340
　水崇拜 … 341
　龙崇拜 … 341
　灵魂崇拜 … 343
基本常识 … 343
　气 … 343
　阴阳 … 345
　五行 … 345
　形势 … 347
　山水 … 348
　明堂 … 348
　朝案 … 349
　四象 … 350
　方位 … 351
　风水罗盘 … 352
　择时 … 355
相地方法 … 356
　古人怎样学风水 … 356
　古人怎样相地 … 357
　操作仪程与流派 … 360
风水与儒家伦理思想 … 361
风水三纲 … 361
　气脉为富贵贫贱之纲 … 361
　明堂为砂水美恶之纲 … 362

水口为生旺死绝之纲 … 362	绿化 …………………… 380
风水五常(即地理五诀) … 362	都市形胜 ……………… 385
龙要真 ………………… 362	寺观庙塔 ……………… 386
穴要的 ………………… 363	景观名句择 …………… 387
砂要秀 ………………… 363	阳宅建筑的文化内涵 … 389
水要抱 ………………… 364	阴宅 …………………… 391
向要吉 ………………… 366	墓葬的由来 ………… 392
四美五讲究 …………… 366	坟墓 ………………… 392
四美 …………………… 366	坟墓名称 …………… 394
五讲究 ………………… 366	棺材 ………………… 395
阳宅 …………………… 368	七星板 ……………… 396
寻龙 …………………… 368	合龙口 ……………… 396
察砂 …………………… 371	墓饰 ………………… 397
观水 …………………… 372	风水的特征 …………… 401
点穴 …………………… 372	闪光而蒙垢 ………… 401
民间住宅 ……………… 374	普遍而顽固 ………… 401
宅 ……………………… 374	复杂而保守 ………… 402
宅形 …………………… 375	神秘而欺骗 ………… 403
布局与结构 …………… 376	根深而蒂固 ………… 404
灶 ……………………… 377	古人对风水批判摘录 … 405
门 ……………………… 379	结语 …………………… 406
路 ……………………… 379	
围墙 …………………… 379	
邻里关系 ……………… 380	

主要参考书目 …………………………………………… 408
后语 ……………………………………………………… 409

引 言

　　风俗,又叫"流俗",并常与"习惯"合称"风俗习惯",是人类社会相沿积久而形成的风尚、礼仪、习俗等的合称。"风俗"一词,在汉语古文献中出现很早。《诗经·周南·关雎序》有"美教化,移风俗";《荀子·疆国》有"入境,观其风俗";东汉班固在《汉书·地理志》中认为,由自然条件不同而形成的习尚叫做"风",由社会环境不同而形成的习尚叫做"俗"。

　　一方水土养一方人,一方人有一方风俗。古人说:"入境问禁,入国问俗,入门而问讳。"又有"百里不同风,千里不同俗"的名言。随着时间的推移和社会的发展,形成了五彩缤纷的乡土风情,民间有"十里乡俗大不同"之说。其实,往往在一个村子,村东头与村西头的风俗也有所不同。

　　风俗是一国一民族或地区族群传承性的生活文化,一种独特的非物质文化遗产。其内容广泛,形式多样,种类繁多。包括生老病死、衣食住行,乃至宗教信仰、巫卜禁忌等。大体可概括为心理、行为、语言三个部分。心理方面,主要是指以信仰为核心反映在人们心理上的习尚。包括各种禁忌、自然崇拜、图腾崇拜、祖先崇拜等等,可称"无形风俗"。行为方面,主要是指与心理风俗密切关联而表现出的行为习惯。包括喜庆、婚礼、祭礼、祈禳等仪式与岁时节日、纪念、游艺等活动习俗,可称"有形风俗"。语言方面,主要是指以语言为手段,表现人们思想感情和意愿要求的传统艺术。诸如神话、传说、谚语、歌谣、说唱等等。

　　从生活层面看,风俗是一种生活相,也即生活的样子,是一种生活的方式。它不仅是过去的古老的,关键它是活动的、现实的活世态的生活相。表现为特有的生存方式、生活智慧、生活技艺和生活习惯。

从文化层面看,风俗是一种文化的模式,也即一种样式。它概括了某种日常生活的规范或模式,对社会成员行为起着非常制约的作用,是社会道德和法律基础的相辅部分。

从哲学层面看,风俗是一个族群独特的、特有的思想文化的起点与思考原型。蕴涵着一个国家、一个民族、或一个地域文化生命的密码,固有的思维方式,想象力和文化意识。显示了精神文化的独特标记,体现了现代人对曾支撑民族精神家园的精神文明形态及价值的重新审视、认知、依恋与追寻。

风俗是普遍性的社会现象,具有强大的凝聚力,是人类文化的重要组成部分,它与社会政治、经济、文化的发展息息相关。在流传中有传承性、变异性的特点和导向,以及整合凝聚等功能。同时表现出社会性、民族性、地方性、阶级性、全人类性等倾向。作为人类文化意识的现象,风俗将与人类社会共存亡。

风俗产生于人类征服自然、发展自己的过程中,并始终受一定社会与自然条件的制约。它反映着一个国家、民族或地区各个历史时期的社会物质生活、经济水平、科学文化、社会心理、民族性格等。

我国传统风俗孕育产生于原始社会前期,发展形成于原始社会后期与奴隶社会。进入阶级社会后,人类因占有生产资料的不同,而形成了不同的阶级,并产生了阶级斗争。统治阶级出于治理的需要,将其中一部分风俗习惯固定化、程序化、复杂化、神秘化,上升为礼制。商周时期已转俗为礼、为法;到了春秋战国时代,孔子积极提倡礼治,荀子又加于补充发展,形成了一种与中国封建社会大致相适应的文化模式。儒家主张的"以礼治国",所提倡的礼,十分宽泛,几乎无所不容。其中有不少的合理部分,诸如敬老慈幼,律己修身,尊道贵德,仁爱孝悌,尊师重教,诚信修睦,精忠报国,天下为公、以义制利、自强不息等内容，无疑是中华传统文化的精华。但出于封建专制者为统治人民的需要，不合理的一面也比比皆是，且尤为毒害至深。诸如三纲五常、三从四德、存天理、灭人欲、属象生克、姓名测命、风水择吉、缠足等一系列内容，成为桎梏思想、扭曲人格、扼杀生命的罪恶渊薮。历代统治者，往往把一些风俗强化为礼仪来钳制老百姓，而他们自己却不受其约束，挂羊头卖狗肉，嘴里仁义道德，一肚子男盗女娼，其实也就成了不近人情的伪礼，只会束缚人。

底层民众的风俗习惯是自然而然形成的，一方面世代传承，因袭着传统；一方面又会顺应时代发展而所衍变。礼仪则有某种人为的因素在内，是人类社会发展到一定阶段时，为建立社会秩序，才将一部分风俗习惯规范化，并且要求人们遵行，这才可以称为真正意义上的礼仪。所以，在一些传统礼仪中，残留着迷信的荒诞愚昧与封建的陋规恶习。今天，我们为了正确对待它，就应当首先了解它，找出它产生的背景、活动及对社会的影响。

风俗可说是无处不在，三百六十行有三百六十行的风俗。本书仅涉笔于人生礼俗、岁时年节与民间信仰（择吉、风水）部分。

我们每个人都要经过一个个的"人生之节"：诞生、成人、结婚、死亡，中间还有命名、生日寿诞等过渡之节。在人生的各个阶段，为了保障平安，都要相应地举行"通过仪式"。因此，人生礼俗是由一连串的通过礼俗构成的。人的一生大致可分为婴儿、儿童、成年、老年诸阶段，人生礼俗也通常分为诞生礼、成年礼、婚礼和葬礼。它是文化的产物，是人类独有的文化现象。贯穿于人的一生生活过程的始终，在人们心目中占有重要位置，对人一生的记忆影响很深。它多受信仰或宗教的影响，有的具有浓厚的宗教色彩。人生礼俗是先人创造的重要文化遗产，具有很高的实用价值和经济价值。不仅可以造福于当代，而且可以造福于子孙万代。人生礼俗具有强化其重要性的作用，人的生平中，从一个阶段过渡到另一个阶段，也就是从一种社会身份过渡到另一种社会身份。社会身份的改变，责任、权利和义务也有所不同。因此，人生礼俗可使当事者更好地明确进入新阶段后的职责、权利和义务。这种礼俗无论对个人的一生，还是对社会的稳定与和谐，都具有重要意义。

岁时年节是人类群体在漫长的农、牧、渔、猎文明中逐渐形成的精神文化与生产经验的结晶。作为一种群体性的文化符号，岁时年节的形成是多元的：或因季节变化而形成的生产生活段落，或因天文历法现象与人生的关联，或因某种民间信仰和宗教理念的推动，不一而足。随着一年四季的气候变化，人们的生产和生活也随着产生不同的需要和活动，逐渐形成诸多与节气相关的风俗习惯。传统的民俗节日，大多是在岁时节令的基础上形成的。其来源有三：一是源于生产祭祀；二是宗教节日；三是传统民族节日。三者往往互相渗透、交融，形成民俗节日。与岁时年节相关的庆祝、祭祀习俗，是先人创造的文化遗产，在日常生活和生产中具有重要的作用。在传统社会，它对生产具有重要的功能。在当代仍有极大的作用：一是具有强大的家族、民族的凝聚作用，几乎所有节日都含有祈求风调雨顺、团圆吉庆、和顺幸福的深意；二是丰富人们的文化生活，使广大民众一年四季都有节奏地享受娱乐活动，是由精神变物质的动力；三是具有重要的经济价值，因为岁时年节习俗是文化产业的重要资源，可作为旅游、参观的重要项目。总而言之，传统节日凝结着中华民族的智慧和文明，承载着中华民族的精神和感情，是维系国家统一、民族团结与社会和谐的重要精神纽带，是建设社会主义先进文化的宝贵资源。

民间信仰是指人民大众的各种信仰，包括普通群众的多神崇拜，对萨满、巫觋、巫术和人为宗教以外的多种俗信。它是人类社会的一种普遍现象，科学不到的地方，就有民间信仰发生影响的空间。正如肖伯纳所说："凡是科学不到的地方，愚昧就自命为科学。"即使在科学发达的今天，宇宙间也有大量人类未知或至今无法认知与解释的领域，何况在古代。民间信仰是以鬼神崇拜和灵魂观念为基础，形态多样，仪式迥异，渗透在民众生活的各个方面。山水景物,衣食起居,人生礼俗,岁时年节等等,无不与民间信仰有关联。故除上述篇章有关民间信仰绕笔外,本篇着笔于占卜中的择吉与术数里的风水探究。

风俗是由民众的活动造成的,有民才有俗。所以,风俗归根结底就是民俗,亦可说是人俗。目前,有关所见这方面的书籍、文章,大多是作为民俗资料或"趣闻"加以记载或报道,进行深入细致研究和加于理论上提高的甚少。有鉴于此,在这块人们涉足不多的田野上,始步于古州沁域,寻其风,探其俗,风从何起,俗缘何来?意于考镜源流,努力以辩证的眼光,审视历代风俗习惯的沿革益损,探究其文化内涵。本着既不是要墨守成规,抱残守缺,也不是以全盘否定,割断历史的原则。通过民俗事象介绍来揭示其实质,寓观点于文中,旨在明辨是非,更新观念,辩风正俗。去其糟粕,取其精华,合理利用,传承发展,弘扬人文精神,推动现代文化的繁荣发展。

笔者自知才疏学浅,又加调查、搜集、研究尚欠,所析多存孤陋之识。偏废之嫌,漏珠之憾,在所难免,热切企望博雅识者,不吝赐教,以正为幸!

人生礼俗

生 育

生殖崇拜

生殖是为了绵延后代,在传统社会中,被视为与氏族、家族的继承和兴旺发达息息相关的一件大事。尤其是长房媳妇添了个长孙,这媳妇脸上便尤见光彩,家人与族人皆大欢喜,故叫"大喜",不免要庆贺一番。若生女儿则叫"小喜",虽然也要庆贺,但就不及男孩隆重了。这种男尊女卑的理念与传统文化很有关联。过去是男性继承制,有了男孩便可传宗接代,后继有人了;女子没有继承权,就连祭祀权都没有。民间素有"载弄璋瓦"之说,就是男孩要给美玉玩耍,女孩只能给块瓦片去玩。在一般平民百姓的心目中,闺女得嫁人,是人家的人,养儿则是为了防老和传宗接代,因此所有夫妇都希望能生育,"早生贵子"当然就更好了。这对于婚后数年未育的妇女来说,必然造成很大的精神压力与痛苦。旧的伦理观念认为"不孝有三,无后为大",不育则犯了"七出"之条[①],随时都有被遗弃的可能,所以出现了形形色色的求子法。

借喻 在传统工艺美术花纹中,以莲喻女性,鱼喻男性,诸如鱼钻莲、鱼滚莲、鱼戏莲、莲生子等,都是男女性爱的真实借喻,也是婚礼中文化的主题纹样。这些图案在窗花、枕头、鞋底、鞋垫、剪纸、面塑、墙画中反复出现,烘托气氛,是对性意识与性目的之暗示,是对多子意识的宣扬。此外,又如莲生贵子,以及石榴、葫芦、蝙蝠、麒麟送子,五子捧寿等,都寓意多子多福。反映人生理想与祥福的代表性纹样有龙凤呈祥、鸳鸯戏水、丹凤朝阳、孔雀戏牡丹、和合二仙、连理枝、并蒂莲、事事如意等,这种对生殖崇拜的理想,成为生命的动力,表现了先民们对生命之源的渴望,对人类繁衍的向往。

---

① 七出之条:即七条理由,其中犯一条男子可以休妻。具体为:无子,淫夫,不事舅姑,口舌,盗窃,妒忌,恶疾。

求神拜药 一些未育妇女,受"万物有灵论"的影响,有的要寻找一些古树、深洞、奇石、怪泉等自然生成的物体,去烧香拜药。所谓"药",就是香焚化后的灰,用水冲喝;或者是取怪泉的水喝,服后就以为能怀孕生子。有的逢庙会则往,如郭村的四月初八、故县镇的七月十五、庶纪的奶奶庙会等,求神拜佛化布施许愿,将开怀生子的愿望寄托于神佛恩赐。

偷泥孩 亦叫"拴泥孩",还称"送泥孩"等。大庙内有送子娘娘塑像,身边放着香火道人用泥捏的无数泥孩,专供未孕妇女抱取,谓"偷子"。抱取时要用红线系在泥孩的脖子上,故称"拴泥孩"。抱取者要给香火道人"喜钱";如得子后,要敲锣打鼓送于原抱之处,谓之"还子",并要加倍给送子娘娘焚香,施舍更多的钱财。此外,每当正月十五前后,村里一些爱红火的热心人,到庙里取上泥孩,夜里给未孕妇女送去。送时要敲锣打鼓,主家须热情款待,人们称"送孩孩";若生子后也要如上述回报,并请送孩的人们喝喜酒。

乡间流行有《拴子歌》:

娘娘庙,盖得好,
初一十五把香烧。
娘娘与我送一子,
我给娘娘挂红包,
哎哟,屈指把香烧。

一楼娃,坐神台,
个个乐得笑开怀。
有的拿着书本念,
有的招手盼人来,
哎哟,哪个跟娘来。

随娘走,随娘跑,
随娘回家穿花袄。

> 红绸裤,绿腰腰,
> 圪桃柿饼管儿饱,
> 哎哟,你看好不好。

其他 另外,还有一些不孕妇女,每到元宵节或二月二举行灯会时,要偷盏九曲黄河阵的花灯或街灯,因"灯"与"丁"谐音。人们常说的"添丁",就是指新生一男孩,长大后可服丁役,国家又增加了一名兵士,家族后继有人。也有的故意抱一下挂灯的灯柱,寓意是"抱住"了。

还有像除夕给媳妇吃汤心鸡蛋,正月十五给新媳妇送糕灯,三月三给新媳妇送面燕,新媳妇偷吃供神的红枣等,都是祈子习俗。

这些求子与生殖崇拜的习俗,在当今人口过盛已成为民族与人类的灾难时,不仅是一种愚昧落后的东西,使男女性别比例失调,而且成为一种社会发展的障碍,尤其是在生男生女都一样、女儿也是继承人的当今社会,重男轻女,更与时代要求格格不入,如果不从根本上破除,计划生育工作就难以顺利开展,我们中华民族的进步与发展就会受到影响。

受孕俗信

传统观念认为,生儿育女是家庭和宗族的一大喜事,妇女怀孕叫"有喜"、"得喜"、"有了"等。对家族来说,新媳妇怀孕,意味着香火延续将得到保证,家谱将得以续写。对孕妇来说,意味着稳定了自己在家族中的地位。

由于如此重要,所以妇女怀孕便有种种神秘的传说和民间俗信。这种俗信提出了在什么情况下,受孕相宜不相宜、应该提倡与避免、应该鼓励与禁止。受孕与诸多因素相关,其内容丰富,蕴含较广。

与阴阳五行 按道家所说,男女之道亦为阴阳之道,男女交合要知阴阳之术。任何人的行为,都能从阴阳五行中得到指导,任何行为结果,也都能够由此来解释。古人认为,若男女健壮(阳)则生男;停经后1、3、5日(奇数属阳)是男女健旺的日子,日阳时交合有孕多男;男精女血,妇女经血断后一两天内,精胜血(阳胜阴),有孕则男。反之,男女羸弱(阴)则生女;停经四五天后,血胜精(阴胜阳),有孕则女。

与天象 古人认为,男女交媾受孕忌与日月星辰冲撞,否则生子不利。日蚀月蚀时交合受孕,生儿多疾病;每月的朔、弦、望、晦本指月相,又指代每月的某些特定日期,即阴历每月初一、初七八、十五六和最后一天,在这些日子交合受孕,生儿多遇痴聋哑。

与经血 现代科学告诉我们,妇女经期前后的几天内,卵巢处于活动的高潮,排卵多,容易受孕,而停经与来潮中间一段时间,很少排卵,不易受孕。古人对此也有所认识,不过他们把生男生女联系了起来,提出一套独特的理论:"女人月经之后,一三五日值男女旺相日,日阳时交合,有孕多男,经水断后一二日,血海始净,精胜其血,感者成男;四五日后,血脉已旺,精不胜血,感者成女。"这种理论有科学的成分,即停经后数日内易受孕,同时显然渗透着浓厚的阴阳观念。

与属相 古人认为属相与人的命运是紧密相关的,婚姻、科考等都受属相的左右。十二属相与一年十二个月联系,每个属相都有自己的"利月"与"厄月",遇利月诸事顺意,若遇厄月则诸事不顺,乃至终生不幸,于是,受孕也就和属相联系了起来。本来,子女出生前是无所谓属相的,但由于干支年与属相的排列是固定的,即子鼠、丑牛、寅虎、卯兔、辰龙、巳蛇、午马、未羊、申猴、酉鸡、戌狗、亥猪,同时预产期也是大体确定的,即所谓怀胎十月,所以新生儿将属某相,受孕前是可以推定和把握的。这样,人们在交合受孕前就可做出计算,趋利避厄。比如猪犯十月,受孕就应该避开一月,否则,犯月的孩子将来要有许多灾厄,诸如早夭或寿促、女子不育等。

这些俗信,其中如受孕与经血,与人体健康状况等,是有些科学成分的,但缺乏科学根据的因素,则占了绝大部分,这是应该坚决破除的迷信。

判断胎儿性别传统方法

民间男女预测的方法和有关俗信,大多建立在传统的阴阳说、璋瓦观、左右说等观念和偶然经验的基础上,可说是没有科学根据的,但时至今日,流传在民间预测、兆示男女性别的方法与俗信多种多样,这里略举几种。

听房子 民间有新婚第一夜听房习俗,人们也叫"听窗子"或"脑窗台",无非是听新郎新娘说些什么做些什么。俗信认为如果是男人先说话,将来生下第一个孩子一定是男的;如果是女的先和男人说话,生下的第一个孩子就是女的。

妊娠反应 孕妇在怀孕期间,如果爱吃酸的,就生男孩;如果爱吃辣的,要生女孩,俗称"酸儿辣女"。所怀为男,孕妇勤快;所怀为女,孕妇疏懒。如果孕妇常常面带愁容,则所怀为男,俗称"儿带母愁"。如果孕妇面生黑斑或雀斑等,则所怀为女,俗称"女儿打扮娘"。也有的认为孕妇脸变黑生男,变白生女,叫"黑男白女"。

男左女右 据传说,中华民族先祖盘古氏化仙之后,他的身体器官化为日月星辰、四极五岳、江河湖泊及万物生灵。《五运历年记》认为,中华民族的日月二神,是盘古氏双眼所化,日神伏羲是盘古氏的左眼所化,月神女娲是盘古氏右眼所化,民间流传的"男左女右"习俗,就是由此而来。后来大凡一些礼仪活动,都以男左女右来区分性别。人的性格,男子性暴刚强属阳于左,女子性温柔和属阴于右。因此,预测孕妇所怀男女也运用了这种观念,民间俗信认为,孕妇过门槛时,经常先迈左腿主生男孩,先迈右腿主生女孩。

梦象预测 乡间信仰及经验性观念中,人们常把某些事物与男性女性联系在一起,依据梦象来推测孕妇所怀男女。诸如梦大动物,预兆生个男孩,梦见蜥蜴长虫生女孩;并将日月星辰、草木鸟兽等都列入预兆生男生女的依据,如梦星辰主生贵子,梦日主生男,梦月主生女,这里含有阴阳观念的成分,其他诸多梦象也有这种特点。

计算法 利用两首五言绝句,来推测孕妇生男生女。将孕妇怀孕月份的数字加49,再用孕妇的年龄去减,最后再加19,所得数字如果是奇数就生男,偶数则生女。假如是偶数而生男,据说此儿三至五个月就会夭折。其诗是:

七七四十九,
问娘何月有;
除去母生年,
再添一十九。

是男逢单数,
是女必成双;
算男若是女,
三五入黄泉。

从现代科学的角度看,上述各种俗信与方法,纯属无稽之谈,实不可信。

孕妇及婴儿禁忌习俗

乡间认为妇女怀孕后变成了特殊人,腹中怀了一个胎儿,被称为"双身人"、"四眼人",并俗定有许多约束与禁忌,要求孕妇自觉遵守。

忌参与红白喜事 凡遇亲戚邻家办红白喜事,孕妇非但不能参与,就是连看也不能去看。因为事主家认为孕妇不洁,若有孕妇参与和观看,会带来凶神恶煞,造成灾祸临门。作为孕妇来说,参与和观看不仅影响别人家的吉祥,更重要的是影响胎儿和自己,会导致胎儿发育不正常、难产、怪胎等。

忌入生子人家 基于主家小儿魂魄易受侵害的迷信观念,认为不吉不祥的孕妇出入生子人家,会给小儿带来各种灾厄和疾病,再者对孕妇本身与胎儿也会带来不利。

有碍胎教禁忌 妇女怀胎后,其思想、视听、言行必须谨守礼仪,给胎儿良好的影响。要立而不跛,坐而不差,笑而不喧,独处不倨,虽怒不骂。要忌伸腰打哈欠,夫妻不吵架,不搬抬重物,不参加重体力劳动等。

以上这些妊娠禁忌,包含有迷信成分,但其中不少有科学性,如剧烈劳作、情绪的大起大落、噪音惊怕等,都对胎儿的发育和出生后的成长有影响。

孕妇饮食禁忌 一般来说,民间很重视孕妇营养,有"母壮儿肥"之俗语,也就是说只有给母亲吃好胎儿才会发育好,同时认为母亲想吃的东西,正是胎儿想要的东西。现代科学证明,妊娠期间孕妇营养的缺乏和营养结构失调,会影响胎儿正常发育,会造成先天性的发育不良。不过民间也不是孕妇想吃什么就吃什么,一些食品是不让吃的。如忌吃兔肉,说吃上会变相,生下的孩子是"豁唇唇"嘴;忌吃葡萄,怕生葡萄胎;忌食鸡、狗肉,吃上会化胎和难产;忌食驴马肉,吃上会"过月",即产期会延长,并会难产。禁忌的食物还有多种多样,如吃姜怕生六指儿,吃梨(离的谐音)怕小产等,其实这些也都是一些实不可信的迷信说法。

其他禁忌 还有不少禁忌同上述禁忌一样,大多荒诞无稽,纯属愚昧无知的迷信,兹介绍其中一部分。

屋里墙上不可钉钉子,怕钉在胎神身上,动着胎神就没有好兆头。不敢看木偶戏与布袋戏,看了会生个软骨孩子。不敢跨越牛马牲口缰绳,跨了会像牲口一样,怀胎12个月。不敢跨秤杆而过,因过去秤是16两一斤,怀胎就得16个月才能生。不敢捆绑东西,若捆绑会生十指伸不直的怪胎。不能看月蚀,看后会生残废婴儿。忌用麻绳生火,如用婴儿会垂涎不断。不得在婴儿面前谈猴子,若谈孩子会像猴子一样发育不完全。忌用尺子打婴儿,打了孩子会长不大。孩子不敢坐帽子,坐了也长不大。忌泪滴在夭折的婴儿身上,滴上泪再生下孩子也会夭折。

产妇禁忌

传统的民俗信仰中,分娩被认为是污秽不洁,故形成了一系列产妇禁忌,约束着产妇的行走坐卧,诸如:

过去在沁域内,凡妇女分娩,要揭起炕上的席子,将土炕上铺就谷草,让孕妇坐在上面分娩,俗称"坐草"。分娩时禁忌男人在场,传言男人在场会难产。

生产后,要在门楣上方插支谷草,门搭搭上拴一红布条,以示告人这是产房,生人不得入内;若有生人入室会惊着小儿,踩断产妇乳汁。产房,过去叫"暗房",一般人也忌讳入内,若入会冲坏运气,则避。

忌在娘家生产,临产时要赶回婆家。若在娘家生产,招致子女不吉,也会给娘家带来败落与灾祸。

产妇临盆,忌盆中污水乱泼。

孩子不出满月,产妇不得出产房家门,若出会丢了奶汁,产妇也会因魂魄不全,招来疾病等。

在传统观念中,正常分娩尚属不洁,那些不成功的分娩,就更加污秽了,因此,流产、死胎、怪胎或产妇死亡被认为是更大的不祥。产妇倘若难产而死,人们便认为她落血污池,家人就要找阴阳先生与道人安置超度。

以上分娩不洁的信仰与产妇禁忌都是原始信仰遗留下来的糟粕,里面渗透着男尊女卑、歧视妇女等世俗观念。在当今文明社会中,这些俗信应当铲除,要用"以人为本"的观念,来替代这些陈旧的俗信。

生育俗信

补胎 怀孕初期2、3个月内,俗称"病子",孕妇喜吃甜酸辣咸等食品。在怀胎期间,孕妇对日常起居宜慎重用心,不作过度操劳,且不食刺激性食物,多吃有营养的食品,谓之"补胎"。偶有胎动不适时,要服中药"安胎饮",此药亦称"孩儿安"与"十三味",以安定胎儿。

分娩 产妇临盆,俗称"坐月"或"生孩子",多由有生育经验的好手接生。小儿脐带剪断后要用胡麻油涂口,用苎麻丝缚系其留下部分,四五日后,将脱落的脐带放藏,或装入小儿枕头里。三日头上给婴儿解去身上的裹布,清洗身体后穿衣。一般是穿别的婴儿穿过的衣服,即旧衣裳,色彩最好蓝色。民间以"烂"、"蓝"同"拦"字谐音,寓穿烂衣、蓝衣,可拦住这个孩子,使其存活下来,俗称"好存"。

除正常怀胎十月分娩外,还有以下几种非正常分娩。

早产 民间素有"七成八不成,九月最难生"的俗语,意思是怀胎七月生下的孩子可养,也有福气;怀胎第八个月生下的孩子易死;第九个月生者也难养活。有的怀胎后没几个月就生者,孩子也活不成,人们叫其为"小产",或"坐小月子",也就是现在说的"流产"。

难产 也就是不能顺利分娩。凡遇这种情况,人们总会用"人生你,你生人"、"儿的生日,娘的苦日"之类的话,来勉励产妇,要她冷静沉着,好好配合接生者。难产者要多喝"安胎饮"、"人参汤",以渡此难关。难产有下列几种:临产阵痛数天,而生不下来,俗叫"弄产";有的是胎儿头朝上,俗称"立生";有的胎儿是横躺着,俗称"横生"或"偏产"等。

死产 俗称"威抱心","威"即胎盘,沁人叫"衣包"。俗以威有活威死威两种。死威容易下胎,惟活威因易冲犯心脏成为产妇死因。为防止意外,产妇平日要多食酸性等醋料,醋可使活威变成死威,有利于生产。如果出现产妇血崩,旧时多以醋混童尿饮治。域内旧有"产妇血迷,喝碗童便即愈"的俗信。由此可知,旧时因医疗条件差,人们受迷信思想约束,每遇难产就求神拜佛,不知死去多少良家妇女。

哺乳 婴儿出生后,头两天仅喂点白开水或糖水,俗信饮此可清肚子、消胎毒,三天头上开始哺乳,有的产妇奶还未下来,要吃猪脚煨花生,可增加乳量。过去,婴儿可喂点炒面糊糊;如今,冲奶粉即可。

坐月子 产后一个月内,产妇不得出家门,其俗信是一怕产后中风,二是迷信所致,传言有产后身上魂魄不全,怕妖怪鬼魔附身。分娩后要饮中药"生化汤",滋补血气,去净腹内污血。同时,月内不得洗澡与用冷水,主要是怕中月内风。在饮食方面非常单一,一天要喝六七顿清水米汤,就娘家三天头上送来的三升米,要喝整整一个月,产妇饥肠辘辘,但又不敢吃东西,以为一吃就会吃坏。沁域这种陋俗一直到建国后才被打破。

寿　诞

诞生礼

在民间,流传着一些与人生各个阶段相应的礼仪,其中有些是民族文化传统,有些是人为的繁文缛节,有些则纯属荒诞的迷信。

洗三 亦叫"三朝"、"过三天",是婴儿诞生第三天举行的礼仪。要在一盆热水内,放入艾叶、花椒等,给小儿洗澡或用毛巾搓身。进行时由婆婆或请一个儿孙满堂的老太太来做,边揸边要念叨:

先洗头,做王侯,后洗腰,辈辈高;

洗腚蛋,做知县,洗腚沟,做知州。

洗毕,要给婴儿穿衣裳,一般是穿别的婴儿穿过的旧衣,有"好存"之意。婴儿穿的上衣袖口要用线缝住,不让手露在外边,这叫"三朝封手"。这样做,据说是从小就对孩子严加管束,长大才会成为老老实实的规矩人。实际上与其这样说,倒不如说怕小儿用指尖抓坏面容。

送烧香 三朝之日,女婿要给岳父家送20个花馍或油糕,俗称"送烧香"。娘家要分送给亲戚家,一方面是报喜,另一方面是通知孩子满月时去祝贺。

满月 婴儿长到30天要举行隆重的礼仪,叫"过满月"。亲朋来祝贺时,都要拿给小儿戴的长命锁,与中间是大圆孔的饼馍,乡间称"圪栾"。外婆家要送铺盖、衣物,烧制的圪栾要特别大,小儿可戴在脖子上。祖母给戴时口里念诵:

七十的送,

八十的接,

华华富贵活一百。

姥姥家还要打造铜制或银制的"锁项"给甥儿戴。姑姑姨姨们要给婴儿做布老虎、老虎枕头、老虎帽、老虎鞋等礼品。甥儿满月,外婆忌往,一切礼俗由妗子与姨姨办理。

满月一早,要抱孩子到邻里全福人家暂住一时,乡间称"挪窝"。

这样做一方面是让婴儿换换环境,另一方面也就是最主要的,产妇居室整整一个月里常是门窗紧关,这时将门窗打开让屋里换换空气,清扫一番,将门楣上插的谷草,以及门搭上拴的红布条取下,准备迎接来祝满月的客人。

在满月当日或前几天,要给婴儿剃头,俗叫"剃胎发"或"剃胎毛"。剃下来的胎发,要扔于房顶等高处,寓意孩子将来能往高处走。剃头要选好日子,有《剃头吉日歌》:

初七十三二十三,

初八长命保平安。

以往满月当日正午,要在堂屋设案向天地神位烧香,也有的是在院里朝着太阳烧香,并供献石榴、佛手、花馍,下跪时口里还要念:

石榴留,佛手守,

守着娘娘到白头。

叫四十天 满月过后,40天头上,娘家要把女儿和外孙接回去住,乡间称"叫四十天",亦称"住百日"。来时怕丢了女儿的奶水,还要在道边间隔一段放张方小红纸,然后用小炭块压住。据传,乳汁是由奶神所供,各种野鬼恶煞见产妇就想抢奶喝,但它们又最怕火烧,因此,放红纸象征火,炭是燃料,是镇物,鬼煞见而远之。这样做奶神就可跟着女儿而来。"叫四十天"过后,等婴儿过百天时才让返婆家,其实这段时间主要是让女儿养好身子,与丈夫隔离,怕闹出月子病。

周岁 俗称"度晬"或"长尾巴",沁域叫"生日"。祀神、祭祖、请客,视同满月。来客祝贺生日的仍带圪栾、长命锁之类,所送的衣物还是姥姥家为主,衣服除比满月时号码加大外,还要送首饰一类。

乡间有"抓周"的俚俗,即将一些物品放入一个筐箩内,在小儿面前摇动后放下,看小儿用手抓拿什么东西,就说明长大后干什么。所放东西有书、印、笔墨、算盘、钱币、肉类、尺、斧、葱蒜、芹菜、土块、谷穗、饰品等。称其意是:书主文人学士,印主官宦,笔墨主书画,算盘主商贾,钱币主富,土块、谷穗主农,尺、斧主工,葱主聪明,蒜主会算,芹菜主勤,饰品主浪漫等,这种占卜命运充满了迷信色彩。

周岁是按出生日满一年算,但沁人计年龄时称"两岁",这就是通常说的"虚岁"。虚岁是把人在娘肚里孕育发展的 10 个月也计算在内,孩子一出生就算了一岁,这样计一个人的年龄,倒也更具有人性化。

完十二 也叫"圆锁"。每年的生日都要庆贺,不过通知动用亲朋的只是 3、5、12 岁的生日,这叫"大做"。尤其是 12 岁,要举行开锁仪式,将锁从孩子的颈项摘下保存,以后就不戴了。开锁时要让孩子头顶圪栾,面向太阳,众焚香后,祖母或外祖母用拴红布条的新笤帚,从头至身上扫一扫,以求通通顺顺,平平安安。开锁者边开边念:

  一开金,二开银,
  三开儿女一大群。

父用笤帚轻打儿(女)三下,并念:

  灾难全打掉,
  吉星照终身。

母抱儿(女)念:

  抚养俺孩已成人,
  可得孝敬父母亲。

儿(女)跪父母前念:

  大也亲,娘也亲,
  永久不忘父母恩。

开锁后要剃掉头上的桶箍与马鬃,表示诞生礼全部通过,开始向成年期过渡。

在奶奶庙或其他神庙认义的孩子,在开锁年庙会日,家人一大早要领孩子带用谷草扎成的等边三角形、缠五色彩纸穗的"家"到庙里焚香还愿,叫"卸锁"。实寓谢神明把孩子锁住成人了之意。

成年礼

成年礼,又叫"成丁礼"或"冠礼"。如果说诞生礼是生命来到人世间的开端,那么成年礼则是人生道路上的第一个阶梯。这是从生命胎动到出世人间,从牙牙学语到启蒙入学,在熟悉社会、吸收知识、接受训练等无数生命过程中的一个重要环节。一个人度过了12岁,就表示儿童期已过,进入少年和青年时期,随着生理发育的成熟和社会阅历的增加,逐渐走入成年人的社会。在青年男女受到成年社会接纳时,要举行隆重的仪式,古人叫"冠礼"与"笄礼"。

加冠 古有"男子二十而冠,女子十五而笄"之说,就是指男青年到20岁时,要选择一个吉日,于宗庙由主持冠礼的"大宾",给头上加三冠:先戴用黑布做的"缁布冠",表示从此有治人之权;接着戴用鹿皮做的"皮弁"(弁即帽子),也叫"武冠",表示可服兵役;再接着戴"爵弁",也叫"文冠",意思是已脱离童子期了,表示从此有权参加族内的各种祭祀活动,成为文武双全的成年人了。加冠时要隆重设宴,邀请嘉宾,宾客以礼相贺。冠者不再梳童髻,而在头上结发,然后用弁捆起来,上面再戴上一顶帽子。加冠后方可用"字"和"号"。加冠这一年称"冠年"或"及冠",就是古人所说的"年方及冠",亦即年方20岁。标志其进入成年,社会予以承认,并予以管理与约束,可择偶婚配。

加笄 古代女青年的成年礼叫"加笄"或"上头"等,也要举行仪式。民间一般多在临嫁前于家里举行,请一个全福人给修额,用细丝线绞除面部汗毛,俗称"采脸"或"绞脸",洗脸沐发,挽髻加簪。

进行成年礼的形式礼仪,无非是老一辈人希冀他们的后代,能在生活的道路上有一个良好的开端和坚实的基础,以祈求年轻人智慧聪明,强健伶俐,进而使家族与族亲人丁兴旺,繁荣昌盛。不过在沁域之内,从清代中期起,成年礼就不再单独进行了,而是多在婚嫁前举行,和婚嫁礼合在了一起。所以,沁人称一些终生未娶嫁者为:男的叫"老童子",女的叫"老处女"或"老闺女"。

冠礼笄礼的功能 总起来看,冠礼和笄礼有以下特征:这两种礼仪的基本功能,在于确认受礼者从此获得成人的资格。通过举行冠礼,不仅要让受礼者明确自己已获得成人资格,而且要求取得社会的认同。正因如此,受礼者要更装易服,携带礼品去拜见国君和其他官宦之人。至于女性的笄礼,虽然没有冠礼那样多的程序,但加笄作为一种成人许嫁的标志,也很明确。这是其一。

其二,这两种礼仪,均带有浓烈的家庭与家族的本位色彩。礼仪举行的场所和主持者,均显示出家庭与家族在其社会中所占据的位置已经非常重要,已成为社会生活中最基本最重要的群体。

其三,冠礼和笄礼的施行范围,主要限于"士"以上的贵族阶层,故有"士冠礼"之称。《礼仪》中所述的各项礼仪程序,包括拜见国君和其他官宦等,也显然是士以上者才可为之。《礼记》中所谓"礼不下庶人,刑不上大夫",则表述得更为直接。如此说来,加冠加笄,对一般平头百姓来讲实无所谓,所以沁人合于婚嫁礼时进行。

其四,冠礼和笄礼凸现出男尊女卑的传统观念。如上所述,首先,主持者和场所不同,程序也有明显区分。其次,行冠礼的实质是在郑重昭示,受冠者从此获得建功立业、掌管治人的权利;而笄礼仅只是受笄者有了许嫁于人的资格。这种区别,是其特定的社会文化背景的产物。

寿诞礼

寿为五福之首。所谓"五福",说的是五种人生理想。民间的说法是福、禄、寿、喜、财。寿为其中一福。然而《尚书·洪范》说:"五福,一曰寿,二曰福,三曰康宁,四曰修好德,五曰考终命。"这里不仅寿居首位,而且康宁、考终命也与寿不无关联,可见人之一生,寿是至关重要的。

寿,亦即生命,生命对每个人来说,一生只有一次,它是人生最宝贵的东西。长寿,就是延长生命。因此,人们在生活领域中,千方百计地寻求长寿之道,甚至在信仰中追求长寿之术,以达到趋利就福,远祸避患,寄托生命不息的愿望。

寿诞礼仪,这是每当生日时举行的人生礼仪,一生要重复好多次,不过因年龄的不同而有所差异。小时候,一般不叫"寿礼",而俗称"过生日",从12岁过大生日后,一直到60岁前,所过的生日,只是家人祝贺,不动亲朋,多以吃"长命面条"为主,有的特系条新红裤带或穿件新兜肚肚。到了60岁生日,要举行寿礼,亲朋前来祝贺,反应了沁人对老年人尊重的优良传统。

寿礼也叫"过生日",大多称"做寿"、"庆寿"、"贺寿"等。特定年龄又有特定的称呼,如"贺六十"、"古稀之寿"、"庆八十"等。男女之间又有不同的称呼,如男称"椿寿",女称"萱寿"。椿萱代指父母,"兰桂"代指子孙,故有"椿萱并寿,兰桂齐芳"之句。做寿多以逢十逢五大庆大贺,其他的零数一般不大办,要办规模也较小。

寿诞之礼,过去有一套礼仪,要设寿堂,摆寿烛,挂寿幛,张灯结彩,布置一新。亲友、晚辈要给寿主拜寿,平辈只作一揖,子侄下辈为四拜礼,拜毕,设宴款待,称"寿筵"。寿筵勿论食何类美味佳肴,却少不了"长寿面"。贺寿者都携带有贺礼,诸如面制的寿桃、寿糕、糕点等食品,寿幛、寿画、寿币、寿联等礼品。

寿联 这里特别要说说寿联。它同婚联、挽联一样,是运用于人生礼仪的艺术样式,很有代表性,最能表现出艺术的人文特点。一般的寿联,不外乎是类型化的祝福之辞,但有的寿联则简要地点出寿主与祝寿者之间的友谊,对寿主的生平业绩给予评价。此外,寿联也有男女之别,自寿他寿之分,不同年龄有不同的联语。有时也被当作逗才显艺的园地,或者当作讥讽、嘲弄的武器。还有的是寿主用以抒发个人感慨、抱负、自勉的,往往要题作"××自寿"。不过更多见的是写给别人的。通用的如:

福如东海长流水

寿比南山不老松

椿树千里碧
蟠桃几度红(男寿)

萱草凝碧辉南极
梅花舒芳绕北堂(女寿)

花放水仙夫妻偕老
图呈王母庚婺双辉(双寿)

写给不同年龄寿星的如：

二回甲子春初度
举国笙歌醉太平(60大寿)

从古称稀尊上寿
自今以始乐遐龄(70大寿)

金桂生辉老益健
萱草长春庆古稀(女70寿)

渭水一竿闲试钓
武陵千树笑行舟(男80寿)

人近百岁犹赤子
天留二老看玄孙(90大寿)

寿幛 同中堂大小一样，分横竖两种，采用长方形，布帛一般为红色或金色，剪贴题字望纸，题祝语贺词。撰写时要依寿者的年龄、身份、职业等因素，用语多为赞颂与祝福，有一个字的，如"寿"、"福"等，通常四个字为多，如：

寿比南山　福如东海　庆衍古稀

寿衍千秋　渭水经纶　天赐福寿
老当益壮　星辉南极　萱庭日丽

寿幛题词为四字的,要有一定的平仄声规律,这就是普通所说的"平起仄收,仄起平收"。

寿屏　是用作祝寿礼物的条幅,上面题写吉语贺辞,或画上八仙、寿星之类内容的画。寿屏也即平常说的屏风,有四、六、八条幅联组挂在墙上的,也有是雕刻或镶嵌于座屏或插屏陈设在几案上的。

贺寿诗词　大体可分为自寿和寿人两种。前者是作者在自己生辰纪念时所写的感怀之作;后者是作者为他人贺寿之作。自寿的诗词,有的写在青少年,有的写在中老年,由于身世阅历感受不同,所抒发的情感也各有千秋。为他人祝寿的诗词,又可分两个方面:一是为自己的亲属家人所写寿诗与生日词;一是在社会交往中为朋友祝贺所写的寿诗寿词。

自寿诗例:

九秩容光异俗新,骚章满卷庆生辰。
超元不计桑栽海,避世何关宦与民。
善恶分明休论富,究通苦解自消贫。
星辉南极罗山上,风景留题一道身。
尘世沧桑话古今,兴酣犹自发豪吟。
才堪用济酬宏愿,事到艰虞弗苦心。
惕厉千思何以立,忧勤百计意难寻。
闲情偏觉多余绪,一字求安几酌斟。

为他人寿诞祝贺诗词多写于寿屏上,也有送寿幅(条幅)的,还有临场即兴挥笔的。以下介绍两则写寿诗的小故事。

清朝郑板桥不但会画,而且善诗词。某日天下雨,有位姓陶的友人正巧做寿,郑刚进门,陶某早备好了文房四宝,请他书写贺词,板桥挥笔而书:

奈何奈何可奈何,奈何今日雨滂沱。

陶某与众人大惊,这哪是祝寿诗?但见其继而挥笔:

  滂沱雨祝陶公寿,寿比滂沱雨更多。

众同赞其妙!

这是郑板桥的《奈何》贺寿诗,另一则为唐伯虎的《这个女人不是人》:

有一天,一财主给老母做寿,请唐伯虎绘画题诗,以示祝贺。唐画好一幅《蟠桃献寿》图,挥笔题诗:

  这个婆娘不是人,

财主一愣,围观者也大惊失色。唐伯虎接着写道:

  九天仙女下凡尘。

财主甚为高兴,众人也舒气变喜齐声喊"好"!谁知唐又写道:

  生下儿子都是贼,

财主很生气,未待发作,众人都一一摇头,唐续写:

  偷来蟠桃敬母亲。

财主看后,心里乐开了花,围观者赞不绝口。

赋诗祝寿 即于宴席或寿堂临场即兴吟诗或对诗以庆寿,可由寿星出题大家轮流答对,也可他人朗读对寿星的祝寿词。赋诗祝寿,作为朋友,可起到沟通思想、联络感情、加强理解、增进友谊的作用;作为家人,可使家人间的爱心贴得更紧,在思想感情上更加相融和谐,有利于尊老爱幼传统美德的弘扬;作为寿星自己赋诗,也可以加深时无重至和华不再阳之感,以利于反躬自省,勉己自处。这种形式,古来有之,人们常讲的"几女婿拜寿对诗"的笑话故事,就是例证。不过从正面来讲,对于移风易俗和文化发展,具有十分积极的意义。

寿酒 寿礼中一个重要组成部分就是摆筵席,称"寿宴"。寿宴中各种菜肴要洋溢着浓厚的祈寿色彩,更离不开酒。因为酒谐音"久","祝酒"也就是"祝久"。不管什么品种的酒,在寿宴中统称为"寿酒",饮时首先敬寿星,而后宾客同饮。

寿桃 祝寿时,人们喜欢给寿星送寿桃或蛋糕,或用面粉蒸成的桃形馍,叫"寿桃桃"。俗信寿桃会使老人变年轻与长寿,这是缘何呢?

传说,蟠桃是西王母娘娘种的仙果,枝蔓伸展三千万里,三千年一开花,三千年一结果,故而以蟠桃象征长寿,这个意义也就引申及一般的桃子和桃花。蟠桃配灵芝,称"仙寿";蟠桃配蝙蝠,称"福寿"。

又传,孙膑十八岁离家,到千里之外的云蒙山拜鬼谷子为师学兵法,一去就是十二年。有一年五月初五,孙膑猛然想起今天是老母八十生日,于是向师傅请假回家探母。鬼谷子摘下一颗桃送给孙膑说:"这桃我是不轻易送人的,你在外学艺未能报效母亲恩情,我送你一颗回去给令堂上寿。"孙膑谢别师傅就急急上路了。

孙膑的家里,这天正摆酒宴为其母庆寿。他从怀里捧出桃子说:"今天告假回来,师傅送我一桃子孝敬母亲。"老母接过桃子吃了一口说:"这桃比冰糖蜂蜜还甜!"桃子还没吃完,其母的容颜就变了,雪白的头发变成了如墨的青丝,昏老的两眼变得明亮了,掉了的牙又长出来了,脸上的皱纹也不见了,走路也扔掉拐杖了。

人们听说孙膑的母亲吃了桃变年轻了,也想让自己的父母长寿健康,便仿效孙膑,在父母生日之时送鲜桃祝寿。但因鲜桃的季节性强,在没有鲜桃的季节便用面粉做寿桃代替,也就是民间称"寿桃桃"的面馍。

另传,《太平御览》托名东方朔写的《神异经》中有:"东北有树焉,高五十丈,其叶长八尺,果四、五尺,名曰桃。其子径三尺二寸,小狭核,食之令人增寿。"于是人们以桃为祝寿吉祥物。

不管哪种说法,实际上桃已经成为祝寿必备的吉祥物。

寿面 民间不管男女老少在过生日或做寿时,总要吃长面条。过生日吃叫"长命面",做寿吃称"长寿面",寓延年益寿之意。这是为什么呢?

传说,西汉时汉武帝与群臣聊天,谈及长寿之事。汉武帝说:"相书上说,人中[①]长寿命长,如果人中长一寸,可活一百岁。"群臣

[①] 人中:鼻下与上嘴唇间的人中穴。

们有的附和,有的不吭声,唯独东方朔却哈哈大笑起来。有的人怒眉冷眼责怪他在皇帝面前无礼,有的悄悄地为他捏着一把汗,气氛紧张得令人可怕。东方朔笑着道:"如果说人中一寸长活一百岁,那么,彭祖八百岁,那人中岂不是有八寸长?彭祖一定是长面脸了!"众人想到长八寸的人中,脸一定十分滑稽,连同汉武帝也同时大笑起来。后来,人们把长寿与长人中、长面脸结合起来,长面脸也就成为长面条了。为祝别人的长寿,就以长长的面条为贺礼,这就是寿面的来历。

人寿俗信

人生礼仪的许多俗信都是建立在民间信仰的基础上,寿诞礼仪也不例外。这方面俗信很多,诸如:

百岁寿诞要提前一年在99岁做,以示提前过百岁大关。百岁以上的老人,忌说百岁,总是说90多岁了。这是为什么呢?因民间俗说人死亦称"百年",故忌。

寿命与身体的联系:如看手相,认为人的手纹生命线长短与寿命相吻合。又如看眉毛,认为长如老寿星的眉毛为寿眉,是长寿的标志,不得损伤,否则就要损寿。

寿命与年龄的联系:如"年龄越大,活的日子越短";"七十三,八十四,阎王不叫自己去。"据说此与孔孟二圣的终年有关,孔子卒年73岁,孟轲卒年84岁。连圣人都通不过,一般人就不用提了,故忌。又如忌"9"字出现,还分"明9暗9"之说,明9是带有"9"的年岁:9、19、29、39、49、59、69、79、90等;暗9指"9"的倍数:36、45、54、63等。民间有"四九三十六,死不了也掉块肉"、"七九六十三,摸摸棺材板"等谚语。认为岁数凡是逢9年,皆为厄运年,是年诸事不顺,会有凶咎祸患。这是因为,在古人的观念里,一三五七九为阳,二四六八为阴;九为阳数之极,物极必反,故是代表由盈而亏、由盛转衰的不吉数字,所以忌讳岁数逢九。还有十二生肖12年一轮回,凡遇本人属相年,叫"本命年",也为厄运年,因此,凡是逢九年和本命年,需要禳解,小孩要穿大红衣服,大人要穿红色内衣,系红裤带。

寿命与行为的联系:如小孩的无意识行为可以显示他的寿数,有"手搬脚,活一百"之说。更多的是大人有意识的社会行为,其基本规则是:"行善积德延年益寿,损人利己减岁折寿。"人们为实现长寿的理想,往往做一些扶弱济贫、修桥补路的事情。然而,一个人做一件好事并不难,难的是一辈子做好事。于是,人们试图以简单易行的手段达到目的,用仪俗手段从难到易转换,产生了一些可以积寿增寿的象征性行为,诸如诵经礼忏、烧香祷告、庙观施舍、抄写经文等等,有的形同儿戏,但由于信仰,做起来认真虔诚,心里信其为真,岂知是自欺欺人。

人寿信念的象征表现:希望长寿是人们一种强固的信念,表现在文字艺术与民俗领域,反映长寿的象征物比比皆是。这类创造性的行为,不仅来自民间,也来自文人墨客、官家富绅,甚至和尚道人,几乎是全民合力来造就,象征体系五花八门,非常迷人。

在字画上的意愿:诸如繁体"寿"字,本来不是一个特殊的字,但由于它表示的意义为人所重,就把它图案化了,产生了许多变化:有圆、团、长等"寿"字;还有用篆书排列在一起组成的"百寿字"、"百寿图"。这些图案广泛应用于画稿、文具、什器、建筑、衣物等处。又如将"福"字的图案化,成了寿星的形象。还有运用类似汉字篆书中会意的造字方法,与其他吉祥物合成,创造出来的包含祈愿长寿等多种意义的图案,诸如五只蝙蝠围绕寿字纹图的"五福捧寿",长春花、寿石、白头鸟纹图的"长春白头";枸杞和秋菊纹图的"杞菊延年";灵芝、水仙、竹和寿石纹图的"艺仙祝寿";龟鹤纹图的"龟鹤齐龄";鹿鹤纹图的"六合同春";松鹤纹图的"松鹤同春",又称"鹤寿松龄"、"松鹤遐龄"、"松鹤长春"等。

求神灵找寄托:乡民信仰神,以为一神可具多种功用,如招财进宝、保佑平安、生儿育女、延年益寿等,于是在长寿的欲望下产生了寿神老寿星。寿星本是星名,《索隐》解释是:"寿星,盖南极老人星也,见到天下理安,故祠以祈福寿也。"寿星又有"南极仙翁"之称,其形象在年画中常常可见,光头大耳短身躯,皓首白眉特长,长髯直垂胸下,手执青龙拐杖,杖头挂一多子葫芦。他的使命是祝人长寿,保四季平安。此外,还有西池据有蟠桃寿果的西王母,曾见东海三次变桑田的献寿麻姑,居寿一万八千年的东方朔,还有吉祥纹图中的八仙等,他们都是寿神之列,故也常常作为祝寿之神。

崇拜自然界长寿之物:人为"万物之灵",但人的生命如潮似露难满百岁,和一些自然界的长寿物种相比,简直是望尘莫及,这几乎是人在万物面前,唯一不可骄傲的缺陷。因此,对神龟仙鹤、苍松翠柏,乃至高山大水,常有羡慕之情。于是自然界的长寿之物,都用来作人寿信念的象征物,诸如龟鹤松柏梅竹与山石泉水等;有的是神话传说中的桃子、灵芝草、枸杞、菊花等物品;有的是利用某物名称字音、谐音取意,如长青藤、长春花等,常在寿画中配合着笔用来祝寿。

命　名

姓名是人的一个符号。孩子呱呱落地后,或还在娘肚子里的时候,孩子的父母甚至全家亲族,都会在孩子的名字上大作文章,显示自己的知识与文化才华,以寄托对孩子的希望。诸如希望孩子有什么样的性格、脾气;希望孩子以后在哪方面有所作为;对孩子在德行方面有什么期待……由此思路给新生儿起名的占绝大部分。父母给子女取个好名字,既要使其名正言顺,又要寄寓美好的心愿,同时更希望名字能给孩子带来吉祥如意、辉煌前途。在传统中国社会,为新生儿起名有很多讲究和规矩,取名的背后,蕴藏了一种深厚的民族文化背景和心理。人一生有个靓丽的名字不仅给别人印象深刻,而且民间认为事关名字拥有者一生的事业、婚姻、健康和人际关系。

名的种类

一个人从生到死,有的人要起很多个名字。《礼记·檀弓上》说:"幼名,冠字,五十以仲伯,死谥,周道也。"就是说,人一生要有小名、字、尊称与谥号等四种名字、称号。其实仔细考察起来,远远超过了这几种。

小名 是人于幼儿时期所起的名字,亦称"乳名"、"奶名"、"幼名"。小名是具有阶段性的名字类型,其时跨为自人出世至入学或成人之前,在这段期间内所起用之名统称为"小名"。若以成长期严格区分,初生人始为婴儿,处于哺乳期,此间之名称作"乳名"。乳,民间俗称为"奶",故又叫"奶名"。断奶后进入幼龄期,此间所命之名别称为"幼名"。

小名一般只在家庭和亲友间使用,而另立正名以供社交时使用。小名大多都鄙俗、粗野、轻贱,诸如臭小、吞小、大猫、狗蛋、丑女等,虽然体现了"于最难听处正洋溢着父母的真爱",但孩子长大后,叫起来总是有点不太好听和舒服。正如萧遥天先生在《中国人名的研究》中所说的那样:"初以小名不登大雅之堂,恐怕贻笑大方,久之成为羞人的东西,偶然听人叫起,几乎是给人揭穿什么秘密,马上脸庞发热,连耳根都红起来。"

究其取小名缘由,一是随口叫成,一是缘事而命,一是出于某种迷信。

大名 这是相对于小名而言,亦称"正名"、"学名"、"官名"、"族名"等。过去到学龄时的儿童入学,老师要给起个名字叫"书名",以后应考、举士都用这个名字。终身沿用不改,学名也就成了大名、正名。官名是民间老百姓说法,并不一定是当官所用的名,而是泛指一个人在公共场合才用的名。乡间老百姓一般终身沿用小名,只是念过几天书或稍为见过世面的人才起官名,可见官名也是正名。族名是按各姓各族事先规定好的字序命名,如张姓家族,"忠孝仁义"为四辈字序,规定用字可前可后,但辈分必须统一。可叫忠德、孝恩、仁志、义保;也可叫德忠、恩孝、志仁、保义。依这种方法命定的名叫"族名",也是正名之一。

字 是行冠礼时取的名,用以"表德"。有字后,别人就不宜再直呼其名,而应该称字。不过在沁域内,冠礼早在清康熙年间已废,人们不单独举行冠礼,男女在婚嫁时才举行,有字者一般甚少。

号 除名、字外,还有号。号又分人号、自号、谥号、绰号等。

人号:是别人加给的封号,有的是称其爵号,有的是依生地、爱好等加封,如州人清保和殿大学士吴琠,因出生在铜鞮川流不息的白玉河畔,号为"铜川",可人称为"吴阁老"。

自号:是自己加给自己的封号,别名、别字、别号、室名大都属于此类。自号多为文人使用,也是古时"士文化"的一项重要内容。如出生于铜鞮太里村的羊舌赤,字伯华,因食采于铜鞮,故自号为"铜鞮伯华";又如生于州城的吴淞,字靖涛,自号"半野园主人"等。自号,"这也是中华知识分子特有的名字艺术。把一个喜立别号的人对此类艺术静心欣赏,是一篇精简的自叙传,凡志趣、寄托、才调、业绩、癖好、居室、收藏、形貌,多可窥其大概,甚至心坎深处的隐衷,也自此处流露"。

谥号：是诸侯、卿、大夫、大臣等人死后，朝廷依其德行才备、品行操守而加封的，像是盖棺定论。谥又分公、私两种。公谥是国家加封的。如元代东山村赵国宝，生前官至亚中大夫，辞世后帝王追封为"天水郡侯"；又如吴琠，康熙皇帝封其谥号为"相国吴文端公"等。私谥是家人亲友赠给的，一般乡间少有。

绰号：也叫"外号"、"诨号"、"混号"，又称"混名"、"诨名"、"花名"等，是别人赠的名字，有特定的含义，不一定带姓，一般是非常生动的象征，幽默而夸张，用词通俗，感情色彩很强烈。绰号包含着社会或个人对所号者的品评、褒贬、爱憎。诸如活菩萨、活神仙、千里眼、一枝花、冷冷蛋、草上飞、×半仙、不倒翁、顺风耳、吹塌天、二扑愣、愣头青、笑面虎、铁公鸡、半瓶醋、断肠丸、枯断根、母老虎、×扒皮、癞皮狗、红火炷、狐狸精等等，这些异类的绰号，在乡间屡见不鲜。其性质、特点正如萧遥天先生所概括的一样，绰号"由别人凭其认识印象所加，不一定为自己所满意与承认。但绰号由于它善于抓住对方的特征、特性，一语道破，往往印象十分明朗，品评十分深刻，故绰号常常较本名更易传播，虽然有的捧得你周身的毛孔都舒畅，有时挖苦得你啼笑皆非，你不能凭爱憎而定去取，一个恰当的绰号加上你身，你就无法摆脱了"。

其他名号，除上述名、字、号外，还有多种：文人有笔名，艺人有艺名，信教者有教名，从商者有商名，妇女有闺名，相爱有爱称，特殊际遇有化名等等，如郭村沁人霍峰青，小名天保，大名峰青，笔名辛知，化名霍之道、霍绍青，一个人就有五个名号。

沁人拥有多个名号者，大多为文士官爵者，如吴琠，小名黑狗蛋，大名琠，字伯美，号铜川，谥相国吴文端公；王省山，字仲巡，号松坪；杜世光，小名羊孩（属羊），大名（族名）世光，字耀清；霍嗣文，小名二堂，大名嗣文，字周桢，谱名耀奎。也有是在战争年代为活动方便用多种化名的，至于一般百姓，最多有两个名，用奶名伴随一生的也大有人在。

起名的习俗

传统的给孩子命名,被沁人看成是与子女成长和前途,以及家族的命运都密切相关的大事。婴儿的乳名,首先要象征成活,俗称"好存";其次要表达亲情,取最能抒发内心情感的爱称;最终要达到名字的寓意和亲人的寄托厚望。

以"小"、"孩"为乳名尾字,给新生儿命名:男孩以"小"字居多,"孩"字次之,如蛋小、赖小、猴小、猴孩、秃孩等;女孩一般以"孩"字为多,如女孩、蛋孩、香孩、仙孩、花孩、珍孩等;就是乳名不带"小"、"孩"字的,如狗蛋、大秃、爱香、春兰等,家人也以尾字加"小"、"孩"称谓,即蛋小、丑小、香孩、兰孩,呼唤时则喊狗蛋小、大秃小、爱香孩、春兰孩。

普通命名 最普遍的乳名,是以孩子出生年的生肖,后加个"小"或"孩"字,如虎年出生,或长得虎头虎脑肥壮者,就叫"虎小"。一些家境好而少子女的人家,通常取一个避邪趋吉的小名,如拴柱、锁小、安小、来成等。一些多子女较贫寒之家,多以孩子的出生次序定名:男的如大小、二小、三小、四小、五小;女的如梅孩、二梅、三梅、四梅、五梅等。现在,随着独生子女家庭的普及,这种排列方式自然也就逐渐消失了。有的是根据婴儿的形貌而定名,如胖小、黑蛋等;也有的干脆以吉利命名,如家宝、来福、贵喜等,直言不讳地表达了起名者的心愿。

卑贱命名 民间流行有"贱名长命"说,所以一些父母专给孩子取贱名:子女长得俊俏,取名丑小、丑女;子女生得活泼可爱,取名赖赖、狗女;子女生得聪明伶俐,取名时往往要带一个"吞"[①]字或"憨"字。这大概是反意正用,人们历来怕出类拔萃,怕冒尖,长相

[①] 吞:傻的意思,方言。

好,太聪明,生怕"佼佼者易折",取个难听的贱名,可在心理上作一点平衡。其实取"贱"是希图"贵",这和我国"将欲取之,必先予之"的传统文化同出一辙,也是父母怜爱太甚,故显卑贱,希望孩子容易长大成人,表现了人们一种朴素的辩证思想。

昵称 有的孩子本来已有了名,但父母为表达对孩子的爱怜,按民间的话说,实在是亲得没法子,又产生了昵称,诸如蛋蛋、亲亲、宝圪蛋、圪亲亲等;对孩子越喜爱,取名越难听,如狗蛋、讨吃、秃小等等。

乳名叫小呼孩也好,贱名昵称也罢,这是亲属称呼的名字,有的要伴随到人的成年,甚至终生沿用一名。

子连父名 乡民过去受迷信统治,相信鬼神,为了孩子好存,防止夭折,刻意取一些卑贱或与佛门有关的名,如赖小、和尚、秃小等;或者是见别人家的孩子叫了个什么名长得很好,就学着也叫了起来。这样就出现了同名。一个村子若是杂姓居住还好,要是同族一姓就难分了。如一个百十户人家的村子,往往会有六七个同姓同名的人,常有"讨债的找错人,相亲的走错门"的事情发生,因此闹出好多笑话。人们为了区别分清是哪个同名的人,便把其父名加在前面。如海旺、留成、拴保等人的孩子都是同名秃小,他们的孩子就叫海旺秃小、留成秃小、拴保秃小,这是众人给起的四字名,不管你同意与否,就是这么叫,有时候张榜记账还这么写。

正名命名 沁人自古以来有着耕读传家的优良传统,文化底蕴浓厚,给孩子起个大名,这就不同乳名那么简单了,总要查辞书找经典,翻皇历看族谱,三番五次构思,翻来覆去审定,有的人家还要求文化高的人来帮助,还有人甚至找阴阳先生来定名。

起名的方法

一个动听响亮的名字,能使人终身感到骄傲,充分自信;而一个不太理想的名字,则会使人产生心理障碍,压抑、自卑,情绪沮丧。

一个人名既要好听,又要有好的表意,自然离不开姓氏,也就不能不和自己的姓氏联系起来考虑。比如"仁"、"义"是很有意义的字,或"刘仁"、"王义"是很不错的。但如果姓贾取名"仁"字就不好听,与"假仁"谐音;如果姓吴取名"义"字,与"无义"谐音,岂不是贻笑大方?相反,如一个"野"字,从字意来讲颇带贬义,恐怕是很多人不愿用到的字,而一个姓田的人取名"田野",不但好听,而且很给人一种诗情画意的怀乡感觉。姓田的还有诸如田广大、田雨顺、田苗旺等名,都是不错的名字。姓氏和人名,是一个有机的统一体,所以,起名就不能不了解姓氏。起名的第一步,必须从分析姓氏开始。姓氏如同门扉,名字如同院落,要进入院落,必须先开门,而分析推敲姓氏,便是进入构思的敲门砖。

据1990年全国第四次人口普查,沁域共有289个单姓,其排列是:万人以上的是王、李、张3姓;其次是刘、郭、杨3姓;再次是赵、田、卫、宋等31姓……最后是独姓独名者55人。

古今沁人起名,大体有如下方法:

按祖谱字辈伦序命名　按祖族家谱同辈一字往下排,一般是二字名的首字相同,也有是末字相同的,俗称"×"字辈,属第几世。也有用古书上的一个句子,由祖宗一代代按顺序沿用而命名的。还有用同辈排行来命名的,如伯为老大的首字,仲为老二、叔为老三、季为老四的首字。

以五行命名　从出生的八字中来看缺哪一种五行,缺甚补甚。也就是在金木水火土的五行中,如闰日缺土,就叫闰土,缺木就叫木顺,缺水就叫森生,缺火就叫炎顺,缺金就叫有金,等等。

木、火、土、金、水这五种元素之间的生化制约关系为:木生火,火生土,土生金,金生水,水生木为相生;金克木,木克土,土克水,水克火,火克金为相克。

民俗取名择吉对五行的要求,就是五行相生、平衡则为吉,五行相克、偏缺则不吉,故而要偏缺补救。与此同时,还要讲究姓名相生和辈分相生等相互关系。

以生肖命名 利用十二生肖相互的关系起名,避免相冲、相克的结合,如午为阳,未为阴,合化为上,若恰好在马年生子,可叫盛午,在羊年生的孩子可叫上成,鸡年出生的叫酉金(有金)……

十二属相性格各异,姿态不同,各有所长,非常有趣。可按孩子的属相,因时制宜地起名。

鼠,在人们心目中并不是一个好属相,但它的机智灵活、聪明

十二生肖象形文字

幽默给人留下了深刻的印象。属鼠的人名多选择带"宀"与"亻"的字,因为这些字可以保护它,如安宏、佳宇等。

牛,被认为是一种诚实、朴素、自尊、积极、任劳任怨的好动物,并且牛的生活离不开草与水,属牛者起名多用带"忄"、"艹"、"氵"的字,如国忠、汉英、恒清等。

虎,是强壮、勇猛、独立自主的,但美中不足的是有点傲气。人常说"深山出俊虎",又有"老虎下山狗也欺",所以虎年生的人,起

名最好带有"山"的字,如岩峰、岚清等。

兔,在人们心目中是柔顺、活泼、善良、聪明的象征,嫦娥所奔的月亮不就有玉兔吗?因而给属兔者起名最好带有"月"字,如育英、鹏飞等。

龙,被认为在所有动物中最尊贵、最有能量,代表着财富和权威,多用带有"氵"字旁的字,如鸿飞、汉云等。

蛇喜欢在草丛里出来进去,属蛇者多带"艹"字头的名字,如芸生、蔼霖。

马,被认为是一种心胸开阔、友好相处、勇于拼搏、前途远大的动物,喜欢吃草和谷物。马年生者人们常用带"艹"、"禾"字来起名,如茂林、素秋等。

羊,也以平和、善良、耐心、温顺为世人称道。草是羊的命根子,天下没有不吃禾苗的羊,属羊者起名时多配以"科、莲、英、芝"等字。

猴年出生的人似乎看起来活泼,富有创造力,其中不少喜欢侃侃而谈。猴子喜欢在树上跳来跳去,寻找食物,所以给属猴者多"木"字旁,如福林、振荣等。

鸡,给人以热心好客、生活规律的好印象,喜欢食米和虫。属鸡者起名时也多用带"米"、"虫"的字,如登科、粉香、天虹、蛟龙等。

狗,是一种忠诚动物,它与人关系良好。属狗者起名时多用带"人"字的字,如忠仁、俊芳等。

猪,被认为是柔顺、踏实、真诚、执著的,虽然也许有点儿自私。猪年出生者要记着跟"艹"、"土"打交道,所以起名时常有增盛、埔茵等名。

按生肖命名,民间也有直接以生年属相的,如虎山、铁牛、云龙等,以及还有前面所说的生肖后加个"小"或"孩"字的。

以出生时间命名 有以下几种:

生时起名:以子、丑、寅、卯、辰、巳、午、未、申、酉、戌、亥十二地支来命名,如生在寅时叫寅生,生在酉时叫酉金(有金)等。

生日起名：如立春的第一天叫庆春，又如国庆、建国、五一、中秋等。

生月起名：按照孩子出生的月份给命名。一年十二个月都有不同的称呼，并且同一月份称呼也不尽相同。如正月就有孟春、首阳、新正、芳岁、早春、元月、首春等30来个称呼。这样的别称，每个月至少在10个以上。这些月份的名字，既可以直接使用，又可以对比参照使用。比如十一月出生的男孩可起有"冬"字的名，女的有"月"字的名字。

生季起名：一年四季春夏秋冬，各个季节也同十二个月一样，都有不同的叫法。

春的叫法有青阳、三春、韶节、苍天、阳节、九春、艳阳、青春等。

夏的叫法有三夏、朱明、清夏、炎夏、炎亭、朱夏、朱律、炎节、长嬴等。

秋的叫法有三秋、素商、凄辰、金秋、九秋、高商、商节、素节、日藏等。

冬的叫法有三冬、严节、元冬、九冬、青冬、安宁、冬辰、元序等。

除以上四季叫法起名外，也有叫春花、夏莲、秋菊、冬梅、春生、秋生、冬生等名的。

有时，二十四节气亦可作为给孩子起名的依据。

生年起名：一般是以"六十甲子"来起名，如寅卯、庚辰、丙申、庚午……

以出生重量命名 有的人家孩子出生后，要用秤称其重量，如果婴儿七斤重就叫"七斤"，九斤重就叫"九斤"，六斤六两重即叫"顺顺"（六六大顺）……

以出生地命名 表示出生地的范围有大小之分，以出生的家庭、医院、村庄，或以出生的县、市、省份，都可以借名称给孩子起名。如王在郑（在河南郑州生）、张京中（在北京生读第六中学）、柴沁生（在沁源县生）等。

托庇命名 这种命名以前很多，现在已经大为减少。此命名的目的是为了受神的保佑,让孩子一生幸福,就取名天保、天来、保佑、天赐等。

祈福命名 父母希望孩子能顺利成长,心想事成,梦想成真。这种思想,过去人们体现在追求仕途如意与官运亨通上。读书人希望子女一朝金榜题名,跻身官场,从而光宗耀祖,当然,其中不乏心怀救国济民的宏伟抱负之良才,但由于宦海诡秘莫测,多少人浮浮沉沉祸福难卜。这种让人亦爱亦恨的复杂矛盾的心理,也在姓名中有所体现,诸如安如山、王兆祥、卫福来等。

求康寿命名 健康是所有财富的基础,没有了宝贵的生命,一切都是枉然。纵然有经天纬地之奇才,一旦英年早逝,也只能是千古遗憾而于事无补。作为父母,更希望子女能健康成长,享尽天年,平安一生。这种愿望也反映在所取的人名之中,诸如张寿彭、朱寿昌、李延年、郝福寿等名。

盼富命名 富人家的父母希望孩子未来的生活更好些,穷人家的父母希望孩子能摘掉贫穷的帽子,常常取托福含贵的名字,如福禄、福庆、福山、富昌、富贵等。无论古往今来,人人都希望自己的孩子生活富足和安康,正所谓"可怜天下父母心"。

重学增智命名 父母为了孩子能更好地发展,当然希望他能学到更多的知识。有耕读传家传统的乡人,给孩子起名时总要在学问上狠下工夫,诸如守文、会文、学智、慧中、智祥、文渊等。不过也有些名字是受"万般皆下品,惟有读书高"的毒害与影响而来的。

抒志命名 人来到世上,谁也不能对自己的父母加以选择,也无法选择自己的所属民族、国家、社会,但却可以抱有雄心以济世安民、治国安邦,为人类做出贡献。怀着这种抱负起名的如治国、振华、兴华、泽宇、建坤、安世民、卫兴邦等,都含爱国兴邦之意。

求美命名 俗话说,"孩子总是自家的好"。父母因爱子女甚切,总希望自家的孩子十全十美,不仅天资聪颖,健康可爱,更是容颜俊秀,美丽超群,起名时,总要寄传此意。

以花喻人:花是一种非常美的、悦目赏心的植物,人们非常喜爱,常用于女性的名字以表示美好、亮丽、祝福之意,诸如秀梅、秀兰、竹青、秋菊、桂花、艾蓉等。

以玉喻人:玉不仅外形美观,色泽宜人,而且价值不菲,气质高雅,人们常爱用"如花似玉"来形容美女。用玉起名也很多见,如玉环、玉兰、如玉等;同时也有用与玉有关的字来起名,如冰莹、珏珠、翠莲、玉瑛、明珠、洁琼、怀珠、天珍等。

以飞鸟和昆虫喻人:海阔天空任鸟飞。民间常以美丽的飞鸟与昆虫喻名,诸如春燕、大鹏、玉凤、月娥、杜鹃、玉蝶等。

以自然现象喻人:如寒冰、彩霞、彩虹、雨清等。

以其他好的字义喻人:诸如惠芳、素香、秀芬、婉芬、雅菲、艳丽、秀珍、秀英、秀伟、秀清、清香等。

数词达意命名 在名字中恰当地使用数词,使其像一条红线把颗颗闪光的珠玉串连起来,组合成熠熠生辉而活泼的名字,可收到异乎寻常的效果。因为数词具有其他汉字所没有的优势,能发挥一般汉字所不可替代的作用,有很强的表现力。

以"一"字来说,在名字中有多种用法,可表示数量少、唯一、集中、专一、开端、一样、同一、全满、整齐划一、排在最前面的序数,还可以以助词用。人名中诸如苏一山、张一青、卫守一、王敬一、王定一、王如一、安曾一等。其他数词也有同工异曲之功能,如阎二旺、张二树、杨三会、解三海、霍中三、阎九二等名,都很耐人寻味,有很多的学问,能恰当地表词达意。

虚实相间命名 "虚"指虚词,"实"指实词,就是虚词与实词巧妙地配合使用,产生富有表现力的美好名字。虚词包括介、助、连、副、语气词等,实词包括名、动、代、数、形容词等。这两种词相间搭配,阴阳相济,虚词以柔,实词以刚,使名字出奇制胜,魅力无穷。如马应之、阎之仁、张之乐、杜乃成等。起名时常用的虚词还有尔、则、乎、哉、而、于、者等。这些虚词在名字中发挥着多种作用,如表方向、表阐释、表因果、表转折、表顺承、表同类等。虚实组合,可弥补实词过"实"的不足,缓和了语气,丰富了实词的内涵,相得益彰,使名字委婉动听,活泼清新,优美而富于变化。

借用成语命名 以成语起名,富有品位与文化情调,具有观赏、实用、审美价值,耐品味,且朗朗上口,含义深远,给人以美感。名字中的成语运用自然无法整体套用,但可以将成语加以改造,取其义而用之。主要有简缩、纲目、谐音三种方式。诸如:

马成功——"马到成功";

安如山——"安如泰山";

时和丰——"时和岁丰";

刘海粟——"沧海一粟";

谢德重——"德高望重";

霍中三——"连中三元";

任义德——"仁义道德";

钟志诚——"众志成城";

曹克礼——"克己复礼";

沈力行——"身体力行"。

巧用诗言典故命名 典故是指典籍中出现过的有故事有出处的词语,其文化内涵很深,利用典故区区两三个字,可起数百字的效果,有"四两拨千斤"的功效,故人们常常引经据典、寻章摘句给孩子起名。如:

赵安仁:语出"仁者乐山";

苏一山:苏谐音"书",语出"书山有路勤为径",攻书只有"勤"路一条;

王大任:语出"天将降大任于斯人也";

杜振宇:语出贾谊《过秦论》"振长策而御宇内";

李云龙:取"云从龙,风从虎"中入云龙。龙在云中才能大显神通,表示大有用武之地;

马志远:取"路遥知马力","致远"见真心。能致远乃良马、宝马;

刘自清:取《楚辞·卜居》中的"宁廉洁正直以自清乎?"

龙马富:龙马,即长翼的马,飞马,只有在明君盛世年代才会出现。有了这样的"宝马",何能不富?

尚德扬善命名 衡量一个人生命价值的重要标志之一就是品质,在不同的时代,品质有不同的要求。由于人们受儒家文化影响至深,因而在取表现品质意义的名字时,习惯于以儒家的道德观作为标准。

品质包括很多方面,如诚实、正直、谦虚、忍让、礼貌,以及乐于助人、与人为善、严以律己、宽宏大量、克勤克俭、谨慎言行等,起名方法大体有如下几种:

概括而言,有的人起名不涉及具体的某种品质,而是从品质总的方面,反映心性与修养。如常正己、李自珍、王怀德、刘光德、张德存、谢德重等。

表示意义:忠诚、宽宏之心,如周恒山、张存义、刘如宏等。

表示谦恭、气节:如王克恭、吴时谦、刘尚义、王克贞、孔贞元等。

表示谨言慎行:王守信、陈思言、丁行芳、郝道行等。

表示礼仪:于守礼、田厚仪、张安礼、程瑞礼等。

表示克勤克俭:李克勤、方克俭、路素洁、杜宏业等。

表示扬善立德:张吉善、霍善清、赵善甫、蒋善怀等。

但话说回来,以尚德扬善起名只是"言",为人做事才是"行",只有言行一致,才能达到起名的目的;反之,就会遭到唾骂,成为人们的话柄笑料。

男孩起名特征 过去传统社会,男孩身负传宗接代的历史使命,又担当光耀门庭的责任。前面所述各种起名习俗与方法,实际上也是以男子为主要对象的。甚至可以说,关于起名、号、字的讲究,也主要是研究男子的名字,很少顾及女子。在我国,历来就有重男轻女的传统习惯,对男子一直寄以厚望,起名的思路与做法,概括如下。

多选用阳刚色彩浓厚的字入名,表示意志刚毅和力量巨大。如坚、刚、牛、力、山、钧、柱、劲、舟、春、峰、浩、石、然之类。起名也多用高大山、刘大海、马宏宇、吴平汉、梁国柱等这些男人气十足的字。

选用光宗耀祖、强调道德规范的字入名。如陈孝先、赵光宗、杜世光、周怡孙、冀嗣宗等；以名正德、以名正行的如梁建国、张学中、卫宝善、王德茂、余克勤、龙高翔、王进忠、宋进军等。

选择表示吉祥、福禄和预兆事业发达的字入名，可以取名为：赵大华、钱汉祥、刘宝瑞、张国柱、关玉和等。

选择反映时代观念的字入名。新中国建立以来，人们的思想发生了很大的变化。一些反映人们热爱祖国、热爱人民、热爱社会主义、揭示人们事业理想和追求的名字日益增多，如爱华、卫华、振华、跃华、爱国、向东、卫红、建国、国庆等名字，简直是铺天盖地，重复现象越来越严重，并且有的名字既单调又政治色彩浓厚，这自然也不是唯一倡导的趋向。男性人名应讲求艺术性和个性，应反映个人的情趣志向和刚阳之气，这也许是今后努力的方向。

女孩起名特征 女孩和男孩在起名上有明显的区别，一般情况下，从名字就可以知道男女。女孩的名字，往往富于女性意味与女性色彩，并明显地表现在名字的音、义、形上；多给人以清爽、温柔、艳丽、姣美的感觉，往往和大自然中的那些华美的风景、鲜艳的色彩、珍贵的事物等特征相联系，女性化很强。

多用女性字：女性字是指含"女"偏旁的字。其中最本分的是"娘"，与男子"郎"相对，如秋娘、三娘等；此外有用女、姑、姐、妹的，如玉姐、梅姑、三姐、八妹等。用"奴"表示自谦，过去有玉奴等，也有用抬高身价的姬、妃、媛、嫱等字的。有些女性字是形容神色与姿色的，如媚、姣、婉、娴、妩、妮、婵、娟、娉、婷、娥、敏等，常常被用于女名。

多用花鸟字：花鸟字多能显示女性的阴柔之美。以花命名的除浣花、湘兰、香梅等外，常常根据女孩出生当月的物候特征命名。如正月生的，取名春兰、春梅、春芳等；二三月桃杏花盛开，取名杏芳、桃花等；四月燕归来，取名燕子、小燕等；五月石榴花开，取名榴花、榴红等;六月荷花放,取名荷香、荷莲等;七月有七巧日,取名巧云、巧儿等;八月桂花香,取名桂香、桂兰等;九月菊花黄,取名菊仙、菊香等;十月、十一月入冬,取名冬梅、冬花等;十二月腊月,取名腊梅、腊珍等。以鸟命名的如:鸣凤、玉莺、春莺、飞燕、秋雁、鸳鸯等。雉虽是鸟类,因刘邦妻吕后名雉,后世避恶名而不用。

多用闺物字:首饰、服饰、化妆品、闺阁等零物,均可用于女名。诸如宝钗、玉环、锦茵、玉绣、玉粉、香兰、闺秀、香闺、红线、英台等。

多用珍宝字:金、银、珠、玉、宝、玩,在女儿家的眼里,是有特别偏爱的,因此常用于女名。如婉珍、金凤、宝珠、玉贞、静珊、瑶芳等。

多用彩艳字:如新秀、小红、红英、绿英、玉青等。

多用柔景字:以天地之间柔和景物作女名,如云帆、秋月、晓霞、春虹、夏莲、秋菊、冬英等。

多用柔情字:如念奴、佩柔、媚玉、如梦等。

多用女德字:一些像贞、淑、瑞、庄、娴、静等表示德性的字,也常被收入女名,如贞秀、淑英、玉瑞、丽庄、娴倩、静波等。

多用叠字:选择一些意义好的字重叠而名,听起来非常可近可亲,诸如莺莺、圆圆、珍珍、红红、琼琼、珊珊等。

起名方法,除上述诸种之外,还有父母应梦、期望、直用文学名著、依据字义、根据音韵、借词谐音、拆姓为名、仰慕前人、以爱好、以性格等多种多样,实可谓五花八门。尽管方法之多,其目的同是达到一个"好"字而已。不过话又说回来,名字只不过是一个人参与社会活动的一个代号,就同体育竞赛时运动员身上的号码一样,能否有所作为,有所成就,主要取决于个人有无崇高的理想目标,有多大的决心和毅力去为之奋斗,有多少知识、能力和创造的欲望去为达到目标提供可能与铸就条件。

名字内涵的文化精神

人在社会中生活,我们看不见的一种浓厚的文化传统,时刻对我们的生活产生着潜移默化的影响。一个地区甚至一个民族的特有的文化传统,它是一种环境,也是一种精神,使我们的社会生活和精神生活都打上了深深的文化烙印,表现出浓烈的文化认同。名字作为中国文化百色板中的一块,其色调也是鲜亮明熠的,它折射着中国文化的精神,并和多方面有着相关的联系。一个人的名字,既是个体生命的代称,又是个体的个性特征与社会特征的象征。反过来说,一个人的名字必然会受到社会文化的影响,因为人都是社会的,其名也都是借助属于社会的文字,就必然与社会文化影响分不开。一定时期的社会和一定民族的社会,都有属于它的特有文化。人的名字,自然而然地就会体现出与当时社会的文化和当地民族的文化必然的联系。

命名与宗族观念 宗族是中国传统社会中关键的一环,是社会结构的基础。长期以来,宗族观念孕育、成长、传承,深深地积淀在每个人的心中,形成中国文化精神中突出的一个方面,姓名就是多方面体现中的载体之一。姓氏是宗族的标志,是群体的号角,是先天的。人常说"天下姓×的是一家"、"一笔写不出两个×字来"。它揭示一种血缘关系,表示家族的血脉相连。传统观念注重传宗接代,家族兴旺,希望子孙繁衍,光宗耀祖。与先天的姓相关的后天的名,往往鲜明地体现着宗族观念,反映出很强烈的文化色彩。比如按"字辈谱"、"偏旁字"等命名方式,表达了祖祖辈辈对子孙的期望,表达着人们几代甚至数十代之间的血缘亲合关系,把人们个体生命延续的意识和家族亲缘关系传承的意识统一起来,保留下去,成为家庭乃至民族坚不可摧的亲和力和凝聚力。

命名与伦理精神 中国传统社会是一个讲究道德、操守的社会,所谓"三纲五常",有"仁、义、礼、智、信"等道德要求。这种道德在人名上的反映,体现出人们的传统的道德文化心理。以美德命名取字和取用钦慕先贤圣哲的名字,人们都是倾心向往、并躬亲实践的。不过,传统中国社会是以"男性为中心"的社会,普遍的社会道德几乎是男性的专利品,而对妇女则进一步规定了专门的道德律条,这就是前面所说的"女德"。追求美与见贤思齐的态度和理想,也正是被称为的"伦理型文化"。

命名与民间信仰 民间信仰是广大民众生活的指导思想之一。它指导着人们的日常生活,更指导着礼仪生活,人们的任何行为,几乎都能与民间信仰联系起来,命名当然也不例外。

命名折射的首先是民间对语言的信仰。俗话说:"良言一句三冬暖,恶语伤人六月寒","好言难得,恶语易施",信仰语言的力量,就在于希望通过语言可以获得奇功异效。在封建社会,人们相信图谶符咒,在现代社会,人们相信标语口号,在命名上也反映了这种民间信仰,即使用了个贬义词字,也要把它颠倒过来说成褒义,如"贱名长命说"等。

命名也反映了传统的阴阳五行观念。本来,阴阳五行是道家术士的思想,很是玄妙,可一到民间,却与人生命运联系起来,形成了命相的迷信。古人认为天地万物不论自然现象还是人为现象,物质现象还是精神现象,无一能逃出五行的范围:天有五星,地有五方,人有五脏,声有五音,粮有五谷,把一切都纳入五行这个"万宝箱"之中。有的事物即使多于五或少于五,古人也要削足适履,多则砍去,少则补足。如家禽家畜远远超过了"五"的倍数,可古人只取犬、马、牛、鸡、猪五种;季节本来只有春、夏、秋、冬四季,却偏偏要另加一个"长夏"来凑数;颜色本来是红、橙、黄、绿、蓝、靛、紫七种,也要说成蓝、黄、赤、白、黑五色。

以民间信仰命名还有多种,不再赘述。

命名与性别观念 男女性别是人类最基本最原始的类别,这种区别在历史上刻下了不可磨灭的痕迹,也给人类文化留下了深深的烙印。一个民族、一种文化,总是存在着对男女性别的独特认知,经历漫长的历史时期之后,便凝结成了传统的观念。

男女名用字的不同,反映了性别观念。从男女命名特征中美德这一格来看,男人多用标志社会普遍道德的字,女人则只用标志女德的字,这不仅表现了男女差别,也是男性中心社会的绝妙体现。女名多用"女性、花鸟、闺物、珍宝、彩艳、柔景、柔情"的字,多用女性专用字和带女字旁的字;有的字是形容女性姿色,有的字是形容神态;把女性喻为香草,或比作小鸟,或视为珍宝,或囿于闺中,充分反映出传统的女性观。

从名字的使用上来看,它不只是简单的一个符号,人的社会交往很多时候都是以名字为载体,代表着整个的名者自己,包括其优点、缺点、品格、形象,在进行着人与人之间的交流,在传递着各种信息。不过,这种使用权几乎是男人独占,女名是不出门坎的,只有家里的父母兄妹使用,此外很少有人称她的名字,只称谁家小姐、谁家夫人、谁家母亲等以"三纲五常"为准绳表示人际关系的称呼,以此代替了名字。在沁州地域更为独特,只要是嫁出去的女子,除娘家人外,都称为"××(丈夫名)家",就连夫妻之间也互不称名,只用一个"哎"字代名,这种称谓不知延续了多少年代,直到清末民初,尤其是在解放后,女子的名字才走出家门,踏入社会。尽管如此,乡间一些老夫老妻互称时,仍习惯于"哎"来"哎"去的你呼我唤。

名字的结构法,本身就将男性作为比较的基准,男尊女卑和男强女弱的性别观念,表明了以男性为中心的意识。这种传统的性别区分,长此以往存在于人们的脑海中,不论名主还是别人,总希望男人要有个男人名字,女人要有个女人名字,男女名字有别仍然是普遍现象。反之,就会给人一种不舒服的感觉,就会视为不正常,这仍是中国封建文化观念的遗存。

命名与汉字特点 中国人名的结构方法丰富多彩,精妙迭出,这与汉字的特点密切相关;名与字,乃至与姓的巧妙关联也有赖于汉字的表现力。

汉字最显著的特点是表意性和原子性,而这二者又是紧密相关的。所谓原子性是说汉字能够单独表意,许多汉字又能增、减、拆、拼、随意结构,这就给汉字使用者提供了极其广阔的天地,人们的名字也正是依靠这一点达意致情,妙趣横生。

单从名的角度来看,人名利用偏旁,也反映了汉字的特点。如前所述,族名大多规定辈序字,其中包括偏旁,以偏旁排辈序,以字形结构表示辈序,如合二而一的朋、林、炎、羽等字,表示一辈,合三而一的鑫、森、淼、焱、晶等字,表示一辈。又如日昌、月明、木林、木森等名字,以及根据五行观念所取的名字,都表现和利用了汉字的结构特点。

名与字也往往依汉字的结构特点而联系起来。字为名的分文,如名舫字方舟等;字为名的省文,如名媚字眉生、名桧字会之;字为名的加辞,如名安字安石、名牧字牧之等。此外,命名也多用汉字的字义与声音,来体现名字内涵的文化精神。

命名与成语典故 命名的本身就是一种文化行为,用一些汉语词汇或典故来起名字,反映了中国文化内涵丰富的又一鲜明特点。汉语词汇,特别是一些成语典故,经过历史演进,有了广泛的引申意义和丰富的象征意义,体现出中国语言文字与时俱进的文化特色。人们根据自己的姓氏,或者直用其字,或者谐用其音,借词义、典意起名,使人名文化与中国语言文字文化的联系,更多了一道有趣的景观。由于汉语言文字在表意、象形、谐音、隐喻等方面的广泛性和深刻性,使得人的汉语名字在传意、抒怀、寄情等方面有了丰富的空间,也使得人的名字更多了一些情趣与品位。所以,人名文化,是丰富的中国传统文化的表现。

借用汉语成语、典故起名,使名字具有了文化内容,而名字作为某个人的特定代称,随着在社会生活中这个人名的特定意义的引申,被赋予广泛的社会文化内涵,因而又具有了一般语词的广泛文化意义,这便成为中国传统文化中又一个耐人寻味的文化现象。所以说当名字成为表达一定意义的语词、典故和一种文化时,又反过来丰富了中国的语言文化。

综上所述,人名作为一种人的特定称呼、一个人区别于他人的符号,从一个非常个性化的称谓成为一个社会化具体特定文化意义的语汇,它体现了中国语言文化的特色和丰富性。同时从另一个意义上说,人名之所以能有这种文化性的演变,总是与特定人名所代指的特定的人、与他的特定个性与特定行为所具有的广泛社会意义或典型的社会代表性有关。一种美德,一种高尚的品行,通过一个人的人名固定在一定的人名文化中。同样,一个人的人名,也能成为一种丑恶、虚假、罪恶的代称。每个人都想有一个好的名字,每个人总想让自己的名字能流芳百世,那么就看我们在自己的生活中,用自己的言行赋予我们自己的名字什么样的意义。

古人说,"有其名必有其实,名为实之宾也"。愿我们每一个人都有一个好的名字,愿你的名字能给你带来好运,有益于社会,祝你成功!

婚 嫁

多样的婚配

人类的婚姻,基本上经历过五个阶段,即杂婚、群婚、族外婚、对偶婚、专偶婚。在历史长河中,随着社会的发展,婚姻关系也由低级向高级发展,人们逐渐从原始的自然婚配形态中摆脱出来,过渡到较文明的婚姻状态。在漫长的过程中,便出现了各种形式的多样婚配。在古沁境域内,太遥远的无可追溯,但就人们知道和经历过的,也有多种多样的婚配形式,而这些奇异的婚配观念与婚配方式,至今还在不同程度上以各种特定形式渗透在现代的婚俗之中。

童婚 传统婚姻重早不重晚。"早生儿子早得福"的传统观念,促使许多父母过早地为儿女娶媳妇、找婆家,形成了早婚习俗。

所谓"童婚",是指父母在其子女尚未成丁之年,由父母做主,将女儿嫁到夫家,或为儿子娶媳妇。"结婚不拘年龄","唯成童即娶嫁",这是童婚的一大特征。在儿子还幼小的时候,父母代儿子娶过媳妇,却并不马上圆房,而是把媳妇当作女儿养起来,作为劳动力使用,等儿子长大再圆房,叫"**童养媳**"。这样既不用花很多钱财,家里又添了个好帮手。童养媳往往是社会中最低下的人,大都受公婆的折磨,过着非人的生活,有的经过多年的熬煎,到头来还是被丈夫遗弃。

童养媳的另一个特殊形态,一般是女大男小的奇异婚配,通常都有十多岁的差距。造成这种婚配的主要原因,多数是女方家穷,父母养活不了,或是父母早逝,无人抚养。

流传有童养媳歌:

十三上到了婆婆家,麻绳绳捆住火柱打。
大姑子叫俺侍候她,小女婿喊把屁股擦。

十八大姐七岁郎,夜夜睡觉抱上床。
说他丈夫年岁小,说他是儿不叫娘。

待到郎大姐已老,待到花开叶又黄。

交换婚 交换婚得以流行,大体原因是一来可促成儿女婚姻,二来可使子嗣不致断绝,三来能省去娶媳妇的巨额开销。这种婚姻形式,实质上是古代掠夺婚的残痕。在盛行掠夺婚的古代,各氏族常常大动干戈,一个女子被其他氏族所掠,被掠氏族又掠该氏一女以示报复。互掠之习,既得到心理上的平衡,又得到了婚姻上的满足,久而久之便形成了交换婚风习。随着私有制的产生,买卖婚姻聘礼的昂贵,使许多贫家望而却步,而交换婚便提供了一种解决的途径。

此种婚姻,过去在沁域内有两种:一种是甲家女嫁给乙家子,乙家女嫁给甲家子,这样互换即为对婚;另一种是甲家母嫁给乙家父,乙家女嫁给甲家子,如此互换人称"母博儿妻"。如果子女幼小,两家即合二为一,等儿女到龄举行圆房仪式。

这种婚配,同买卖婚一样,往往会蒙上一层悲剧的色彩。

再婚 丧偶或夫妻离异又行娶嫁的男女,称"再婚"。死去男人的妇女,叫"寡妇"。按传统的封建伦理观念,寡妇再婚是极不提倡的。《礼记》中就提出:"一与之齐,终身不改,故夫死不嫁",从此就给中国妇女带上了沉重枷锁;而历代统治者,又给枷锁上加了一层又一层的封条,什么"礼无再醮[①]之端"、"夫有再娶之义,妇无二适之文"、"烈女不嫁二夫"、"饿死事小,失节事大"等等禁锢,所以,寡妇再婚便成为一种羞耻之事。翻开《沁州志》古本,"烈女"、"节妇"、这氏那氏占有很大的篇幅。她们为博得个虚名,受尽了守寡孤独的煎熬,到头来连个名字也没留下。所谓贞节,是指女子忠于丈夫,从一而终,丈夫死后不再改嫁;如果遇到强暴凌辱,她理应以死相拒;如果丈夫死后,她跟着自尽殉身,则更被誉为"烈"。直到历史上的"文景之治"后才稍有放松,到了宋代就更为宽松,开始出现了"凡为客户身故,而其妻愿改嫁者,听其自便"的记载。真正倡导

[①] 再醮:指女子再嫁。

"从一而终"的观念,倒是后来的明清时期,不过也是亦禁亦行罢了。

寡妇改嫁,有诸多限制:要嫁必在死去丈夫的婆家改嫁,不能回娘家出走;时间必须在半夜三更,不得梳妆打扮;出门时要大掀怀,让死夫族人看见没带族家任何东西;手里必须拿支火柱,叫"通家火柱"。含意有三:其一火柱是铁制的,铁器是镇物,可作避邪之用;其二是说明和族人已谈妥了,没有阻碍可以通行了;其三的用意是对新到的男家,"通家火柱"也可说"同家伙住",也就是告诉男方"咱们是一家人了"。出了家门,要步行到村外。如果不这样做,过去人们迷信,认为人死后灵魂还在,前夫的灵魂就会跟着而来。先走一段路的用意,就是让前夫的灵魂发生错觉,以为他的妻子是出门有事,他的灵魂就不跟他的妻子了。

乡间有"初婚不坐车,再婚不坐轿"的俗约。寡妇徒步到了村外,要脱掉脚上的旧鞋,扔在道旁,换上男方送来的新鞋,表示与前家一刀两断,要穿新鞋走新路,随即乘车前往男家。无论在道上还是回到男家,既不鸣炮吹打,也不拜堂请客,直达房内,梅开二度,享新欢之乐。

女方若随带孩子,孩子不能与母同车,男方要差专人,领着孩子走另外一条路到男家。

除寡妇出嫁属再婚外,还有死了或休了妻子的男人,和被男人休了的女人再娶嫁,俗称"后婚",也属于再婚。所谓"再婚",按现在话说,就是曾经结过婚的男女再娶再嫁。婚仪一般从简,女子从娘家出嫁时,也是乘车而往,男子去不去亲迎皆可。

解放后再婚已不受社会与家庭的压力了,男女有结婚的自由,也有离婚的自由,再婚成为男女之间的个人事情,爱怎么办就怎么办,受着法律保护。

招女婿 亦称"倒插门"、"入赘",是一种女子不出嫁,招男子入家为婿的婚姻形式。有两种情况,一是为女儿招婿,一是为寡妇招夫。不论何种情况,最主要的目的,无非是以下几种:

女家没有男性子孙,为了维持家计和抚养老幼而进行招夫或招婿,这是其一。其二是女家家大业大,没有男性子孙时,为了获得男性继承人,进行招婿招夫。因按传统风俗,女子没有继承、祭祀权,除了收养子孙,最好的办法是让女儿或寡妇生子来继承香火。其三是有的父母过分溺爱女儿,怕女儿嫁出去受罪,于是给女儿招个女婿。最后一种是特殊情况,就是结发妻只生有女孩,而妾却有男,发妻不甘心妾儿继承全部财产,就特给女儿招个女婿,以便将来让外孙继承家产。

尽管人们对被招的招婿和招夫有着歧视,但是只要"插起招兵旗,就有吃粮人",一些弟兄多的穷家儿子,或娶不起媳妇的光棍们,还是愿去应招,使入赘婚经历了几千年而不衰。这也许同固有的"赘婚补代"传统观念有关。

一般地说来,招赘的婚姻,都没有正式的六礼,只能举行简单的结婚仪式。被"招婿"、"招夫"的男人,算是女家的家族成员之一,与女家有亲族关系,不过仍可保留自己的姓名,而且可以继续祭祀自己的祖先,但是却没有资格祭祀女家的祖先,当然更无权继承女家的财产了。招婿如果是终生从妻居,即从结婚第一天开始就住在女家,作为女婿要负责赡养岳父母全家人,而要成为女家合法的继承人,必须改姓女家姓氏,所生子女也姓女家的姓。

随着社会精神文明与物质文明的发展,这种入赘婚或招女婿的观念在逐渐淡薄,取而代之的是夫妻之间在家庭中的平等关系。只要男女自愿结婚,到政府登记就可,并不限女到男家还是男到女家,生下的孩子的姓氏,随父随母自便,男女都有继承权,夫妇都有下抚育孩子上赡养双方父母的义务。

一夫多妻 解放前,沁域存在着有钱有势的人有妻再娶的现象,叫娶"小老婆"。形成的原因大半是因妻子不能生育,或生育多女而无男,受"不孝有三,无后为大"的封建礼教思想濡染,故娶二房或三房,当然也有的是家有万贯贪图乐趣的。还有是丈夫与第二个女人同居,没有经过正式的六礼手续,而纳入家庭成员的,叫"纳妾"。

解放后,随着婚姻法的颁布实施,彻底杜绝了这种一夫多妻的现象,但在上个世纪70年代后,又出现了个别男子除妻子以外与别的女人生儿育女的现象。到了90年代后,又出现了个别家有妻子而和别的女人同居过夫妻生活的现象,人称"包二奶"或"养小三"。这种男子多是有权有钱的人,他们不敢冠冕堂皇,光明正大,生怕人们在背后唾骂,而有关约法部门却是视而不见,听而不闻。这种现象,值得引起重视。

买卖婚 本来结两姓之好,无需什么代价,但随着私有制社会的出现,对偶婚向个体婚过渡,男家要补偿女家减少劳动力的损失,欲将女子纳为妻妾,只要给女家特别代价就可以了。封建时代一夫多妻制的盛行,与买卖婚是直接相关的。有钱人三房四妾即由此而产生。久而久之,女子若无价嫁出,就成为一种不光彩的事情,要价越高说明女子越好,故而从损失补偿变成了合法勒索,以致无钱不成婚姻,"非受币不交不亲",于是聘礼就变成了嫁女的身价,女子也就像奴隶一样的任人摆布,正如乡间说的"出到的银钱买到的马,由人骑来由人打"。男人可以借故休妻,而女人提出离异则叫"跳槽"。如此,女子虽然有了身价,但失掉了人的尊严,被当牛马牲口一样对待。买卖婚有着相当长的历史,以致后来传之已久的婚姻六礼中,明确规定了"纳征"(纳币)一礼,为买卖婚正了名,对妇女的买卖更是明目张胆地进行,一直流行到解放前。

解放后,沁域境内从20世纪50年代已根绝了买卖婚姻的习俗,但在70年代末期,有些地方又死灰复燃,在聘礼上漫天要价,使男方家庭不胜负担,甚至迫使个别青年铤而走险,未入洞房先入牢房,走上了犯罪的道路。有的父母一辈子的积蓄,还不够给儿子娶个媳妇,只好东抓西借,造成了生活困难,而媳妇则享受着另一种生活,民间有谣:

　　媳妇子住得像宫殿,
　　老两口住得像牛圈。

媳妇坐沙发，
公婆坐马扎；
媳妇像时装模特，
老俩像河里王八。

这都是买卖婚姻所造成的弊端，不能不引起重视。

冥婚 又称"迷婚"等，它是古代对偶婚制与鬼魂信仰混合生成的怪胎。过去人们以为阴间和阳世间一样也有婚配，因此，大凡男女生前未婚者，死后其父母、亲属按人间婚仪为之寻找配偶、行婚仪，使死男亡女在阴间有妻室夫婿，品尝人间乐趣，灵魂得以安宁。此俗沁人叫"迷婚"，亦称"认墓"。

州域有七岁成丧的俗定。七岁以上凡是没有结婚就死亡的人，不论男女只能寄埋于地边、塄下，乡人叫"爬坡坡"。女子永不能进祖坟，孤男只有结上阴亲才能入祖坟。因为他们没有结过婚，家人总觉得对不住他们，不忍心他们孤男孤女独受凄凉，总想着给死人继子立后，接续香烟，这才有了结阴亲迷婚之说。

冥婚仪式与活人婚娶礼仪的做法相似。丧家自己请媒人（鬼媒人）访得乡间死男亡女，双方商定愿结亲家，即择吉日，一般是清明节前后和十月初一。然后分头备办嫁妆、聘礼，不过一般不用实物，而是采用纸制的冥器，如纸屋、纸衣、纸铺纸盖、纸马等物。完婚之日，先发掘出男女骨骸，装入红棺。招入男家坟地时，要男棺在前，女棺于后，中间用红布条牵系，在鼓乐声中行礼如仪后，男左女右同墓埋葬，至此一对"阴间夫妻"遂告"礼成"。

死男亡女在阴间变成夫妻的同时，两家的活人也从此结为姻亲。在行冥婚礼时，两家各自都有亲友参加，男家要备喜筵接待来客，一切礼仪丧事要按婚事来办。

如此阴间相配，就叫"迷婚"，或"认墓"。也有是男女已订婚约，未曾过门而双双死亡的，只不过是举行合葬婚仪时不另找媒人说合了。还有是已定婚约后一方早逝的，若是女亡，男方在另娶之日，要用花轿去女家将亡女木主(牌位)先接回洞房,然后送入祠堂再娶新娘。如是男子先亡,男家一般要让女子另嫁他人,可是也有不让的,或者女子为求贞操礼教不愿另配他人的,男家要用花轿抬男子木主去把女子娶过来,与木主拜堂后入洞房,将嫁衣脱下改穿孝服,开始了漫长的守寡日程,这就是过去所称的"烈女"。有的烈女,一入夫家便关在房内,不得越雷池一步,甚至吃饭都得由人来送。这种像囚犯一样的生活,一直到民国以后,烈女们才可走出房门。

夕阳伴 过去无依无靠的鳏寡老人,因为生活困难,为了相互照顾,有的碰伴生活,乡间叫"搁伙"。从上个世纪80年代后,如此碰伴搁伙的老龄男女越来越多,不过大都不是因为生活困难。尤其是一些离退休了的伤妻亡夫之老者,他们儿孙满堂,可说是享尽天伦之乐,但是因为孩子们忙于事业,虽说孝顺也不能成天守在家里;即使常在家里,也缺少共同语言,老人往往过着空巢生活。他们不甘心孤独寂寞走出家门,通过锻炼身体,参加一些文体活动和上老年大学等社会活动,与一些"同病相怜"的异性接触,有着共同的语言,逐渐产生了相爱之情;再且都是些"过来人",懂得怎样关心体贴对方,所以冲破了"老不正经"的传统观念,也不到政府进行登记,便组合到一起,过着事实上的夫妻生活,人们称之为"夕阳伴"。结伴时,有的还要举行一个小小仪式,即到饭店包几桌饭,邀双方子孙与少数亲友赴宴,一方面表示祝贺,另一方面望两家孩子友好相处。这种结合还有个别号,叫"一家两制"。大多是活着相依为伴,死后各归各家,这样既减轻了双方儿女的负担,又能使他们享天年之乐,老有所为,对国家对社会非常有益。

对于这种"夕阳伴",当地流行歌谣有:

> 活碰死不碰,
>
> 双方财产都不动;
>
> 孩嘞们叫甚还是甚,
>
> 两家有事都关心。

繁琐的婚仪

婚礼,是人生中最重要的大礼,是礼中之礼。乡人流传着"男大当婚,女大当嫁;不婚不嫁,孤人难活",又有"女大不中留,中留结冤仇",还有"人留后世草留根,天不留地没有人"等俗语,都说明男婚女嫁是天经地义的。男女两姓结合,建立家庭,生儿育女,使家族、亲族得以延续和发展,也就是使由家庭细胞构成的人类社会得到了发展与前进。

时代在发展,社会在进步,人类的风俗也伴随着一个个历史的发展过程在不断地前进,不断地更新。婚姻是人与人之间最重要的关系,也是人群与人群之间联合的纽带,它同其他事物一样,也有一个发展过程。所谓婚姻礼俗,就是指男女结婚时的一整套程式和规范化的秩序。它包括从择偶到正式结婚,程序之多,仪式繁琐,还夹杂着不少迷信和陋俗。综观沁人之礼,受清时保和殿大学士吴琠敢于破旧立新、不拘于旧习俗的吴家《昏礼节要》影响,正如吴时谦在序中所说:"吾沁俗朴民淳,文公家礼择其简便,切要者粗具仪节。"故与各地汉族婚礼略同有异,婚姻礼俗,按时间先后,可分婚前、婚嫁、婚后三个阶段。

婚前礼

从议婚至完婚过程,西周时代已确立六礼:纳采、问名、纳吉、纳征、请期、亲迎。结婚须经过这六道手续,施行六种礼节,其中前五项,可视为婚前礼俗。

天上无云不下雨,
地上无媒不成亲。

纳采 男家请媒妁向女家说明缔结婚姻的请求,相当于如今的提亲、说媒。封建社会施行包办婚姻,青年男女没有自主权,到当婚、当嫁的年龄,男方家长便请媒人向门当户对者提亲。纳采要携礼物,古礼用的是雁,因"雁候阴阳,待时乃举,冬南夏北,贵有其所",实际上是在告诉女家"男大当婚,女大当嫁",应该像雁那样适其时择其所。这种找媳妇的方法,男方家长是根据自己的要求条件,预先经过多方了解,物色好对象后才提出意向,请媒人说合。这就是自古以来选媳妇要遵循的"父母之命,媒妁之言"。

选媳妇和选丈夫的条件,古今变化很大,各个时代有各个时代的要求。古时除门当户对外,还要注重八字命运以及容貌等。那时流行缠足,因此脚越小越认为美,所谓"三寸金莲",看得特别高贵,这是选媳妇的重要条件之一。其实,一个女人并不能因脚小就算美女,试想一双很好而正常的足,要用布条紧紧缠住,不能正常发育,却让扭曲变形成为畸形小脚,走路时只能把重心放在脚后跟上,臀部的肌肉不得不紧缩摆动,而呈现一种扭扭捏捏作态样子。如此摧残了身体,不能像正常人一样劳动、生活,本是弱不禁风,还被赞为"走路如同风摆柳",这只是迎合了当时的病态审美观,还作为选妻标准,真是令今人不可思议。尽管如此,这种封建婚仪制度,在各个时代,虽然有所增减,但万变不离其宗,一直沿袭了两千多年,到了民国,也几乎没有什么大的变化,直到上个世纪解放以后,才废除了包办买卖婚姻制度,实行了男女平等,自由结婚,并颁布了婚姻法规。至此,在各个时期找对象的条件与要求,变化也是很大的,并缩短了变化的周期,从乡间在各个时期流行的歌谣,就可看出这种变化。

40年代:
>不图房子不图地,
>就图一个好女婿。

>自由结婚自主婚,
>嫁汉要嫁心上人。

劳动模范好后生，
军属干属最光荣。

人才美貌，
自带米票；
政治可靠，
背个挎包。

50年代：
一工二干三商人，
死也不嫁受苦人。

头等人，找干部，
二等人，寻饭铺，
三等人，嫁受苦。

60年代：
宁嫁队长，
不嫁县长。
(三年困难时期)

嫁汉要嫁——
成分好的贫农，
工宣队的工人，
钢铁长城军人，
可不敢嫁——
当权派的儿孙。
("文化大革命"时期)

70年代：
嫁上穿蓝的(干部)有权，
嫁上穿黑的(工人)有钱，

嫁上穿黄的(军人)赛如过年。

听诊器(医生),方向盘(司机),
实物包管营业员。

80年代:
宁嫁个体户,
不嫁村干部;
宁嫁专业户,
不嫁乡干部;
宁嫁万元户,
不嫁县干部。
(初期)

大专文凭有职称,
结婚先要转供应;
公公婆婆人年轻,
最好能是双职工。
(后期)

90年代:
嫁个一把手,
常在人前头。
嫁个包工头,
有钱耍风流。
嫁个大老板,
家产千万贯。
嫁个说嘴官,
游山把水玩。

60年的变化:
40年代打日本,

50年代嫁英雄；
60年代嫁贫农，
70年代嫁军营；
80年代嫁文凭，
90年代嫁珠穆朗玛峰①。

这些歌谣,反映了随着生活的逐步提高,人们的婚姻观念也在不断地变化,同时也说明"身世田园,门当户对"的封建残余思想仍然存在。在沁域,等级门第观念,过去十分讲究,有"诗书宦门者为上等,业农工商者为中等,唱戏乐户抬轿者为下等"的说法,上等不与中下等为婚姻,而下等也难与中上等作嫁娶,"名称世家,对其门阀"。

至于审美观,一个时代有一个时代的标准,当然会渗透在各个阶段与时期的变化。婚姻观念的变化,是婚姻的先决条件,只有符合要求,才有可能结为伉俪。纳采,就是男家请媒人去说媒,不过在沁域是没有职业媒公、媒婆的说媒人。按乡人俗习是"察问好"后,浼托可靠的亲友去提亲说合。就是当今,男女自由恋爱结婚之前,也要找个亲友作为介绍人,让其为婚仪中一些细节琐事往返于男女双方两家。

在漫长的封建社会中,无媒是不成婚的。不待媒妁之言而"踏墙相从",将为父母国人皆贱之,所以媒人在旧婚姻中占有相当高的地位,几乎主宰着男女的婚姻大事。我国自西周以来推行包办婚姻,形成了非媒不成婚的传统。媒人专司婚嫁双方的联络、协商事宜。宋时产生了媒人的行会组织,元代官媒更受国家重视。媒人在历史上的地位具有显明的两重性,一方面受社会重视,我国自古就有非媒不行嫁娶的礼教条规,什么"媒妁之言"、"男女无媒不交,无币不相见"、"为婚之法,必有行媒"、"处女无媒,老且不嫁"等等。在整个婚礼过程中,媒人都是唱主角儿的。婚典时"当迎亲之日,为媒

---

① 珠穆朗玛峰:指条件越高越好。

介者,峨其冠,毕其服,高视阔步,大有唯我独尊之慨"。另一方面,媒人是包办婚姻不可小瞧的一个环节,且有为谋财害人者,故而又受到人们的鄙弃,骂媒人者,恨媒人者,因媒人造成人间悲剧者,屡见不鲜。

"媒,谋也,谋合二姓者也;妁,酌也,斟酌二姓者也。"又,"媒者,通二姓之言,定人家室之道。"媒人在历史上有过许多别称,如月老、蹇修、柯人、红娘、冰人、保山、红叶、大宾、媒婆等,现代人们把为男女婚姻搭桥者,称"介绍人"。过去的别称中,最能体现我国传统婚姻典型特征的就是"月老"。那么,月老何许名呢?

月老:就是"月下老人"的简称,从明朝开始,是人们所崇拜的婚姻之神,然而他的故事早在唐朝就已流传开了。

相传,唐代有个叫韦固的人,是个孤儿。长大后,一次路过宋城,住进了城里的南店。一天晚上,韦固到店外散步,见到一个奇异老人,靠着一个布口袋坐着,在月光下翻看着一本书,像在查找什么。韦固问他翻捡何书?老人答道:"天下人的婚书。"韦固又问袋中何物?老人:"袋内是红绳,用来系住夫妇之足。虽仇敌之家,贫富悬殊,天涯海角,吴楚异乡,此绳一系,例定终生。"这就是流传千年的俗话"千里姻缘一线牵"的来历。

韦固十分惊奇,忙打听自己的婚事。月下老人翻书查看,笑对他说:"足下的未婚妻,就是店北头卖菜的瞎老太婆的三岁女儿。"韦固一听,勃然大怒,悻悻返回店中。他马上喊来仆人,命他去暗中刺杀这个小女孩,行刺后带着仆人连夜逃走了。

韦固从了军,勇武异常,不觉十多年过去了,他到处求婚,却始终不成。后来他靠父亲的老关系,去拜见相州长官刺史王泰。王刺史觉得他很能干,提拔他做了司户椽的官职,主管狱讼,并将女儿许配给他。妻子大约十六七岁,容貌秀丽婉约,韦固很是称心如意。但她眉间经常爱贴花钿,即使是沐浴和闲居时也从不摘下。韦固感到很奇怪,便向她询问。妻子告诉他:"我是刺史的养女,我父曾任宋城县令,不幸病故。当时我还是个婴儿,母亲与兄长也都先后去世,乳母陈氏可怜我,连卖菜也抱着我,不肯让我离她片刻。三岁那年,乳母带我到菜场途中,不幸被一个狂徒刺伤,如今刀痕还留在额头上,所以我就用花钿贴在上面。七八年后,我的叔父做了官,我才跟他来在这里,作为他的女儿嫁你为妻。"韦固问道:"你的乳母是个盲人吗?""是呀,你怎么知道的?"妻子说。韦固这才知道,原来仆人只是在那三岁女孩眉间刺了一刀,并没有刺死她,便把原委向妻子说了一遍。双方都为此惊奇不已,都觉得天意不可违。从此以后,夫妻两人更加情深意笃,相敬如宾。后来他们儿女满堂,有一个儿子还做了雁门太守,朝廷封贴花女为太原郡太夫人。宋城县令听说此事后,亲笔为当年的旅店题词为"定婚店"。后人根据这个传说故事,编成戏剧搬上了舞台。

月老在民间有广泛的影响,成了媒人的代名词,一直至今还有人沿用。

就这个不怎么美妙动人的故事,居然"风靡"了整个上层社会和民间社会,一直流传了一千多年。故事中那个关键人物月下老人,在婚姻中所扮的角色,使后世叫媒人为"月老"的美称,就是从这里生发与传开的。月下老人,简直是一个老儒生形象:身负书囊,皓首穷经,一身腐气。用"书"来签定两个素不相识人的终生,一经他那条比铁链还牢的红线拴定,命运即无法改变。他代表了传统社会老人对婚姻的控制威力,青年男女只能听天由命。月老只是婚姻的神灵,而不是爱情的神灵;只关心婚配的本身,并不考虑当事人的情感;只是"千里姻缘一线牵",并不是"有缘千里来相会"。无数的婚姻悲剧,就是这个月老制造出来的。

此外,媒人还有不少雅称,说起来各有一段故事:

冰人:晋时有个叫索沈的人,很会圆梦。有一天,孝廉令狐策晚上做了一个怪梦,梦见自己站在冰上与冰下的人说话,不知吉凶,就请索沈为他释梦。索沈说:"你这梦说的是阴阳之事,实际讲的是男女婚姻。你在冰上对冰下人说话,是代表阳对阴说话,这说明你将替人说媒,何时冰破,何时婚成。于是,后人就称媒人为"冰人"了。

柯人:这个雅称来自《诗经·伐柯》:"伐柯如何?匪斧不克,娶妻如何?匪媒不得。"意思是说怎样去砍斧柄呢?没有斧头是不可能的;怎样娶妻子呢?没有媒人是不行的。《中庸》也有"执柯以伐柯"之说,后来人们称媒人为"伐柯"或"柯人"了。

保山:见《红楼梦》第119回:"他说二爷不在家,大太太做得主的,况且还有舅舅做保山。"当时人们称媒人为"保山",指像山一样稳固可靠的保证人。

红娘:本是唐元稹《莺莺传》中的主人公崔莺莺的侍女。《莺莺传》写张生与崔莺莺相爱,经侍女红娘设谋撮合,使这对有情人终成眷属。元代王实甫据此改编为杂剧《西厢记》,此后,"红娘"便成了媒人的代称。

红叶:唐僖宗时,有个叫韩翠苹的宫女,渴望得到正常的人间之爱,便冒着生命危险在一枚梧桐红叶上题诗:

一入深宫里,年年不见春;

聊题一片叶,寄于有情人。

让红叶随着御河的水漂到宫外。

有一个书生在偶然中拾得题诗的红叶,为诗中的幽情所感动,也题词于红叶之上,借流水漂入宫中。韩翠苹常偷空到御河边,因此也得到题诗的红叶。后来天作良缘,宫里放3000宫女回到民间,两个有情人终于相见,结为伉俪。韩翠苹感慨万千,又题诗一首道:

一联佳句随流水,十载幽情满素怀。

今日却成鸾凤友,方知红叶是良媒。

此后,人们便把媒人又称为红叶。

生辰八字天生定,

属相从来不由人。

问名 男家问清女子八字,然后请人占卜吉凶。所谓问名,也叫"生庚",俗称"八字",相当于后世的"请八字"。八字就是将男女双方出生的年月日时(称四柱),写在一张红纸上,其格式如下:

男××乾造××年××月××日××时建生

女××坤造××年××月××日××时瑞生

上面所写"八字"的字数,习惯上必须是偶数才行,若出奇数,可随便增减一个无关紧要的字凑成偶数。男女两家收到"八字"以后,请算命先生配干支八个字相卜叫"批八字",看男女当事人的相性如何,如果相性好婚姻继续往下谈,若不好则告终止。

古人阴阳等信仰观念极重,有五行相克相生之说。相克的是:木(甲)克土(戊),土克水(壬),水克火(丙),火克金(庚),金克木,须忌避。相生的是:金之于水,水之于木,木之于火,火之于土,土之于金。乡间有"男犯妻家三十六,女犯婆家一世穷"之说,又有属相相合相冲之说。相克的如:

自古白马怕青牛,虎兔相逢一旦休;

金鸡不与犬相见,猪若见猴泪常流。

年龄相差6岁者,都不宜相配,民间叫"大六害"。还有生肖犯对冲的不择配,亦称"六冲"。所谓六冲是:子午、丑未、寅申、巳亥、辰戌、卯酉各为一冲。

相合的如:

红蛇白猴满堂红,福寿双全多康宁。

青兔黄狗古来有,万贯家财足北斗。

除此之处,婚姻的命相还有诸如看面相、骨相、手相等。这当然不是问名能所知晓,但也是必须查访、考虑的。比如,民间认为:

女人颧骨高,怀揣一把刀;

泪眼①吊丧脸,主凶又损钱;

女大三,抱金砖;

若要富,炕上坐个胖媳妇。

以上这些,纯属无稽之谈,毫无一点科学依据,命中相克相冲白头到老的幸福夫妇不计其数,但这种封建迷信不知统治了人们多少年,因命里相克而断了婚姻的事是经常发生的,造成了无数的

---

① 泪眼:女人眼下脸上有黑痣,俗称"滴泪眼"。

悲剧。这些"合八字"的习俗,从现在来看,大都不兴了,青年人自由相交,通过社会交际来相识,尔后相交相恋到结婚。"合八字"这种迷信的事早被抛弃了,即使还有人在婚姻上提到属相,也只不过是旧俗的痕迹罢了,让人发笑。

百年眷属四柱管,
千里姻缘一线牵。

纳吉 卜得吉兆后,男家拿着礼物去女家报喜,叫"纳吉",后世称"定盟",沁俗称"许亲"或"定亲",这是婚前礼中的关键。男方的礼物中,必须送女家丈二红布,叫"结亲红"。女家筵席招待,称"定亲饭"或"许亲饭"。饭后交换婚书,俗称"龙凤帖",表明婚约已成。其婚约格式如下。

男方婚约如下:

久仰乔门意徘徊
敬羡芳闺咏絮才
谨托冰人传语去
妄希凤丹曳书来

右启

大德望○翁○亲家先生大人阁下
忝眷姻弟○○○鞠躬
一 籍贯
世居△省△县△村庄 民籍
一 三代(三代曾祖等生则写"卯",死则写"讳"。)
曾祖○○○祖父○○○父○○○
一 年庚
行年岁×年×月×日×时生
一 命名
○○○行×(儿)
××××岁次×年×月浣旬 吉旦
前名再鞠躬
秦晋和好

女方婚约如下：

久仰乔门未敢攀

话承冰语结良缘

幸得茑萝倚玉树

敬申鱼素答华翰

右启

大德望上○翁○亲家先生大人阁下

姻眷弟○○○鞠躬

一 籍贯

世居△省△县△村庄 民籍

一 三代

曾祖○○○祖父○○○父○○○

一 年庚

行年岁×年×月×日×时建生

一 命名

乳名○○○行×(儿)

××××年×月×日 谷旦

乾坤定矣

这种格式比较繁琐,男女家世和本人情况,在前"纳采"、"问名"两礼中已经详知。为了删繁就简,男女双方互相交换的"龙凤帖"格式也有所简化。

男方给女方帖的格式是：

愧之玉田,仰祈合诺。×××鞠躬。

女方给男方帖的格式是：

德愧比凤,愿切乘龙。姻愚兄(弟)鞠躬。

到了近代,龙凤帖演进为"结婚证",其格式是：

龙 凤 呈 祥

(封套 用红纸)

○○○,×× × ×　△△ △△ △△

年 日 时生,　省 县 村人。

○○○,×× × ×　△△ △△ △△

今由〇〇〇〇

两先生介绍,订为夫妇。谨詹于中华民国×年×月×日午×,在×处结婚,恭请〇〇〇先生证婚,缔良缘于二姓,庚好合于百年。此证!

订婚人　〇〇〇〇　　主婚人　〇〇〇〇

介绍人　〇〇〇〇　　主婚人　〇〇〇〇

中华民国×年×月×日立

(订婚人、证婚人等名下须按印或盖章。)

纳吉之礼,当今叫"定婚",或"订婚",礼仪更为简单,由介绍人领着男方到女方家送礼物,吃一顿饭,隔日仍由介绍人陪同女方,到男方家回礼吃饭,这顿饭叫"定婚饭"。定婚后男女到政府登记,领取结婚证书。

会拣的,拣当头①,
不会拣的拣高楼。

纳征　征,成也。选吉日,使使者纳币以成婚礼,故又叫"纳币"、"纳彩",就是现在所说的"送彩礼"。彩礼实为"财礼",只是人们为增加喜气,觉得"财"带买卖之意,不太雅素,故改为"彩"。彩礼包括衣物、家具、首饰、礼钱、食品等,一般取双忌单,表示吉祥和合。送这些东西,乡人叫"下财礼",亦叫"完聘",这是进入婚姻阶段的重要标志,也是习俗中最重要与最具特色的一环。当男家去女家送定时,由媒人和男方父兄或公婆、姑母等亲戚,将完聘的聘礼,陈列在两个人扛抬的大食篓上,一般是8人抬4个食篓,称"四抬礼",也有六抬八抬的不等,但必须是双数,吹鼓手在前,媒人押后,在鞭炮声中,浩浩荡荡送至女家。

女家接到的聘礼中,有用红纸折成12折的礼物单子,男方婚书(等于现在的结婚证),叫"乾书",女方叫"坤书",以及仪程表。收

---

① 当头:指女婿。

到这些聘礼之后,就要上香向神佛及祖宗报告,女儿在鞭炮与乐声中拜祖,接着女家以丰盛的酒席招待客人。宾主坐后,闺女出来向公婆、姑母等问安,接着向宾客敬茶点烟。借此机会,来者看姑娘身材、容貌、体态、举止等是否有毛病,合心意后,男家要给姑娘戴手镯、订婚戒指,这叫"挂手指",实际上也是看手相。男家接受款待后要给姑娘以及每桌酒席送红包致谢礼。女家要取出一部分聘礼,并外加礼物,送男方作答礼,也称"回礼"。此外,男女两家都要各自赠送亲友与邻家食物。

在历代的聘礼之中,不无封建社会中买卖婚姻的种种弊端。虽然,大家都只是顺应社会风习而已,但结果是顺水推舟,水涨船高。买卖婚姻,就是把妇女当作商品出售,既然是买卖,就必须有买有卖,才叫买卖。买者出价,当然是越低越好;卖者要价,当然是越高越好,越高越意味着姑娘有身份,越高越表示有荣誉。买卖双方是种对立的心理,往往会争执不下,只好让媒人穿梭往返,有的往返成功,有的则以不成交而告终。古代如此,现代也有类似情况,且水涨船高,不可忽视。从解放后实行自由结婚60多年来,各个时期女方要彩礼的变化,有如下歌谣。

40年代:

　　自来水笔识字本,
　　一朵红花结了婚。

50年代:

　　洋袜子一双,
　　海昌兰一身;
　　松紧带一绷,
　　丝腰带一根。

60年代:

　　一身衣裳条绒布,
　　毛衣一身带内裤;
　　如能找个非农户,
　　不要嫁妆也凑乎。

70年代:
  独门独户院院,
  三十二条腿腿①,
  手表车子大衣,
  一台缝纫机器。

  一千三,两付板,
  小舅子念书姐夫管;
  券葬还缺五百砖,
  修房盖屋另加款。

80年代:
  一套家具带沙发,
  四身衣裳要"的卡";
  一转一拧一忽沓②,
  四千财礼送娘家。

90年代:
  新式家具大彩电,
  轻便摩托金项链;
  毛料衣裳八大件,
  下聘彩礼一万元。

  (初期)

  三金一彩一冒烟③,
  电器家具要齐全;
  二层小楼贴瓷砖,

---

① 三十二条腿腿:各样家具腿数的总和。
② 一转一拧一忽沓:指车子、电视机、缝纫机。
③ 三金一彩一冒烟:指金耳环、金戒指、金项链、彩电、摩托车。

小花小用两万元。
（中期）

公公是管干部的干部，
婆婆是高工资的保姆；
男人是能说几句英语，
结婚后媳妇就是户主。
(世纪末从城市流传到农村的歌谣)

　　当今农村的婚事中，聘礼的竞争是相当激烈的，往往高达四、五万元，形成了变相的买卖婚姻，甚至比封建社会还严重，只是不像以前那样敲锣打鼓送到女家，而是悄悄地进行交易。中华人民共和国建国前，州域之内，普遍以24块银元为一份礼，也有半份礼的；若与当今相比，真是天壤之别。但愿这种恶习在当代文明的感染下能有所改变。

　　　　　　黄道吉日属迷信，
　　　　　　娶妻就是喜临门。

　　请期　自古以来，确定婚嫁日期是婚仪中必不可少的一个议程。要使婚事办得顺顺当当，夫妻婚后和和美美，就必须选一个吉祥的日子。古人对一年四季的时辰有凶吉之分，因此婚嫁的期日就必须选择吉月、吉日、吉时，使隆重的婚礼喜上加喜。男家占卜择定合婚吉日良辰后，让媒人告知女家，征求女家同意，相当于人们说的"下日子"、"送日头"等。古礼请期用雁，沁人是将双雁画在一张大红方纸上，后世多用各色礼品，时下兴"四色礼"，即烟、酒、糖、茶。请期议程，要进行婚议的第二次迷信占卜活动，大体与问名后相同，主要是选择合婚迎娶吉日、合婚良辰，以及合适的迎、送亲人的八字与属相。乡人多以春秋两季为吉日佳期。春天，正由于冬去春来，属阴阳交接，故男女之阴阳交接就顺应于天时，况且天地交通，万物始生，花红叶绿，给人以一种兴旺发达的景象，实为男女婚配的良时吉期。秋天,天高气爽,不冷不热,正是一个收获季节,粮食归仓,办起婚事就可脚踏实地;再且已进入农闲,有时间操办隆重的婚礼;另外,从腊月二十三灶君老爷上天后,二十四日至除夕,人称"赶乱年",百无禁忌,也是婚嫁之日。确定迎娶日期要请算命先生或风水先生,当地叫"阴阳先生",选择利月。如:

正七鸡与兔,

二八虎合猴;

三九蛇共猪,

四十龙合狗;

牛羊五十一,

鼠马六十二。

即正月、七月为属鸡、兔的利月,二月、八月为属虎、猴的利月,以此类推,利月即吉月,可以娶嫁。

男女生月属相犯月者,有《败相歌》:

正蛇二鼠三月牛,

四猴五兔六月狗;

七猪八马九羊头,

十月鸡儿架上愁;

十一月猛虎满山游,

十二月老龙不抬头。

阴阳先生往往故弄悬念,又有女子出生月嫁忌月,也即犯月:

正月生,不宜四月出嫁。

二月生,不宜五月出嫁。

三月生,不宜六月出嫁。

四月生,不宜七月出嫁。

五月生,不宜八月出嫁。

六月生,不宜九月出嫁。

七月生,不宜正月出嫁。

八月生,不宜十一月出嫁。

九月生,不宜二、三月出嫁。
十月生,不宜四月出嫁。
十一月生,不宜五月出嫁。
十二月生,不宜六月出嫁。

女子出生年出嫁吉月(行嫁月):

子年出生,六月出嫁吉。
丑年出生,六、九月出嫁吉。
寅年出生,六、九月出嫁吉。
卯年出生,三月出嫁吉。
辰年出生,四、五月出嫁吉。
巳年出生,三、九月出嫁吉。
午年出生,八月出嫁吉。
未年出生,五、十一月出嫁吉。
申年出生,八月出嫁吉。
酉年出生,三、九月出嫁吉。
戌年出生,正、二月出嫁吉。
亥年出生,正、二月出嫁吉。

又有5、6、7、9月忌婚之说。俗说"五月差误",解以此月结婚,将致家不和睦或婚事失约。"六月会勿(不会)出尾",解以此月谈婚,不会有圆满结果,或称"六月娶,半年妻"。七月为鬼月,说"七月娶鬼妻"。"九月狗头重,死妻也死夫","九""狗"谐音,即说此月婚娶非吉祥。

还有"正不娶腊不订"之俗,言传正月娶媳妇妨碍公婆,腊月订婚,会克败婆家。

除了吉月吉日,还要顺应吉时,过去对吉时甚至比月日还要重视。行嫁娶之时,常在傍晚或夜间,乡人有"烟囱不冒烟不起轿"之俗。这是为什么呢?正如公元1703年吴文公家礼《昏礼节要》中所说:"初昏(昏同婚)谓日落时,取阴阳相交之义,盖阳往阴来之时也。道远则不能拘此。"近现代的婚事多在白天进行,吉时也有所更动,具体表现在下轿时辰。上轿下轿都得准时,往往有轿到男家时辰不到不能下轿,新娘只好等候在轿里。为避免这种情况出现,就须择吉日时预先卜好,所以择吉日,不但要择月、择日,还得择时。嫁娶期喜单如例:

谨遵坤命:嫁娶期喜单

1. 行嫁利期:兹择于本年×月×日,全吉。
2. 娶送男女客人,忌×相,大吉。
3. 上下轿(车),面向×方迎喜神,大吉。
4. 安庐坐帐,宜用×房×间。
5. 冠戴:面向×方迎贵神,大吉。坐帐,面向×方迎福神,大吉。
6. 路逢井、石、大树、碾磨、庙宇等,用花红遮之,大吉。天地氤氲,咸恒庆会,金玉满堂,长命富贵。

×年×月×日

在择吉日的过程中,用占卦的方法并不是很有权威的,因为它本身就是不科学的,占卦卜来的吉日,常与当地禁忌和其他因素相矛盾。如所说的"正月鸡与兔"、"戌年、亥年出生,正、二月出嫁吉",不是与"正不娶"等相悖吗?

不过一般来说,男家请人择好婚日通知女家,女家就"唯吉是从"了,但也有女家不放心的,请人重卜,这叫"复课"。其实,择日并无任何科学依据,只是迷信而已。

当今择吉日不是像从前那么讲究了,好些人家都是自选吉日,如"五一节"、"国庆节"、"元旦"等为结婚吉日佳期。

在州县境内,受文公(吴璵)家礼影响,古六礼中,略去了问名、纳吉、请期三礼,将其内容简化而合并于纳采、纳币礼中。有的地域并废了纳采之礼,只是在初定亲时,将婿妇生年月日时四柱和支干写在红绸布上,让媒人往来易取,实际上是和问名一礼合在了一起。乡间一般是确定合婚佳日后,男方才往女家送彩礼,让女方备办嫁妆。这样使请期与纳征也自然而然合在了一起,形成了一礼。在娶嫁过程中,往往有因男家没给够原定聘礼,新娘不上轿的情况,急得男方搬亲的人团团打转,媒人想方设法周旋,男家凑足聘礼或通过中人打下欠条,新娘才得以上轿。这种现象就在当今也是时有所闻,时有所见。

婚嫁礼

热闹不过打锣鼓,

高兴不过娶媳妇。

送嫁妆 嫁妆是女子出嫁时随同的物品,大多是女子婚后必不可少的所用东西。物品无非是铺盖、帐、枕等床上用品,以及箱柜、衣服等生活用品。这些东西一部分是男家下聘时送来的,一部分是娘家赔送的。需赔什么,该采购的采购,叫"办嫁妆";该做的请全福人来帮助,叫"做嫁妆"。备了嫁妆,就要送嫁妆。送嫁妆也很有讲究,要把嫁妆安置在木架或箱子上,衣裳、被褥、饰物要故意摆在外面,来吸引路旁的看客,引以为荣耀。由两人一抬、二抬、四抬、六抬、八抬不等,视嫁妆多少而定,但要双数。四抬以上要摆成长队而行,就是两家相隔无几步远,也要绕道回环,目的是为了让更多的人见识到此家的富贵,展示一番事主家的威风。嫁妆送到男家时,男家早已准备好迎妆的人上前迎妆。妆抬陈置于院中上方,抬妆领头将嫁妆清册呈于男家,男家按清册点妆。点完后,由新郎谢妆,并给抬嫁妆者分发赏钱,尔后酒菜款待。

送嫁妆的时间,有的是在嫁日的前一天上午,大多是在嫁日一早去送,但必须等到迎亲花轿走后,才能进男方家门。当今大都是与新人车一齐而往,只不过是嫁妆车在迎亲队尾而已。

嫁妆如箱柜等用具,要贴上大红双"喜"字,以增加喜庆气氛。

铺房 娶嫁前一日,女方嫁妆送男方后,加之男方备办之物,诸如箱、柜、桌、椅,以及铺盖、粉妆等物,统一进行安排摆设,各安

其位,实为布置新房。铺床由全福人妇女来铺,并要边铺边念:

　　铺床铺床,儿女满堂。
　　先生贵子,后生姑娘。

新房内所用用品都要求是新的,屋里屋外更要打扫清洁,门上贴"喜"字、对联,门楣上横挂一块长条红布,上面绣"喜结良缘"之类的吉词。

同样,女家也要把房间布置得焕然一新,准备招待来祝贺的亲友和迎亲的新郎。

男家在铺好房后,按俗不能让新房空着,新郎必须在当晚住进去,并且还不能一个人独住,要找一个男童陪睡,表示成双配对,这种习俗称"压床"。若不如此,按迷信说法,就会丧妻克夫,不能白头偕老。

喜字　为增添婚日喜庆气氛,对新人祝愿,男女双方家都要在大门外墙两侧、院壁、物具、梳妆室、新人房等处张贴大红双"喜"字,尤其是新人房,如歌:

　　新砖铺地粉壁墙,粉壁墙上挂中堂;
　　中堂绣就双喜字,喜气洋洋迎新娘。

人们为什么如此青睐喜字呢?因为喜字的原形,民间解释为"葫芦",葫芦多籽多福,自古以来就是生命和生育的象征。所以,喜字这样一个既有葫芦形状、又有喜庆含义的文字,自然而然形成了娶嫁和办喜事时贴它的俗信。在喜字图案的处理上,又想象出斑马虎头、石榴桃花、双鱼莲花、蝴蝶瓜藤、龙凤蝙蝠、万年青等等各种形象,这些都是民间百姓日常生活中的爱恋、婚姻、生育、得子喜祥寓意的象征。

关于红双喜字的来历,民间还流传着北宋著名宰相王安石的传说。

相传,王安石二十岁时进城赶考,在一镇上住宿,偶然见一户姓马的员外家大门上挂着一盏走马灯,上面写着:

走马灯,灯走马,灯息马止步。

这是一幅上联,显然正在等人来对下联。王安石连声称赞道:"好,好!"

这句话正好被员外的老管家听见,但当他回禀员外时,王安石已经赶奔考场去了。员外与老管家以为王安石已做出了下联,都为错过了这名才子而后悔不迭,其实,王安石本人也没合适的对联应答。

王安石在第二天的考试中,因为交了头卷而受到主考官的赏识,主考官便传他面试。主考官指着厅前的飞虎旗,出了一副下联:

飞虎旗,旗飞虎,旗卷虎藏身。

若是在平日,王安石很可能对答不上来。但无独有偶,这副对联和前天他在镇上看到的那副对联,称得上是珠联璧合,他随即以"走马灯,灯走马,灯息马止步"来应答。考官见他对得又快又好,不禁大惊,连赞奇才。殊不知,王安石真是白捡了个便宜。

考试完毕,王安石打道回府,途中又经过那个镇。想起了对联的奇遇,不禁又信步来到员外的门前,正好被管家认出,便赶忙邀请他去见员外。略经寒暄之后,员外拿出文房四宝请王安石对下联,王安石毫不犹豫地写下了"飞虎旗,旗飞虎,旗卷虎藏身"的应对。马员外惊叹不已,遂请他在家中安身,并将自己的女儿许配给他,即日完婚。原来,这幅上联是小姐为了选择良婿而出的。

王安石结婚的当天,正在拜天地之时,又传来了喜报。朝廷的报子来报:"恭喜大人金榜题名,明日务请到朝中赴琼林宴!"这真是应了古人的:

洞房花烛夜,金榜题名时。

马员外一听,当即下令重新开摆宴席,为王安石庆贺。王安石真是喜上加喜,双喜临门,不免有了几分醉意,随手提笔在红纸上写了个将两个"喜"字连在一起的双"喜"字,贴在了大门上,并吟诵了一副对联：

相对联成双喜歌,走马飞虎结丝罗。

从此,男女结婚时,在门上和洞房等处贴双喜字,成了婚礼的一道规矩。

婚联 亦称"喜联",就是结婚时门上贴的对联。民间向来十分讲究,在婚日前几天就请人编写。编写人要视娶嫁的不同季节而书。

春日写：

柳暗花明春正半
珠联璧合影成双

眉黛春生杨柳绿
玉楼情好杏花红

红杏枝头春意闹
绿杨桥上玉人来

夏日作：

栀绾同心结
莲开并蒂花

金针刺破莲花蕊
玉露滴湿牡丹心

双飞黄鹂鸣翠柳
并蒂红莲映碧波

秋日题：

诗题红叶同心句
酒饮黄花合卺杯

数点黄花香风会
一弯秋月画娥眉

黄花艳吐东篱月
丹桂香飘北国诗

冬日赋：

皓月描来双燕影
寒霜映出并头梅

梅花芳讯光春试
柳絮吟怀小雪初

婚筵留客情弥重
腊鼓催人酒始酣

通用婚联：

艰苦同栽理想树　　三杯薄酒酬亲友
勤奋共赏爱情花　　一席淡菜宴嘉宾

红妆带绾同心结　　花好月圆昭美景
碧池莲开连理枝　　天长地久祝新人

银镜台前人似玉　　正是莺歌燕舞日
窗纱窗下语如诗　　恰逢花好月圆时

水底月为天上月　　凤落梧桐梧落凤
眼前人是意中人　　珠联璧合璧联珠

窗前共览三春月　　花好月圆欣喜日
灯下同吟一卷诗　　桃红柳绿幸福时

人生礼俗·婚嫁

意为鸳鸯飞比翼　　　爱长长得长长爱
情如驾凤宿同林　　　情深深知深深情

长天欢翔比翼鸟　　　共结丝罗山河固
大地喜结连理枝　　　永偕琴瑟天地长

喜今日心心相印　　　鸾凤双栖桃花岸
望来年宝宝逗人　　　莺燕对舞艳阳天

金屋笙歌偕卜凤　　　玉楼光辉花并蒂
洞房花烛喜乘龙　　　金屋春暖日初圆

新桥连渡美姻缘　　　花开并蒂姻缘美
梧桐宵饮凤凰杯　　　鸟飞比翼恩爱长

一堂花烛人生事　　　鸾凤和鸣唱盛世
万里风云世代荣　　　麒麟瑞叶庆千令

鹊桥喜渡相亲相爱　　海枯石烂同心永结
红叶题诗同心同德　　地阔天高比翼齐飞

两门多喜两家多福　　红花并蒂向阳开放
一对新人一代新风　　银燕比翼凌空飞翔

牡丹丛中蝴蝶双舞　　爱雅年年年年雅爱
荷花塘内鸳鸯对歌　　情深岁岁岁岁深情

鱼水情深绿叶红花长相伴
夫妻志笃长征骏马共加鞭

绣阁灯明枕上鸳鸯同戏水
妆台镜照帐中鸾凤共争春

鸾凤和鸣万里云天看比翼
夫妻恩爱百年好合结同心

开脸 亦叫"绞脸",还称"采脸"。一般在女子出嫁的前一、二日,请一个上有父母下有儿女的长辈中年妇女,俗称"全福人",对新娘脸部进行修饰。先在脸上均匀地扑上香粉,然后用合好的彩色丝线撑花,两手拉着线的两端,用牙齿咬起线的中间,三处协调地用力,一起一落,一松一紧,把额前、鬓角的汗毛拔掉。细眉毛、齐鬓角,意为让新娘别开生面。姑娘在出嫁之前,无论汗毛有多长,均不能修剪,因汗毛细而发黄,故有"黄毛丫头"之称。女子一生只开脸一次,表示处女生活宣告结束,新的生活将要开始。开脸之后,要给开脸者小红包,叫"采脸钱";不过这种开脸方式,当今逐渐在减少,大都是请女美容师同整理发型一并进行。

坐亲 婚日前夜,女儿坐在母亲身边,母亲对女儿说一些过门应注意的事项,劝女儿以后不要多牵挂家里,到婆家后要听公婆的话。女儿为表达深切的母女之情,边哭边念《嫁前歌》:

> 一岁在娘怀中卧,
> 两岁在娘脚下爬。
> 三岁学舌迈开步,
> 四岁烧水带沏茶。
> 五岁提篮剜猪菜,
> 六岁河边洗菜瓜。
> 七岁手拿纺纱袋,
> 八岁装车纺细纱。
> 九岁上机学织布,

十岁织绸带绣花。
十一学会纳鞋帮,
十二裁剪缝衣裳。
十三学会西火调①,
十四本领赛过娘。
十五女儿把名扬,
十六媒人坐在炕。
十七爹爹忙嫁妆,
十八娘娘传私房。
十九桩桩齐备当,
二十出门作新娘。
我的娘呀……

亮轿 民间在举办嫁娶喜事时,头天下午要把轿子抬到男家,一定要打扮得具有浓烈的喜庆气氛,谓之"花轿"。花轿上通常要绣有"凤穿牡丹"、"福禄鸳鸯"等吉祥花式,轿上饰有花灯,四面要用红绸遮蔽,叫"四明轿"。花轿与执事须在院内陈设一昼夜,供贺喜亲友和邻居观赏。一般花轿架设于庭院正中,轿帘正对大门,下半截掀起,露出内套小轿底部。轿前架一对子孙灯,灯前木架立"肃静"、"回避"牌子,轿两侧立旗、伞、串灯、高照等仪仗。晚间红烛通明,直至黎明发轿之时。

暖房 婚嫁前夜,男家要请乐户(吹鼓手班子)对布置停当的喜房(洞房)吹奏,以祈吉利,称"暖房"或"响房"。一般要吹奏到午夜,有的甚至通宵达旦,俗有越吹越暖、越暖越生喜气的讲究。乐户的曲调,事主家可随意挑选点奏。在民国前后,如雇上著名的上庄岭来全乐户,不仅亲友、村人要来,就是邻村方圆十里八里的人,也要跑来听其吹唱奏曲,观赏四明彩轿,真可谓"新娘未到喜气来"。

点曲 在办红白喜事时,事主家要向乐户挑选吹奏曲目,称"点

---

① 西火调:一种秧歌曲子,流行于上党北部地区。

曲"。若是丧事,多选《哭灵堂》、《秦雪梅吊孝》、《苦伶丁》之类;如是婚事,多选热情欢快之曲,如《节节高》等,和男情女爱的喜剧,让乐户吹唱。乐户的曲目单上,编有现成的曲目歌,如:

曲和戏,主家点,喜欢哪个画个圈。
吹不打,打不吹,连吹带打八音会。
《百鸟朝凤》,《天河配》,《大拜花堂》,《柜中缘》;
《七星庙》,《蝴蝶杯》,《佳婿乘龙》,《大团圆》。
吹的打,打的吹,拍小钗的捣锣槌。
转圈圈,背靠背,吹得好了赏袋烟。

送食篚 亦称"送长命饭"或"送随饭"。婚日一早,在迎亲花轿出发前,女方娘舅家要往男方送两人一抬的食篚一抬或两抬,内装鱼滚莲、龙盘凤、蛇盘兔、石榴、如意等花馍,馍上要点红插花,每样12个,另还有8盘或16盘(俗称"二八子")大菜。这是随同姑娘出嫁带来的饭菜,故称"随饭"。吃上这些饭菜可增年益寿,又称"长命饭"。因为这些饭菜是用食篚送来的,所以称"送食篚"。男家除盛待抬食篚者酒菜外,还得给赏钱。

亲迎 就是新郎亲自前往岳丈家迎接新娘,实际上也就是迎亲。婚姻又称"娶嫁",即男婚为娶,女婚为嫁。从男方说来,叫"亲迎"、"迎娶"、"娶媳妇";从女方来讲,叫"出阁"、"嫁闺女";拿当今话说叫"结婚"。这是古六礼中最后一礼,也是婚姻的最后一道程序,相当于后世中的婚礼大典,或婚礼。

过去迎亲这天,一早,新郎要沐浴更衣,在父亲的引领下,祭告祖先灵位,行四拜四叩礼,并且读"祝文"。父母站左右,儿子站中央向祖宗灵位而跪,父举酒杯向外作一揖,三度洒酒以祭天地,接着再手执空杯作一揖,转回身来面对祖宗灵位,换一个杯斟满酒给儿

子,儿子作揖接杯,再作揖,父再作一揖。儿子跪地,父对子说:"今天是你娶妻的吉日,从此你要上承宗祀,下惠家政,望你好自为之!"儿子接过酒杯回答:"是,一切照办,岂敢违命。"饮酒后再四拜四叩才起立。父亲拿起朱笔八卦的除魔筛,往儿子头上戴,礼毕让儿子去迎亲。

在古沁州,新郎不亲自去迎亲,但自清代康熙年间吴琠之子吴时谦娶妻时,琠出于阁老门第的谦逊,让其子前往迎亲,开了首例。从此,州域有些人家也学着吴家,开始了新郎前往。

花轿出发前,乐户在院里吹奏行乐,且令一男童持大锣一面,到铺设齐备的新房敲打三声,亦称"响房"。响房如同号令,男童返出坐于轿内压轿,在鞭炮鼓乐声中花轿启程。走出村,男童下轿返回,花轿跟在新郎马后前行。

新郎进入女家门后,首先要跪祭岳家神佛与祖宗牌位。礼毕,再向岳父跪地两拜平身说:"我受父命,来举行嘉礼,谨听尊命!"女父回答说:"我也愿照礼办!"新郎再度跪地行礼,女父请新郎平身。尔后由叔、舅领新郎到另屋就坐开筵。饮酒三巡之后,搬亲人拿出新郎父向新娘父欢迎光临的请柬,和感谢菜、面两厨房的谢帖、红包,谦词让女方总管代劳转送。搬亲人如若迟迟不履行此礼,厨师则停止上饭菜,待得到了红包,方继续上餐。当今这一礼俗有所改变,易向厨房、礼房两谢,红包一般是各一条香烟。

迎亲队列

遮白虎:亦叫"放炮的",实为向导。走在最前面的领路人,一般身穿长衫,头戴礼帽,肩背红毡,手提炮包,熟悉当地婚俗,会说吉利话,过村走街负责放鞭炮,遇道边有大庙、坟墓、古树、水井、碾磨等,要用红毡遮轿,掌握各个礼俗的时间,若遇难缠之事,出面交涉疏导。

乐队:若干人。

仪仗队:若干人。

新郎

贵人(马夫):1人,拉好马,负责新郎的安全。

花轿:4人,抬轿的轿夫。

媒人:1人。

搬亲人:2人,新郎的叔、舅父,代表新郎的父母来接新娘,并送亲家请帖,请大驾光临;同时为感谢盛情款待,向菜、面厨房师傅送谢帖与红包。这一礼俗,当今仍沿袭,只是改为向厨房、礼房致谢,一般各送香烟一条。

乡间讲究"去单回双",迎亲人必须是单数。

上头 亦称"上梳"。姑娘出嫁要将头发挽成髻,盘在头顶顶部,插上簪子,叫"结发加笄",俗称"上头"。解放前,州域的姑娘在未出嫁前都留辫子,叫"不绞",并且是一个不绞子;出嫁时要盘头发于脑后,挽成髻,插上簪子,俗称这种发型叫"毛转转"。其形如盘状,把髻挽成盘形,外用网子套上,横穿一别簪,髻中心插一朵银质或玉石小梅花,左右两边各插二枚红绿珠珠,以示美观。标志着姑娘生活的结束,一种新的媳妇子、妻子责任生活的开始,也是将为人母的征兆。

这种仪式,在娶家到女家后,要按择吉时辰鸣放上头礼炮,女家听到炮声后,姑娘在自室或堂屋正庭,由一个全福人来梳妆。姑娘要坐在一把专用椅子上,脚踩盛有五谷的斗,并念《踩斗歌》:

脚踩金斗四角方,

荣华富贵米粮仓。

女子出嫁要上头,小伙子也要结发,其意义是一致的,其目的就是改变童年时的发型。男子成丁时的冠礼,说明是已进入成年时代,有了娶妻的资格。娶亲出发前,新郎整装时,要由一个长者从背后梳三次头发,才戴帽、穿衣,是与女子上头的对应。所以,凡男女一结发就结为夫妻,人称"结发夫妻"。

上头往往同采脸一并进行,同时还包括化妆、着装,也有统一叫"梳妆"的。服饰打扮也是很重要的事,无论质地、颜色,都有所要求,也成为新娘临嫁前的一项必须做的大事。州人爱穿红色的嫁衣,红色是火热的,象征爱情,又是传统的吉祥色。除内衣套装外,外衣必须是红袄、红裤、红绣花鞋,同时不管春夏秋冬必须内穿红棉袄。传统的说法是:"穿上三表新(新表、新里、新棉花)红棉袄,婆婆公公会待媳妇子厚道,婆家会厚成。"

从"采脸"、"上头"、"涂粉脂",到"穿嫁衣"、"佩首饰",尔后还要戴"凤冠",穿"霞披"。近代以来,易凤冠、霞披而披兜纱,裙长拖地尺余,行步时,两个小儿在后持之,更显得光彩夺目,楚楚动人。这是女子一生中最华丽的梳妆,点缀着一生中最美丽的时刻,给自己留下了铭刻的永生记忆,给人们留下了难忘的美好印象。

满盅 亦叫"满酒"。新郎迎亲在女家筵席间,由新娘弟弟(们)双手捧的条盘(台盘)上放小酒壶一个,里面盛装预先用新郎桌上圆酒盅量好的酒;又放着用红线紧紧系在一块的两双新筷子;还放着用红纸裹粘在一起两个口对口的新酒盅,送到新郎面前。新郎从条盘上取筷子与酒盅,小舅子提壶往桌上新郎的酒盅里斟酒,并说:"请姐夫用酒!"新郎饮完一盅,小舅子再斟满一盅,这种礼遇俗称"满酒"或"满盅"。满完酒后,新郎要给小舅子赏钱小红包。红包包的钱数,讲究四四(事事如意)、六六(大顺)、八八八(发发发),这三个数字可扩大10倍或百倍。如给钱少了,小舅子不走,要戏逗姐夫,出新郎的洋相,新郎只好加赏,直到小舅子满意为准。

小舅子赠送的筷子与酒盅,新郎要揣在怀里,带回家中永久保存。

这一礼仪,含意很深,充分表达了女方家人对新郎新妇的祝愿。其寓意为:满酒即满久,满盅即满忠。就是要新婚夫妇圆圆(取酒盅的圆)满满(斟酒是满),永久(用酒)连在一块(筷),并要相亲(两个酒盅口对口)相爱。概而言之,也就是圆满忠诚,永久一块,相亲相爱。

辞亲 首先要吃辞亲宴,亦称"吃姐妹桌",这是姑娘出嫁前,由姐妹陪同,在娘家吃的最后一顿饭。这顿饭,意味着娘家的多年生活就要结束,一种新的生活将要开始。姑娘情不自禁地会想到父母之恩,姐弟之情,何况又有"嫁出去的闺女,泼出去的水"之谚,一嫁就等于和娘家关系隔了一层,心里不免有点伤感,依依惜别之情,怎能吃得下去,只能象征性地动动筷子。还有一个更重要的原因,就是做新娘要节食,一般在嫁前早几日就开始了。不仅在娘家要这样,到了婆家也是如此。初至婆家,姑嫂等陪其宴食,都是海开肚子大饮大嚼,而新媳妇虽然饥肠辘辘,也只能是束手端坐,谓之"看席"。因为吃东西就要排泄,大小便既有污神明,又损坏新娘形象。民间有"新媳妇尿尿——一股一股来"、"新媳妇放屁——零圪崩"等歇后语,所以饮食、举止都得注意节制。作为姑娘的父母,既要强调女儿节食,又不忍心女儿受饿,于是想出了一种食品,吃上耐饥耐渴,又排泄期较长,这种食品就是鸡蛋饼子。因此,新娘上轿前,必须吃用三颗鸡蛋不放佐料而摊成的饼子,故有:

  三颗鸡蛋一壶酒,
   打发闺女上轿走。

  这"三颗鸡蛋",就是在辞亲宴上女儿吃鸡蛋饼所用的三颗鸡蛋;"一壶酒",是指满盅时女婿所喝的一壶酒,并不是姑娘喝了一壶酒。在过去,沁州女子是禁忌喝酒的。

  为什么只给闺女三颗鸡蛋的饼子吃呢?这也是很有说法的,鸡蛋虽好,但不宜多吃。吃一颗又太少,吃两颗是个双数,合起来不吉利。吃三颗是个单数,合起来正好。在婚俗中,最忌单数,很讲究双数。三颗鸡蛋的"三",加上一壶酒的"一",正好是个双数。"打发闺女上轿走",也正是"夫妻双双回家园"。

  上轿　迎亲花轿一到女家,真是喜气盈门,一派欢腾气氛。响彻云霄的鞭炮声,催妆上轿的唢呐声,邻里来赶热闹的嘈杂声,男女两家相互之间的应酬声,亲戚朋友之间的寒暄声,姑娘临行前的哭嫁声,餐桌上的猜拳行令声……几股声音交织在一起,谱成了一支《嫁前曲》。在这热闹声中,女家厨房的,礼房的,陪客的,梳妆的,担水倒茶打杂的,各司其职,一个个忙得不亦乐乎,直到新娘上轿,将整个婚礼进程推向了高潮阶段。

吃完辞亲宴后,父母要领着女儿向祖宗灵位报告女儿的出嫁,程序大致和男方迎亲前的仪式相同。这时父亲就对女儿说:"你要老实小心,早晚不要背了你公婆的言语!"母亲一边为女儿整冠上盖头,一边吩咐说:"早晚不要错了你做媳妇的规矩!"女儿答:"是,不敢忘了爹娘的话!"这时姑姨姐嫂为新娘整理裙衣,并说:"常常要记住爹娘的话,早晚不要错了!"姑娘随答:"记住了!"接着新郎前来亲迎礼拜,新娘在全福人搀扶下,缓缓步出家门,踏着红毡走向花轿。也有是娘舅或叔父抱着上轿的,还有是兄长背着上轿。俗语有:

哥哥背妹妹,

好活一辈辈。

不管哪种形式上轿,为的是新娘脚不着地,以免带走娘家的土。旧俗认为"土能生万物,地可产黄金",它是高于一切,重于一切的。怕带走土,会带走娘家种庄稼的好运气。此外,还另有别论,按迷信的说法,地与天都是神主的境界,假如新娘的脚与土地接触,就难免冲犯鬼神;如果冲犯了,将会带来灾难,因此必须尽量避免,以取吉利。

撒谷豆 这是女子上轿前先要做的事。通常是请一个全福人老年妇女,手拿米斗或簸箕,装着铜钱、米谷和豆子,从院里撒到院外,尤其是要撒到花轿内外,这样做就是撒谷豆。全福人在撒谷豆时,还要边撒边念《撒谷豆》歌:

五谷铜钱撒,恶神自躲开;

新郎揭轿帘,新娘上轿来。

据传,这是为了避青羊、乌鸡、青牛三煞之神。凡是三煞在门,新人不得入轿门;若要犯了,就会损尊长无子女;只要把谷豆一撒,三煞就自动躲避了,新娘才可以入轿门,以后就会平安无事了。这一礼仪直至今日仍在流行,不过是由撒彩色纸屑和香烟糖果替代了谷豆铜钱而已。

起轿 姑娘拜毕父母上轿时,母亲受礼后,要抢先到轿前,沿着花轿顺绕三遭逆绕三遭。一方面察看花轿的安全,另一方面有着深层的内涵,顺三逆三为二三是六(留的同音),三三是九(久的同音)。其寓意是本想留住女儿,但"女大当嫁"又不能留,只好是家人与女儿,女儿与家人,要久来久往。女母绕轿之后,女儿方可上轿。起轿后,轿夫压着担子,须向前走三步,而又向后退三步返回原位,连续三次,方可放行,称"留轿"。这是女儿对母仪的回应,表明女儿离家的恋恋不舍,今后一定会久来久往。这一礼俗,一直沿袭至今,只不过是花轿易为小车,演化成当汽车启动后,向前约行三步之远,又倒车回原地,连续三次。此俗能以保持,正是人们的亲情所致,无怪乎每到时头八节,道上看闺女、回娘家的人总是络绎不绝。

出嫁队列 所谓出嫁行列,也就是迎亲队列的回程,其顺序是:
遮白虎:1人。
乐队:若干人。
仪仗队:若干人。

搬亲人:2人。

新郎

贵人(马夫):1人。

媒人:1人。

花轿:5人,4个轿夫抬新娘。

送亲人:新娘的叔父、舅父、兄、弟4人,或6人、8人不等,但必须是双数。主要是负责保护新娘的安全,其余和搬亲人职责同。当今盛行伴娘,人数也是如此。

过去送亲人也有坐大车(马车)的,但为了和娶家来人的单数碰成双数,要坐就得是两辆大车,因一辆车只是一个车夫;不过也可去一辆车,除车夫外另去一人,此人俗叫"吃客"。到了男家后,男家要给车夫赏钱。

迎亲工具 随着时代的发展,迎亲所用的交通工具也在变化,而且变化很大。过去普遍是一轿一马,有的是新郎不去而托媒人前往,只用一轿。解放后提倡新事新办,花轿也完成了它的使命,一般是骑马,有的是步行。50年代,增加了自行车,有的什么交通工具也不用,而是在工地举行婚礼。60年代中期,出现了坐拖拉机迎娶。70年代,就没人家骑马娶嫁了,除拖拉机外,还用上了卡车、工具车。80年代,除沿用工具车外,用上了吉普车、面包车。到90年代初期,增加为小卧车,不过只是新人乘坐,乐队还是工具车,其余迎、送亲等人,都被一面包车包了。从90年代末期到当今,乐车要求高级工具车,其余一律乘小卧车,并且新人必须是红色车,走在迎嫁车队前头的乐车,必须是高级白色工具车,走在最后拉嫁妆的工具车,必须是黑色,谓之曰"白头到老",意味着新郎新妇永不分离。从用车的数量看,从4辆、6辆、8辆、10辆……一直往上增加,就如个别稍有品位的集权者,以及个别企业主,家人办婚事,当然不用拿钱雇车,用车之多更为惊人。为了有人压车,只好拼凑一些狐姑姑假姨姨充数,迎亲行列变成了吃喝观光的旅游团,这不能说不是个弊端。

回程 花轿起担了,出嫁行列开始前行,也就是迎亲队伍按原路返程了。前面由鞭炮开道,接着是乐队的细吹细打,尔后跟着"金牌太斧朝天镫,灯笼火把两厢分"的仪仗队,四明花轿最惹人招眼,里面坐的新娘头戴凤冠,一身红装,外罩霞披,如同金枝公主一般,显得神秘而富贵大方,花枝招展,楚楚动人,正如《新娘歌》所描绘:

五彩凤冠琳琅镶,

紫带霞披落凤凰;

柳眉杏眼红绫罩,

三寸金莲裙下藏。

花轿前披红着装的大红马上,骑着头戴礼帽、上插金针银花、身穿礼服、披红挂花的新郎官。乡间有"终生为民,一日为官"之说,就是县太爷若遇迎亲花轿,也要礼让三分,主动让路。花轿后面跟着搬亲的,送亲的,拉拉搭搭一长溜,真是浩浩荡荡,威风凛凛,犹如兵家得胜回营,又像皇帝出巡,大有所向披靡之势。

迎亲途中,尽管县太爷也得回避礼让,但也有过不去的"火焰山",障轿场面每每发生。

下马面 迎亲花轿回程中,所经村镇如有新娘出嫁了的表姐妹与堂姐妹,以及村里嫁来的姑娘等亲戚朋友,要做一碗长命面条或挂面饭,用台盘端至街道边,花轿过来,见状就会停下。亲朋让新娘品尝,新娘在轿内,只是用筷子在碗里搅几下,意思意思就行了,这就叫"下马面"。此俗无非是一方面表示对新郎新娘的祝贺,另一方面是告诉他们此村此镇可有什么亲戚朋友,以后路过可下马休息,欢迎光临。

拦轿凳 迎亲花轿回程途中,路过的村镇街道,都必须由乐队吹打而行。乡民们为了多听一会吹奏,给道上横放一条长板凳,民国以来,还要往凳上放一、二盒赏烟,迎亲队列见放有板凳、花轿就会停下,乐队就得多吹奏一会儿。在此期间,拦轿的有些人要揭帘看新娘,有的戏逗新娘和伴娘,跟轿的人不让。双方说说闹闹,嘻嘻笑笑,拉拉扯扯,也颇有情趣。

这种情况,在迎亲途中往往会出现多次。有的是吹了还要让再吹,迎亲人怕耽误下轿时辰,只好撒点喜钱好言谢绝,方可放行;后来有了香烟、糖果,可就帮大忙了;凡遇此情,领队人就向远处给围观人撒烟糖,乘人们抢吃之际,起轿前行。

这种习俗时至当今仍然存在,过去是放板凳拦轿,现在是放板凳拦车。不过值得一提的是,有些人拦婚车不是放板凳,而是自己站到路中央。这样做既不文明,又不安全,最好还是讲究礼貌为好。

喜冲喜 大凡娶嫁之日,都是阴阳先生卜下的黄道吉日。是日,不知有多少人家办喜事娶媳妇,迎亲途中和其他人家娶嫁行列相遇,就成为"喜冲喜"。按过去说法,也就是吉事与吉事相抵消,必然有一家的喜被另一家所夺。换言之,就是必然有一家由吉变凶而遭遇灾难,所以人们非常忌讳这种情形。万一发生这种不幸的事件,为了避免任何一方转吉为凶,就立刻让遮白虎的将预先准备好的钢针互换,要不就让双方新娘换插头上的花簪,叫"换花"。据说,妖魔恶煞最怕钢针来扎,也更怕花簪(斩同音)来斩。这换针、换簪的用意,就是要双方你也扎,我也斩,妖魔恶煞只好远离花轿,逃之夭夭。这样能使迎亲两家你好我好,两厢都好。在道上遇到这种情况,一般好处理,只要换针换花,就可各行西东。如果在村镇街道遇上,可就麻烦热闹了。两家乐户正过街行乐,突然顶头相见,非但不与对方让路,还要展开一场对战:谁也想表现一下自己,谁也想压倒对方。围观的乡民越来越多,两厢的乐队越吹越使劲,你吹我就打,你打我也打;你吹上党《八音会》,我吹上党梆子《大登殿》;你打《将军令》,我打《大得胜》。吹鼓手哪管你换针换簪的,只是使尽浑身解数拿出绝招。吹唢呐的不用嘴吹用上了鼻孔,捣鼓儿的鼓箭如大雨盆倾,打大锣的将锣抛向半空,拍小钗的飞燕挽花,吹笙的像在水里蛙泳,吹管子的手里还耍着两颗上下飞舞的鸡蛋……水泄不通的围观者,戏闹声,起哄声,拍手声,叫好声,与吹奏锣鼓声凝在了一起,在空中回荡。两家领队人只好互向对方的乐师送喜钱、敬喜烟,直到两班乐户都感到是自己胜利了,花轿方可继续登程。

下轿 沁人旧婚礼,一向是很严谨的,这大概是由于婚姻在人生中的地位所决定的。花轿来到男家大门口落轿时,要压碎预先放在地上的一块瓦片,瓦片碎裂作声,据说这可避邪讨吉利。下轿时辰一到,执事人就各司其职,先由新郎向轿门三鞠躬,接着引媳妇的全福人给新娘"下轿钱"后,搀新娘下轿。新娘脚着红毡缓缓步入院内时,由另一个全福人手提彩斗,将里面所装的麸皮、谷草圪节、核桃、红枣向轿门、新媳妇身上撒,这称"撒轿",并边撒边即兴编唱念《撒轿歌》:

一撒麸,二撒料,

三撒新媳妇下了轿;

四撒金,五撒银,

六撒新媳妇进了门。

新媳妇,好脚手,

走路如同风摆柳;

今年娶,明年抓,

生下个胖小叫大大(爸爸)。

此俗,至今仍沿袭,不过演化为给新娘新郎身上撒的是花粉和彩色纸屑,向围观者撒的是喜糖喜烟。新娘下车仍保持脚不沾土,但也不用红毡铺地了。其形式有三种:一种是由新郎背着入室;一种是由新郎抱着入室;另一种,也是大多用的一种,由新郎卡楼楼着新娘入室,即新娘骑在新郎双肩,两腿由新郎在胸前抱着,年轻人们你推我扶,使新娘在肩上东倒西歪,戏逗得笑声不断,新郎累得满身是汗,随着鞭炮声、锣鼓声、戏闹声、鼓掌声进入室内。

念喜歌 在婚礼的吉庆场合,常有打连花落的闻讯赶来,为得到个小红包和一些食品唱念喜歌。民间也有一些喜念喜歌的人。祝词大半是即兴创作,如:

登贵府,喜气先,斗大的喜字粘两边。

大抬轿,大换班,旗罗伞扇鼓乐欢。

抬喜顶,贺喜竿,新人下轿贵人搀。

铺喜毡,倒喜毡,喜毡倒在喜堂前。
拜罢喜堂洞房闹,五子登科喜状元。

又如:

一唱东方甲乙木,骡马成群日子富。
二唱西方庚辛金,家里迎来一美人。
三唱南方丙丁火,金银米面流成河。
四唱北方壬癸水,新婚夫妇多和美。
赞新郎来贺新娘,赞个地久与天长。
新娘美来新郎好,荣华富贵享到老。
夫唱妻和喜盈门,子孝孙贤享太平。

扫轿 新娘下轿后,婆婆要拿笤帚在轿里轿外扫一遍,并将扫起的土用前衣襟包回家里放到四角。这也正如前"上轿"俗中说的,过去人们认为"土能生万物,地可产黄金",它是高于一切,重于一切的。娘家怕带走土,会带走种庄稼的好运气。针对这个,婆家也想让媳妇子带来土,种庄稼能得到好运气,所以形成了"扫轿"这一俗信。

拜堂 亦称"拜天地"、"拜花堂",是婚仪中最重要的大礼。过去以订婚下聘为准,两家人换了八字,女家收了聘礼,这就算成了婚姻,但真正的婚姻还得从拜堂成亲开始,所以拜堂仪式在男女婚姻上有着举足轻重的分量。拜堂,首先是拜天地祖宗,新娘拜了天地祖宗,才成为这家庭中的一个成员;接着是拜父母诸亲,才成为儿媳;夫妻交拜,才算完成了婚姻。

在迎亲队伍走后,男方就开始布置花堂。其场所一般是在庭院,也有在堂屋的。案桌后帷帘上挂有双"喜"大字,桌上供着天地、祖宗牌位,前有插挂着秤杆、尺子、铜镜、弓箭、机杼等物的坛斗,斗的两边燃有红烛两支,香烟缭绕。亲朋戚友、司职人员各就各位。傧相二人分别以"引赞"与"通赞"的身份出现,开始赞礼。新郎新娘接引赞与通赞的赞礼开始拜堂。

历代以来,拜堂一仪大致包括四个方面:一拜花烛,二拜高堂,

三拜舅姑,四拜镜台。其中拜花烛大概就是行夫妻之礼了。后来逐渐演化为三拜了,其仪式程序如下:

引赞:新郎新娘就位至香案前,女左男右站立。

奏乐鸣炮!

通赞:新郎新娘向神位和祖宗牌位进香烛!

引赞:跪,献香烛。明烛,燃香,上香,储伏,兴,平身复位。

通赞:跪,叩首,再叩首,三叩首……

然后是三拜:一拜天地,二拜高堂,夫妻互拜,最后才被引进洞房。

拜堂时为什么女性在为上的左边,而男性在为下的右边呢?民间有传说,对此专门进行了解释。来源于:

相传西汉末年,王莽的女儿王皇后生下了太子刘秀,王莽想篡夺朝政,就密令手下的下大夫从宫中诓骗出太子欲以加害。但下大夫的夫人得知此事后,就用障眼法瞒过王莽,将刘秀转移到乡下抚养。下大夫因为惧怕王莽的报复,心中忧惧而死。而上大夫得知下夫人才德双全,决意娶她为妻,经过再三恳求,下夫人才答应了他,但同时提出了三个条件,其中一条为拜天地时双方谁先到谁就为上。上大夫心想在自己家中拜堂,一定是自己为上,便满口答应下来。谁知到了拜天地那天,下夫人女扮男装到了上大夫府中,拜堂时早已占据了上首,上大夫只好居于下首。从此,拜花堂时女左男右的习俗就确立下来了。

在夫权为中心的社会中,妇女在这时也暂且居于男性之上,说明了妇女对封建社会男尊女卑的反抗,所以在后世姑娘出嫁时,家人总要吩咐女儿拜堂时抢占上首左边。

要钥匙 迎亲回来,在拜客之前新郎向新娘送亲的弟弟赠送红包,要开嫁妆箱子锁上的钥匙,故名。送亲郎(一般是小舅子)初嫌礼钱少不给钥匙,新郎逐步增添礼钱,达到一定的金额才给钥匙。

入洞房 拜罢天地,入洞房时先由乐户吹打着进新房绕一遭,出来时乐头要在门脑上摸赏钱红包,这叫"响房",有驱邪之意。新娘新郎走到洞房门前须跨马鞍而入，"鞍"与"安"谐音，取安全之意。在新娘新郎步入洞房之际，围观的人要将洞房窗空新糊的纸用圪都（拳头）戳塌，一方面暗示新郎要把新娘的处女膜戳破，另一方面是为了窗外的人看新媳妇方便，这样做乡人叫"扯窗纸"。这些习俗，都是祝贺夫妇和睦，早生贵子，幸福美满，白头偕老。

镇新房 娶嫁之日，男家着人给新人房门上贴对联，门楣上悬挂红布条幅，在花轿到来之前主客均不得入内。当新人一进入洞房，新郎从坛斗里拿起弓箭，象征性地朝房四角各射一箭时，引新郎者吟唱贺喜祝吉《镇房歌》：

一射妖，二射怪，

三射魔鬼坏脑袋；

四射丧神快离开，

笑迎麒麟送子来。

镇房后，新郎揭去新娘的盖头，相对落坐。

合卺 行"合卺"之礼，这是新婚夫妻入洞房要做的第一件事，这也是一个很重要的习俗，从古到今，一向为新婚夫妻所重视。"合卺"，就是把匏瓜一破两瓣，用红线拴柄，用此盛酒。再说得清楚一点，就是将一个小葫芦从中间顺劈两瓣而成瓢状，两半个把子用红线拴连起来，夫妻一入洞房，各取一个盛着酒的瓢来漱口。这象征着夫妻原为二体，通过结婚把两体合一，可谓"分之为二，合之为一"，也说明葫芦原是一个，寓意新郎新妇天生就是一家人；再且，葫芦苦不可吃，用它放酒，涵夫妻要同甘共苦之意；另外，葫芦能制笙竽，也是八音之一，喻音韵调和，即如琴瑟之好合；还有，民间有"葫芦是母亲，肚里净子孙"之说，取葫芦多子多福，寓人的生命和生育之意。新婚之夜行"合卺"礼，无非是要夫妇今后同甘共苦，结琴瑟之好，生儿育女，其意义是相当积极的。这种礼俗，可能因寻找葫芦有点困难，后来人们改用两个酒杯，以彩结连在一起，夫妇交臂互挽而饮，称"交杯酒"，作为新婚夫妇一起生活的开始。

撒帐 新婚夫妇于洞房交拜毕，男左女右相向对坐。由男方引媳妇者或请一全人的中老年妇女向炕上撒五谷豆,以表欢庆祝愿、驱邪避煞之意,叫"撒帐",后来逐渐演化为求吉利,活跃气氛,改撒为花生、瓜子、核桃、红枣等物。喜果事先装在斗里,边撒边要唱念祝贺歌,内容多是"早生贵子"、"白头偕老"、"多子多福"等,如:

　　一把花生一把枣,闺女小子满家跑。
　　爷爷奶奶瞧着笑,成群结队看姥姥。

又如:

　　拜罢天地日月光,新郎新娘入洞房。
　　五年连生三贵子,状元榜眼探花郎。

当今大多为撒喜糖、撒喜烟来代替,让看新媳妇的与准备闹洞房的人哄抢,以增加热闹活跃气氛。

闹新房　亦叫"闹洞房"、"乱媳妇",这一习俗由来已久,据说人家可"越闹越发",因此闹房之俗,越兴越盛,即使在现代新式婚礼中,也要行"闹房"之趣。乡间有"三日无大小"的说法,更助长了这一趣事。不过在真正闹起来的时候,还是平辈人多。闹房的花样可说越来越多,方式之奇,形式之多,戏谑之甚,可算五花八门。开初是让新娘给点烟、倒茶,说笑话,念一些绕口令,或者是闹房者做些奇形怪状的动作,千方百计地引新娘一笑。接着就要新娘配合新郎做些动作,诸如空中吊一朵花,要新郎抱着新娘用口咬下来,叫"摘花"。又如空中吊个馍或果子,要新郎新娘不能用手,二人相向用嘴同时去吃,果子在空中来回摆动,常常使新郎新娘扑空而碰面触唇,这叫"吃果"。再如要新娘仰面躺下,肚上放条长巾,然后让新郎爬下用肚把长巾卷起来,谓之"卷毡"。还有什么"溜豆子"、"摸圪蛋"等等不少陋俗。

旧式婚姻是父母包办,把两个陌生的男女用一根红巾一系,便成了夫妻,要他们负担生男育女的任务,这无论如何总显得有些唐突,就是社会发展到今天,科学知识如此普及,仍有新婚男女不通男女之情的事;所以,闹新房不啻是一种速成的性教育,以假闹而做出许多男女之间的事来,给新郎新娘以一些启蒙,让他们有个熟悉的过程,使他们放松了各自的戒备心理,又通过言谈、动作,使他们知道了怎么去做。另外还有一种说法,新婚之夜要驱邪避鬼,闹房是为了防止鬼来作祟。这种解释也只能是属于过去,而今的闹房,尽管形式上还是过去的那一套,无非是亲朋好友借此相聚,热闹热闹增加喜庆气氛罢了。

鸳鸯疙瘩汤 在人们闹罢洞房之后,由新娘的婆婆或婶子大娘(全福人)给新郎新娘做拌汤喝。面从升子里倒入碗里后,要用筷子敲打升子几下,引媳妇的人要在一旁念:

梆,梆,敲升子,
来年生个胖孙子。

搅拌时必须用左手,大概是受"男左女右"的思想影响,可能用左手拌就可先生男孙子。所拌的面,要一小块一小块粘连在一起,结为疙瘩,好像鸳鸯鸟一样分不开,故名。面块连得越多越好,象征着多儿多女。拌汤做好后,往往有小姑子或同辈人往汤里放点草节或红枣,意味着早生儿女。在搅拌时,要念《鸳鸯疙瘩歌》:

左手拌疙瘩,儿女一不沓。
小子会念书,闺女会扎花。
新郎把汤喝,万事不出差。
新娘将汤喝,手巧会做活。
你喝我也喝,和美闹人家。
洞房花烛夜,鸳鸯爱疙瘩。
三年头上过,怀抱胖娃娃。
女婿赶着马,媳妇走娘家。

送喜盆 新郎新娘新婚之夜在入睡前,男方同辈妹妹要往洞房送尿盆,沁人叫"砂盆",新婚用的叫"喜盆",或称"子孙盆"。盆口用红纸蒙着,里边放有圪桃(核桃)、红枣和一个蛇盘兔花馍,都是象征早生儿女的意思。送盆时要边叫门边念《喜盆歌》:

哥哥嫂嫂开门来,小姑送将砂盆来;
红纸蒙口拳戳开,侄儿男女跟出来。

守坛斗 闹房的人散了,一碗非喝不可的疙瘩汤喝了,晚上用的喜盆也送来了,洞房顿时静了下来,此时此际才是新郎新娘的天地,正是他们既神秘而又向往的时刻,男左女右坐在方桌两边的椅子上,看着桌上左龙右凤的红烛摇红。据传,两支红烛一定要燃到同时熄灭,如果左边的先灭,就意味着将来男人先死,如果右边的先灭,就意味着是女人先死。因此,当看见一支熄灭时,就必须将另一支也同时扑灭,这样就可夫妻二人白头偕老。所谓"洞房花烛夜"的花烛,就是指这两支分别制有龙、凤图案的红烛而言。龙凤花烛的中间,点有一盏高高油灯,叫"长命灯",此灯要燃到次日天亮,如果中间熄灭,就很不吉利,须赶快点燃。若能彻夜保持通亮,就预兆新郎新娘可活百岁,所以要精心看护,俗称"守长命灯"。于闹洞房结束前,一般由婶辈全人来专门守护,叫"看灯"。在灯光、烛光的照耀下,辉映着后面的坛斗,斗里插挂的神奇物器,人们通常说是为了避邪镇妖。其实,非只若此,古人用意内涵颇深。

坛斗,古人祭祀、出征时总要找一高土台举行仪式,这高台为坛。婚仪中则设斗以高台为坛,故名。即在拜堂桌上和洞房桌上要放个米斗,斗里盛五谷,插挂秤杆、尺子、铜镜、机杼、弓箭等物,上披红布。五谷,代表粮食丰收,可喜可庆。秤和尺子,是衡量物体重量与长度的标准,都以铜制星点为准,也就是称量时要达到星点的中心,寓意是为人处世要一片忠心。铜镜,古有"以铜为镜,可正衣冠"之言;又有"黄道吉日,铜镜团圆"之说;当然也是照妖之镜。机杼的杼,沁人叫"行"。"行",是走的意思,织布时只有在它的前行梳通下,纬线才能织入经线成为衣用之布;"行",也是能干之意,在那个男耕女织的时代, 不是正寓意于娶来一个会纺善织能干的内当家吗?至于弓箭,在象征男女结合的婚仪上使用,在"求子"、"合男女"的高□仪式上使用,是显示出异性相交合的象征意义。箭象征男性生殖器,弓为女性生殖器的延长,驻存于生殖"力"的扩张与传递,当然也不排除弓箭能杀伤猎物的真正功能,所以人们受迷信思想的统治,认为它是驱邪避鬼的镇物。

以上之俗，都是在同一时间进行，人们统称为"守坛斗"，也正说明坛斗的广义之深，故而代之。

在正式举行婚礼时，一个广为流传的故事，以文学的形式想象，叙述了几乎整个婚礼过程。这个故事就是《周公和桃花女的传说》：

相传两千多年前，王母娘娘身边有两个侍儿，即金童和玉女。偶有一天，王母娘娘见他们俩在蟠桃园谈情说爱，一怒之下就将两人打下凡间。金童转生为周公旦，他精通阴阳八卦，善于领兵布阵，辅佐周成王治理朝政；玉女转生为桃花女，在乾元山桃花洞修行。等到桃花女16岁的时候，虚灵圣母命令她下山寻夫报国。桃花女领命下山，刚刚下山，就为百姓呼风唤雨，解除了一场旱情。

周公听说此事后，觉得此人不凡，掐指一算，知道自己该和她结为夫妻，于是就向桃花女求婚。桃花女也觉得周公才貌双全，的确是自己良配，就欣然允婚。结婚时，周公想布下邪绝法阵，试一试桃花女的本领。桃花女算透了他的心思，便思考怎样对付周公，于是就向周公提出四大礼仪：一要天女散花，二要黄金把门，三要水火龙迎接，四要南海大士主婚，四条缺一不可。周公只好照办：他安排几个姑娘用草筐箩盛着谷草节、大红枣、花生，等桃花女来时从墙里往外撒，这就是天女散花；用红麻绳捆两个秫秸把子竖在门两边，作为黄金把门；一人拿着一竿火把，一人用醋浇热犁铧，围着轿子转，这叫做水火龙迎接；在院子正当中摆一张桌子，上面放着斗，斗里面插一杆秤，秤上缠一块黑包头，秤钩上面挂一面镜子，二人在此结拜，这叫做南海观音大士主婚。

到了结婚那天，桃花女身穿红袍，头蒙红布，脚穿黄鞋，专等周公来迎娶。花轿到了门前，周公首先摆下"劫门阵"，差黑煞神躲在门边，等桃花女一出大门即劫抢桃花女。不料，桃花女出门时是由两个大汉用椅子抬着，黑煞神见她脚蹬黄云，身披火龙袍，头顶火龙罩，烈火腾腾，顿时感到头晕眼花，只好赶紧逃走。周公又连忙布下"埋伏阵"，在沿途派腾蛇精守住桥头，白虎精躲在石碑后面，朱雀精卧在庙脊上面，单等花轿路过时，腾蛇精缠住桃花女的身子，朱雀精啄她的双眼，白虎精咬她的喉咙。孰料桃花女早有准备，让一个大汉拿着红毡，一路上凡是遇见桥、庙、石碑等处时，都用红毡遮住轿子门。那些精怪见烈火护着轿门，都吓得溜之大吉。

周公再次失策，但他还不死心，又布下"连环阵"，差五个恶鬼混在看热闹的人群里面，等桃花女一下轿，就扑上去把她抱住。可是花轿刚刚落地，就有一个大汉拿着麻秆火把，另一个大汉右手提着醋壶，左手掂着一个烧红了的铁犁铧，围着轿子边走边往犁铧上面浇醋，犁铧哧啦哧啦直冒烟，五个恶鬼早就吓溜了。周公随即赶紧派野马精拦门，等桃花女进门时扑上去把她咬住，哪知野马精还没进门，忽然墙里面撒出不少谷草、大红枣、花生，野马精顿时垂涎三尺，大吃特吃起来，抬头一看，桃花女已经被人领进门了。野马精刚要追赶，忽然看见大门两边立着红麻绳捆的黄金柱，生怕把自己拴在柱子上，赶紧掉头就跑。周公无可奈何，只好再派日月狐钻到桌子底下，等自己和桃花女结拜时，扑上来把她绑架，不料，日月狐一抬头，看见桌子上坐着缠黑包头的南海大士，手拿如意钩，上挂照妖镜，日月狐吓得赶紧溜之乎也。

就这样，周公摆下的邪法假阵，全部被桃花女破掉，周公不得不心服口服，从此，周公和桃花女两人相亲相爱，做了一辈子恩爱夫妻。后来，老百姓觉得这种结婚方式挺有趣，为了避邪，也就按照桃花女的那一套办法办理，逐渐成了后人结婚时候的规矩。

从这个故事中可以看出婚礼的主要仪式过程。我们用现实中的婚礼仪式和上面的故事对照起来看，不难看出其习俗的形成由来。

所有的洞房习俗，不外乎三种用意：一是进一步确立并深化夫妻之情；二是宣传夫妇间应该遵守的道德，互敬互爱，同甘共苦；三是增加洞房之乐的喜庆气氛。

脑窗台　就是"听窗子"、"听房"。"脑"按沁域方言另有"扛"的意思。"脑窗台"之称，倒也十分形象，即用肩扛住窗台台沿，头搭于窗台上,伸长脖子听窗里的动静。有的人还要用食指在嘴里醮点唾液,轻轻触窗纸化个小孔,以用眼窥视。听房者,大多是同辈年轻人,爬在窗台下,既不可舒气咳嗽,更不能发出任何响声,怀着好奇与探秘的心理,哪怕是冰天雪地也不嫌冷冻,是那么专心倾注,听新郎新娘在花烛之夜说些什么、做些什么……

民间俗信有新婚之夜,男女双方谁先向对方说话,生下的第一个孩子,就跟先开口者性别一样。听房的另一层意思,也有防止意外不测之事的发生。如封建礼教有"饿死事极小,失节事极大"的规条,若因女方失节,而被男方打骂,或因包办婚姻造成女方或男方寻短见自尽等,窗外人不能听而不闻,视而不见,要立即设法进房相劝制止,甚至陪房过夜。这些事虽然绝无仅有,但也不得不防,此也是遗留听房习俗的原因之一。

有关听房,民间流传有不少歌谣,择《小姑听房》歌一瞥:

谯楼上起了更,
哥哥房中要配他新人。
小姑子拿主意,
咱把他房来听。

谯楼上打二更,
翻穿皮袄出了绣房门。
小金莲慢慢走,
咱听他们说些甚。

谯楼上打三更,
天上下雪地上刮了股股风。
好一个雪花花,
打得奴家脸蛋蛋疼。

谯楼上打四更,

哥哥抱住他呀他的亲人。
小两口亲了个嘴,
只听见他们乱扑腾。

谯楼上打五更,
架上金鸡把呀把翅蹬。
好一个天大亮,
回到奴家绣房中。

好不该把房听,
听房听得奴家动春心。
把一条红绸裤,
湿了个水淋淋。

祝告那众神灵,
保佑今年订上门子亲。
好一个早烧香,
小奴家盼郎君。

婚后礼

道喜 亦称"穿照"。婚日次日清晨,原拜堂案上放一穿衣镜,新郎陪同新娘在案前向族人长辈与亲戚上辈进行礼拜,分大小认亲,便于新娘以后称爷道奶、呼伯唤叔、喊姑叫舅的行事。这对长辈人来说,家里添了个媳妇,真是皆大欢喜,所以称"道喜"。当礼生依次一一喊叫时,受拜者要靠前或笑打招呼。新娘为保持谨慎稳重,跪拜时不便东瞅西看,要通过桌上的穿衣镜,看清并记下受拜者的衣帽容颜,故此,俗亦称"穿照"。勿论道喜或穿照,目的都是为了认亲,确定新娘在夫家的名分。有的地方,受拜者还需给新娘赏钱。

送木梳 婚日第二天,新娘父亲或伯、叔父,怀揣一个木制梳子,一大早要赶到男家让女儿梳头用,叫"送木梳",亦称"道喜"。道喜,就是对亲家公亲家母的祝贺,恭喜两家儿女结为秦晋之好。无论送木梳也好,还是道喜也好,其实并不是此礼俗的真正含意。其真实含义在于娘家人出于对女儿安全的牵挂,特一早就来探望。试想女儿经过了一天的忙乱,初为人妻,又经历了一夜的洞房生活,身体是不是累坏了;初来乍到,环境是不是适应;有没有出现一些料想不到的事情,家人放心不下,所以一早前来看是什么情况,借故为送木梳。沁人方言中,"木"与"没"同音,"木梳"即"没疏",也就是说有什么事需要疏通,那就早点来疏通,免得造成不良后果与笑话。如果一切都是顺顺当当,正正常常,也就不需要疏通了,此来正是体体面面地给亲家道喜了。

拜邻居 婚日的第二天上午,由引媳妇的全福人手提红垫子,领着新娘到左邻右舍的村里人家,让新媳妇认门跪拜,并要把所拜见的家人,作一简单介绍。受拜人家日后要请新娘吃饭,乡人称"请媳妇",如当年没请到,要等过了年正月继续请。这一习俗,充分体现了沁人和谐相处有着古老的传统习惯。

回门 又称"归宁",还叫"三朝回门"。婚后第三天新娘第一次回娘家,与以后回娘家有着完全不同的意义,因为此次回娘家要有新郎陪同,以表谢意。谢什么,当然是谢岳父岳母养了个好闺女,成了自己的终身伴侣。新郎要拿礼物,过去大都是蒸食"如意"馍为主,后世为糕点果品等。娘家必盛情招待,乡间说是"待新女婿汉":酒菜之外,主食必吃扁食(饺子);女婿对长辈礼拜后,长辈要给新女婿红包;新娘朝三回门,必须当天重返夫家。

逗姐夫 新女婿朝三登门,要给岳家一个好的印象,不免举止拘谨,有点文质彬彬。新娘妹妹,尤其是叔伯妹妹们,要打破僵持气氛,试探姐夫的机灵,往往会出新郎的洋相来讨便宜,叫"逗姐夫"。她们专包几个放辣椒面或胡椒粉的饺子,掺和到盘子里,新郎一不留意吃下去,就会弄得打喷嚏流眼泪,搞成狼狈不堪的样子,小姨们则哄堂嘻笑。

还有念一些顺口溜之类的歌,来戏逗新郎。如:

姐夫长,姐夫短,
姐夫嘴上戴着驴夹板;
桃木棍,柳木棍,
打得姐夫屙驴粪。

新郎抢接念:

满满屙下一大瓮,
管够小姨们吃一顿。

这时,小姨们七手八脚地就与新郎撕闹起来,达到难解难分的时候,早已回避了的丈母娘才出来解围,方可作罢。

会亲 为了增进两姻亲之间的亲密关系,也是为了给新婚夫妇相亲相爱创造条件,新娘在回门时与家人要商定男家和女家日后相处来往的姑姨姥姥家等亲戚名单,回夫家后要择日同新女婿去一一拜访;男家的亲戚也是如此,这叫"会亲"。在拜会时,男家的亲戚要给新娘红包;女家的亲戚要给新郎红包。

请九天 婚日第九天头上,娘家要打发哥哥或弟弟到男家把姑娘接回娘家,称"请九天"或"叫九天"。姑娘回家须住够百天再回夫家,称"住百日",这是为爱护女儿的身体,有着不便说的含意。按说闺女回到父母身边,可自由自在地休息一段,不相思才更忙了;离婆家的时候,婆婆就把全家人的鞋样子给拿上了,如果是三代同堂,那就是爷爷、奶奶、公公、婆婆、丈夫、小姑子、弟弟,最少七个人,也可能弟妹要多点,在这百天以内,必须把鞋做好。所做的鞋,不仅要看质量,更重要的是要看针工水平,因为拿回去时,妯子、大娘、邻家妇女都要来欣赏评论,人们若说好营生,这就给做媳妇的树立了好形象;如果砸了锅,无论在家里还是对外人,都不好抬头,所以姑娘得守灯熬夜加心可意地忙活,只为博得众人说个"好"字。

拜年 春节后,正月初六,是新女婿赴岳丈家拜年的俗定日子。初六大概是取"六顺"之意。老女婿俗定拜年日子是初四,也可能是取"四、事"同音,寓事事如意吧,若添了新连襟,也是初六才来,老女婿既是招待又是陪客,背地里要给小姨子们出谋献计,表面上还要装出一本正经。这次小姨子们逗姐夫的场面,比回门时更加热闹激烈,她们不仅在语言中要逮便宜,而且在行动上也要占个上风。有的把新女婿的鞋藏起来,使新女婿不能下地拜年;有的把东西偷偷装到新女婿口袋,另一个又当众掏出来,说新女婿是个小偷;当她们拉扯新女婿时,老女婿假装拉架,故意握住连襟的手,小姨子们乘机往新女婿脸上抹黑画红。刚嫁出的姑娘看着女婿的丑样,又要骂老姐夫不是东西,老女婿只好狡辩并还击反逗于她,真是热闹非凡,趣味无穷……

拜年时,岳父家仍要给新女婿红包,这大概是婚礼尾声的余音,也是新女婿一生难忘的一次做客,以后来了就得担水劈柴按半个儿子对待了。

传统婚姻是宗法制度的体现

以上所述婚仪,从说媒求亲到回门,其中经历种种环节,都是由多少年来婚仪的发展而成。在旧的买卖包办婚姻中,每个环节都是举足轻重的。一男一女之结合,确实也不是一件很容易的事。所谓"六礼",其核心是男女结婚必须有"父母之命,媒妁之言",严禁自由恋爱,不待媒妁之言而"踏墙相从",将为"父母国人皆贱之"。传统社会是以父权家族统治为社会基础,男耕女织是农业经济的特点,因而其婚俗特别是对妇女的压迫最为深重,妇女在婚姻中所处的地位更为低下:未成人时听从父母之命;出嫁后"事夫如事天",屈不能争,直不得讼,唯有忍气吞声,毕恭毕敬服从丈夫。男人可以借故休妻,而女人却不能休夫,活是夫家人,死是夫家鬼。女子一旦提出离婚,叫"跳槽",把女人比作牲口,除了牲口还有什么跳槽呢?从根本上说,是无爱情之言的。可是在举行婚礼时,却极尽奢华、缛礼之能事。六礼在漫长的历史长河中,不仅得到了沿袭,而且被大大地强化,形成了一套又一套的繁琐礼节。

这些繁琐的"礼",是和十分贫乏的"爱"相比较而存在的,从而形成了一种悖论:即一方面大肆铺张,大操大办,另一方面又反复强调"夫妇有别",把女子不当人;一方面宣扬"早生子,早得福",另一方面又设法将性爱从夫妇关系中抹去。这种有"性"是为了生殖而无"爱"的关系,常常把人们真正的情感泯灭,这本身就是一种人性的抹杀。社会一方面从伦理上规定夫妇要相敬如宾,另一方面又反复强调"万恶淫为首"、"房事伤身伤神",不但取消了人们爱的权利,甚至连人本能的"性"也要加以限制。从夫妇有别扩大到男女有别,从而形成了两性伦理的基本原则"男女授受不亲"。这种性的压抑与爱的贫乏,给社会造成了男人活动在广阔天地的大世界,而女人只能是"锅锅①吃蹴磨道转"的小空间。社会生活的性别界限截然分明,人们的心理定势有向同性发展的趋势,而不习惯于异性之间的接触,造成了人们心理上的畸形发展。在性的压抑中,妇女是首当其冲的受害者,男性也普遍地造成了变态心理。在传统社会中,人们是被扭曲被损害的受害者,同时也是不自觉的害人者。

传统观念认为,婚姻是人生第一件大事,而传种是婚姻的唯一目的。从一整套繁琐的婚仪中可以看出,传统婚姻的渊源,乃是先民对生殖崇拜的曲折反映,从"儿女满堂","闺女小子满家跑,成群结队看姥姥",到"儿女一不沓"等,都是对繁殖的崇拜,构成一种普遍的文化现象,渗透到人们社会生活的各个方面。民间婚俗中的吉祥物,多为动物与植物,如谷、豆、葫芦、石榴、鱼、鸡等,这些吉祥物都有繁殖力强、多籽的共同特征,因此常常出现在婚礼与性的仪式上,表现了人们祈求子孙繁衍的强烈愿望。另一类吉祥物如核桃、枣、弓、箭等,都是代表男女性器官,涵义也明显地说明对生殖的崇拜。从这些吉祥物不难看出,娶妻就是为了生儿养女,把女人当作是生孩子的机器:如果能生男又生女,就是台好机器;如果是光生

---

① 锅锅:指锅台下,方言。

女孩,就是台不太合格的机器;如果男女都没有生,这台机器就有报废(休掉)的可能,即使是男方本来没有生殖能力,女方也只好背着口黑锅,被休回娘家,从而造成了无数的人间悲剧。

包括婚俗含义在内的生殖崇拜信仰,对我国的哲学、艺术、民族心理都产生了深刻的影响,成为我国传统文化中最核心的结构。什么"一阴一阳谓之道",这里的阴阳就是分别代表男女性器。儒家为了维护封建宗法的需要而把它神秘化和神圣化,所谓"有天地然后有万物,有万物然后有男女,有男女然后有夫妇,有夫妇然后有父子,有父子然后有君臣,有君臣然后有上下,有上下然后有礼仪所错。夫妇之道,不可以不久也,故受之以恒。"《中庸》中说:"君子之道,造端乎夫妇",规定了婚姻是人伦之始。孔子把"仁"作为最高道德标准,以"孝"、"悌"作为调整家庭内部关系的标准,以"三纲五常"作为社会上人际关系的标准,从而织成了严密的伦理网络,婚姻便成了传统伦理网络的核心。

在传统婚姻观念中,首先是强调繁衍功能,"昏礼者,将合二姓之好,上以事宗庙,而下以继后世也,君子重之。"(《礼记·昏仪》)故"不孝有三,无后为大",把男女两性的结合,仅仅理解为生殖,用生殖来否定性爱,这是一个很深的民族观念。正如恩格斯所指出的:"在中世纪以前,是说不到个人的性爱的。在整个古代,婚姻的缔结都是由父母包办,当事人则安心服从。古代仅有的一点夫妻之爱,并不是主观的爱好,而是客观的义务;不是婚姻的基本,而是婚姻的附加物。"父母的包办,使得青年男女间爱情与婚姻截然相对,婚姻成了一种"极端枯燥无聊的夫妻同居"。在那个有性无爱的时代,人们也崇拜多子多福,当一对异性结合时,首先不是祝福他们相亲相爱,而是要求"一把核桃一把枣,小的跟上大的跑",婚礼中的所有仪式,无不以此为目的。

家庭是组成社会的细胞,婚姻中对爱情的需求,越来越成为巩固婚姻的重要条件,没有爱情怎能有美满幸福的家庭呢?

过去的包办婚姻,男女在合婚前大都连对方的模样都不清楚,人品、长相都听天由命。民国前后,民间已出现了"相亲"之俗,即男女当面对看,尽管还是由父母做主,但总算有了点文明的基础,是社会进步的一种标志。解放后,打破了旧式婚姻的禁区,实行了男女平等,婚姻自主,彻底推翻了封建传统的婚姻制度。男女自由恋爱,自由结婚,一些陋俗和迷信思想也随之被人们遗弃。婚事新办到处成风,婚礼习俗有了明显的简化。但是到了上个世纪80年代后,随着人们的物质生活的丰富,已被根除了的一些陋俗又卷土重来,直到今天还绵延不绝,甚至有变本加厉的趋势。表现在大操大办、婚事奢办、繁文缛节、变相买卖、送礼成灾等方面,仍然是一项突出的社会问题。让我们面对现实世界,真正来一番婚俗上的移风易俗,简化婚礼,丰富爱情,为建设一个和谐社会而奉献力量。

现代婚礼

新郎新娘在婚礼上的礼仪

新郎新娘是婚礼上理所当然的主角,是各方来宾目光注意的焦点,因此必须具备得当的礼仪。一般说来,主要应注意以下几点:

仪表着装 新婚喜庆,新郎新娘要格外注意仪表,可适当化妆,做好发型,保持容光焕发。新郎一般穿西装系好领带,新娘一般穿婚纱,并适当佩戴项链、耳环等金银饰物,但不可多,以免俗气。

迎宾待客 新郎新娘应手执鲜花双双立于大门口迎接客人,不可来回游动;客人到来时应热情地表示欢迎和感谢,适时地介绍家中的长辈或其他客人,然后依辈分按次序让座;敬烟敬茶时要用双手送上,并为吸烟的长辈或平辈客人点火。

谈话说笑 与长辈交谈要诚恳谦逊,不可高谈阔论,信口开河;与平辈讲话要热情礼貌,注意谦恭;不可无休止地纵声大笑,或沉默寡言,不苟言笑;对晚辈要热情友好。

坐立行走 不可歪歪斜斜地坐在沙发上,更不要高跷二郎腿;

站立讲话时,要腰板挺直,不要全身抖动或前后左右经常挪动;行走时不要慢慢吞吞,状似散步,但也不要跑来跑去,或快步疾走,要注意走姿和节奏。

相互配合 新郎新娘在婚礼上要双出双入,最好不要分开单独行动,并且在相互配合方面,应注意礼节。例如:应相互向对方介绍各自的长辈或平辈亲戚、朋友;相伴而行时,双方不要离得太远,但也不要过于亲昵;如有宾客取闹,应相互为对方解围;入座时,应让新娘先坐;送客时,应一起同客人告别;等等。

家庭婚礼

家庭婚礼是现今社会被新婚夫妇普遍采用的一种婚礼形式。它可以自行选定婚礼的日期,安排婚礼的活动内容,控制婚礼的场面和进程,也可以自己选定婚礼的场地和方式,不受外界的制约,是一种比较自由随便的形式。

准备工作

① 清扫房间,布置新房。大门、卧室、厅堂和通道张灯结彩、贴上婚联。

② 确定宾客的名单。提前发出请柬,不管在什么地方举行婚礼,双方的父母及新婚夫妇本人都应邀请各自的亲朋好友参加。

③ 购置糖果、点心、香烟、茶、饮料及其他必需品。

④ 举行家庭婚宴要准备足够的桌椅和炉灶、厨师、锅碗瓢盆,还要采购食品、制定菜谱。

⑤ 在亲戚朋友中挑好主婚人、总管、接待人员和摄影或录像人员。特别是总管,必须要选头脑清醒、阅历丰富而且能随机应变、口齿伶俐、能言善辩的人担任。

⑥ 确定婚礼仪式程序,准备好收录机、磁带以及照相机和胶卷、摄像机和录像带等。

⑦ 新郎新娘要准备好婚礼的礼服、服饰品、红花、标签及即席

发言腹稿和应付各种可能出现的刁难、恶作剧的心理准备。

⑧ 双方父母也要准备好送给新郎新娘的礼物以及其他心理准备。

婚礼仪式程序 新房的布置往往要花费很大的人力和物力,新房布置好后,要注意保护新房的整体美。按照一般情况而言,新房较小,而参加婚礼的宾客(特别是小孩)又多时,婚礼仪式不宜在新房而应在厅堂举行。家庭婚礼不设司仪,由主婚人主持即可,等客人到齐,结婚典礼即可开始。

① 新郎新娘就位(胸前佩戴红花和标签),播放欢快的乐曲;
② 新郎新娘向家人和来宾敬烟、糖和茶点之类的食物;
③ 新郎新娘讲话,向来宾表示欢迎和感谢;
④ 主婚人向新郎新娘表示祝福和勉励;
⑤ 来宾致贺词;
⑥ 自由发言;
⑦ 新郎新娘介绍恋爱经过,表演节目;
⑧ 新郎新娘向双方父母献花、鞠躬;
⑨ 双方父母向新郎新娘赠送礼物;
⑩ 结婚典礼结束,送新郎新娘入洞房,或者开始婚宴。

主婚人致辞

现代婚礼上,由主婚人或主持人替代引赞与通赞。

例一:

各位至亲好友们,各位女士、先生们:你们好!

在这春暖花开、群芳争艳的日子里,我们魁梧帅气的×××和娇小玲珑的×××今天喜成天作之合,缔结百年之好,真可谓:杨柳依依,紫燕双飞。作为主婚人,我首先代表东家×××、×××夫妇,向各位的到来表示热烈的欢迎和诚挚的谢意。

来宾们,你们是友谊的使者,你们是人间的鹊桥,你们携着情、带着意,送来春风暖融融,你们的光临使这里春意更浓,你们的到来令"××酒店"增添异彩,让我们在这里和新郎新娘共度这美好的时光。

下面,结婚典礼正式开始:

(1)有请新郎新娘双亲上台就座。

(2)奏乐(《喜洋洋》或《步步高》),新郎新娘入场。

(3)参拜开始。

红烛高照喜盈盈,新郎新娘面向宾。

一拜天地(天地者,众嘉宾也)!

　　一鞠躬:献上一份真情!

　　二鞠躬:送上一份厚意!

　　三鞠躬:真情厚意把我们连在一起!

二拜高堂!

　　一鞠躬:感谢父母养育恩!

　　二鞠躬:孝敬父母是本分!

　　三鞠躬:愿二老身体康健享天伦!

夫妻对拜!

　　一鞠躬:志同道合配成好伴侣!

　　二鞠躬:协力齐心建设新家园!

　　三鞠躬:夫唱妇随!

(4)东家喜添儿媳,新娘又得父母。请新娘当着来宾的面,欢欢喜喜、甜甜蜜蜜叫爸爸妈妈。

(5)公公婆婆送新娘红包。

下一项议程:喜宴开始。希望大家吃得满意,喝得开心,玩得尽兴(宴后有舞会)。东家再一次致以谢意!

例二:

各位至亲、各位朋友、各位女士、各位先生:你们好!

今天是×××先生和×××女士的新婚喜宴。

首先我代表东家×××、×××夫妇,对诸位嘉宾的光临,表示热烈的欢迎!

尊敬的各位朋友,你们是友谊和吉祥的使者。你们的光临,你们身上带来的祥云瑞气,给今天的新婚喜宴增添了光彩,使×××餐厅蓬荜生辉。在今天这个大喜的日子,你们送来了温暖,送来了友谊,送来了吉祥,更送来了最美好的祝福。为此我代表东家对各位嘉宾表示深深的感谢!

今天是×××年××月××日,是个良辰吉日。在这个大吉大利的日子里,我们英俊潇洒的新郎和典雅漂亮的新娘子喜结百年之好,真可谓是珠联璧合,天赐良缘。在这里,我代表各位嘉宾:

祝福你们小两口相亲相爱,白头偕老!

祝福你们小家庭甜甜蜜蜜,美满幸福!

祝福你们在事业上比翼双飞,前程远大!

我刚为新郎新娘拟写了一副喜联,谨以全体来宾的名义,献给两位新人,算是大家的一点礼物,一片情谊。

(上联)洞房春暖共商宏图创业

(下联)燕尔新婚堪羡美好合百年

(横联)天作之美

下面典礼仪式开始:

1. 有请新郎双亲就坐。

2. 奏乐,新郎新娘入场。

3. 参拜开始。

红烛高照喜盈盈,新郎新娘面向宾。

一拜天地!天地者,众嘉宾也!

  一鞠躬:献上一份真情!

  二鞠躬:送上一份厚意!

  三鞠躬:真情厚意把我们连在一起!

二拜高堂!

  一鞠躬:感谢父母养育之恩!

  二鞠躬:孝敬父母是本分!

三鞠躬:天伦之乐乐融融,早日抱个胖孙孙!
夫妻对拜!
一鞠躬:互敬互爱,白头偕老!
二鞠躬:比翼双飞,建设家园!
三鞠躬:夫唱妇随,少生优育!

4. 人有双重父母,东家喜得儿媳,请新娘对着大家欢欢喜喜、甜甜美美、响响亮亮叫爸爸妈妈!(新娘叫……)

5. 公公婆婆送新娘礼物!(送礼物)

下一项议程:喜宴开始。希望大家吃得满意,喝得开心,玩得尽兴(宴后有舞会)。再次致以谢意。

在婚礼过程中,来宾可戏闹,不受拘束,自由自在地品尝糖、烟、茶之类的食物。如设宴,可在结婚典礼后举行。担任摄像摄影的人员,应在整个婚礼过程中捕捉各个场合上的有趣镜头,当然要突出新人这一主体,以作新婚夫妇之永久纪念。

至于花堂布置,随着时代的变迁也在变化着。过去后立喜字,天地祖宗牌位,案上放坛斗,燃红烛,香烟缭绕。解放后的花堂,将喜字易为毛主席像,两边插彩旗,桌上放盆花,拜堂时一拜改为向毛主席三鞠躬,还感谢共产党实行了婚姻自由之意。这种形式,一直延续到上个世纪70年代末期。当今只是易毛主席像返为双喜字,增加了灯光、彩带等,显得庄重、大方、温馨、高雅,富有浓烈的喜庆氛围。

集体婚礼

所谓集体婚礼,就是几对、几十对,甚至上百对青年在一起同时举行的一种婚礼形式。集体婚礼的主办者可以是一个单位或者是一个群体组织,也可以是几个单位、几个组织一起联合举办,也有所在乡、县、区、市一级的政府机关举办的集体婚礼,参加者以自愿为原则,不可勉强。参加集体婚礼,不收礼也不举行婚宴,可由主办单位统一发出请柬。如果是单位单独举办的,也可以张贴大红纸海报的形式,告示本单位职工自由参加。

准备工作 主办单位必须做好集体婚礼的准备工作:

(1)布置婚礼礼堂,要根据参加人数选择一个大小适宜而又宽敞、明亮、洁净的大厅。礼堂布置要显得庄重、大方、温馨、高雅,可以拉一条横幅,配以对联,再饰以各种彩带、花草和五彩缤纷的灯光,以增添婚礼浓烈的喜庆气氛;

(2)预备好用以招待来宾的喜糖、香烟和茶水,以及送给新郎新娘的纪念品;

(3)确定婚礼仪式的时间和程序,用工整的字体抄写在大红纸上,然后贴于举行婚礼的礼堂墙上;

(4)确定致贺词人员(单位或组织领导人、来宾代表、家长各一名)和致答谢词人员(新人代表一名),并分别准备好贺词和答谢词(不宜过长,每人以不超过五分钟为佳);

(5)确定司仪(最好男女各一人);

(6)预备好给新人佩带的红花和标签;

(7)准备好彩带和彩纸及撒彩纸的人;

(8)指定好摄影、录像人员并准备好照相机和胶卷;

(9)请一支小型乐队;

(10)指定好服务人员。

婚礼仪式程序

(1)司仪宣布仪式开始;

(2)奏乐;

(3)请参加集体婚礼的各对新人入席,撒彩纸;

(4)新人请出席集体婚礼的领导和来宾吸烟、喝茶、吃喜糖;

(5)请领导人致贺词;

(6)请来宾代表致贺词;

(7)请家长代表致贺词;

(8)请新婚夫妇的代表致答谢词;

(9)自由发言;

(10)表演小节目;
(11)全体新人向领导、来宾、服务人员和家长鞠躬致礼;
(12)向新郎新娘赠送纪念品;
(13)结婚典礼结束。

丧 葬

人生最后礼仪

死亡,是人生旅程的终点,标志着此人将从此脱离社会。死者的离去,对于平时与之建立起深厚感情的活人来说,心里一时无法接受,尤其是儿女等亲人,更是悲痛万分。为了宣泄自己的感情,表达对死者的哀悼和怀念,展现出一系列的行为方式,也是人之常情。这与传统礼仪的宗旨有着密切关系,形成了作为观念形态的一系列丧葬习俗。

自古以来,人类对于生命就有着不懈的追求。这种求生的欲望,最明显地体现在生命的最终时刻。由于古人不知道生命的秘密,把生与死想象为一种被超人的力量所支配的生命轮回,这就产生了远古时代的神话与原始宗教。在宗教意识中,死亡不是生命的终结,而是生命的转移。上天堂的诱惑与入地狱的威胁,灵魂不灭的观念,作为一种超自然力量支配着人们的头脑,于是死亡既使人感到恐惧,又使人充满希望。在旧时代不堪回首的贫苦之人,把全部的希望寄托在来世,于是生命轮回说,就为古今葬俗注入了丰富的内涵。

所谓丧葬礼仪,是人们依恋、思念、哀悼、评价、安葬死者的一系列祭礼活动的全过程,其目的既想让死者满意,又要让活人安宁。通过种种礼仪,无非是想让死者的灵魂顺利到达另一世界,可与祖先团圆,过上像人间一样的生活,并保佑和赐福于活着的家人,或者让死者争取早日投胎转生,来世成为一个出人头地的人。传统观念认为,通过超度亡灵也可使死者的鬼魂超脱苦难,甚至可以到天堂的极乐世界过神仙生活。正因为如此,丧葬礼仪一向受到重视。

丧葬实际上是象征着人们头脑中的阴间鬼神世界,同时也象征着阳间现实社会。丧葬礼仪,从古至今,大体可分葬前、埋葬、葬后三个部分,亦可称之为"丧礼、葬礼、祭礼"三个阶段。正如前面所说,沁域属黄土高原汉民族集居地之一,至今仍实施传统的土葬,其习俗与各地略同存异。

葬前礼

人都有一死,这是不可抗拒的必然规律,因此有的人在活着的时候,就做寿衣、挖坟墓作死的准备。一旦寿终正寝,活着的人在灵魂不灭观念的支配下,开始了安置死者活动。这种仪式与其说是围绕"死",倒不如说是围绕一种特殊的"生"而展开,尤其是儿女对父母的葬礼。为尽孝心,按照人间社会的需求,为死者灵魂在阴间世界的衣食住行,展开了一整套光怪陆离的丧葬习俗。有的并非完全表示悲伤之情,只是实施和参与仪式的人们,如同在进行一场表演,要求按传统的方式做得准确,不走样。人们相信,按照传统去做,亡魂可得安宁,生者能得到其在冥冥之中的福佑;若违背了传统,则会有灾祸临头,故千方百计求得死者灵魂的安息。

净身 亦称"沐浴"。沐,即洗头;浴,即洗身,在病人生命垂危之际进行。其方法也不能像好人一样在浴池、浴盆,更不能用当今的淋浴、桑拿;而是盛温水于盆,洗头洗足用浴巾擦身,尔后剪指甲、修胡须、理发、梳头。过去特别注重为女者洗脚,俗称"绞脚",因同时要换上送老的新裹脚布、新袜子、新鞋。

净身一定要在死者生前进行,不能在咽气后来做,据说死后就不顶事了。死者身带污物离开人世,难过鬼门关,灵魂要受层层折磨;对活着的儿女来说,不是诸事不顺,就是多灾多难,所以民间非常注重这一习俗。死者若是男性,通常由儿子和女儿为父沐浴;若为女性,则由女儿和媳妇为母梳洗;如一些带有一定技术性的理发、梳头、绞脚等,还可以请人来帮助料理。

这一习俗,实际上是为了消毒杀菌。

更衣 在死者生命弥留之际,家人要抢时间争速度,为其穿好衣服。据传,死者衣冠整齐,祖先才会接纳其灵魂;如果死前未穿好衣服，非但对死者不好，对活着的儿女也会带来厄运，人们还会说"某某光着身子走了，孩子们真不孝顺"等，会给儿女造成终生遗憾。

死者穿的衣服，称"送老衣裳"，亦叫"寿衣"、"老衣"、"殓衣"、"装裹"等。其衣包括头衣（帽子）、上衣、下衣、大衣、鞋袜等。有的人家在死者生前就准备好了，有的在病危时才置办，也有的在死后才临时购置，或穿死者生前穿过的衣服。所穿衣服的数量、质量依经济状况而定，但件数要求为单，寓意可能是只限于单个儿去阴间，如穿偶数则为成双配对，家里还得再死一人陪往地府，所以，乡间有"衣十有九称"之俗。民间认为阴间是黑暗世界，故在鞋头上缝一珍珠以照明指路。女性要在蓝鞋底上绣莲花荷叶，表示脚踩莲花上西天拜佛；男性穿黑色布鞋，鞋底要纳七星图案，意为足踏星月，登天成仙。老年妇女，一般要穿热色大红棉袄，民间有"老丧是喜"之说。男性过去要穿棉袍长衫，当今一般穿棉大衣，头上要戴挽边黑色帽子，帽顶缝一红布疙瘩，用以驱除邪气恶煞，认为对子孙有吉祥之意。

民间对缝织送老衣裳有很多讲究与忌讳。整套服装不缀纽扣，要用带子来系，表示后继有人，又因"扣子"也可作扣留孩子之解，"带子"就是带来儿子的意思了。衣料忌用缎子，因与"断子"谐音，唯恐招来断子绝孙的恶报。衣料一般选用棉布和绸子，绸子谐音"稠子"，有福佑后代密结多子多孙的象征；还忌用皮革毛料，一者因这些东西是贵重之物，应留给活人享用；再者，人尸与兽皮兽毛混杂一体，实难辨别是人是兽，怕死者来世转生为兽类；三者怕与雷电反应，造成惊尸炸尸等不吉现象。民国至解放后，又忌用带"洋"字的布料做寿衣，因"洋"与"阳"谐音，对去阴间的人就不适用了。此外，还忌穿裤衩、背心，一说穿此圪（窟）窿塌套的贴身内衣，对后代持家不吉；一说穿起来尸体与鳖的形状一样，来世会转生乌龟。

临终更衣同净身一样，实际上是人生的最后一次美容化妆。这一程序,一般紧接沐浴后进行。穿衣同净身相同,由儿女媳妇操作,衣服要从下到上一件一件穿好,让亲人衣冠楚楚离开人世,仪表堂堂奔赴黄泉。

临终 当病人生命弥留之际,平时赡养父母的儿女和家人,都要赶回来守着病者,一方面听其还有什么嘱咐,一方面为其净身更衣,静观其病态变化,准备安排后事,这就是俗说的"养老送终"。病人停止呼吸的最后时刻,这就是生命的终止,也就是"死亡"的降临。

死亡是肌体生命活动和新陈代谢的终止。死亡的过程可分为临床死亡和生物学死亡两个阶段。死亡的表现是呼吸停止,脉搏停跳,瞳孔放大。有些人呼吸虽停,但心脏仍微微跳动,亲属不知,以为已死,匆匆入棺。这样的人,本有可能活过来,这种现象称为假死。

临终前的一切准备,都是为了等待临终时刻的到来。一旦这个时刻降临,面对死亡,人们并不会手忙脚乱,因为已经有了一套处置尸体的方式。

死的别称 对于"死",曾有不同的专用名词:天子皇帝之死叫"崩",各地诸侯之死叫"薨",大夫之死叫"卒",士之死叫"不禄",和尚之死称圆寂、坐化、示寂、示灭,庶人之死才叫"死"。但就庶民百姓之死,家人也忌言"死"字,只是称"老了、走了、下世、去世、登仙、溘世、过世、逝世、谢世、仙逝、百年、病故、不在了"等。在书写上则称"气散、数尽、物故、物化、就木、归泉、返真、殪、殂、渐、怛化、登遐、宛其、溘然、归室、捐馆、不讳、短折、天昏、梦桑、倚槐、长眠、星坠、星殒、殒坠、刈兰、丘首、徒豆"等,都是死的同义词。还有的别称为:"上西天、见阎王、见祖先、见上帝、牺牲、捐躯、殉国、殉职、遇难、见马克思、到地下室、搞地下工作"等,也有贬意的叫"亡故、完蛋、断气、回老家、一命呜呼、蹬腿了、瞪眼了、放展了"等。人死后,不同的称谓往往有不同的专称:父亲死后叫"考",俗多称"先考"或"先父";母亲死后叫"妣",俗多称"先妣"或"先母";妻子死后叫

"嫔",俗多称"嫔故";寿终正寝称"卒";未老夭折称"不在了"或"不禄"。这些不同的说法,反映了人们对"死"的不同理解,也是等级制与礼仪观念深深溶入丧葬文化范畴中的反映。对于"死"的各种称谓,几乎都贴有不同时代的标签,也反映出我国文化的一些重要特征。

整容理装 人们在病危之时,表现也各不相同:有的因久卧病床,受尽了病魔的折腾,筋疲力尽,只好一动也不动地躺着,正所谓人们常说的"等时辰呢";有的与撕心裂肺的病魔作最后的抗争,翻来覆去,手脚挥动,一直到有气无力之时;有的瞳孔放大失去了视觉,但仍不甘心,双目大睁,总想再看看亲人和人间世界。尽管各自有各自的情况,但在回归的道路上有个共同点,这就是脉搏跳动逐渐缓慢,呼吸功能逐渐减弱。常言道"人活一口气",为了这口气,人在生命垂危之际,总会本能地张大口吸取,可惜无济于事,随着时间的推移,只会每况愈下,最终还是心脏停止跳动,走到了人生的终点。到达终点的时候,难免还是张口瞪眼,本来已穿好的衣冠变得凌乱不堪。因此,临终后的第一件事,就是要趁死者余热未散,用手轻轻地将其口、眼揉合,衣帽理好,这叫"整容理装";如果尸体冷却变硬后,再进行整容理装就不好办了。

含口 亦称"含饭、饭含、含玉、饭玉、饭珠、含口钱"等。古有"含者何?口实也"之说,解释为"缘生以事死,不忍虚其口"。俗信死者口中必含饭食,这样到阴间才不会挨饿。这一程序,要在整容理装时揉合口前进行。起先以饭含,但容易腐烂染及尸体发臭,后依丧主家庭经济情况,含玉、珠、碎金、碎银、硬币不等,当今还有含糖块、饼干的。

烧落气纸 用银白色或金黄色的锡箔纸,折叠成元宝式或金银锭钱币样,叫"锞锞",专供死者在阴间花用。烧锞纸就是在病人刚断气后,于地下朝其头部烧香燃锞锞,俗称"烧落气纸",亦叫"烧倒头纸"。据传,这是给死者的灵魂在赴黄泉途中的盘缠、乘车等买路钱。另说,是贿给来叫死者的阴间小吏,要其一路上对死者多加关照。

放阎魂汤 病人一断气,舀一碗清水,称"阎魂汤",放于家门外门墩上。这是缘何而为,说法不一。有的说,是为了人们进出门槛,防止死者鬼魂附体。也有的说,是为死者灵魂送出时所备,喝上此汤,过鬼门关时少喝或不喝迷魂汤,见阎王时能保持神志清醒,少受或不受其折磨。还有的说,是为阎王爷派来的勾魂小鬼准备的,因为他们在道上走得口干舌燥,进门就急于找水喝,如喝不上,就会扰乱家人和为难死者。见门墩上有汤,喝上就走了。如此而言,此汤就是阎王爷手下勾死鬼所喝的汤。

移尸 亦称"搬铺"。传统俗信病人在炕上咽气,冥魂将被掉在炕上,不能超度,并对家人不吉,故病重临危,要移在板床上,称"搬铺"。对于这一习俗,沁人历来和各地有悖,认为搬铺使病人已知将离人世,意味着撑其起身,心理上造成了沉重压力;再且,家人因亲情所致,不忍心亲人离去,若搬动其身必将促进早逝,生离死别的恋恋不舍之情,宁愿使病人安安稳稳躺在炕上,守儿看女地走到生命尽头。过世后,若已做好寿木(棺材)者,将七星板取出放于炕上,把尸体移在上面;如棺未成者,尸体要移于无窗户的木门扇上或宽一点的木板上,叫"停尸板"。尸体下铺儿子购料做成的面表朝上的褥子,上盖女儿做成的被子,俗称"铺儿盖女"。男尸要仰卧,女尸则须左手托腮,向左侧卧,因夫妻合葬时棺椁位置为男左女右,女者面左,可常常看着夫君,以示恩爱于幽幽九泉。这一习俗,民间只是当作一项程序来进行,其实是因为人死后血液停止了循环,炕上的热度容易使细菌繁殖、尸体膨胀,导致尸体变形令人生畏,俗叫"炸尸";同时也是为了在雷雨季节防止电击炸尸,因木不传电,故移尸于木板上。

蒙面 亦称"属纩"。属,放置;纩,指新絮或新丝绵,沁人以麻纸而代。这也是测试死者是真死还是昏死的一种方法。麻纸很轻,若呼气,势必弹动;若不动,说明病人已气绝过世,家人即可举丧。人死后的面容叫"遗容",有的"凛然如平生",有的事后让人"遥想属纩时,光景甚凄切",还有的让人目不可睹,望而生畏,所以用麻纸蒙面,还可起到遮"丑"的作用。蒙面以后,除人主家外,一般不让人再看,传有"掀一次蒙面纸,死者在阴间要多受一次磨难"之说。此说,也可能是防观者事过后怕而言。

燃长明灯 于炕沿边死者头旁放一小炕桌,燃一盏油灯放桌上,要昼夜通亮,谓"长明灯",有传是死者的引魂灯。

设香案 在燃长明灯的同时,桌上要放死者像架、香炉,并摆设点心等祭品。子孙小辈烧纸,焚香一般为二柱,民间有"神三鬼二(或四)"的说法。供献与烧纸,以及燃灯烛,意在充其赴黄泉路上的食用和路费,并照明其行路。

告丧 以发讯号的方式,将有人辞世的信息告诉亲友和村里人,其目的是为了使丧礼公开化。死人是家人、家族乃至村落最大的事件之一;丧礼也是民间各种仪式活动中最铺排讲究的仪式,因此,不可能也不应该由几个人单独完成。乡间有"谁家抬尸不用人"、"一人有难大家帮,一家有事百家忙"之说,正是这个道理。再说,每个死去的人都有自己的亲朋好友,通知这些人来为死者致哀,是对生者负责,也是对死者应尽的义务。丧葬礼仪是种公开性的集体活动,本身就是一次社会聚合的机会,也是一种群体联系的手段。丧情公布于众,凡"家道"的同姓族人,不管家里有多大的事,也得放在一边首先赶到。乡间有不成文的族约顺口溜:

家道家道,有事必到;
有事不到,成何家道?

村里人只要知道丧情,各家各户也会派人来,哪怕是不太对劲的人家,平时老死不相往来,只要知道对方家临丧事,也会跑来帮忙。通过帮丧,能起到邻里和谐相处的效应。这种相帮相助,可能是一种原始互助形式的遗风,久而久之,成了乡人一种传统美德。

贴门纸 在家门与街门(大门)门扇上贴斗方白纸,也有在门楣上吊白纸索或白布索,以告路人。此俗也称"挂孝"。

恸哭 儿女亲人因极度悲痛,放声大哭之音,本身就是对丧事的宣告。不过,生活中并不像某些电影戏剧中人死的场面:"人刚咽气或正在咽气之时,当场人高叫其名,儿女们喊爹呼娘地大哭大叫";而是要尽最大可能保持安静,绝不允许呼唤哭叫。因为人的生命力是顽强的,有时病人已奄奄一息,只要知道还有亲人正在途中要赶回来,会有股超越精神的力量,总会支撑着等见到亲人后才瞑目。如果刚下气就哭喊,其大脑还未完全停止活动,使其意外刺激,恋世之情会还阳成植物人呻吟,正是人们常说的"死不下去"。所以,俗约在断气半个时辰之后,才可动哭声;若是深更夜半死去,要等到鸡叫天明才可,有"半夜动哭声,凶上要加凶"之说,与其如此而言,倒不如说怕影响众邻休息为妥。

放哀乐 哀乐,是一种悲哀的乐曲,专门用于丧葬或追悼。现行《哀乐》是上世纪40年代由安波、马可、时乐蒙等音乐家在陕北采风时搜集到的民间乐曲,于公祭刘志丹的大会上首次唱奏。解放战争时期,传到晋察冀解放区作挽歌形式使用。新中国成立后,此曲由罗浪配置和声,更为庄严和悲壮。1976年,在哀乐声中,全国人民先后在泪水中送走了周恩来、朱德、毛泽东老一辈无产阶级革命家。此后,《哀乐》乐曲流行全国,凡有丧事,必利用现代电器设备播放哀乐,成为告丧的一种最好方式。

报丧 家人死后,孝子或下辈族人前往,或者用电话、电报等,向诸亲友报告凶讯及葬礼日期等安排事宜,叫"报丧"。报丧人一般只在家门外叩头禀告,叩头起立后不作揖。孝子穿重孝只报族人长者,和异姓主要帮丧者,实际上是以报代请。本家族人报丧者,只戴孝帽,要到外村亲友家报,需差年轻善走者担任。平时人们损某人时好说,"长的两条报丧腿,安了一张告丧嘴",就是说此人跑得快又不说好消息的意思。

请人主 顾名思义,就是请给死人做主的人。几千年的封建社会,实行买卖婚姻,妇女不但没有社会地位,而且在家庭也深受夫家人的虐待,被打死、毒死、自杀等非正常死亡事件常有发生,造成了不少悲剧。作为血缘亲情的娘家人,怎能甘心自己的亲人遭此不幸？必然会找上其门说理争斗，申冤报复。有时候娘家族人会集结几十人或百人以上，去为死者争气正名，往往会闹出连锁命案。正因如此，逐渐形成了凡已婚女子死亡，只有取得娘家人许可，才能安葬的习俗。这娘家人，就是为女儿做主的人，并且要一管到底，不仅要管女儿，就连女儿生下的儿子也要管，诸如外甥对父母不孝顺要管，兄弟分家必请舅舅参与，舅父家人就是外甥百年后的人主。请人主不宜电话或捎信相告，要差死者侄辈戴孝前往。人主到丧家为最高上客，须孝子跪地叩头，由侄辈双手捧放孝帽的调盘，恭恭敬敬地跪地呈上，这称"送孝"。人主接孝后，孝子平身，汇报亡者的病情死因，人主要察看尸体、装裹，询问安置情况；就是正常死亡，若子女有疏忽不当之处，即加答责，甚至执哭棒举手打骂，毫不容赦。

讣告 父母去世后，子女要向亲戚朋友发出书信通知，这种报告丧事的通知，叫做"讣告"或"讣闻"（古代"赴、报、讣"三字通用，现常用"讣"，音付）。简单的讣告，仅写明死者与发讣告人的关系及其去世的日期；详细的讣告，可在讣文内叙述死者的生平事略，临危的病情，以及何时何地与遗体告别、安葬等事项。亲友见到讣告后，给死者家人的慰问信，叫"唁电"或"唁函"，到死者家里去慰问，叫"吊唁"、"吊丧"。讣告也可用第三人称写。

哭路头 嫁出去的女儿，如父母死亡不在身边，接到讣音后，要立即赶回娘家，有的沿途号哭，有的进村开始号哭，称"哭路头"。由家人接进家中，随之哀号更为凄绝，剜人心窝，哭罢才可问亡者的病情死因。

治丧 人死后，办理丧事叫"治丧"。治，是管理的意思。既然是管理，就得形成个组织机构，当今凡是机关出面官办的，叫"治丧委员会"，民间传统习惯是上设总管，全面负责指挥、协调礼仪程序、后勤供需等各个环节。治丧机构下设厨房、礼房、纸札、灵前、接待、打杂、抬灵打葬等若干小组。总管由老家长或村里通丧事善管理的长者担任。当今不少村镇为了把事办好，防止大操大办的铺张浪费,成立了红白理事会,不管谁家有婚丧大事,一套班子会不请自到。不过,事主家出于礼遇,总还是要去专请,尤其是婚事,必须提前筹划准备。

治丧期古为三年,因小孩出生后三年不离母怀,以示回报。后来改为一年、百日,也有为四十九天的。至于其组织机构,一般在下世三、五、七日出殡后结束,葬后礼仪就是丧主家人的事了。

居丧 指遗族自死者断气时起服丧,于整个治丧期间为"居丧"。居丧,即处在丧事之中的意思。初丧至安葬,孝子只食小米稀粥,不得吃其他饭菜,俗称因是母生儿时喝过百日米汤。亲族须脱冠履,披发跣足。女性则脱彩衣与饰品,男不穿华服与皮鞋。男女依其远近穿丧服,也叫"孝服"。居丧之孝子禁理发,夫妻不同房,禁晤宾友、赴宴、参诣寺庙、娱乐活动等。此类居丧之俗,尤以殓葬之前为严格,以后直至"除灵"仍要遵守,以昭孝道。

孝服 死者的亲人在居丧期间所穿的衣服,叫"丧服"或"孝服"。由于生者和死者的直系与旁系等血缘关系不同,所以,丧服因亲疏远近而分为五个等级,这叫"五服"。五服内的人与死者的亲属关系较亲近,丧服较重,服丧期较长;五服外的较疏远,丧服较轻,服丧期较短。五服各有其名,即:斩衰、齐衰、大功、小功和缌麻。斩衰,是用刀剁(斩)成的不缝边(衰)的最粗的生麻布丧服,取其紧急,无心讲究,随随便便之意,是五服中最重的一种,是孝子在治丧期间穿的孝服。齐衰,是用熟麻布做成的,因缝了边,故称"齐"。其余大功、小功、缌麻都是用较细的熟麻布做的,除斩衰外,其余丧服一般在安葬后就不穿了,过去也有穿到覆山、尽七和过了百日的。

除丧服外还有:

孝帽 孝子的白帽后要留白布条双尾,叫"带尾巴孝帽"。有的于冠顶还要系一像架辫一样用麻皮结成的孝索,亦称"冠经"。其余男性戴的孝帽比孝子戴的尾巴较短而窄,有的不带尾巴;女性的孝帽,一律不带双尾,未婚女子还要用生麻束起发髻,叫"髻衰"。

孝鞋 穿重孝的孝子、女儿和媳妇,要穿缝丧布的布鞋,男子在出丧前不提后跟,俗叫"不踏鞋"。

麻眼纱 也即"面纱"。用宽麻皮织成长方形方格网状,周边糊粘白布条固定,上端穿的细麻绳系于帽沿后拖背。戴者可通过方空看清前面,别人难见其容颜。此纱为孝子、孝女、孝媳必戴。

麻辫 古称"腰绖"。用三股麻皮编成中间细两端粗发辫式的绳带,两端头要成索子样,如同发辫,故称。此为死者儿女媳妇所系的腰带,系时于背后挽结,长度须拖地尺余。用麻皮多少,还有"儿四两女半斤"之说。

搭头 是指一种白色孝布,长度与人等身,至少七尺,也有双层丈二、丈四不等。一头佩戴头上,一头从背后下垂至脚,故民间称"拉搭头"。这种戴孝形式,是由媳妇娘家给女儿披戴,以示女儿替娘家人代哀。

哭杖 亦叫"哭棍、孝杖、丧杖、哀杖、削杖、龙杖、哭丧棒"等,这是古代孝子居丧守制时用手杖为驱鬼避邪演化而来的。古代丧礼,父死用竹杖,母死用桐杖,上圆下方,长度齐胸。《白虎通·丧服》说:"所以杖竹桐何?取其名也。竹者蹙也,桐者痛也。父以竹、母以桐何?竹者,阳也,桐者,阴也。"后人从实用角度来说,谓"孝子哀甚,拄杖以支其身"。逐渐被演进后,沁俗用柳枝裹上剪穗的白纸条,棍长三尺左右,亡者儿女媳妇均持此杖,借以表示自己悲痛得支持不住,而依靠棒来支撑。何以用柳枝作杖呢?一者因其有"桃弓柳箭"之避邪作用,插于墓堆可防冥吏野鬼骚扰;二者墓上有树,不仅是死者归宿地的标志,更说明后继有人。坟里植树,是很有说法的,通常以墓间栽松树、柏树,寓万年常青之意;不过也有的地方忌种柏树的,因州域方言"柏"与"鳖"谐音,怕后代出"鳖子"的。坟里忌种杨树,怕出弱智的,民间叫"佯灯"的孩子;也忌长榆树,怕出死钻牛角尖像榆木扭丝疙瘩和愚人的子孙;还忌种花果树,怕生风流放荡的女子。如此相比较而言,还是柳树为佳,传说柳枝有灵性,可避邪,又四季可插,易生根发芽;成树之后,春天发芽早,垂柳青青,景色宜人,正如俗话所说:"有心栽花花不开,无心插柳柳成荫";所以，哭杖、引魂幡要用柳枝。再且，"柳枝"与"留子"谐音，涵后继有人之意。

此外，民间还有如下另说：

出殡前停尸守灵，最忌各种动物近前，尤其是忌有虎性的猫，其中白蹄猫和油蹄猫更为可怕。传说猫若从尸体上跳过或者触碰了尸体，猫会立即死去，尸体如同遭雷鸣电击而炸死一样，会苏生而僵尸，俗叫"惊尸"。据说这是因为猫的阳气移入尸体的缘故，尸体会直立而起，一直朝前走，碰上障物会死死抱住不放。这时可用粪勺、木棒将其推倒，或者抛扔扫帚、枕头等器物，让僵尸抱住，方能破解；否则，若人被其抱住，必死无疑。穿重孝守灵的孝子们距尸体最近，一旦发生惊尸现象，可用哭杖一端随抵带推，因木不传电，僵尸会自然倒地复原。为防止惊尸，有的地方在人死后，要用麻绳或带子捆其双腿。不过，传说毕竟是传说，有谁见过僵尸抱物，无非是让哭杖为孝子壮胆，提醒孝眷谨慎看守尸体、灵柩，精心尽孝，不得轻待死去的人。

散孝 凡举丧人家，办丧事必备白粗布若干丈，破成长宽不等的"孝巾"和"孝带"，或做"孝帽"等，所用之布统称"孝布"。散孝应视血缘关系的亲疏分送给前来吊唁的亲戚或帮丧者，家道戴孝自备。除人主家由孝子送外，一般由侄辈来送，送时要跪拜，俗称"送孝"或"散孝"。接孝者要将孝巾、孝帽系戴于头，孝带系于腰。这样，民间以为可被除不祥，故孝布又叫"免灾布"。"孝子丧亲，以衣服表心。"丧服一律用白色，自古已成定制。一个人若丧了父母，除服斩衰一身白外，还有头戴的白帽子，叫"孝帽"；帽上缚的白麻皮带子，叫"首绖"；脸上戴的白麻皮面罩，叫"麻眼纱"；腰里系的白麻绳，叫"麻辫"或"腰绖"；脚上用白布罩面的布鞋，叫"菅履"；手里拄根用白纸穗缠的柳枝，叫"哭棍"或"哭杖"等。这么一整套丑而发怪的全副"武装"，正是所谓的"披麻戴孝"。民间还流传着：

丑孝，丑孝，
越丑，越孝。

试想,如果不是在举丧场合,夜间突然碰见这么个全白怪物,不是令人骨软三分吗?那么,白色为何能与丧事连在一起呢?白色成为丧俗的内容,大概有四方面的因素:古时士大夫曾一度穿白色长袍,在朝日夜操劳,报效国家,称"尽忠";于家对父母尽心奉养,并无条件服从,谓"孝顺"。如此忠孝双全,很受人尊敬。后人为学其楷模风范,"以衣服表心",凡举丧着装通用白色,这是其一。其二,受伤的人流尽鲜血,有病的人血液停止循环,都会死亡。血液是红色的,红为热色,红色代表了人的生命;而死亡的人,脸色由红润变为苍白,白为冷色,于是视白色为死亡的象征。其三,凡死者多为疾病所致,其病菌易传染他人,白布较其他色布少感染病菌,无怪乎救死扶伤的医务人员,多穿白色工作服,称"白衣战士",也不无先人实践出的科学道理。其四,据先人传说,鬼最爱跟其亲人,因此儿女们穿孝服戴面纱意在不让其辨认。又传鬼怕白色,为避鬼魂附体,故孝服为白色。正因为丧事与白色连在了一起,丧事又有"白事"之称。年高岁长者寿终正寝,叫"黄金入柜",又称"白喜事"。不过,这个"喜"字,是别人劝慰丧家而加的,试问,既然是"喜",何不欢蹦雀跃、敲锣打鼓庆贺,而是捶胸跺足恸哭呢?

戴孝 主要是为了表示孝意和哀悼,出自周礼,是儒家的礼制。后来佛、道两教兴起后,又被引申成为亡人"免罪"。戴孝、穿孝叫"成服"。五服在历史长河中,有传承、有变异,但两千多年以来,变化不大,基本上没有脱离原来的定制。丧服避精细,趋粗疏,忌华丽,尚缟素,这对服饰文化发展来说,实际上是一种倒退。这种倒退,是对活人的自我惩罚,以丑的外表服饰尽哀表心,无非是想博得一个"孝子"的美名。其实,一个人对父母长者孝与不孝,主要是看平时尽心赡养扶助得怎样,并不是看死后如何如何。

戴孝习俗到近现代,尤其是解放后,逐渐在发生着变化:开初,民间将给吊唁、帮丧等亲友送孝布,改为送约一指宽、二三寸长的白色免灾布条,拴在衣扣上;没时兴几年,则改为送"走鸿运"的红布条子;后来,凡在告别、悼念、送葬死者时,兴起了左臂上戴黑纱,或者在左胸衣上别朵小白花,就连披麻戴孝的孝子们,在送殡归来后,也便自动解除全副"武装",改戴黑纱服孝;近些年来,又兴起了在左胸衣上戴个小小的"孝"字徽章,有些妇女在发际插朵小白绒花。这些象征性的致哀方式,不仅较过去的孝服大大简化了,而且有些文明美化了。当今乡间,凡遇丧事,不少人家学着由城市流行而来的着庄重服饰、戴黑纱、别白花的时尚。

守孝 死者家人在老人死后移尸在停尸板上,儿女等家人守护以示服孝,叫"守铺";死者入棺后,等待择吉安葬,棺放在家叫"搁棺"或"停棺";家人守护于棺旁,叫"守灵"。这些表达家人对逝者的尽哀与尊重的仪式,统称为"守孝"。守孝期间,要保持案上的香火不断,长明灯常明,每顿盛少许头锅饭于罐内供献,早晚号哭让死者灵魂起床睡觉。孝子要跪于土坯上放的谷草中,以回报母铺草生儿之恩。恸哭时忌眼泪掉在尸体上:一说若掉上以后在做梦中不能梦见死者;另说会导致尸体变成僵尸,无法腐烂;还说阎罗王见死者身有泪痕,要拒之门外,使死者在阴间无处安身,要受无边之苦。

陈仙 亦称"大殓"、"入殓"、"入棺"、"入室"、"入木"、"落材"、"落棺"等。陈仙,意为将死者灵魂升天成仙的尸体安放入棺而故名。大殓是相对小殓而言,人死后为其净身、穿衣叫"小殓"。大殓与其他俗称,同是指将尸体放入棺内而言。入棺,必须首先备好棺材,有棺还要经过数道仪式,方可完成。

铺棺 给棺内底部摆放物件,叫"铺棺"。所放之物有柴灰、干草、白纸、木炭、生丝、土坯、香、麻、纸钱、铜钱(七个呈北斗星样)、五谷、豆黄、宝钞、神曲、红枣、官粉。这些东西按迷信说法统称为"镇物",实际上有些物品如柴灰、土坯、木炭等,有着防腐、防臭、吸水的作用,很有科学道理。这些物品放好后,上面要用纸盖好,然后用七星板压住,这一仪式才算完成。

装尸 将尸体装入棺内,故称。即将停尸板上的尸体,移放入棺内;若停在七星板上,要连七星板一起移入。抬尸体时长子抬头,次子抬脚，其余抬腰、腿；放时脚先落棺，后将尸体平稳放入，俗称"抱头送终"。尸体要保持在停尸板上的姿态，即男性仰卧，女性左手托腮，右手托髋，向左侧卧，以视夫君。

殉葬品 随尸体入棺所放的东西，叫"殉葬品"。按迷信说法，只有完整地保护尸体，才能使死者顺利地轮回转世，所以要把其过去的衣物随葬于棺内。与其如此而言，倒不如说为了防止衣上的病菌传染扩散，使生者不会见物思人产生联想为妥。民间传说，死者的灵魂必经恶狗村，那里有恶狗当道，为了顺利通过，左袖筒里要装打狗饼，以备届时喂狗通过。此饼过去要由老寡妇烧制，当今一般用小饼干代替，个数与死者享年同数。也有的是只烧七个空心饼，用细麻绳拴起，挂于手腕。由于人生感悟，亲人的永别，更觉得每个人都是空手来到人世，为创造财富辛劳一辈子，最后总不忍心其空手而去，所以总要给死者带点东西。过去民间富户人家，讲究让亡人"左手执金，右手握银"，把大量的金银财宝随葬棺内。穷苦人家也要放点小皮钱之类，最不济也要放块手绢或锡箔纸稞。此外，还要放死者生前喜爱与用过的小物件，诸如文房四宝、书籍、眼镜、怀表、烟袋、玉壶、玛瑙、玉翠等小件文玩古董。不过，殓物不宜过丰富过高贵，否则，会遭盗墓贼对坟墓和棺椁的破坏；殓物从俭，反倒使死者安然，活者放心。入殓时，只许亲人在场，也有为随葬物保密防止日后盗墓之意。

人主察看 殓物放好后，要请人主家察看尸体，装裹，检点随葬物品，待其同意后，方可进行下一项仪节。

撒花 尸体装入棺木安放妥当后，由儿子、媳妇和女儿轮流手端马尾罗子，将里面放的棉花块，与用锡箔纸折成的金银元宝、稞稞、纸钱等往死者身上撒，俗称"撒花"。撒时次序为孝子、孝媳、孝女。儿子、媳妇要从头部往脚下撒，女儿从脚往头部撒，并要边撒边念《撒花歌》。歌词只是称谓有别，若父亡则念：

大，大，
看你银钱看你花，

不要想咱家。

大,大,
从头到你脚底下,
满盖金银花。

大,大,
金钱银钱儿女撒,
送你离咱家。

  盛银钱花块为何要用筛面的罗子,民间也有说法。俗传,入殓最忌雷鸣,若遇雷鸣,可将米斗或罗子放于尸体上,能镇之。整个撒花仪节,实际上是生者向死者的最后告别。

  钉棺 亦称"封棺"、"铆钉"、"煞扣",按北斗状将七根钉子左四右三从棺盖钉入棺木两帮,故称。所用钉子,叫"七星钉"、"子孙钉"或"寿钉"。民间对钉棺非常讲究,要求要不偏不倚把钉子楔入材帮板里,钉尖若歪进帮里空处,丧家要犯重丧,如歪出帮外,对当场者为大凶,所以要请木匠师傅用斧头楔入,右边靠头部一钉只钉一斧,不能到底,上拴红布条。为避免钉尖偏里偏外,制棺时大都改为在盖与帮两边各凿三个"8"字形卯眼,将榫头(俗叫"8吊子")楔入,尔后再钉拴红布的钉子。当今,有的采用在板上打孔,拿螺丝钉固定棺盖和棺帮,真够安妥牢固。不论何种方式,封棺时最忌当场人呼唤他人名字。民间认为名字是人的灵魂代号,若喊会钉入棺内,带来灾祸。在钉棺时,儿女们要喊念《躲钉歌》,若母亡则念:

娘呀,躲钉,躲钉,躲钉;
脚将莲花蹬[①],西天驾神云。

娘呀,躲钉,躲钉,躲钉;

---

① 脚将莲花蹬:莲花,指鞋底绣的与棺材小头画的莲花。若是父棺,要念:"八仙将路引"。

日月星辰照,驾鹤仙乐宫。

过去办丧事有的人家请道士做道场,为死者超度亡灵。封棺时道士要念如下吉句:

一点东方甲乙木,子孙代代居福禄。
二点南方丙丁火,子孙代代发家伙。
三点西方庚辛金,子孙代代发万金。
四点北方壬癸水,子孙代代大富贵。
五点中央戊己土,子孙寿元如彭祖。

陈仙入殓全过程,按现代话说,就是向死者遗体告别的仪式。这项仪式,是在死者断气的第二天下午或傍晚举行。为什么要有时辰选择呢?这是因为家人对亲人初死怀有疑虑和侥幸,总期盼有复活的奇迹出现,经过40多个小时后,未见复苏,只好"无可奈何花落去"了。再且,乡间有人死后第二天子夜送魂的俗规,亲邻朋友都要赶来,入殓前要为其烧纸致哀,入殓后要为其棚祭送魂,所以,不论是哪天出殡,死后次日夜必须举行送魂礼仪。乡间一般都是死后三日安葬,年轻者一早出殡,年老者上午或下午送葬。老丧也有五、七、九日后出殡的,还有另择吉日推后安葬的。三日葬者,入木后接着就是移灵;另选吉日者,棺木要移放地下两条长凳上,叫"停灵"或"停柩"。孝子要日夜香烛不断地守着,叫"守灵",直到出殡吉日的前一天,才将灵柩移往院内的灵棚。若在正厅停棺,大头要朝东方方位,西厅朝北,南厅朝西,东厅朝南,方位放错不吉。

招魂 即招回死者的灵魂。死者离世翌日傍晚,丧家儿孙族辈于村头路口,将用黄表纸书写的先祖神位放道上,燃香烧纸叩头,寓招迎历代祖辈的灵魂归来接应死者之意。此俗,亦称"迎魂"。礼毕在鼓乐声中,长子抱神位前行返程,众人跟在后边,沿街号哭,回去将祖宗神位供于灵棚案上。这一仪式,一般在移灵前进行,也有的在移灵后,如州域老南乡,不仅在移灵后,还要进行迎水、迎酒等。

神位竖写:

×府门中先祖三代 之 灵位

或：

×氏历代祖宗 之 神位

灵堂祭 为哀悼死者,在灵柩或灵牌陈放处所,设案祭奠,举行吊唁活动,谓"灵堂祭"。

灵棚 亦称"灵堂"或"孝堂",是停放灵柩或灵牌之处。鉴于设灵堂于屋有诸多不便,为方便吊唁,大都在庭院搭棚。当今,乡间有招之即来的移动灵棚专业户,平时将棚拆卸装箱,用时随即安装。棚之外观祠庙般金碧辉煌,内看殿堂样肃穆庄严,届时陈设即可。

灵堂陈设大体为:棺横放于后棚布前两条条凳上,棚若面南,大头朝东,棺与案间挂一纱幕,幕中贴挂一"奠"字,下陈神主灵牌,牌前立死者遗像,像前为死者灵位,位前摆八碗、十碗或二八十六碗的"二八子"供品,供品间放个遗饭罐,罐口盖个插双筷子的大花馍,案前面设香炉、纸火、长明灯等。供品两边案上放纸扎品,诸如金斗、银斗、摇钱树,而今盛兴冰箱、彩电、家具等时尚物件,棺木两头帮前立左男右女的金童玉女。棚前四根明柱上贴挽联,棚外两边院里,摆挂花圈、挽幛、挽词祭文等。

灵棚,也可说是停放灵柩的棚子,还可以说是专为灵堂而搭的棚子。那么,人们在灵堂悼念死者即可,为什么还得搭个棚子呢,这是因为民间认为棺木是往阴间去的,不能在光天化日的阳间停放,更不能被雨淋雪打。若不忌此,不仅对死者不好,更重要的是对子孙不利,民间有谚:

雨打棺材盖,子孙没铺盖。

日晒棺,没吃穿,雪撒灵,辈辈穷。

正因若此,搭棚可以遮阳光、挡雨雪,何而不为呢!

移灵 亦称"移丧",即将灵柩移至灵棚或灵堂。孝子朝棺焚香后,离家到院面向家门,跪地号哭迎灵。帮丧者将灵柩抬入灵堂,男孝于材头挂杖跪草,女孝于右材尾号啕恸哭,俗叫"哭灵堂"。此仪一般在出殡前头天傍晚或夜里举行。

烧纸　即"焚化纸钱"。纸钱又称"冥钱"或"冥币"。迷信观念认为,冥冥之中有一个相仿人类社会的鬼神阴间世界,死了的人都成为那个世界或神或鬼的一员。活着的子孙、亲友,为了让死去的人在那个世界生活得好,便在祈祷祭奠他们的同时,通过烧化锡箔折成的元宝、金银锭,或用黄、白纸剪成的钱贯,再或是仿照真实钱样印制的冥币,让死者或所祈求的神享用。

烧纸,也就是"吊唁"或"吊孝"、"吊丧"仪式。行吊时要由执事主持,依次喊唱人主、孝子、孝媳、孝女、侄子辈、孙子辈、亲戚、宾客等烧纸。拜祭者在乐曲声中,一一点香燃纸、叩头或鞠躬,有的还要向地洒酒三盅,谓"奠酒"。人主、亲朋吊祭时,右跪一丧家侄辈叫"替孝"或"替灵",礼毕起立表示答谢。拜者向其点头或作揖,以表回礼。

迎灯　即迎"长寿灯",通常在夜间进行。这一仪节,只对寿终正寝的老者。仪程大概是:香案前设一沙盘,黄沙上书写繁体"寿"或篆体"寿"字,乐户到距灵堂百步外迎灯,进大门后,走台步交叉绕沙盘。灯盏用面塑或山药蛋挖孔,放入油捻点燃。如今多用蜡烛替代。由孙辈二人持台盘穿梭端灯,头次端2盏,二次端4盏……逐次增加盏数,每次到盘前跪地,由执事接灯,依"寿"字笔画顺序摆放,灯数同死者寿数相同或略多,直至最后一盏将"寿灯"摆好。摆成后,孝子贤孙们,面向长寿灯列地三叩首,为亡者最后一次祝寿。

吹棚　这是由"暖丧"、"闹丧"演进而来的对死者的一种哀悼形式。为增加尽哀气氛,乐户先吹奏一些如《哭妻》、《寡妇上坟》、《苦伶丁》等悲凉小曲,然后转吹上党八音会和戏曲中的选场选段,诸如上党梆子、落子、襄垣秧歌剧中的《哭殿》、《灵堂计》、《秦雪梅吊孝》等。这种吹奏哀悼形式,后来有的加进了清唱,而今又加进了演唱现代流行歌曲。丧家若雇上一个好的乐户,过去如上庄岭乐户,当今如仁胜四毛、北河建新、建功弟兄等乐团,周围十里八里的群众都会赶去听赏。按演艺圈的行话来讲,吹棚实际上就是借机举办民间音乐会。

之所以吹棚,对听众来说,是一次对人生归宿的音乐欣赏;对丧家来说,是对长者的尽孝;对亲朋来说,是对死者哀痛地怀念,因此,除了正吹之外,为了延长吹奏时间,姻亲们还要另赏钱于乐户吹奏,有死者的姐妹家、嫁出去的女儿家、孙女家、外甥女家等。吹奏前由灵前司仪依次唱呼,如喊"女儿××家烧纸吹棚",这时女婿、女儿至案前焚纸叩头,乐户随着起乐。如此一回一回地安排,往往到深夜才可终止。近年来,有个别丧家,名为尽孝,实为炫耀有钱有势,要让乐户吹个通宵达旦,尤其是通过现代音响的传声播音,吵得整个社区或全村的人都不能休息。

盼咐马儿 在送魂之前,要将死者灵魂赴黄泉路上骑的纸马放于院内靠大门处,用刀在马的嘴部割个口子(原不开口),塞进草节,马头下放草筐、水盆,表示喂草饮水。丧主女儿向马焚香后,对叫"中用"的纸扎拉马小子哭告而歌,词多为即兴创作,内容无非是要其在衣食住行上照顾好死者。这一仪节,民间称"盼咐马儿",实为盼咐马童中用。其歌如:

   我把中用哥哥叫,
   妹妹有话要唠叨;
   要把咱娘招呼好,
   千斤重担由你挑。
   咱娘全靠你关照,
   黄泉茫茫路迢迢。
   马儿多给喂草料,
   日行千里能飞高。
   赶路行程走大道,
   慢慢挪过奈何桥[①]。
   上坡叫娘向前倒,

---

① 奈何桥:旧时指人死后亡灵到地狱中,必须经过的一座桥名。

下坡要娘直展腰。
恶狗村①里恶狗咬,
打狗饼饼往外抛;
孤魂野鬼来胡闹,
撒点纸钱空中飘。
住店不住漂梢店②,
睡觉要把门关牢。
吃饭不吃头锅饭,
多喝汤水配火烧③。
孟婆④面前多祷告,
见了阎王勤说饶。
中用哥呀!
咱娘多病年纪老,
事事靠你把心操。
啊嘿嘿嘿嘿……
中用哥呀你记牢!

随着社会的变化,当今用纸扎马儿的越来越少了,大都改扎小卧车,中用也提升为开车司机了,虽然人们还称"吩咐马儿",实为名不符实了。吩咐的词儿也随之改变,由面对马童变成面对司机了。其歌如:

中用哥你上路走,

---

① 恶狗村:旧时指亡魂到黄泉途中必经的一个村子,村净恶狗,故名。
② 漂梢店:离村寨边远的旅店。
③ 火烧,即饼子。
④ 孟婆,古称"风神",亦为"幽冥之神"。孟婆专造似酒非酒之汤,即"孟婆汤",也就是民间所说的"迷魂汤"。死者灵魂若喝此汤,可以迷乱鬼魂心窍,忘却前生;如果不喝,则用铜管刺喉灌吞,因此,在死者刚下气时,门墩上放碗清水,让亡魂饮水而不喝迷魂汤,即可仍记其前生宗亲。

几句话儿记心头。
路上规矩你要守,
文明礼貌多讲究。
下坡刹车慢慢遛,
上坡不要把油抠。
吃饭不要光吃肉,
小心上火多喝粥。
住店不要瞎将就,
安全还是星级楼。
咱大话少好咳嗽,
多问寒暖解忧愁。
千咐万咐一句话,
咱大全靠你经由①。
啊嘿嘿嘿嘿……
中用哥呀记心头!

送魂 顾名思义,为送走死者的灵魂,乡间亦称"打发三日五更"。死后三天葬者,葬日前夜必须先送走死者的灵魂,第三日才可打发死人,也就是出殡安葬;若不是三日葬,一般也是在死后次日夜送魂。茫茫泉路,从何而走,阴间又在何方?为亡魂远行扫除路上一切障碍,顺利到达另一世界,于是就有了送魂仪式。送魂前要准备好送魂的必用物品:

引魂灯:亦叫"引路灯",或简称"路灯"。过去多用麻秆蘸清油,现在多用木屑(锯末)或谷糠与柴油或汽油拌和而燃。此灯为照明、指引道路而必备。

浆汤:亦叫"浆水"。用酸菜汤或温水加醋而成。因酸属阴性,据说鬼最爱喝酸汤,也是民间上坟时必带的祭品之一。为防孤魂野鬼拦路捣乱,所以送魂时要向路两边泼浆汤,供野鬼享用,使死者灵魂顺利通过。

---

① 经由:招呼、照顾、负责之意。方言。

褡裢：一种中间开口、两头装东西的长口袋。这里指的是用纸糊扎的口袋，袋上右书"冥府×××收"，中书族府堂号，左书死者籍贯、日期，内装满纸剪钱贯，意为让亡魂沿途用钱买路和花用。

送魂马：用白纸扎成的马，让亡魂骑着到阴间世界。那么，为何不威风凛凛乘车坐轿，而要骑马呢？这也是很有说法的，除了马性灵敏、马通人性、善奔跑外，还相传汉武帝时，从西域大宛国引进的汗马奔驰如腾空飞行，称"天马"、神马。在当时社会交通工具中，跑得最快的是马，又有天马行空之说，就更加玄乎了。人们对某人战功赫赫或贡献很大，常用立下了"汗马功劳"来形容，这汗马就是天马、神马。又传，唐僧到西天取经时，骑的就是马，并且是匹白龙马，返来时由白马驮经，沿途帮斩妖除魔，胜利凯旋，如此对马更加神化。所以，人死后亲人们都希望亡者能升天，成佛成仙成神，送其亡魂时，不让乘坐虽然威风舒适但不能升天的大车大轿，更不骑毛驴之类，而是骑既快又可行空升天的白马。

马童：即拉马小子。这里指拉送魂马的纸扎人儿，历传名叫中用，神通广大，很能干。据说中用原是玉皇大帝的小外甥，因触犯天规，玉帝念他年幼，贬为往返于天上人间的马童，专为死者的灵魂拉马，若死者生前行好学善够上天堂的条件，他即是陪同升天的天使。

近午夜前一个时辰左右，送魂仪式开始：烧纸后，专人从灵案上捧神主和死者灵牌，孝子出大门外，面门跪马旁呼死者称谓，高喊"上马"！点路灯者前行，于道两边隔段燃放，提浆水桶的不时地向道两边泼浆汤。鼓乐开道，专人举马起步，后跟捧灵牌者，孝子（长子肩背褡裢）、族人、亲朋、邻居等在响彻夜空的哭声和乐声中，向通往城隍庙方向的村头缓缓移步，至村口止步，烧纸，众跪地叩头，燃纸马、纸人、灵牌、褡裢等后，哭声乐声止；返程道上，忌往后看，提防亡魂看见跟来，也就是怕鬼跟上或跟上鬼走倒运。

伴灵 亦叫"守灵"。送魂返来，孝子在灵堂要默哀守着灵柩，要保持案上香火不间断，灯烛彻夜通明，等雄鸡高叫后，方可再动哭声。

挽联 是古时挽歌的变体。挽歌,是古时候丧家的音乐,执绋者相和的声音。古人参加送葬,皆执绋丧车缓步而行,故谓之"挽",也作"莌"。挽歌入礼,兴起于汉晋时代,此后就更加流行了,场合也不限于出殡送葬,成为表达人们心中的痛苦、对亡者的深切思念等凄楚情感的一种宣泄。一些文人学士都有自作的挽歌,其中陶渊明的《挽歌诗》最为脍炙人口,成为千百年来之绝唱:

荒草何茫茫,白杨也萧萧。
严霜九月中,送我出远郊。
四面无人居,高坟正嶕峣。
马为仰天鸣,风为自萧条。
幽室一已闭,千年不复朝。
……

后人由挽歌演变为挽词、挽联。联语同对联一样,讲究平仄、对仗等格式,一般应视死者的身份撰写,大都是评价死者的业绩,颂扬其精神和情操,言简意赅,一语千钧,使人看了油然产生敬佩之情。诸如:

唢呐三声和泪去　　　　想见音容空有泪
悲歌一曲伴云归　　　　欲闻教诲杳无声

苦雨凄风悲永诀　　　　南极无辉寒北斗
寒天冷血悼孤魂　　　　西风失望痛东人

流泪眼对流泪眼　　　　绿水青山悲去迹
断肠人送断肠人　　　　落花啼鸟泣斯人

芳草清幽香满院　　　　一世精神归华表
凄风苦雨哀盈门　　　　满堂血泪洒云天

人生礼俗·丧葬

江河大地存忠骨　　　一曲衷肠凄风悲
泪哀悲歌悼英灵　　　满腔血泪寒天哀

流水夕阳千古恨　　　倚门人去三更月
秋霜春露四时悲　　　泣杖儿悲五夜寒

桃花流水奋然去　　　香消夜月梅花寂
明月清风自在游　　　韵冷苍天鹤梦寒

明月清风怀旧貌　　　魂归天上风云惨
残山剩水读遗诗　　　名在人间草木香

流水夕阳千古恨　　　白骨未归三尺土
暮云秋树一天愁　　　忠魂已上九重天

滴滴鼓乐滴滴泪　　　九泉忠骨留千古
声声哀痛声声愁　　　一世英名垂万年

扶桑此日骑鲸去　　　悲音难挽流云住
华表何年化鹤来　　　哭声相随野鹤飞

高山巍巍英名不朽　　　福寿全归音容宛在
清水淙淙精神长存　　　齿德兼隆名望常昭

群山披素玉梅含孝意　　　生前忠节似松凌霜雪
诸水悲鸣杨柳动伤情　　　死后高风如月照云天

多少人痛悼斯人难再得　　　云点佳城千树具着白衣
千百世最伤此世不重来　　　雾罩灵輀万山尽戴素冠

驾鹤跨升痛君辞阳归净界　　德深于众名垂青史江河行地
噩声传往蒙亲抵舍吊寒门　　功高于世声震寰宇日月经天

青鸟传来王母归时环佩冷　　碧血写青史一人吃尽苦中苦
玉箫声断秦娥去后凤楼空　　丹心献祖国万众赢得福添福

埋葬礼

埋葬就是土葬,即把灵柩埋入土中。

地处黄土高原的沁域,物产丰富,土地肥沃。人们世世代代,生生不息,以农耕为主,日出而作,日落而息,视土地为生命之本,自古以来就有"有地则生,无地则死"的说法。面朝黄土,背朝天,是人们最基本的劳作习惯。生命是从泥土中来的,然后再回到泥土中去,回归大自然是乡民根深蒂固的生死观念。自古以来,汉民族就崇尚黄色,历代帝王都以黄为显贵之色,龙袍御具多以黄色为上。黄色实为土色,在金木水火土阴阳五行中,土又居五行之中位,是一个最稳定最可靠的基础,因此,人死后葬于土中,是使灵魂得到安息的最好归宿。此外,对于多少年的封建制度来说,土葬是最有条件表现阶级与等级差别的丧葬形式,因为只有土葬,才能建造和保留死者生前权势、地位与富有的象征物:看墓堆大小,可知其官位品级;各种墓碑、石人、石兽、华表和其他附属建筑,既显示了豪华气派的富有,又满足了宗法政治的需要。诸如州域小河村的石人坟、寺庄村的杜宰相坟、徐村的吴阁老坟、乌苏村的王氏祖坟等,不乏其例,就连平头百姓的老祖坟里,也要竖个"本山后土"的碑楼石牌。

对于先人尸骨的安放,传统的做法,不外乎"入土为安"。即使在普遍提倡火葬的今天,一些离乡在外的赤子死后,大多也要魂归故里,将骨灰盒送回老家,埋入土中,可见土葬之俗,深入人心,扎根之深，人们慎终追远的伦理情感是多么强烈，最终回归大自然的观念是何等执著。人们生活所依赖的大自然，是不依赖于意识而存在的客观实在，在科学不发达的时代，顺从于自然，服从于自然，更是天经地义的伦理。这就形成了自然环境是决定丧葬习俗的重要条件。人们必须注意环境卫生，这是生存的前提，也是社会发展的需要。土葬可说是人类近似本能的一种行为，是作为物质行为存在的，只是在鬼灵观念萌生以后，才逐渐演变为精神性的行为。人们希望自己亲人的亡魂到西天极乐世界过神仙的生活，但在具体的葬式中，又按人间的生活模式打造鬼魂的去处，或为阴府，或为祖先居处，宣扬着"死亡即回归"的观念，古时就有人说："所谓'鬼'就是'归'"；而各种葬仪仅仅是两者之间的桥梁。话到此处，我们也就理解"视死如归"的真正含义了。

葬前三件事：看坟地、筑墓室、捡葬日。

古葬日礼法 葬日，埋葬死者遗体的日子。古代人们通过对各种事物和现象的观察，把宇宙间万物万象分为阴与阳两大类，形成了一种朴素的唯物论与辩证法思想。阴阳广泛包含着事物对立统一的两个方面，即世界上任何事物都可以分为阴阳两个方面，并可以彼此消长与互相转化，正如老子说："万物负阴而抱阳。"不过，尽管阴阳具有彼此对立、互相依存、彼此消长、互相转化种种特性，但它的基本属性却是相对固定的。即阴阳具有两种相反的不同属性，并且是既不能任意指定，也不能颠倒，它是按照一定规律运行的。

这种唯物辩证理论，被一些卜筮术数师利用，使各种卜筮术数不断发展，成了求吉避凶习俗自身发展的结果。早在汉代，就已出现了专门用于卜选丧葬日的《葬历》，此书说："葬避九空、地臽①，及日之阳柔，月之奇耦（偶），日吉无害，刚柔相得，奇偶相应，乃为吉良。不合此历，转为凶恶。"又说："雨不克葬，庚寅日中乃葬。"所谓刚柔，是指天干地支。

天干有十位，即甲、乙、丙、丁、戊、己、庚、辛、壬、癸，古称"十

---

① 九空、地臽：一种术数的名称。

日",从第一位甲开始,隔位属阳为刚;也可说从第二位乙起,隔位属阴为柔,亦即阳单阴双。地支十二位:子、丑、寅、卯、辰、巳、午、未、申、酉、戌、亥,古称"十二辰",也是同天干一样隔位分阳阴为刚柔。故人们出行、办事都择外刚内柔之日,即外事宜以刚日,内事宜以柔日。在葬日礼法上规定,人在刚日死,应选在柔日下葬;在柔日死,应选在刚日下葬;刚日柔日要配合好才行,否则不吉。所谓月之偶,是指单月(阳刚)双月(阴柔)而言,葬月也要奇偶配合才行,否则,不避岁月会触鬼逢煞,发病生祸。由于择期的讲究,使不少丧家停棺待葬,数年至十数年的都有,以至棺木朽败,或被火焚、水淹,不知其终。

同阴阳学说一样有着朴素而唯物理念的五行学说,也是我国人民所独创,早在《尚书·洪范》中就有记载。古人认为天地万物由金、木、水、火、土五种基本物质构成,正是这五种物质的运动变化,构成了丰富多彩的大千世界。

五行有一套相生相胜的原理:相生,就是一种物质对另一种物质具有滋生、助长的作用,如木能生火;相胜,就是"相克"的意思,指一事物对另一事物具有制约、克制、抑制的作用,如水能克火。按木、火、土、金、水排列,相生相克的规律是:"顺次相生,隔一相克。"

当天干地支与五行结合之后,同时就形成了各干支之间生克制化的关系。阴阳五行与天干地支相配合后,就可据以择日,打破了单一的刚柔之法。尤其是在大兴风水之后,风水先生在相地为主的同时,又兼以择日,形成了相地术的重要内容与环节。

风水很重视择日。《雪山赋》中说:"山川有一节之小毗,不减真龙之厚福;年月有一端之失,反非吉地之祯祥。"这就是说,择时不妥,就会影响吉祥的大小多少。

风水先生又说:"发福由其地脉,催福由于良辰。"只有选好良辰,才能发福,否则,福就闷在地里了。

风水先生甚至认为,择日可以弥补地形的缺陷。有什么"不得真龙得年月,也应富贵旺人家"之说。就是说,只要年月日时吉,没有"真龙",一样可以富贵。试问,既然如此,何必相地?

择时的依据是在"堪舆"二字上作文章,堪是天道,舆是地道。堪舆术就是要使天道与地道配合好,要配合好,就得选好时间。

时间的好坏,风水先生有各种各样的看法,内容十分复杂。其方法诸如丛辰法、禄命法、天星法、运气法、三式法等,其实这都是些骗人之说,毫无科学依据,纯属迷信。

州域民间,一般是在死者亡日后三、五、七日埋葬,也有选单日葬的,怕双日葬者成双,还有讲究"三六九,扬长走"的说法。有的地方就不择日子,如南乡杨安一带,只要丧家在方便的情况下,葬时先告声称"无言教(五元教)"的教徒,让其向供奉的牌位烧香,并默念筮语即可。葬时也有讲究,少丧大都在早晨,老丧西北乡在午前,忌午时后出殡;东南乡在下午安葬。葬日葬时,实为莫衷一是。

迎供 亦叫"迎祭"。就是迎接对死者亡灵的祭品。出殡前,由乐队到街心或十字路口,迎接桌上近亲友好所做的12种碗菜肴、枣蛄①、花馍等,二人横抬条桌,乐队吹奏在前,供桌后有吊祭者跟着,到灵前举行祭奠仪式。有时为了方便或赶出丧时辰,抬着一桌祭品来回往返,只是依次易人吊祭。不过,按传统讲究丧祭要称"奠",不叫"祭"。祭属吉礼,可奏乐,奠不奏乐。后人统称"祭奠",乐可大奏。

当今,除迎供品外,还要迎花圈、挽幛、挽联、挽词(诗)等。

读祭文 祭文,即祭奠死者时朗读的文章,表示哀悼。旧时称叙述死者生前事迹并表示哀悼的文章叫"诔"词,也就是而今所说的悼词。在祭奠仪式读祭文时,有的是凭吊者自读,有的是孝子自撰自读,也有的是族长或礼生来读,当今多为主持人或请德高望重者致悼词。

例:女丧通用祭文。

[旧体]维公元×年,岁次××,×月×日,××等谨以清酌庶

---

① 枣蛄,用白面蒸成长或圆形的花馍。馍上亦不放枣,只有寿纹花与面塑花。枣蛄,即谐音"早古",寓惋惜早作古人之意。

羞致祭于×母×太夫人之灵曰:嗟乎!夫人之德,钟、郝流芳。夫人之誉,彤管休扬。早为人妇,相夫有光。及为人母,教子有方。待人以慈,内外皆康。持家以俭,巨细咸臧。岂期大数,遽梦黄粱。幽明永隔,实为可伤。忝叨眷属,闻讣徬徨。爰具牲醴,奠祭于堂。仰祈灵贶,是格是尝。呜呼哀哉,伏维尚飨!

[新体]公元×年,岁次××,×月×日,××等恭敬地用清亮陈酒,多种佳肴,祭告于×母×太夫人的灵前:唉呀!夫人的德行,像晋代王家钟、郝两夫人流传着芳香。夫人的名誉,像古代女史用杆笔记事一样已被天下颂扬。您年轻时作为妻子,帮助丈夫争光。作为母亲,教养子女有的是百计千方。对待人们,用心仁慈,致使内外都和谐安康。操持家务依靠勤俭,大事小事都能妥善处理。哪料到年寿的大限数,像做黄粱美梦一样立即进入了梦乡。阴间阳间永远隔绝,实实在在令人悲伤。叨蒙照顾,作为亲属的我们,突闻报丧,行坐不安,四处徬徨,备办三牲、甜酒,祭祀于灵堂。恭敬祈求英灵赏脸,亲自前来品尝。敬请享用祭品!

过去,祭文读至末句"尚飨",献吊祭文者须行三跪九拜,俗称其状为"喷土粉",丧主须在背后"随拜"。

大奠 亲朋祭奠、读祭文之后,接着就是又次弟上香烧纸,次序同前,最后是众人一起拜别,实际上就是当今的向遗体告别。

揣富贵 奠毕,准备出丧。孝子怀中要揣富贵花馍一个,表示起兴为富贵之家。

装馅饭罐 馅饭罐,州人叫"遗饭罐",意即死者在阳间没吃完的饭食,让带上到阴间去吃。因此,在大奠礼毕,见各样饭菜都要装点。盛满后,用插着一双筷子的大花馍盖住罐口,由专人带往墓地,待下葬时放于棺盖上方。

摔盆 俗称摔"丧盆子",或"阴阳盆"、"富贵盆",州南叫"打斩殃碗"。就是在出丧前摔碎祭奠时在灵前烧纸火所用的瓦盆或瓷盆。这个仪式也很重要。摔盆者一般是长子或长孙。盆要一次摔碎,越碎越好。俗传盆是死者的锅,摔得越碎,越方便死者携带。

转棺 手抬棺木于大门外,叫"转棺"。杠夫,亦称"八仙",州人叫"抬灵的",随着摔盆落地一声巨响,乐声悲曲大作,抬灵的搬动棺材,孝子、亲属震天动地放声嚎哭。按传统要求,孝子哭时要捶胸跺足,女的要边哭边跳,兄弟辈者要放声大哭,亲朋邻居也要随声附和,体现剜人心肺的死别之情。

绞棺 担具缚棺,棺上盖棺罩,州人称"灵轿"。没有灵轿的要盖旧被子或单子之类。民间讲究棺木是阴间的东西,不能见阳光。

起棺材头 亦称"起车头",州人叫"启灵"。灵柩一般由杠夫8人所抬,过去一些富豪之家也有16人抬的。起灵时,由杠头指挥随着一声"起"字喊出,杠夫要一齐起抬;若不齐整,棺的重心会落在某一杠上,压得杠夫挺不起腰来。州人好说的歇后语"斜住一杆了——死扎实",就是这个意思。民间有说是死人不想走。凡遇这种情况,有经验的人,要从孝子手中夺过哭棍,向棺盖上狠打一下,并同时喊个"走"字,杠夫随声同时出力,"斜住一杆"的问题就解决了。

出殡 亦称"出山",州人叫"出丧"或"发丧",就是把灵柩送到埋葬的地方。按旧时惯制,要先请阴阳先生择吉日吉时(见择吉篇),叫"开殃榜"。按灵魂不灭之说,这是送亡灵上路,前去另一个世界。此间礼仪的主旨,是想尽办法让亡灵路途顺利。葬俗中出丧是件很隆重的事,将丧葬礼仪挪到一个更大的空间,使整个丧葬活动推向了高潮,死者亲属的一举一动,都会受到世人的关注和评说。这里有两种显示,一是孝:送葬队伍的号啕悲声,很大程度上已不是悲哀感情的自然流露,而是出于一种相当程式化、礼仪化的举动。真悲假悲尽管掺混难分,但必须这样表演,才是合乎"孝"的精神与礼的要求,人们往往边走边哭,念念有词,以表哀痛泣绝之情。二是实力:死者的亲属一齐出动,他们当中如有几个头脸的人物,无疑是家族的莫大荣耀,使得乡邻们刮目相看。这种人员身份和参加送葬人数的众多,表现了一种炫耀心理,即以人多势众、朝中有人显示家族的地位与势力。出殡之时,人们十分看重所谓的"白了一道街"、"白了一片山"的场面,同样这也是具有"夸富"、"斗富"的意味。这一切都是家族政治和经济实力的显示。

出丧,可说是丧葬文化全方位的展示:明尊卑、人伦的送葬队伍的顺序,系结和凝集家族成员的"执绋"之举,向人们灌输孝敬意识的哀哭等等;出丧礼仪中一环接一环的礼节,都包含了丰富的文化意蕴。出丧,还能使沿途更多的人,领略丧葬礼俗的具体情形及现实功能,并让人们谈论死亡,直面人生,从而时常省思人生的意义,正确对待不以人们意志为转移的生死规律。

发引 出丧行列起引,称"发引"。杠夫起杠,则为正式出丧,送葬队伍随行。其行列顺序为:

开路神:亦有叫"开路王"。一般为高大纸人,其面目狰狞,传为古代方相氏,也有的是举慈善的菩萨纸人。

引魂幡:州人叫"引头幡"。由长孙手执挂着白纸长幡的柳枝,俗叫"打引头幡",州南亦称"鸣金"。白纸幡上书写:

孟坡头上金童送,
奈何桥边玉女迎。

或:

金童架过河,
玉女引上桥。

引魂幡两边的飘带也很有讲究,若死者为男,飘带中间要剪圆形,尾剪箭头;若死者是女,飘带中间剪方形,尾剪凹形,喻"天圆地方"。

抛撒纸钱:剪成铜钱状的白纸,叫"纸钱",是死者亡魂给拦路的关卡和孤魂野鬼的买路钱,有的是打引头幡的孙子代撒,有的是帮忙者专人来撒。到墓地的路上,要不断地扬纸钱。

挽幛、挽词:由送主或帮忙者举。

纸扎:包括花圈、金斗、银斗、金摇钱树、银摇钱树、聚宝盆、房舍院落,当今有的有彩电和现代家具等;还有服侍死者的童男、童女。过去有的人家还举孝灯、吉灯等。这些送葬物件,大都是侄儿、孙辈与帮忙者执举。

乐队：人数不等。

像框：亡人的遗像，框上挂黑纱拖下。一般由女婿抱行。

孝子拉灵：丈余长的白布，一头系于抬灵柩的小头绳具处，一头孝子搭肩手拉。有几个孝子系几块扯灵布。长子另一肩还要背纸褡裢，俗称"钱钗子"，内装纸钱贯，埋葬时放于棺盖上方。

灵柩：一般由8个或16个杠夫抬。州域农村有互帮互助的良好习俗，抬灵打葬都是乡邻自动帮忙，不用雇人。如果亡者客死他乡或者不在老家，棺上要放一雄鸡，俗叫"引魂鸡"，到墓地时将其放生。

女媳爬灵：女儿、媳妇要爬着棺木大头而哭，叫"爬灵"。

遗族：侄儿男女、孙辈等家子户道，穿孝服号哭而行。

吊祭者：即送葬者，亲戚、宾朋、乡邻等随行送葬。

路祭 灵柩到村口时停棺，送葬者要进行焚香、烧纸拜祭，叫"路祭"。挽幛上的挽联、挽词也要撕下一并焚烧。落棺时材下要衬垫哭棍，以示棺没落地。民间讲究启灵后棺落地不吉。祭毕，孝子拱手作揖向送葬者致谢，众止步。如果距墓地较远，杠夫可设替补者轮班替换，要一鼓作气抬到坟边，尔后按出丧时儿扯女爬，随着乐声哭行于穴旁落棺，哭声止。若是新坟上穴，路祭后女性返家，由男者前往，坟里不动哭声，此叫"白事红办"。路祭，也有其亲戚故旧或受恩于已故的人，为答谢其恩德，特于葬列行途上供办香案供祭的。对此，乃由丧主以白布金品作为答礼。不过，这种排路祭情况，现时在乡间几乎没有了。

燃枕除邪 在起灵的同时，丧家要托个鳏寡老者，将停尸的房舍进行打扫。帮丧者也要对院里桌供清理，打扫时将孝子跪过的谷草，撕掉门上的告丧纸，以及将清除的碎纸杂物，堆放于大门外左侧，并将死者用过的枕头放在上面，然后点燃。这有两层意思：一者怕死者灵魂附于枕上，在家作乱，其实倒不如说怕死者的病菌殃及他人；再者，俗传鬼怕火烧，即使死者的鬼魂跟着送葬者返来，见门口有火堆也不敢进门,只好远去。

盆镜插刀 就是大门外右侧放个盛清水的和面盆子,盛水明如镜,可照妖,故称"盆镜"。靠盆沿将菜刀一口插于水中,送葬者和到墓地者返来时,要手拨刀柄沿盆边转一圈后再进门,意为若身附鬼煞妖气,临盆镜必现其影,其见拨弄钢刀怕斩杀其身,则逃之。其实,这是解人疑心罢了,纯属迷信。倒不如将菜刀换块手巾,让返来的人洗手为妙。

下葬 将棺材安放到墓室,叫"下葬"。要经以下程序:

暖坟:乐队顺三圈逆三圈绕坟吹奏,称"暖坟"。

扫葬:孝子、孝媳、孝女要下墓穴取新笤帚打扫,叫"扫葬"。扫时儿子、媳妇要从墓门往里扫,女儿要从里往外扫。因"扫"与"捎"、"葬"与"账"为谐音,扫葬是为了放材,"材"与"财"又是同音,意为"捎账放财",所以,子媳要往家里扫;过去说女儿是外人(要嫁人),只有往外"捎",才可得"财"。

撒线:阴阳先生下墓室用麸皮按坐向分金画出中线,给灵柩定位。

落材:抬灵者先将灵柩用绳具吊落仰亭圪道,然后把棺挪进墓室,棺盖与两头的中线,要对正阴阳先生撒的灰线,这称"三线合一"。

神砖墓瓦:灵柩安放后,阴阳先生要察看矫正,要在大头小头处放用永不变色的朱砂书写好的新砖新瓦。砖上一般写"福寿永存"、"头顶三台,身披北斗"等,并要画符咒,放大头中线处。瓦中间写死者×××之墓,两边写其生卒年月日,放小头处。民间称这砖瓦,叫"神砖墓瓦"。有的还放置"五色"镇石与桃木橛子,都是镇墓物:一者不让死者灵魂出去乱游,二者防止一些孤魂野鬼来捣乱。其实其真正作用,倒不如说年深日久,过若干年之后,甚至上千年之后,只要察看墓瓦,就知此处是某人长眠之地,有着较高的考古价值。

撒五谷:阴阳先生安放神砖墓瓦后,要向墓室内外撒五谷,意为日后五谷丰登和多子多孙的象征。

人主察看：灵柩安放妥后，要请人主家下葬察看，得到其同意后，方可进行下项程序。

燃长明灯：州人亦称"万年灯"。用小碗或小碟做灯盏，盏内盛麻油，将数条棉线合起来做灯捻，点燃，称"长明灯"或"万年灯"。放于葬壁龛内，让其永放光明。

放桃弓于棺盖上：桃木，古称"仙木"，可驱鬼避邪。桃条作弓，用于除去灾恶，有"桃弓苇戟，除残去恶"之说。弓之弦以五色线合成，代表五行的金、木、水、火、土，这五种物质的运动变化，构成了丰富多彩的大千世界，有一正避百邪之意，是当然的镇物。

放遗饭罐：将馅饭罐放于材头盖上。有的还要在墓室左右壁上留东仓西库的小窑洞，放象征性的盛器谷物。

放纸扎：金童、玉女放材小头左右；金斗、银斗、摇钱树、聚宝盆等放材两边。

推麻眼纱：孝子、孝媳、孝女分别站墓室门外背向里，将戴的麻眼纱摘下，侧身推放于棺盖上，不得眼看，只能手推一次，推得越远对自己越好。长子同时还要把纸褡裢也推于棺盖上。

翻孝衫：孝子们推麻眼纱后，要将孝衫翻过来里朝外穿，麻辫全系在腰不再拖地，孝帽尾巴收起压帽里，以示丧事已办了。

放账：孝子向四周扬撒硬币，过去都为铜钱，现今多为硬币。钱数多少不限，其含意有二：既能放账，说明有钱，当然可以得利，这是其一。其二，有对抬灵打葬帮忙者感谢之意。撒过账后，孝子离仰亭。

封门：砖、石葬将门扇关合；若是土葬，要用谷草扭辫封口；靠山有石之地，也可用石板挡口。

掩埋：第一锨土由孝子掩埋，尔后帮忙者才动手。

背哭棍 墓丘土堆快成长馒头状时，要把引魂幡柳枝插于墓门上方，下插哭棍，并继续培土。墓堆快完工时，孝子要面向前岸，背后反手虚拔哭棍，拔时要喊"起"，连连拔喊三次，叫"背哭棍"，意为此后家业,可三起三发。背哭棍亦称"拔棍",寓后人成谐音"拔贡"之意。

谢土 即祭后土。幽堂后土,在坟左上方,大都制碑石或碑楼标志,前写"本山后土",后写"立向分金"。俗说后土是阴宅的灶神,也有说是土地神。民间以为祭过此神,能使幽穴清净,凶煞远避,瑞气氤氲,亡者安宁,生者永吉,所以,在完坟后首先要祭与感谢,希能照顾好亡者与家人。日后每次上坟时,都要先焚香于后土之神。

完坟 墓丘堆起后,祭毕后土,要在墓堆前石桌前烧纸,同时要把除花圈插竖墓土外其余纸扎冥器等一律焚烧,表示死者已全部带上了。这一礼仪,含生者对死者新迁佳城冥府的祝贺,故不再哭泣,民间称"完坟"。

过火焰山 在靠近出坟的地边,把已备好的谷草点燃,所用过的锹镢杠绳等葬具,从火苗中穿过扔向地边。当火苗小了时,人们都要手执一物,无物者要抓把土,跨火堆出坟,不能空手而归,这叫"过火焰山"。民间以为,死魂随时可能从墓中跑出来,跟着物件和活人回家。因鬼煞妖邪最怕火,所以过火焰山其就不敢追随了。实际上这也是种心理安慰,科学地说,葬具上若染死者的病菌,通过火可将病菌杀死。过了火焰山,在返家的途中,严禁人们回头张望,怕与死魂形影相见,如见对双方都不吉利。实则也是一种节哀的措施,否则,亲人恋恋不舍,总不甘离去,是很不好劝说的。

葬后礼

传统的丧葬礼仪,并不是在埋葬之后就全部结束,即是说,死者的家属仍然要小心翼翼地与死者的灵魂打交道,直至永远。这跟传统的信仰心理有着密切的关系。一则,古人以为鬼魂在阴间仍需生活,如果子孙后代不及时供给,便会活不下去,所以要祭祀。正因如此,反证了断子绝孙是十分可怕的,得不到祭祀的鬼魂将会凄苦不堪。同时认为,养女儿大了总是要嫁人的,是别人家的人,不能继承烟火,糊涂地翻不通女儿也是自己的血缘亲情,形成了重男轻女。另外古人还认为鬼魂得不到祭祀就会发怒,作祟于活人。为了保护活着的人,也非祭祀不可。二则,又认为祖先的鬼魂会庇荫自己的子孙,当子孙后代在现实生活中遇到困难需要帮助的时候,他们首先想到的也必然是自己的祖先,这也是儒家提倡的孝道长期熏染的结果。由此可见,葬后的各种礼仪,呈现出当事人极其复杂的文化心理,既有对死者的哀悼、依恋,也有对鬼魂的恐惧和排斥。

对于亡灵的祭祀,落葬之后仍要陆续进行。若按祭祀地点来说,可分墓祭、祠祭和家祭。墓祭又叫"上坟"、"扫墓",是在墓前对祖先亡灵进行的祭祀仪式。祠祭是在祠堂内举行,是宗族集体活动,大多在春秋两季大祭,十分隆重。不过,经过战乱兵燹,州域家族祠庙大都损毁,这种祭祀也就越来越少了。家祭是以家庭为单位,逢年过节在家中祭祀。过去,埋葬时在墓地要举行点主、返主仪式,尔后将先人的亡灵牌位拿回家中供奉,现今大都以亡人遗像供祭。

如按祭祀时间来分,有忌日祭、传统节日祭与重大家事祭。忌日祭指卒之月日。年节祭有春节、清明、七月十五中元节、十月初一送寒衣节等,都要去墓地上坟。重大家事祭如婚嫁、生子、造屋、乔迁、升官等喜事,或死人等不幸之事,也要向祖先报告,求得保佑。时至今日,昔日的许多仪节行为大多淡化甚至消亡,但这样一种心态却始终没有改变。

覆山 亦称"巡山"、"圆坟"。葬后第三天一早,孝子穿孝服到墓地参拜,并察看埋葬后的情形,故称"巡山";若墓堆某处有缺土的地方要添土补齐修好,所以又叫"圆坟",也即表达对死者的安抚之意。

过七 鬼本来是没有的,是人编造的,鬼域世界就是人世社会的折射。俗信亡魂去鬼域报到,需要路费和礼品,烧纸祭祀是给死者鬼魂提供足够的"经费",以供黄泉路上的一切开销。泉路茫茫,鬼域的生活道路,可能比人间还要崎岖坎坷,关卡重重。据说从亡日起,鬼魂七天要过一道关口,总共需过七次,故称"过七"。每道关口,都要接受阎王、判官等鬼官审讯,判别善恶。好的送入天堂或鬼都,可下世再转为人;坏的要下十八层地狱,接受刀山、炮烙、剜眼、割舌、剖心、锯解、下油锅等酷刑,再转为畜生、昆虫之类。但是,这好坏也是可以改变的,那些鬼官们,也时常会制造一些冤假错案,送了"礼物"的坏的可以说成是好的,好的不送礼者也可变成坏的。在冥界办其他事情,也像人间一些恶习一样,必须送礼走后门。人常说"有钱能使鬼推磨",就是自欺欺人的最好证明。所以,为了让死者鬼魂顺利超度,每七天就要祭祀一次,给其增加营养与补充盘缠,为贿赂把守各关卡的鬼卒们开销。

据说"五七",即死后的第 35 天,亡魂最受煎熬,五阎王要坐镇亲自指挥,鬼卒们对其酷刑烤打最为严重,这是七道关口中关键的关键,故"五七"的祭祀一点也马虎不得;只要这一关过去,亡人的鬼魂就加入了鬼域的"户籍",因此,丧家要千方百计让亡魂超度过关。据传要抓住五阎王最爱吃酸菜饺子和最爱听女人哭声的特点,首先包好酸菜为馅的饺子糊他口,尔后再包肉馅饺子让亡魂享用。做好五色旗伞,备全香蜡纸火,于过七前夜二更左右到达墓地,摆好祭品,石桌上方将旗伞插好,烧纸后女儿媳妇大哭,女婿等将带来的柴草于墓旁燃起篝火,名为避恶煞野鬼前来捣乱,实是为坟里人照明、取暖、壮胆。如此这般,想象中的五阎王只是贪吃听哭,忘乎所以,等微风吹动,墓堆上的旗伞发出沙沙响动之声,就是亡魂已经过关了,待鸡叫天明后参祭者方可返家。

五七过后,六七、七七只是届时到坟头进行一般性的烧纸。民间流传有"过七歌":

　　头七馍馍二七糕,三七供上大火烧。
　　四七小祭把墓扫,五七大祭早操劳。
　　旗旗伞伞五色料,酸菜扁食要包牢。
　　夜半三更把坟到,女婿烘火火焰高。
　　闺女媳妇大哭闹,五阎王爱女人嚎;

贪吃贪听迷了窍,亡魂过关免煎熬。

六七祭祀无大小,七七尽七香火烧。

州人过七又有"连七数七"和"隔七数七"之分。配偶中若是一个先亡,是连七数七计算过七天数。就是头七的第七日,为二七的第一天,二七的第七日,则是三七的第一天,以此类推,这样,七七49天缩短为43日。配偶间若一方已亡,另一个死后过七为隔七数七,也就是每七为足七日,七七共49天,第49天为"尾日",亦称"尽七"。此外,还有"犯七"之忌,即逢七之日,正好是农历的初七、十七、二十七,这叫"明七";或撞上了农历十四、二十一、二十八,则称"暗七"。明七、暗七都是犯七之日,俗以为是不吉利的。避开忌讳,设法禳解:如在去坟地的道旁,插些高低不同的纸旗等。此外,沁域还有"长尽七,短百日"的讲究,即有几个儿子尾七加几日。

过百日 人死后满百天,丧家要到坟头祭祀,称"过百日"。不过沁域的俗规另有讲究,即亡者有几个儿子要早几天过,如其有2子则在第98天过百日,若有3子则在第97天过,以此类推,民间的"长尽七,短百日"之说,就是这个意思。过去在做百日时撤灵桌称"除灵",除灵次日丧家妇女换穿素衣,至寺庙行香后,始准回娘家省亲,叫"行圆";孝子则由"粗孝"更换为"幼孝",此称"换孝"。

忌日祭 即周年祭,用现代话说就是"死亡纪念日"。在丧家而言叫"过周年",对前往拜祭的亲戚故交来说称"做周年"。乡间对做封年(一周年)、三、五、十周年,要进行大祭,其余二、四、六、七、八、九周年为小祭,只是家人去坟头烧个纸火而已。十周年要隆重祭祀,有的人家还要在忌日前一天搭灵棚、摆纸扎、请乐户,举行招魂、迎供、吹棚、迎灯、读祭文、加礼等仪式。忌日到坟头进行祭祀,将所做的衣服铺盖(有的是纸糊)同纸扎一并焚烧,寓死者已收到之意。凡大祭之日,家人要拿一套全身纸制服饰,一早去上坟烧化,意思是让死者换上新装过好纪念日。对过十周年,州域也有讲究,若配偶先逝一方,要在第九年忌日过,如配偶一方已故,另一方死后要满十年而过。十周年过后,死者就同先逝的其他祖先一样,享受年节和重大家事祭祀了。家人给死者第一年清明节上坟,要提前三日去扫墓,叫"上新坟",以后就在清明正日祭祀了。

祭品样式

祭品,即祭祀时用的供品。人们想象亡魂在阴间也像人间一样要吃、要喝、要穿、要交易买卖,所以要经常供上食品、衣具、焚化纸钱。一般说来,凡是人们日常使用的衣食住行等生活所用的东西,都是祭品样式。祭品既可用实物,也可是纸或其他材料做成的象征性实物模型。另外,人们还认为鬼魂享用的东西只是一种精神、气息上的享用,只吸取祭品的精气而不消化其实体,因此大多数所供食品,祭祀者是可以享用的,正因如此,民间才热衷于逢年过节进行祭祀,趁此机会饱享口福。

祭品大体有下面几种:

香 人们喜爱香气,自然也就想到鬼魂也会喜欢。香燃起缕缕青烟,也还是传统观念的香火不断。据《十州记》和《香谱》中所说,死人闻了香味能活转过来,魂魄能与人相见,故称"返魂香",可见,香对亡魂吸引力之大,是祭祀时必不可少的祭品。因此,每当祭祀之时,首先要烧香,并还有"神三鬼二(或四)"的说法,即神烧三炷、鬼燃二炷或四炷。

作为祭品的香,是由古代的郁鬯演变而来的。郁鬯是古代祭鬼神的一种酒,据许慎《说文》云,鬯是郁金香制成的,将其叶每十片为一贯,取一百二十贯,捣筑取汁,合黍米酿酒,便成为郁鬯。屈原在《九歌》里写道:

　　鬯作祭品四处香,
　　神鬼看它把它尝;
　　给你福禄有百桩,
　　像有预兆有式样。
　　……

到战国时期,人们开始用兰、蕙、白芷、椒等香料碾末制香,并对香的招神唤鬼功能一再宣扬。人们求神求仙自然要用香,修炼仙道也要用香,香成了道家佛寺第一祭品。不过,话说回来,尽管神鬼虚有,岂能享受？但香的功能确有其用,尤其是当今用各种香料科学配方所制成的香,可驱蚊蝇、避异味,能起到净化空气、香化环境的作用。有关香文化的内涵,相当丰富,值得人们挖掘和探讨。

纸钱 纸钱又称"冥钱",是专门为死者和鬼神享用的货币。旧时丧礼,为鬼神或已亡人焚化纸钱是鬼神祭祀活动中的重要议程。迷信观念认为,冥冥之中有一个同人类社会相同的世界,即神与鬼的阴间世界。活着的子孙、亲友为了死去的人在那里生活,便在祈祷祭奠他的同时,送给点礼物。钱钞是用纸制成的钱形,通过烧化使其拿取,这就是礼仪中的"烧纸"。

这种祭祀礼俗始于汉代,盛行于唐宋,直至当今。纸钱大致可分三类:一是用锡纸折成元宝、银锭的形状,也有用黄纸,州人俗称"黄表"或"连嘞纸"所制。二是用黄纸或白纸剪成铜钱形状,或将钱模墨印于纸,用于送葬路上抛撒或墓前火化,俗称"撒纸"、"烧纸钱"。三是冥票,即阴间票子,仿照真实票样制作,诸如"天国"、"冥国"银行和圆数一一印制,供烧纸钱而用。冥币,人们特别忌讳,视为不祥之物,平时都不保存,只是上坟扫墓时才随时购置。

哭声 哭声可视为丧葬祭祀中一项特殊的祭品。传说,在送葬路上如果没有响彻天地的哭声相伴,亡魂就不能顺利地到鬼国报到；对活人来说,如果哪家死了人而不闻哭声,就会传为笑柄,其子孙后代就被人视为不孝,大逆不道,天理难容。哭声对死者亡灵来说,似乎成了冥间不可缺少的"音乐",有了亲眷们的哭声,亡魂就可能得到莫大的安慰。现代哀乐,大概就是由此转化而来的。

在古代丧仪中,哭的程度和哭声大小都有一定的规定。正如前面所说,起灵时男的捶胸跺脚地哭,女的要边哭边跳；至于在哭的内容上,却无明文规定。现代民间的哭丧,基本上是想到什么就哭什么,没有什么限制。主要内容是倾诉对死者的思念之情,自责对长辈的不孝,悲叹自己的苦难身世等。

哭声作为一种特殊的祭品,只能在治丧期间与葬后三日、过七、百日、忌日等祭祀中献给死者,而在喜庆日子祭祀时就不能用了。如除夕之夜的祭祀祖先,就不能动哭声,否则,认为会冲掉新年喜气。

食用品 古祭品多为与图腾相同的东西,随着人类信仰史不断地发展,以及人们的食物不断更新和丰富,祭品也随着越来越多。凡是人们食用的肉类、谷类、水果、酒类等,都可以作为祭品献给死者亡灵。

饭:是最常见的祭品。下葬时放遗饭罐,家祭时牌位前供献一碗饭,直插一双筷子。人们认为有饭吃,死者在阴间就有了基本的生活保障。

三牲:原指牛、羊、猪,为重要祭品。这对于一般人家来说,当然是力不从心,于是演变为鸡、鱼、猪为三牲。三牲祭多在春节,一些贫苦之家只买个猪头或割半斤刀头肉代之。

酒:人们想象中的鬼大概也和人一样,不仅要饭饱,还追求酒醉。家境稍微好一点的人家,在亡者灵牌前都会摆上一盏酒。年节祭祖时,要供五盏酒三杯水,墓祭时要在坟前奠酒三杯,即将三杯酒按一线倒地。

酸汤:温水少兑点醋称"酸汤",上坟时泼于墓堆,供亡魂享用。酸属阴性,意味着阴间的汤,鬼爱喝的汤。

瓜果:如西瓜、苹果、梨、葡萄、香蕉、柿子等,也是正规祭祀中的祭品。

其他:如饼干、点心、糖果等,也常用作祭品。还有死者生前特别喜爱之食品,也要特别供祭于死者牌位前。

物品:死者生前喜爱的小玩物品,也可作祭品。

明器:明器亦可作"冥器",是专为随葬或祭品而做的器物,是用纸、竹等扎成的各种象征性的物具,如纸院、纸屋、纸人、纸马、纸轿等各种生活用具,其种类极其繁多。随着社会的发展,人们生活的提高,当今现代化的冥器也多了起来,如纸糊竹编的洋式别墅和高档家电冰箱、彩电、洗衣机等,甚至电脑、火箭、飞船也出现在祭品中。按迷信说法,它们被火焚烧后,就能进入阴间的千家万户,鬼魂们也都过上像阳间一样的现代化生活。

祭礼禁忌

丧葬祭祀过程中,为了达到祭祀的效果和目的,人们设计了许多禁忌规约。这些禁忌规约,都是不能违反的自欺欺人,否则就认为会触怒祖灵,祖灵就会对祭祀者施加灾祸;如果能恪守,祖灵会保佑子孙后代。

祭者禁忌 过去不准女人参加祭祀仪式,祠祭不准进祠堂,墓祭不准上坟山,尤其是孕妇,连丧礼也不得参加,这是传统社会妇女地位低下在丧礼文化中的一个体现,充分透视着重男轻女的子孙观念。因女人上坟,意味着家中无男子,死者无后代,成了断子绝孙的表征,这是其一。其二,犯了罪被处以刑罚身体因此而留有残疾者,禁忌为父母送葬和上坟祭扫,因其"惭负先人"。孔子说:"身体发肤,受之父母,弗敢毁伤,孝之始也。"被刑为徒者,惭负刑辱,深自刻责,所以忌上坟祭祖。再者,惟恐祖先见子孙被刑,痛惜感伤,不忍监祀歆享,故而禁忌。其三,祭祀先灵,切忌请人代劳,不可转投他人之手,只有亲身供祭祖先,祖先才会高兴地享受祭品。

祭时禁忌 祭祀不但要及时,而且还要准时。在忌日、年节里拜飨祭祖,俗间一般不推迟时日,如果移前几天,还可通融,但拖后三天举行则万万不可;否则,祖上等了三天,还不见吃喝供上来,便会对子孙们失望,往往要叹口冷气。这口冷气,是"穷气",家业往往会被这口冷气而叹穷。

祭时要在午前,如在午后,据传先人就不能享用祭品了。州域西乡流传着一个上坟的故事,虽然是臆造,说得怪有鼻子有眼的。

相传,在很早很早以前,一个农夫在田里耕地,见埂上张家坟地里有一个白头老汉汉,一上午在地里转来转去,到正午时分,那老头自言自语道:"这孩孩们还不来。"说着"唉"了一声而去了。农夫在赶着牲口回村的道上,碰见张家三个儿子挑着供献而来,才知道今天是其父的周年忌日,突然后怕起来,回家后大病一场。已是各立门户的张家三个儿子,为何姗姗来迟呢?原来是因为分摊祭品开销,老婆们发生了口角,纠缠不下。后来,弟兄三家的日子,就像王小二过年一样,一年不如一年,有的穷到连锅都坐不上了。

这则故事,正好迎合了迷信者的心理。说明祭祀不仅要按日,还必须按时,正如前面所说的"过七"讲究。还有,清明是很重要的祭祀日,这一天不管如何忙,都必须上祖坟扫墓。《中华全国风俗志》说:"清明日各家扫墓,如有新丧者,必于春秋社前三日上坟致祭,焚化纸钱,谓之赶社。俗谓过社日之后,如不上坟,死者即为敲扑也。"总之,祭祀必须保持和遵守时日,不然就不能达到祭祀的目的,而且还会受到灾难惩罚。

祭仪禁忌 对祭仪施行过程中的行为,有诸多禁忌。上坟烧纸时,不能用棍棒挑动钱贯和冥钞,挑碎则祖灵难用;若烧去一半,一半未燃,忌讳重新丢入火堆去烧,俗称"子孙饭";如果再燃,子孙断绝。上坟要专心专意,不得捎办其他事情,否则冥纸到不了祖灵手里。燃香点纸不得借别人火柴,更不能托人代祭自己的祖先。切忌以手指划灵牌和遗像,若指就同指着先人的鼻尖数落一样,将对鬼魂构成不敬之罪。在祖灵面前禁忌大声喧哗、发出笑声与放屁之声,必须叩头致敬,焚香燃烛,表示默哀。

祭品禁忌 祭祀礼仪,传统社会认为沟通活人与亡灵关系的主要媒介是礼品。一般来说,凡是人们自己食用的肉类、谷类、水果、酒类等都可祭献祖灵;而那些人们自己不能食用的,也多数是禁忌献祭神灵的。祭品大多摆六样、八样以上等双数,忌讳单数,尤其忌五样,传说五样会出"忤逆子",四样会出"叫花子"。祭品要新鲜、干净、完整,畸形和非宰杀而死的禽畜肉,被视为不洁之物,不得用以祭品。在民间,祭品中人们禁用牛肉,因牛耕田,勤勤恳恳为人种地,是生活中谋福祉的"牛王爷"。同样,马、驴也是一样,其肉也上不得供献。狗忠心耿耿为人看门,连屎都吃,视肉为不洁,民间也禁忌拿其供献神灵。人常说"狗肉不上台盘",大概就是这个意思。此外,忌豆类制品上供,因"豆"与"斗"谐音,豆腐必须油炸过后才可作祭品,灵前忌供献豆芽菜,因豆芽像"如意"形状,但在清明上坟时,又要给坟头撒黑豆芽,寓意为要祖魂保佑家人事事"如意"。还有在祭祀时,忌用番茄,因茄子结其杆子上像"吊死鬼",害怕以它作祭品,惹恼祖灵。总之,祭祀中的禁忌多种多样,这些禁忌既增添了神秘色彩,也提醒人们一定要慎重。正是在这种充满迷信色彩的气氛中,祭祀者的头脑才会充满各种各样的幻觉,甚至整个心身都被麻醉了。

祭地禁忌 对祖灵的墓地和安置列祖列宗牌位的祠堂都十分崇敬。人们认为,祖坟的好坏,能直接关系后人的穷达寿夭与贫富吉凶;崇敬祠堂则反映着人们"乞福于祖灵"的信仰观念,这两个地方都是祖灵出没之地,因而在祭祀之时忌讳乱说、乱坐、乱动,不能随便动土、砍伐、钉锲,是神圣不可侵犯的。墓地作为祭地,更不准大小便,否则是会生病的,若随便动土这就更严重了,刨断龙脉会断子绝孙,家业败落。俗话说"动着你家祖坟了",大概也即此意。祭地禁忌很多,无非是为了保持一种神秘的气氛与不可侵犯的尊严,以示人和神之间的联络与沟通,使祭祀活动在虔诚、庄严的气氛中进行。

祭事禁忌 居丧祀礼期间,死者亲眷的所作所为必须遵循禁律:丧期之内,只能穿白色孝服,不能着有色彩的衣饰;三年内不能成亲;贴春联不能贴大红纸,须头年黄、二年绿、三年蓝,三年过后方可贴红色春联;服丧期不饮酒吃荤,不近女色,不作乐,不访友走亲等,成为守丧祭祀的规范。

随着社会的发展,人在世界上的地位越来越重要,于是人的感情也渐占上风。这时,守丧仪式的表象虽然仍是古老的、传统的,但其内核却更多了情感的、眷恋亡者的成分。以上所述的禁忌,成为死者亲属表示哀痛、缅怀故人的心理规范,应该是文明社会的事了。

祭仪的目的和功能

寻求人生的精神补偿 在人类还无法完全认识自然的诸多奥秘之前,鬼魂祭祀所体现的无疑是人类对大自然的敬畏和膜拜:以为人的命运掌握在阴间鬼魂手中,在强大的自然力面前,往往感到自己的渺小与无力,备觉人生短暂,朝不保夕,灾难重重;对未知世界的恐惧并由此引发对来世的神秘感,促使人们到精神世界的偶像中去寻求心灵的寄托与慰藉。

为了求得这种精神支撑,按照现实生活中的社会现象,从想象中设计了一个阴间世界。首先于县、州设置了城隍庙,据说这是人死后到阴间报到的第一站。迷信的说法是:阴府派黑白鬼到人间索命,黑白鬼捉住死者的灵魂,就将其押到城隍庙,然后绑在庙柱上审讯其生前的种种罪恶,根据其罪恶的大小,来确定打入第几层地狱。所以当人断气后,亲人要提着灯笼到城隍庙(距城隍庙远者去土地庙)先报到一声,去时应提"告天纸",走到城隍爷跟前绕三匝,然后出庙闭门,在庙门外跪着用石头叩门,喊叫死者的名字,再拿上告天纸回家收殓。

一些人之所以在城隍庙顶礼膜拜,一是为死者赎罪,期望减轻其罪恶,使死者早日脱离苦海,这也是用迷信的方式来表现孝道。二也是为自己赎罪,用自己的行为来表明诚心,以求得心理上的平衡,也希望死后少受点地狱之苦。

城隍爷何许神也?各地说法不一。据传,沁州城西街背东面西的城隍庙,起先并没有护城与专管十殿阎王的城隍爷塑像,后来人们才塑起一个慈祥和善、面带笑容、令人可亲的城隍像。这和别处城隍庙里的面目狰狞、令人生畏的城隍爷大相径庭。这是为何?唐代汾阳王郭子仪,曾任过沁州节度使兼兴平定国副元帅,有功于国,有德于沁。州人不忘有功之臣,怀念德高望重的郡王,况且庙又是郭生前所修,这样就按其形象塑了城隍爷。每年州官定期祭祀,四月中旬举行庙会,参拜者总是络绎不绝。庙里还有十殿阎王,各司其职。各殿阎王,各有称呼,分别为秦王广、初江王、宋帝王、阎罗王、五官王、变城王、秦山王、都市王、平等王、轮转王。十殿阎王也即十道关口,是主宰阴间一切的冥神。他们既主宰人世间各色人等的福禄寿命,同时也对人们生前的善恶一一予以报应。有冤的诉冤,有罪的受罪,欠债的还债,欠命的偿命。那些在人世间飞扬跋扈的人,在阳间人们拿他没法,但可以通过鬼魂来惩罚他们。在伦理善恶观念极强的民间,"恶有恶报,善有善报,不是不报,时辰未到"的观念深入人心。从这个意义上讲,祭祀鬼魂也便成了一种对人生的精神慰藉。

祈望死者福荫后人　葬后祭祀往往带有直接的功利目的。在我国古代,利用鬼来干成大事的大有人在,隋文帝用鬼取得帝位,陈胜、吴广借鬼发动农民起义,田单使鬼诈燕将以及各朝祭鬼请福等,都说明人们祭祀鬼魂还是为了利用其效力。在葬后祭祀中,请亡魂福佑子孙是祭祀的直接目的之一;而要达到祭祀的目的,必须让鬼魂过上舒适的"生活",所以从断气起就开始供献,入殓之后要举行"朝夕祭奠",埋葬后三天要进行"关三",接着过七、百日、生忌、日祭、年节祭,真是没完没了直到永远。人们不仅将亲族血缘关系延伸至阴间,也将现世生活中贫富不平等移至阴间。祭者以为给祖灵的祭品比别人家多,就会得到祖魂的福荫。

这种赤裸裸的以直接功利为目标的祭祀,不免会冲淡人鬼之间原本就有的亲情关系,然而这样反而摈弃了儒家礼仪中虚伪的一面,人与人之间的"客气"、"假惺惺"、"拉不下脸面"等,在人与鬼之间的关系中,变得实在而具体化了。人们祭祀活动的付出,就是要求得到回报,就是要祖灵的福荫。

祭祀鬼魂,还有一个重要的内涵,就是对祖宗的崇拜与感激。在古代宗法统治的社会里,人的生命、财产、权力都是从祖宗手里继承过来的。父母生我、养我、教我,直至养大成人,所以曾子说:"身也者,父母之遗体也。行父母遗体,敢不敬乎?"这种孝亲观念世俗化以后,体现在葬后祭祀中就是对祖宗的崇拜与感激。正如一些祭文中所写的:"我祖之德,忠厚贤良;我祖之功,恩泽无量。生我养我,奔波辛劳;今我长大,还奉余年。黄天不枯,一病而亡,劳苦一生,晚福未享。"因此,为了报恩,自然"号泣祭奠,以表衷肠,奠献牲醴,是歆是享。"对祖宗的崇拜与感激,表达得淋漓尽致。

儒家思想支配的葬后丧礼,强调"祖德、宗功"的典范性和神圣性,强调"继承父志"、"不改父道"的孝,活着的人成了祖先的"托身"和死者的"托身"。在其看来,过去与现在之间的关系,不是历史性的关系,而是同时性的关系。每次祭祀都要遵循这样的准则:"我们要踏着祖先的脚印,一步一步地走去;我们要照着祖先留下的规矩,一样一样地去做。"如此这般,归根结底还是要祖先荫福后人。

统治者的御用工具 人死埋葬归土,便和大自然融为一体,正是"鬼",即"归"也。人生自大自然,死后回归大自然。最初人类对鬼神的祭祀,目的就是企望在人与自然之间建立一种平衡关系,维护人们赖以生存的清明和谐的社会环境。当进入阶级社会之后,统治者对祭祀加以利用,有了种种规定,等级观念开始强化,带有浓厚的政治色彩。《礼记·礼运》说:"礼必本于天,殽于地,列于鬼神,达于丧、祭、射、御、冠、昏、朝、聘,故圣人以礼示之,故天下国家可得而正也。"很显然,祭祀之礼成为巩固政权、调整内部关系、缓和社会矛盾、限制人民自由、制约人性张扬的一种统治手段。统治者往往借助行政力量,将这一仪礼推而广之,要求人们无条件地遵守,一丝不苟地执行,忠心耿耿地维护。祭祀者的权力是从祖先那里继承来的,是神鬼所命,是代神鬼统辖天下,其统治地位是神圣不可侵犯的。平头百姓只能胆颤心惊地祭神祀鬼,求鬼神发善心。统治者借祭祀和鬼神创立,巩固了君权神授的理论,麻痹了劳动人民的斗志,从而巩固了他们残酷剥削的封建专制统治。历代皇陵,以高大的陵冢、广阔的陵园、肃穆的享殿建筑、长长的神道、众多的怪兽神灵欲使官僚、百姓认识、承认帝王至高无上的地位,接受其统治。从墓葬上完全可以看出这种等级礼制:不同级别的官僚,有不同的葬制;一见坟墓高低大小,就可知墓主的官位品级。如《汉律》说:"列侯坟高四丈,关内侯以下至庶人各有差。"《唐开元礼》卷三有百官坟墓规定:"一品方九十步,坟高一丈八尺;二品方八十步,坟高一丈六尺……"到了庶民百姓,只不过是个小小的"土馒头"而已。

对死人的祭礼,实际上是对活人的恭维,是在显示活人和活人所代表的那个社会关系的势力。一般来说,每多一个鬼和多一个祭祀仪式,就会给社会多增加一个走向进步文明的障碍物与精神羁绊。假如人们把祭祀鬼神的一半忠诚和热情投注于社会进步措施与生产力的发展上,那么,社会将会以更快的速度前进。

整合社群与集体意识 人类的社群活动行为以及集体意识的整合,在许多场合下都是通过丧葬祭祀礼俗来加以体现的。祭祀祖先的丧葬意识,是社群活动的一个重要内容。古往今来,家族墓地甚多,有的坟集几代或几十代于一地,除在春节要扫墓、祭奠祖灵之外,还有清明节、七月十五中元节、十月朔日等时祭祖先的习俗。尤其是清明节,规模十分隆重,族人成群结队地到老坟、新坟一一祭祀。通过祭祖,使族人再度重温一脉相承的血缘关系,使人与人之间的交际更加频繁,亲情更加强化,社群意识更加浓厚。

丧葬习俗与婚姻关系千丝万缕。夫妻合葬是从西汉中期墓葬变革后开始的,由竖穴土坑墓演变为洞室墓。此前夫妻不能同穴合葬,只能"并穴"或"异穴"、"同坟异穴"合葬,这对企求在阴间继续过美满夫妻生活的人来说,无疑是个缺陷。相比而言,洞室墓可以打开墓门同穴合葬,符合儒家的"男尊女卑"、"从一而终"的观念;从庶民来说,也符合夫妻恩爱、永不分离的愿望。这不只是着眼于夫妻感情,也不仅是对儿女心灵的宽慰,还是继续巩固姻亲关系的一种手段,具有教育夫妻互敬互爱,特别是教育妻子尊重和服从丈夫的作用,也有教育人们视婚姻为大事、不可当作儿戏的作用。"婚姻者,合二姓之好",即以此来搞好与其他家族的关系。妻死,必请其娘家的人,叫"请人主"。娘家人不仅要参加安葬仪式,葬后还要参加生忌日祭祀。如此往来,姻亲关系要保持相当长时间,在相互交往中,可增强族与族的群体团结。当然也有因女方非正常死亡,两个家族闹得不可开交形成官司的,不过这毕竟是少数。

在一些年节里,尤其是清明节,人们除祭祀本族的祖坟祖祠外,还要自发地前往历史上有功者和一些英雄人物墓地举行祭祀。诸如古代的黄帝陵、岳飞墓等,近现代的中山陵、秋瑾墓、人民英雄纪念碑、毛主席纪念堂、各地的烈士陵园等。他们来自四面八方,怀着同样的心情,抱着共同的意愿,踏着先烈的足迹,为振兴中华继往开来。通过社群的祭祀活动,增加了人与人之间的相互理解,增进了友谊,增强了民族凝聚力,整合了社群与社会的集体意识。

总之,丧葬祭祀可以达到多种目的,其中教育功能最为明显:宣传民族文化、家庭历史、前辈业绩,教育国人、族人、家人团结奋斗;同时也是宣传封建统治、旧的礼教、迷信鬼神以及各种思想的重要机会。我们应当对它理性地认识,取其精华,弃其糟粕。

丧葬改革势在必行

灵魂不灭观念是丧葬之源 灵魂观念认为,人死灵魂仍存,仍能干预人事,祸福活人。丧葬习俗的产生、演变都受到这种观念的制约。那么,灵魂不灭观念是怎样产生的?这只能是推论。最初是因原始人类对自己精神活动和生理现象一无所知,他们碰到的最难解开的疑团就是梦。梦中所出现的种种现象,有的是见过的,有的从未见过,于是就想象人人都有一个灵魂,在入睡时,它就离开躯体四处游荡。梦中所见死去的亲人,他们仍在劳动生产,仍在忙于生活,仍在教儿育女等等,便认为是死者的灵魂再现。也就是说,灵魂可离开肉体单独存在。

因为有灵魂的存在,才产生了叫魂、祭魂、送魂、迎魂等习俗。《周易·系辞》中载:"古之葬者,厚衣之以薪,葬之中野,不封不树,丧期无数……"可见当时既无葬法,也无葬礼。但随着灵魂不灭观念的传播,人们根据鬼魂与尸体之关系,想象鬼魂世界生活中的种种情景,于是产生了各种葬俗。如认为尸体的腐烂对鬼魂有损,毁坏尸体,灵魂就失去了依托,因此多方改进葬法,以保证死者的尸体尽可能完好地保存。

尸体的葬法不仅同鬼魂依附于尸体的迷信有关,而且与鬼魂的去向也有关。死者的鬼魂离开尸体越快,同祖先灵魂的团聚也就越早,鬼魂上天的时间也就越短。

由于认为鬼魂有超人的力量,也因为人们对于阴间生活的种种想象,所以亲人死后要举行各种仪式,通过停尸、吊唁、送葬、祭奠、戴孝等环节,来体现对鬼魂的崇拜。在此基础上,形成了对祖先的崇拜,以无尽头的祭祀,祈求祖先保佑和福荫后人。

灵魂不灭观念,可说无所不在,无所不存。在此基础上,发展起了以尊老、崇权、迷信圣人为显著特征的我国传统文化。不过,任何事物发展到极端,就会走向反面。当活着的人们发现在生活中处处事事都受到死者灵魂左右时,便强烈要求摆脱这种控制。民间流行的"送魂"和其他一些丧葬仪式,从某种角度看,便是这种要求的反映。

其实,现代科学已证明,精神是人脑的产物;离开了大脑,人就会没有任何精神活动,也就是说没有任何离开人脑的灵魂。现代医学实验表明:人死后,脑电图显示出死人的大脑是没有任何思维迹象的。死人埋葬后,大脑随尸首一起腐烂,只剩一具白骨,大脑不存在了,就更加产生不了什么精神和灵魂。因为白骨不是精神产生的物质基础,更别说还产生什么灵魂鬼魂的。

丧葬是宗教的产物 丧葬的演变和发展,往往都与宗教有直接关系。灵魂不灭观念,后来被各种宗教所利用,并一再发挥。上天堂的诱惑,下地狱的威胁;生前行好学善者,死后可成神成仙上天堂,也可来世转人;生前作恶多端者,死后要下油锅受酷刑,来世转牛马鸡狗活受罪。如此等等,宣扬死亡不是生命的终结,而是生命的转移。

基督教在《圣经》中说：上帝用尘土造世界上第一个人亚当时，将生气吹进他的鼻孔里，于是亚当就成了活人，而亚当的后代也就有了灵魂。

佛教从东汉时期传入我国，宣扬人死后要投胎转生，多次轮回。乡人好说"早死早转生，辈辈是后生"，此话就是源于此论。又宣扬"前世作孽，后世报应"，这种因果报应说影响很大，不少人深受其害。佛教的火葬，象征着升天，到西天极乐世界。佛教僧侣还积极参加民间丧葬活动，为死者诵经做道场超度亡魂，使丧葬仪式更加复杂化。

道教是我国土著宗教，是我国传统文化内容之一。道教求长生不老，飞升成仙，对现世生活持虚无态度。道教不重丧葬，主张薄葬。它与巫术关系最密，借各种丧葬活动来显示神力，宣传教义，发展势力，也作为谋生的手段。道士在丧葬活动中，主要施法镇魂、避邪、驱鬼、解除死者生前的罪过，解除死者在阴间的痛苦，这些都是道教为死者做道场的主要内容。

伊斯兰教发源于阿拉伯，唐代传入我国。在我国该教又称"回教、清真教、天方教"等。在丧葬活动中，教徒遵循《古兰经》（又译《可兰经》）的规定。病人弥留之际，子女即请深明教义的老人守护旁边，随时提醒病人专心念主。此时，室内外得绝对安静，除子女外，异性不得入室。病者咽气后，老人即同子女一道为其合目、闭口、理发、摆正手足姿势、换衣，然后抬上尸床。治丧活动由最亲的亲属主持，较正规的要设"相礼"，执掌礼仪；"司宾"，迎送宾客；"司书"，书写记录；"司用"，财务出纳，由四人协助治丧。教徒装殓，多用白细麻布，清洁而朴素。男殓一般三层：大殓、小殓、衬衣；女殓四层：大殓、小殓、亵衣、里胸，另包头。葬前先要浴尸，由同性人浴三次后举行殡礼，大家替死者拜主，谢其脱尘归清。奉行"入土为安"的教义，葬期在死后三日内，软葬，不用棺木。

基督教的去天堂见上帝，佛教的生命轮回，道教的飞升成仙，伊斯兰教的脱尘归清,它们的一个共同点,就是死亡不是死亡,而是生命的转移。这种迷信宣传,不知麻痹了人们多少年。《明斋小识》卷五有则转生的故事,不妨一阅:

有一个富翁,生性吝啬刻薄,人们都讨厌他。他死的时候,恰巧邻居家母狗生了一窝狗娃子,其中一条小公狗的肚上,竟写有富翁的名字。人们一传十,十传百地都争相来看,都说这个富翁托生成邻家的一条小狗。传来传去,传到了富翁儿子的耳中,这儿子倒也孝顺,给邻人说了许多好话,花了很多钱财,才把这条狗爹买回家里,每天好吃好喝当爹一样供养着。到了狗换毛的时候,旧毛脱落,长出了新毛,根本没有什么名字了,富翁的儿子才知上当了,但又奈何不得,就像弹花槌子塞进屁眼了,进退两难,哭笑皆非。那么,富翁的名字怎么会到了狗肚上呢?原来是邻人仔细地剪了小狗肚皮毛,用色染上了富翁的名字的。

综观历史上宗教对丧葬的影响,可明显看出原始巫术与高度理论化、严格组织化的佛、道、伊等宗教的区别。巫术讲究控制,主张操纵,企图通过人死后的灵魂来操纵生者,主张厚葬、隆祭、久祀。与此相比,各种宗教的共同特点,是把重心摆在生前,更注意修行与节操,主张薄葬。这些宗教,在历史上曾主张个人与群体、群体与社会、人与自然、风俗习惯与社会发展相谐和,主张移风易俗,以适应文化进程,这是宗教的进步性在许多地区取代了巫术的一面;但从丧葬礼仪的另一面看,处处以灵魂不灭施法行仪,不能说不是以迷信思想来麻痹人的精神鸦片,成为阻碍科学进步的障碍。

俗话说"人死如灯灭",人死了,就了了,一切已经终止了。成神显灵、鬼魂轮回、好鬼恶鬼等说法,完全是无稽之谈。诵经做道场超度之类,完全是浪费时间、浪费精力、浪费钱财,对死者毫无益处,对活着的子孙后代,除了对肉体直接折磨外,也不会有任何帮助。

宗法礼教对生者成为折磨　丧葬礼仪,是原始观念和封建观念的混合体。商周时期已转俗为礼、为法,先秦时期形成的"五服"制度,竟成了以后历代法典"准五服以治罪"的依据,千百年来一直在民间流传,直至今日,丧葬礼仪仍残存着不少的旧迹。在整个丧仪过程,是生者与死者的对话独白,其间话语无非是一个"念祖怀亲"的结,这个结,表现在对死者的实体和精神联系之中,儒家的伦理色彩、等级观念等,都融入丧礼的每一个细节,灵魂不灭的宗教信仰意识完全被此伦理人情所裹挟。荀子说:"丧礼者,以生者饰死者也,大象其生以送其死也,故事死如生,事亡如存,终始一也",又云:"事生,饰始也,送死,饰终也,始终具而孝子之事毕,圣人之道备",说出了古人衣衾盛殓亡故者的感情所在。

据唐朝《开元礼》丧葬礼仪的记载,三品以上四品以下至庶人的丧葬程序一共有 66 道,改葬 17 道,实际上这是除皇家外,所有官员和平民等级的丧葬礼仪。以后各个朝代,在一些细节方面有意识地作了点调整,还是换汤不换药,万变不离其宗,直到民国简单化了不少,但仍很繁缛。1943 年,当时的国民党考试院长戴传贤召集礼制讨论会,会后有《北泉礼仪寻》问世,但就大项也近 20 余道。

丧葬祭奠诸事,礼俗繁杂冗长,折腾人力,损人精神。礼仪规定,居丧者一定得不健康,不能有高兴状,即所谓"体瘦而面深黑",只有在居丧期间搞得身体垮了的人,才是孝子。守孝居丧期间,只能节食,不能吃酒肉,甚至连蔬菜水果也不能吃,只能喝稀粥米饭,使人处于十分饥饿的状态。三年守孝,二年只能睡草棚垫席等等,常人委实难以忍受。一场丧事完结之后,孝子孝孙们往往是无精打采,骨瘦如柴,难以支撑。当今虽然不像过去那样,但对死者亲人的身心健康也是有害的,因受传统观念的影响,人们生怕"不孝"二字落在头上。

丧葬形成的巨大浪费 古代规定守丧期长达三年,很多事情在此三年里是不能做的。人生能有几个三年?宝贵的时光就消耗在冗长的祭祀中。时间就是生命,时间就是财富,试想这要损失多少?

丧葬祭祀,使生者成为死者的奴隶。祀礼过奢,成为一大公害。历代都有人反对,然而始终行不通。多数丧家持有迫不得已的苦衷,关键是怕薄葬父母落个不孝的名声,所以勉力行事,多为夸张,宁可过奢而决不从简。历代倾家荡产者、卖身葬父葬母者,大有人在,有的还被编成戏,到处宣扬。封建伦理倡导,三纲五常,百善孝为先,如父母死了不好好表示一番,那就是大逆不道。这条枷锁,牢牢地束缚着人们,成为鬼魂的忠实奴隶。

新中国成立之后,破除迷信,移风易俗,丧事从简,正朝着健康的方向变革发展,但在近年来的经济变革转型时期,一些人的脑子里,封建迷信思想又死灰复燃,表现在丧葬中又大操大办,大摆酒席,乘机勒索钱财。厚葬久祀成风,有的还为亡灵做道场超度,讲排场闹阔气,炫耀有钱有势。如某市公安局副局长为丈母娘送葬,前面由警车开道,后面跟150多辆送葬车。无怪乎流行有"老百姓死了老子是兑债破财,当官的死了老子是财门大开"。在这种风气的影响下,人们互相攀比,互相赶超,闹得一些丧葬从简之家成了笑话,所以乡间流传有:

不怕失火搬家,

就怕死爹死妈。

另一种表现是受"富不富看坟墓"的风水迷信影响,大筑"活人墓"。人未死先筑好墓室,大动砖、石、水泥、钢筋修坟筑墓,抢占耕地面积,有的墓室已筑十几年、二十年还不见主人进去。甚至还有极个别人,不仅筑墓室,还要修什么华表石像,应有尽有。古老的"罗圈椅子坟"逐渐向凉亭式、园林式陵墓发展,想和历代帝陵媲美,真是咄咄怪事。

土地的占用也是十分惊人的,鬼居挤人居现象相当严重。据1989年统计,现在我国土葬率高达73%,一年土葬死者450万,占用2.8万亩土地。我国是一个土地资源相当有限的国家,一年如此,十年百年之后怎么办?如果让鬼居继续扩展下去,总有一天人类就会被挤出地球的。更新丧葬的陈旧观念,已成为一项刻不容缓的当务之急。

因此,我们必须继续提倡破除迷信,移风易俗,丧葬从简,变革不合理的丧葬制度和风俗。这是社会向前发展的必然要求,是生产方式现代化,人们的价值观念变化的要求,是现代信息社会强调时间观念,办事讲求效率、实用、科学的要求。当然,改革旧俗并不是将过去的传统一概否定,而是要看是否有利于社会发展,有利于人类的身心健康,有利于文明建设,弃其糟粕,取其精华,达到丧事新办,从简从速。

现代丧葬

葬礼,是与人生中诞生礼、成年礼、婚礼并列的四大礼仪之一。它俗称"送终"、"办丧事",也是人生最后一项仪礼。现代社会实行丧葬改革,提倡丧事从简,丧葬礼仪不断简化,逐步形成了新的丧葬习俗。

经济实用的火葬

火葬也是有着悠久历史的丧葬形式。远在春秋时代,就有了关于火葬的记载,但在漫长的古代社会里,长期遭到禁止,它和传统的伦理观念是难以相容的。传统的儒家观念向来主张土葬,认为人的身体发肤,受之父母,不敢毁伤。在传统卫道者的眼里,火葬不但有违孝道,而且简直是大逆不道。汉代以前,把焚尸作为最大的耻辱与最严厉的刑典。宋太祖赵匡胤、南宋高祖赵构都曾下旨禁止火葬。明清时代帝王也都明文禁止火化,并对火葬者处于各种刑罚。

千百年来,尽管屡遭统治者的明令禁止,火葬的形式在民间仍悄悄进行。汉代以后,佛法东移,印度僧侣盛行的火葬也随之而来。依照教规,和尚僧人死了要通过火化圆寂,此俗后来也向民间渗透。这种合法与非法的火葬,即使在朝廷的高压统治下,仍然绵延不断。这当然不是证明佛教势力的强大,也不是寺院替世俗民众办理火葬以此牟利,而是经济上的原因。火葬省钱,又不占用土地,容易被赤贫如洗、身无立锥之地、家无鼠雀之粮的贫苦百姓所接受,城乡皆然。民间的火化自然十分简单,不可能像大和尚那样,修一座骨灰塔。他们的骨灰弃于水中,或撒在田野,或寄放寺院,或者将骨灰放在瓦罐或木匣埋葬,也没有墓堆。不过,这仅仅是节省开销的一个因素,此外和其实用价值也是分不开的。火葬是又节约又卫生的葬法。

那么,火葬究竟有什么好处?

其一,省钱省事。火葬不必浪费衣衾、棺材(0.3立方米木材)和墓穴建筑,可以节省不少人力与时间。

其二,节省土地。如果每人死后都占地6至8平方米安葬的话,那么地少人多的我国,势必产生死人与活人争地的尖锐矛盾。这个矛盾解决的最好办法就是火葬。

其三,有益公共卫生。尸体埋在土里,浅了会散发臭味和导致病菌传染;深了又容易污染水源。尸体总是要腐烂的,而尸体内的细菌,虽然埋在了土里,仍有生存能力,而且可以存活很长时间,这就严重威胁着活人的健康。火葬则不会污染环境,尸体经火焚化后可消灭病菌,不会影响他人的健康。

有人认为火葬很"残酷",做鬼都不安,是"死上加刑",这种看法还是受"灵魂不灭"封建迷信思想的影响而产生的。人死了,尸体已经僵化,并无知觉,埋在土里烂掉与用火烧掉,没有什么区别,无所谓残酷不残酷。如果要用活人的脑子去想象死后的"遭遇",感到很残酷,是死后加刑,那么尸体埋在土里,让死人永久躺在又湿、又黑、又冷、又闷的棺木里,六方碰壁,一刻不停地被白蚁、蛆虫咬吮和细菌侵蚀,最后留几根白骨或一堆黑土,岂不更残酷,更是刑上加刑吗?

有人说,火葬"不孝"。父母死后才大讲什么"孝道",厚殓丰祭,大墓高坟,搞得非常排场热闹,这对死者来说是毫无意义的。我们提倡社会主义的新道德、新风尚,主张尊老敬老,精心照顾,让他们欢度晚年。至于他们死后,则应该妥善处理其遗体,使之无害于后人。既然人死如灯灭,无论何种葬法,只不过是处理遗体而已,与孝不孝是毫无关系的。火葬,于国于民以及死者家属,都有好处,也很庄严、隆重,死者的骨灰还可以保存留念,是人们普遍接受的丧葬形式。

建国初期,1956年4月,毛泽东在中南海怀仁堂召开中央工作会议期间,倡议人死后实行火葬,其倡议书写道:

人们由生到死,这是自然规律。人死以后,应当给以妥善安置,并且采取适当的形式进行悼念,寄托哀思,这是人之常情。但是土葬占用耕地,浪费木材。实行火葬,不占用耕地,不需要棺木,可以节省装殓和埋葬的费用,这是安置死者的一种最合理办法。

毛泽东首先在倡议书上签名,紧接着刘少奇、周恩来、朱德、邓小平、彭德怀等151人相继签了名字。此后,这一移风易俗的举措在全国大部分地区得到推行,并逐渐形成了全民性的风气。

葬礼程序(一)

移尸 确认人已经死亡,可将其遗体移到厅堂或灵堂中。

报丧 死者家人在亲人去世后,应尽快通过各种渠道通知亲友。通知的方式可以是电报、电话、讣告或亲自登门通报。

整容 为死者擦洗身子,梳好头发,换上比较整洁的衣服。

追悼会(遗体告别) 一般在丧家所设的灵堂里举行,也可另找场地。骨灰盒要摆放在灵堂中间的桌子上,遗体未火化的,可放于灵堂中间。在追悼会仪式上,亲属一般站左边,主要亲属在前排,吊唁者站正中,面向遗像或遗体。主持者站前排右边,侧身,一半向着死者家属,一半向着吊唁者。

葬礼程序(二)

移尸 人一旦已证明死亡,其亲友应即以电话通知殡仪馆,派车将遗体运往冰库。遗体启程时,宜由死者的至亲一同前往,到达后照例登记、入库。

治丧理事会 丧事在"贵在严肃有序"的原则下办理,在总管的统筹下,分总务、财务(收支款项)布置、招待及其他杂务等若干办事机构。

与殡仪馆洽谈有关治丧事宜。通常殡仪馆人员要问下列诸事:开吊时间、丧礼采用何种形式(是否是教仪式)、家祭还是公祭等。

布置灵堂 灵堂的布置,以庄严肃穆为原则,正后方墙壁或底幕扎"花牌",有全花半花两种,大致以深绿色为底,扎黄色花朵图案。花牌正前方置灵桌,桌后方正中置四周扎有黄花的24英寸遗像(用黑边镜框)一座,灵桌上通常备黄、白菊花为主的鲜花、供果、供菜,中间放灵位,两旁置大香烛一对,另有香炉等,若有至亲送花篮的,可放灵桌两旁,以"八"字形排放。丧家挽联挂在遗像两旁正后方花牌上,如是灵棚,则贴于前面棚柱上。其他各界人士送的挽联、挽幛、花篮、花圈安放于入门或灵棚外两侧。灵堂外小间或地上左右置长桌,一边为收礼处,一边为签名处。

讣闻刊发 为向亲友报告死者逝世及吊丧时间地点,可口头、电话通知,也可发讣闻登报。

收礼、签名处注意事项 各方送礼大致不外乎花篮、花圈、挽联、挽幛、奠仪(礼金)等五种,应备礼簿及谢帖,一方面登记收礼项目及数量,一方面填写谢帖交送礼者以作证明之用。礼簿记载要清楚,是以后回报的参考。在签名处这边,除接待招呼外,并随手送上一朵白纸花或黑纱供佩戴用。

出殡注意事项 对参加送殡的人数要有约略估计,以便备车、备餐,早作安排。

追悼会仪式

追悼会是新式葬礼的一种主要形式,它可以寄托哀思,表达人们对逝者的悼念。有些人受封建社会等级制度的影响,认为是大人物死后才开追悼会。其实,毛泽东早在 1944 年悼念张思德同志的《为人民服务》这篇文章中就说过:"今后我们的队伍里,不管死了谁,不管是炊事员,是战士,只要他是做过一些有益的工作的,我们都要给他送葬,开追悼会。这要成为一个制度。这个方法也要介绍到老百姓那里去。村上的人死了,开个追悼会。用这样的方法,寄托我们的哀思,使整个人民团结起来。"

追悼会的会场一般设在原设的灵堂,也可以另找会场。会场布置必须庄严肃穆,正中悬挂死者的遗像,已经火化的就将骨灰盒置放灵桌正中,覆盖红布(中共党员可覆盖党旗);未火化的,正中安放遗体,周围摆放鲜花等。正面墙上或灵棚前上方,挂"×××同志(先生、女士)追悼会",或"深切悼念×××同志(先生、女士)"的黑底白字横幅。如果向遗体告别,横幅则写"向××同志遗体告别"。

会场布置好后,可安排参加追悼会者站好队,逝者亲属站左边,主要亲属站前排,其他与会者站会场正中,面向死者遗像或遗体,分排站好。追悼会主持者站立前排右边,侧身,半面向着死者亲属,半面向着与会者。

追悼会仪式(一)

(1)×××同志追悼会开始!

(2)奏哀乐!

(3)全体肃立,向×××同志遗像(体)致敬:一鞠躬、二鞠躬、三鞠躬!

(4)敬献花圈!

(5)×××同志致悼词!

(6)×××代表讲话!

(7)宣读唁电、唁函!

(8)家属讲话!

(9)奏哀乐,向×××同志遗体告别!(告别完毕后,与家属握手,表示亲切的慰问。)

(10)散会!
追悼会仪式(二)
(1)在会场门口迎候亲友和来宾,并发给白花或黑纱。
(2)宣布追悼会开始,奏哀乐。
(3)全体肃立,向×××同志遗像(遗体)默哀三分钟。敬献花圈。
(4)宣读悼词。
(5)来宾致哀辞或发言。宣读唁电、唁函。
(6)家属代表致答词。
(7)向遗像(体)告别。
(8)慰问逝者亲属。
(9)追悼会结束。

悼 词

　　现代悼词有广义和狭义之分。广义的悼词,泛指向死者表示哀悼、缅怀与敬意的悼念性文章;狭义的悼词,专指在追悼会上对死者表示敬意与哀思的宣读式文体。不论是广义还是狭义的悼词,都有共同的基本特征,即充分肯定死者对社会的贡献,真诚表达生者的悼念和敬意,以质朴无华的语言与多种多样的形式体现化悲痛为力量的积极内容。
　　悼词按用途可分为宣读体和书面体两大类,不论哪种体的悼词,写法上都不外乎记叙式、议论式和抒情式三种。而宣读体悼词多用前两种,尤以记叙式最为常见。
　　记叙式悼词,以记叙死者的生平业绩为主,并适当地结合抒情或议论,这是现代悼词最常见的类型,通常的宣读悼词,往往采用这种形式。
　　宣读体现代悼词的开头,总是以沉痛的语气点明所悼念的死者,尽可能全面而确切地说出死者的职务、职称和称呼,以示尊崇,还要注意这些称号之间的先后排列顺序;接着,一般总是简要地概述死者逝世的缘由,所享年龄;然后转入悼词的主体部分,即对死者的籍贯、学历以及生平业绩进行集中的介绍。也可先具体地介绍,再概括地总结。结尾要表示生者对死者的悼念及化悲痛为力量的决心,继往开来,开拓奋进。

结尾应该是积极的,不应该是消极的。过去有个不成文的规定,在悼词最后总要添个"×××安息吧!"这句话久而久之,似乎成了一种格式。据考证,"安息吧"这句话,出自西方天主教为死者举行的宗教仪式。该教认为人生是痛苦,只有死后才能享受"安息"的幸福,所以教徒死后,神父念完为死者祈祷的经文,就向死者身上洒圣水,同时说:"安息吧!"由此可见,这句话"包含着为死者庆幸,替生者安慰的意味"。现代悼词结尾,一般都用"永垂不朽"、"精神常存"、"永远活在我们心中"等。积极与消极,正是现代悼词和古代悼词的原则性区别之一。

现代悼词格式大致如下:

各位来宾:

今天,我们怀着十分沉痛的心情,悼念×××先生。

×××先生于×年×月开始,身患重病,经医治无效,于×年×月×日×时在×医院逝世,享年×岁。

×××先生……(简历)。

×××先生……(恰当评价死者一生)。

×××先生逝世,使我们失去了一位好友,我们悼念他,要学习他……(号召学习死者的可贵精神)。

×××先生永远活在我们心中!

慰问死者家属的礼仪

人生中最难受的事情莫过于生离死别。生离虽难,但总还有他日重聚之望,而一旦死别则成永诀。特别是旧社会所谓的人生三大不幸：幼年丧父（或母）、中年丧妻（或夫）、老年丧子（或女、或婿），更加让当事者痛断肝肠，因而，对死者家属的慰问是十分必要的。

安慰死者家属不仅是表示同情，或者相伴流泪，一般来说，要注意以下几个方面：

（1）了解死者亲属的身体健康状况。因为过度的悲伤和因对死者临终前连日侍奉的劳累（特别是久病不愈），会使死者亲属的体力下降，甚至因哀伤过度而致病。如本来就患有慢性重症的，则更应劝其节哀顺变。此外，可找几个平日知心的朋友一起相劝，尽量转移话题，分散其注意力。对于特别会引起亲人悲伤的送葬或火化场面，如死者亲属身体多病或年迈，则应劝其不要去现场，以免因悲恸过分而发生意外。

（2）了解死者亲属在死者去世后的主要思想顾虑，或是家庭困难，或是子女教育，或者有本人之遗业。对此，要有的放矢地做好劝慰。如需通过组织、亲友、师长或子弟解决的，则应积极协助解决，以使亲属打消顾虑，减轻忧虑和悲痛。

（3）针对亲属的喜好，拣他（或她）高兴的事多讲。例如亲人虽已亡故，但子女们已经成才，且学有长进，工作有成绩的，则应多多提及子女情况，使家属看到希望。如果能让子女同时进行劝慰，效果当然更好。

（4）如死者亲属由于悲痛而对丧事的料理或接待工作有所疏忽或不周之处，都应予以谅解。不仅如此，还要积极配合家属处理好各项事务，决不要因而心存芥蒂，以致使死者家属更加伤心和悲痛。

吊丧的礼仪

吊丧应酬是一种非常重要的交际应酬。因为人人都知道，"雪中送炭"比"锦上添花"更珍贵，所以，亲友中有丧事的，我们都应主动关心。我国的古礼，对丧事比喜事还要郑重，因此，关心亲友间的丧事,这是很重的一份人情,也是一种崇高的精神活动。

(1)视吊丧的情况

办丧事不发请柬,一般是在报纸刊登讣告,或者在某处张贴讣告,不具体通知个人,是否前往吊丧全凭自己根据情况决定。一般来说,死者家属总是欢迎尽量多的人前来吊丧,所以,如果你得知亲友去世的消息,或是亲友家中有丧事的消息,都理应前往吊丧,尤其是交情较好的亲友、师长、长辈去世,不参加吊丧是失礼的。

(2)吊丧的方式

吊丧最好、最简单的方式是参加死者的追悼会。参加追悼会,一般送个花圈表示我们的悲悼之情。可以单独送,也可以几个人合送,还可以以一家人的名义或单位的名义送。追悼会是庄严肃穆的场合,参加者应怀着沉痛的心情,带着严肃的表情,认真履行追悼会的每一项仪式,与场合气氛相适应。参加追悼会的人服装打扮以淡雅为宜,言谈举止以端庄沉静为宜。有些人参加追悼会时三五成群、谈笑风生,也有些人在举行告别仪式时漫不经心,或中途退场,还有些人浓妆艳抹,披红戴绿。凡此种种,都是对死者不尊重、对家属极不礼貌的行为,是参加追悼会的大忌。

吊丧的第二种形式是到死者家中抚慰死者家属。这种方式一般用于知道消息较晚,或因出差等原因错过了追悼会的。用这种形式吊丧的可这么办:首先,抚慰亲属,说明没有参加追悼会的原因和歉意,表示对死者的哀悼之情,劝慰亲属节哀;而后,可在死者遗像前肃立默哀1—2分钟。用这种形式,态度要自然,表情要真挚,服饰要朴素,言谈举止要得体,让死者亲属感到你的真情,得到精神的慰藉。

第三种方式是书面吊丧。可用于由于种种原因不可能用以上两种方式亲往吊丧的,如死者在外地,或吊丧者行动不便等情况。这时可用唁电、唁信吊丧。

(3)赠钱、物吊丧

吊丧一般赠送花圈或鲜花就行了,不必赠送钱物,但有些和死者或和丧家关系比较密切的,或有亲戚关系的,或者是丧家生活比较困难的,也可适当赠送钱、物。送钱的一般用白纸信封装,外面写"奠仪",俗称"白封包",多少据情况而定。送物者一般是送布料,以色彩素雅沉着为佳。还有一种是送整幅布制作的挽联,挽词用纸写好再用别针别在布上就成了挽联。办完丧事后布仍是一块好布料。

(4)帮助死者亲属

帮助死者家属是表达你对死者的敬意、对生者的关心的一种最实在、最受欢迎的方式。一是帮助丧家办丧事。家里死了人,亲属往往悲痛欲绝,乱了方寸,这时很需要有人出面操办丧事。你如果跟丧家关系密切而又抽得出时间的话,最好前去帮忙,里外奔忙,事无巨细,都是必要的。另外,丧事办完后,也不能"办完事、茶就凉",应继续关心死者家属的情绪,安慰他们好好工作、生活,逢年过节常去探望,如其有生活困难的话,还应尽量给予资助。千金难买人情,对生者的关心,也是对死者的悼念。

岁时年节

年节与年节文化

我国是一个农业古国,多以一家一户、男耕女织、自给自足的生活方式为主旋律。人们在长期与自然界的生产斗争和生活过程中,为表达其共同的心理、要求与愿望,共同举行某种活动,产生某种行为,形成了某个特定的时日与聚会。又加之夏历对岁时分节的十二个月、四时、八节、二十四气,将季节气候的转换和岁时的渐变分成像竹节一样的间距,两节相交之日演变成民俗节日,大都在各季各月的朔望日之间(朔日为月初首日,即初一;望日为月圆,即十五),如正月初一、正月十五、七月十五、八月十五、十月初一,还有一些月日数字重复的日子,如一月一(元旦)、二月二、三月三、五月五、六月六、七月七、九月九,这些节气逐步固定下来,成为节日,并产生了某种特定的纪念程序和仪式。久而久之,约定俗成,演变成为众多的节会时日。

历史上常发生一些重大事件,人们为了纪念,往往采用节日这一仪式化的方式加以庆贺,诸如妇女、劳动、青年、母亲、护士、儿童、建党、建军、父亲、教师、国庆、老人、圣诞等节,这些节日有的是跨国性的,有的是全国性的,既专一化,又时间性强。节日的日期与习俗融为一体,离开日期和纪念活动,节日就不复存在。这些节日,统称为现代节日。

如此而言,节日的定义就是"一年当中由种种传承线路形成的固定的或不完全固定的活动时间,以开展有特定主题的约定俗成的社会活动日"(《中国民俗学》)。节日就像一个大舞台,许多平日不举行的活动及特有的习俗,这时都纷纷出现在这个社会大舞台上。而过了节日,许多社群活动与习俗便暂时消失,隐藏在人们生活的帷幕之内。节日期间丰富多彩的习俗风尚,人们的衣食住行,人与人之间的社会关系,民间的传说,艺术以及宗教、祭礼等民间信仰,构成了一幅浓缩的社群活动场景。它源于日常生活,又有别于日常生活,在人们的心目中起着重要的作用。节日又基本上是一年一次,周而复始。各种节日的交替出现,使人们的平常生活出现各种起伏,变得活泼而又富有节奏,使本地域、本民族文化得到有规律地显现,持续保存传统。群体的文化深层结构即价值观念、思维模式、伦理道德观念、行为模式、审美情趣等,在年节期间均得到突出集中的表现。

风俗是时代的镜子,是社会的窗口,直接关系到一个群体或一个地域、一个国家的元气和百业兴旺与否。年节习俗是人类风俗习惯的重要组成部分。节日风俗的起源、发展、演变历史,是一种潜移默化节奏缓慢的过程,并渗入了历代人们生活方式的细微末节,表现了一定时代人们的心理活动与特征。随着社会的进步和时间的推移,年节风俗的发展与演变留下了一条明显的轨迹。可以说,现代许多流行的节日风俗活动,是古代先民社会生活的活化石。这是人类文化的一个组成部分,也是人类社会进步的表征。围绕年节而出现的社群文化现象,是人类生命体验的所现之象;不同的文化,表象着不同的体验。任何文化之象,都有一个核心,它高度凝聚着文化创造者的体验,象征着充满生命体验的世界大全。

文化人类学对文化概念这样界定:"文化是复杂体,包括实物、知识、信仰、艺术、道德、法律、风俗,以及其从社会上学得的能力与习惯。"(《社会的文化基础》)

年节文化,顾名思义,内涵应当是围绕年节而产生出现的社群文化现象,诸如节日的物资、信仰、传说、心理、习俗,以及节日的社会控制与调适等等。

如此之说,根据年节定义与文化人类学对文化概念的界定,年节文化,就是人类创造的社群活动的独特形态诸特质的复合体。它包括实物、信仰、心理、习俗、道德伦理、艺术等。

年节的类型

任何一种事物都是一个多面体,可从不同的层面、角度加以审视。节日也是一样,可从性质、内容、范围方面来划分类别。

性质方面 从节日的性质看,大致可分为单一性质的节日和综合性质的节日两类。单一性是由某个节日活动的单一目的决定的,节日期间的活动并不一定只是一种,但其习俗活动的目的却是共同的和单一的。一般来说,这种活动规模较小,内容也较单纯,如填仓节、马王节等传统节日和大多数的现代节日,其单一性是显而易见的。

综合性是指那些具有多种目的的节日,它有多种多样的习俗活动,并不是为了一个共同的目的,而是有多个目的、多种功能,形成了综合性质。其活动规模较大,内容也复杂,节前的准备与节后的余波,都在节日活动中占有相当的位置。如俗称"过大年"的春节,从头年腊月便做各种准备,民间有"过了腊八就是年"之说,备衣物、办年货、送灶神、扫尘、挂画、贴对联、守岁、吃年饭、祭祀、拜年、走亲、闹社火、庆元宵等等,一直忙到二月二方作罢休。丰富多彩的节日活动,所蕴含的意义和企冀达到的目的也是多种多样,既有喜庆丰收,除旧迎新,迎喜接福,家人团聚,也有祭神祭祖、求福保佑、追悼亡人等目的,从而构成了春节的综合性质。综合性节日开始形成时往往是单一性的,以后在发展过程中,汇聚了许多为不同目的而进行的习俗活动,逐渐形成了具有多种目的的习俗活动的综合节日。

内容方面 从节日的内容看,大致可分为祭祀、纪念、庆贺、社交游乐四个方面。如综合性的大型节日,往往具有多种内容,很难区分清楚,只能按其主要内容来归属。

祭祀节日:是民间信仰中的一种活动形式,也是原始宗教、神学宗教中的一种活动形式。祭祀活动包括祭祀天地、神灵、祖先,以及禳灾怯邪、驱恶避瘟、祈求丰收、家道平安等。

祭祀是传统信仰活动中最为重要的部分，而祭祖又是其中重中之重。祭祖的基础是祖先崇拜和亲族意识，和我国的社会结构以及人情系统关系密切。祭祖之礼在所有祭祀活动中最为繁杂，种类也颇多。对华夏祖先炎、黄二帝的祭祀，是国祭的形式；而岁节则多是一家、一族、一姓之祖的家祭，祭祀者与被祭者是一家人，祭者是被祭者的后代。他们之间的关系，勿论远近疏密，总是具有亲缘的。一般来说，除大节祭祀所有祖先外，更多的是祭亲情更浓、家味更足的五服或三代之内的先人。祭祖有培育和强化孝道的直接作用，可以培育强化家族意识，还可以将家族结构重新认定和强化。祭祖除春节外，还有故称"鬼"节的清明、中元、寒衣等节。祭祖之举，不仅对家族本身意义重大，就是对社会对国家也是如此，这和我们传统社会家、国的同形同构相关。家族的孝，经过简单位移就是国家所需要的忠；家族的控制整合，实质上也就是国家在微观层面上的控制整合；家族稳定和谐，也就必然带来社会、国家的和平安定，由此，也就不难明了历代统治者，对祭祖之举的大力倡导。

许多节日与农事生产密切相关，其祭祀的对象多是土地、山川、河流、植物等，目的是为了祈求丰收。还有一些是以禳灾祛邪为主要目的的，此类节日以端午节最为典型，除龙舟竞渡，吃粽子，纪念历史上名人外，其余的习俗如悬菖蒲，挂艾条，喝雄黄酒，采草药，系五色线，张挂印符及天师、钟馗图像等等，均是用以避兵鬼、止病瘟、驱灾邪从而达到平安无事、消灾去祸的目的。

岁节是人的节日，但注重天人关系。信仰多神的人们，过节也挂记着神仙们。年节期间，神明也就多了起来。民国年间的腊八，据《孔府内宅轶事》记载："上供也是挺麻烦的事，就拿佛堂来说，大大小小有成千上万尊佛……"年节敬奉神明的礼俗中，在众多的神仙里，最露脸的当然是灶神，腊月二十三祭灶日，称"过小年"，说明了灶王爷的风光有多大。除灶神之外，高、中级别的玉皇大帝、观音菩萨、关公、河伯等且不说，其他露脸的神明还有财神、门神、喜神、井神、树神、炕神、厕神紫姑等等。年节期间民间所奉俗神，几乎是无物不是神,无处没有神,无论怎样统计,都是挂一漏万。人们年节祭祀,旨在得福、发财、平安、消灾,因而所涉及的神明便多而又多。

纪念节日:这类节日有两种亚类,一种主要是纪念历史上重大事件、缅怀民族英雄或追念地方历史上受崇拜的人物。这种节日,起源于对某一件事、某一个人的纪念,以后相沿成俗,一直保持着纪念性节日的内涵,现代节日大多属于这种类型。传统节日中如二月二亦叫"社王节",传说是土地神的诞辰;四月八叫"浴佛节",是佛祖诞辰日;五月十三"雨节",是关(公)老爷磨刀日等。

另一种亚类节日最初并不是纪念性节日,但在节日的发展过程中,逐渐演变为纪念性节日。如端午节,古代在干支岁时中有"值五曰午"之俗,凡逢五之日都称午,其中五月初五称为"重午"、"午日"或"端午日",以后逐渐发展成为"端午节"。其起源说法不一,有"恶日"说,源自夏、商、周三代的夏至说,源自"地腊"说,还有源自古代吴越民族祭祀图腾"龙的活动日"说。祭祀、祈禳避灾的内容,从汉朝末年起,逐渐由原始崇拜、禁忌而演变为纪念有关的历史人物,如屈原、勾践、马援等人的节日。

又如寒食节,原本是钻木取火的遗制。人类最初不会制火,后来才使用天然火,到了旧石器时代的晚期,才发明了钻木取火。由于取火的工具基本是木质,则根据不同的季节,用不同的钻木取火工具。而每次改火时,必然是新火取换旧火,由于新旧火不相接,自然人们会做好许多熟食,供改火期食用,久而久之变成一种吃冷食的风俗。尤其是阳春三月改火时,天气干燥,野草枯黄,最易引起火灾,为防患于未然,而禁火冷食,形成了寒食节,后来附会了晋文公纪念介子推被焚而死的传说,就变成了纪念介子推的节日了。

庆贺节日:是以喜庆业绩成就、丰收成果、幸福安康为主题,往往构成喜庆活动的连续性或系列化,时间上也形成一组节日。这种节日一般都是大型节日,如春节,虽然也有祭神祭祖等内容,但主要是喜庆一年来的丰收,预祝来年吉祥幸福、获得更大的成果、万事如意、迎春接福等内容,人们在精神上和物质上投入最多,节日有着近两个月的活动期,真可谓大庆大贺。此外,如现代节日的国庆节,也是如此,尤其是逢十的大庆之年,更是热烈非凡。

社交游乐节日:主要以游艺、乐趣、交际为内容。如元宵前后的看花灯、闹社火秧歌,二月二的龙灯,清明节的踏青、荡秋千、放风筝,端阳节的龙舟赛、跑坡,七夕节的乞巧,中秋节的赏月,重阳节的赏菊、登高等等,都充满了娱乐性与趣味性,通过这些活动,来达到舒心悦目、社会交际、友谊常青。青年男女通过这些社交游乐活动,结成终身眷属者不计其数。

范围方面 从节日的地域分布看,可分为跨国性节日、全国性节日和地区性节日几种类型。

跨国性节日:指世界上若干个国家都过的节日。它不但包括如1889年7月14日在巴黎召开的第二国际成立大会上确定的"五一"国际劳动节;1910年8月在丹麦哥本哈根召开的第二国际社会主义妇女代表大会上确定的"三八"妇女节,还包括着一些传统的节日,诸如圣诞节、复活节、泼水节、开斋节、狂欢节等。

全国性节日:主要是指全国人民都过的节日。如国庆节,传统节日的春节、清明节、端午节、中秋节,这都是国家明文规定届时工作人员放假的节日。

民族和国家是两个不同的概念,一个国家可由若干个民族组成,一个民族也可以分布于若干个国家。以上说的跨国家和全国性节日,都是跨民族的节日。

地区性节日:指一个国家内的某些地区人们过的节日。它包含的层次较多,内涵也比较复杂,诸如三月三、四月八、六月六、马王节、牛王节、龙王节等。

从节日参加者来看,也可分为全民性的和部分性的节日。全民性的正如上面所说的国庆、春节、清明、端午、中秋节,是节日的主流,涉及面很广泛。部分性的正如妇女、青年、儿童、护士、教师等特定的社团或阶层的节日。节日还可以以有无传说之分、亲族与社群之分、现代与传统之分来进行分类。总之,节日的分类可以说是多种多样的。分类的各种方式,都是从不同角度,反映出节日特征的某一个侧面。

年节的准备

节日,是人们生活中劲头十足的日子,在欢乐之际,追求吉利、避免凶灾的习俗行为有着突出的表现。所谓吉利,内容非常丰富,涉及人们生活的各个方面,诸如生活富足、家人团聚、健康长寿、家道平安、幸福愉快、六畜兴旺、五谷丰登、万事如意等等,表达人们对美好生活的追求与向往;袪灾是指避免贫穷、病残、死伤、饥饿、诸事不顺等等。基于这种心态而产生出来的求吉祛灾习俗和活动,在节日中人们尤为注重,一方面直接表现在通过语言、文字和各种习俗表现的吉利含义;另一方面间接地,也是象征性地通过某种事物或行为,表达人们对吉祥的追求与凶灾的规避。

不管是农事祭祀节日,还是单纯纪念节日,或综合性节日,人们都要为节日的到来做好物质与身心的准备。人们购置物品,制作用具、玩具、食品,打扫卫生,布置游乐场,排练文艺节目,个人衣着装饰等,准备节日期间的各种设施设备,调节适应节日的情绪。

一般来说,节日的类型不同,时间不同,习俗不同,人们对待节日的态度也不同,准备工作也不一样,现代节日要少得多,人们只是届时参加机关单位举行的活动。这类活动大都在比较正式的场合,就参加者而言,并没有将身心全部投入节日的愉悦之中。这是因为这些节日起源晚,要得到人们发自内心的认同尚需一段时间,加之没有形成吸引人的节日习俗,也没有神秘幽远的节日传说。对于一个来源清楚,又缺乏吸引人们好奇心与注意力的节日,人们很难对其产生强烈的关注,这是完全可以理解的。而人们对于传统节日的态度则要积极得多,准备工作也充分得多。人们这种心态与民族的特征有关,也与民族文化的长期熏陶有关。对于传统节日,人们有着一种亲切熟悉的感觉。这种人与节日的亲合状态,表现最突出。这是因为人们从节日中可以重温历史,传承历史文化,并从中得到一种文化源远流长的心理感受和慰藉。除此之外,传统节日本身又极富魅力,它以那遥远动人的节日传说和形形色色的节日习俗活动,丰富美味的节日饮食风靡了节日文化区域,甚至以同心圆扩散的方式进行着文化传播。

除了物质上的准备外,人们在精神上也做过节的准备,使身心逐渐进入兴奋的情绪。如春节前,各界人士都停止工作,打扫室内外与环境卫生,理发洗澡,更换衣服。在腊月下旬,就开始"团年",各单位和社区扎牌楼、立旗帜,将公共游玩场所与单位门面装饰一新,或用松枝柏丫、各种灯具进行装点。平时各自为工作和生活奔忙的人,都要赶回去与家人团聚。机关团体在节前要举行茶话会、座谈会等,使人们在精神上充溢着兴奋。政府部门特别注意安排组织慰问、物资供应、交通运输、文化生活等,以便在物资上和精神上来满足人民群众的需要,给社会创造出一种节日的氛围,为欢度节日奠定了良好基础,真是未曾过节喜气来。

年节的习俗

几千年来,传统节日各自形成了独特的风俗习惯,这是年节文化的重要内容。其习俗的形成,经历了相当长的历史时期,最初可能是在局部地区施行,后来约定俗成,逐渐在社会上流传推广,最后成为定例,并形成了各个节日的不同风格,各自有着明显的标志,既不雷同又极富个性,给中国传统文化涂上了丰富多彩的色泽。

这里所说的年节习俗,是指传统节日而言。

春 节

春节,古称元旦,俗叫"新年"、"过年"、"过大年",是中华民族最隆重的传统节日。

正月初一为元旦,就是一年的发首之日。发首即开始,开始即第一的意思。太阳从地平线升起,象征一日开始。太阳是日,地平线像"一",于是便组成"日"和"一"的象形字"旦"。元为年之始,旦为日之晨。人们就把这天作为一年之首,称正月初一日为元旦,即新年开始的第一天。

元旦,古代也称四始(岁之始、月之始、日之始、时之始)、三始(岁之始、月之始、日之始)、三元(岁之元、时〈季〉之元、月之元)、三朝(岁之朝、月之朝、日之朝。朝者始也);此外,还有不少别称:元辰、元正、元日、元春、元朔、正朝、正日、正旦、岁旦、岁首、岁朝、岁祚、端日、新正等,通常称"元旦"。"元旦"一词,最早出自南朝梁诗人萧子云《介雅》:

四气新元旦,

万寿初今朝。

可见,我国人民欢度元旦,同庆新年,距今已有四千多年的历史了。

春节由来 一说源于原始社会的"腊祭",即一年农事完毕,为报答神灵的恩赐而在腊日(后来的腊八)举行。南北朝后,将"腊祭"移至岁末,过年乃是祝贺五谷丰收的喜庆日子,古有"五谷熟曰年"。一说尧舜时已有此俗。古时的称呼也不尽相同,《尔雅·释天》称:"夏曰岁,商曰祀,周曰年,唐虞曰载。"岁首元旦的时间也不尽相同:夏代正月初一,商代十二月初一,周代十一月初一,秦始皇统一六国后,则定为十月初一,并因正月的"正"字与嬴政的"政"字同音,犯了忌讳,故从此正月就只得叫"征月"。到了汉武帝刘彻时,深感历法太乱,就下令让落下闳、邓平等创制了"太初历",才明确规定以农历正月初一为岁首元旦、新年,恢复了夏历,自此历代至辛亥革命前尚未改。

辛亥革命后,于民国元年(1912),又将春、夏、秋、冬定为四节,即元旦为春节,端午为夏节,中秋为秋节,冬至为冬节,于是春节就成了正月初一的名称,因春节一般在"立春"前后。并同时采用世界各国通用的公历,把阳历1月1日称元旦、新年,但并没有正式命名和执行。公元1949年9月27日,中国人民政治协商会议第一届全体会议通过使用"公元纪年法",将公历1月1日正式定为元旦,俗称"阳历年";将农历正月初一称春节,俗称"旧历年"。

春节(正月初一)也叫"鸡日",古人将新正的前八天分别以六种动物和人、谷命名。三国魏董勋《问礼俗》说:"正月一日为鸡,二日为狗,三日为羊,四日为猪,五日为牛,六日为马,七日为人",后人加"八日为谷";沁域先人又加"九日为果,十日为菜"。其日晴,所主之物育,阴则灾。这是古人相信天人感应,以此来进行占卜活动。春节称鸡日,是以阴阳观念来解释的。鸡为阳物,元旦亦属阳,故联系在一起。此后,鸡在礼俗活动中增加了不少光环,先是杀鸡著门上或画鸡于门可避邪,百鬼畏之。后来发展为以鸡祈福,取"鸡"与"吉"谐音,其实,这种吉祥意义的产生,也还在于鸡的德行。《韩诗外传》称,鸡有文武勇仁信五德,《花镜》具体化为:"五德:首顶冠,文也;足博距,武也;见敌能斗,勇也;遇食呼群,仁也;守夜有时,信也。"

自古以来,过春节有祭祀、朝会、宴饮、占卜、迎神、贺年、玩赏等活动,其内容丰富多彩,形式多种多样,节日习俗既多且又热闹,最具喜气气氛。俗有"过了腊八就是年"的说法,从腊月人们就积极置办年货、制作新衣、祭灶、扫尘、祀祖、剪窗花、贴福字、贴对联、挂年画、蒸面馍、下锅子、挂灯笼、吃年饭、燃旺火、守岁等等。节日期间,人们相互拜年。从周代开始,就有天子率诸侯大臣迎春的礼仪,唐代又增加鞭打春牛,有放爆竹、喝春酒、吃扁食(饺子)、吃元宵等风俗。乡间还有看风云、观日色、看征兆、看参星、测晴雨等占卜年岁丰歉的习俗。城乡普遍开展滚龙、舞狮、踩高跷、跑旱船、猜灯谜、唱秧歌、玩花灯、走黄河、放焰火等社火活动,表示除旧布新、送穷迎富、驱邪避瘟,祝祷在新的一年里五谷丰登、国泰民安、吉祥如意。

春节是一年之中最隆重的节日,从腊八后就进入了节前准备阶段,春节后为庆贺阶段,要一直延续到正月十五,甚至二月初二日。民间有"忙腊月,闹正月,拖拖拉拉到二月"的说法。节中套节,节日不断,喜庆祥和是过年期间最大的特征。

祭灶 又称送灶、辞灶、小年等。灶指灶神,称灶君、灶王、灶马、灶家爷、灶君菩萨、东厨司令等,供于灶头神龛。灶的出现离不开火,先民们在住地烧起一堆堆长明火,用来取暖照明、烤食制器、防御野兽,这就是最原始的灶。众所周知,熟食对人类进化和发展起了极大的作用,所以人们不能不对火灶给予一份崇敬。古时人们在"万物有灵"观念下信仰神祇,创造出灶君的守灶之神,并说这是玉皇大帝派到人间察看人们的善恶情况,年终要上天向天帝汇报这家人的行为;若有罪过,轻者减寿百日,重者则减寿三百日。最初的灶神是位女性,《庄子》说她"着赤衣,状如美女",后来的道书则把灶神说成是昆仑山的一位老母,叫"神火老母元君"。人们大概嫌红衣女娘不大稳重,便用这位灶神奶奶取而代之。再后来这位灶奶奶常与灶王公公并肩而坐,共享人间糖果。

汉代以后,出现了男灶神。《淮南子》说:"黄帝作灶,死为灶神。"又说:"炎帝于火,死而为灶。"《五经异议》则认为:"火正祝融为灶神。"民间最流行的灶神是姓张名单,字子郭,长得像美女。他不仅有一个叫"卿忌"的夫人,有六个都叫"察洽"的女儿,还有好几位兵将。张单为何成了灶神,民间有多个传说。

其一:

玉皇大帝的小闺女爱上了一个给人帮灶的穷小伙子,两人结成夫妻。玉帝十分恼怒,后经王母娘娘讲情,念在女儿情分上,才封"穷烧火的"下界为灶王,玉皇的小闺女当然就是灶王奶奶了。玉皇嫌弃穷女婿和女儿,只准他们每年年底回娘家一次。到了腊月二十三,灶王奶奶要回娘家,老百姓给烙面饼(灶干)做路上的干粮;回到天上后,向玉皇讲了人间苦情,玉皇厌弃,要赶女儿走,由于王母娘娘讲情,灶王奶奶才得以拖延些时间,准备东西带回人间。她二十四扎扫帚,二十五磨豆腐,二十六割肉,二十七杀鸡,二十八发面蒸馍,二十九灌酒,三十包饺子,到了天黑离开天宫,初一五更才回到人间。这时老百姓家家户户都未睡觉,坐在火炉边守夜,等候灶王奶奶。见她们回来了,都点起香纸,放鞭炮迎接(黄伯沧《节日的传说》)。

其二:

一贫如洗的张秀才,为求功名上京赶考,时值数九寒冬,饥寒交迫,昏倒在一家财主的门洞里。这家财主有个善良的烧火丫环,见此情此景就偷偷送来饭食和衣服,把秀才救了过来,秀才深为感激,二人有爱慕之心,遂海誓山盟暗订终身,不料被主人发现。秀才走后,主人即对丫环百般虐待与凌辱,好心的丫环不甘其苦,就在腊月二十三这天一头扎在灶坑里烧死了。

次年这天,张秀才得第回来,寻找救命的丫环,当知道她不幸身亡时,悲痛欲绝,也愤然扎进灶坑身亡。这对夫妻的刚烈行为,感动了玉帝,就封他俩为灶王。他们受玉帝重托,年年在厨房监视人间的善恶行为,把看到的情况,分善事与恶事分别装进玉帝赐予的两个罐罐里,以便到时向玉帝申报。成语"恶罐(贯)满盈",即由此而来。

所谓"灶王",也就是灶神画像,一般是木版彩印的,中间有身着官服的灶王爷,身边是灶王奶奶,两边有"上天言好事,回宫降吉祥"(或"下界保平安")的联语,横批"一家之主"。最初的灶神,只是监督烟火饮食,然而在传承过程中,灶神的权力范围逐渐扩大,除烟火饮食外,主要考察人们的所作所为。正如人们说的"灶家爷跳到当院了,啥都想管",成了天帝派往人间的全权监察代表,即《敬灶全书》所谓"受一家香火,保一家康泰,察一家善恶,奏一家功过"了。

民间流传有:

腊月二十三,

打发灶家老爷上西天。

是日傍晚,民间各户置酒、糖、果等物作祭品,特别是叫甜瓜瓜的麦芽糖和糯米汤圆等,甜其口舌,粘其牙关,让其上天言好事。古时有女不祭灶之说,故为男祭,后世多由老年主妇行事。祭祀时口中念念有词,轻轻哼《祭灶歌》:

(一)

灶爷你常看着我,俺家省吃又俭喝。

抛米撒面一时错,炉灶脏怪孩孩多。

糖瓜多多带几个,上天多把好话说。

多带吉祥不带祸,回来吃咱枣山馍。

(二)

我送灶爷上天宫,就说咱家实在穷。

初一回来身早动,福寿喜财带进门。

祭毕,将灶神画像取下,并为其坐骑从锅台撒马料至院心,将画像焚香叩拜燃烧后,续撒马料于大门外,送灶神登天。

祭灶之举,古已有之。汉代之前在夏季,汉以后改为腊八,后世则在腊月二十三或二十四祭灶。虽然早就存在,但贴灶马用胶牙糖的风俗则是宋代时才出现。这就是祭完全人格化了的神,同时渗透了巫术手段。

送灶神的同时,也送家里所奉祀的各种神明。诸神走后,便可大扫除。从二十四至除夕为"乱日"、"乱年"、"乱岁"。这一期间,可随便娶亲嫁女,动土动木,修整房舍等,无需择吉,百无禁忌,叫"赶乱日"、"闯乱年"、"闯乱岁"。

扫尘 亦称"扫年"、"扫垢"、"扫室"、"迎春日"等,沁域叫"打扫"。"尘"与"陈"谐音,新春扫尘含有把过去一年的晦气扫地出门,一切从新开始的意味。

扫年习俗起于尧舜时代,由古代驱除病疫的一种宗教仪式演变而来。相传扫帚、簸箕的创始者是夏朝少康帝,说明人们很早以前就用扫帚扫除了。唐宋时期,扫年之风盛行,据宋吴自牧《梦粱录》记载:"十二月尽……不论士庶家,不论大小,俱洒扫门闾,去尘秽,净门户……以祝新岁之安。"至今,民间仍流传着"腊月二十四,掸土扫房子"的谚语。

扫尘就是打扫卫生,这是每家每户一年中最大最彻底的一次扫除活动。饮食器具,要清洗干净;衣服被褥,要拆洗晾晒;室内室外,要掸拂灰尘,洒扫门庭;个人要洗澡理发,民间有"有钱没钱,剃头过年(或:不连毛过年)"的讲究。人们在忙碌打扫自家卫生的同时,举国上下都洋溢着喜气洋洋的辞旧迎新气氛。

窗花 就是装饰窗户的剪纸,以寓福禄寿喜,除旧迎新,吉祥如意。古代就有"门窗贴红纸葫芦,逢节过岁收瘟疫"的说法,后来演变为窗花,成了民居的装饰。每在年末除尘后换窗纸时,将既省事也不用花钱的窗花贴上,把村宅民居衬托得红红火火,深得人民群众的喜爱。窗花艺术有深厚的群众基础,也就获得了生气勃勃的艺术生命。在民间几乎都有品味、格调、样式、花色不同的窗花艺术,而且都形成了不同的各自剪纸艺术风格,成为一种数量多、流传广的民间艺术形式。

窗花艺术的题材十分广泛,有人物、故事、花卉、走兽、文字、吉祥图案等,而综合人、鸟、花、虫、文字于一幅画面形式的更为多见,诸如"双喜"字窗花,一般为

新婚洞房所剪(见婚嫁篇),但新年前又是很多新人成婚,故又作新年窗花装饰。喜字的原形,民间解释为葫芦,葫芦多籽多福,自古以来就是生命与生育的象征。因此,这样一个又有葫芦形状、又代表喜庆含义的文字,在图案处理上,剪纸艺人们各自显示出他们的想象力;斑马虎头、石榴桃花、双鱼莲花、蝴蝶瓜藤、龙凤蝙蝠等各种形象,都被用进了喜字的图案中。这些都是民间百姓日常生活中的爱恋、婚姻、生育得子喜祥寓意的象征。其画面大胆精致,巧妙严谨,吉祥如意,充满平和之气。又如喜鹊登梅、燕穿桃柳、二龙戏珠、鸳鸯戏水、和合二仙、三羊(阳)开泰、鹿合同椿(六合同春)、五蝠(福)捧寿、犀牛望月、莲(连)年有鱼(余)、孔雀戏牡丹、狮子滚绣球、刘海戏金蝉等,都寓意深远,令人遐想。再如八仙过海、八仙庆寿、三娘教子、五女拜寿、西游记、西厢记、红楼梦等戏剧故事,都体现了人们对戏曲的偏爱。

民间流行有《窗花歌》:

八仙过海四季景,葡萄百子七星明。
荷鹤二仙鹿鹤顺,喜鹊登梅喜临门。
神龟兽来寿桃敬,梅兰竹菊护花神。
四时如意牡丹衬,佛手莲花贵堂生。

春联 亦称"对联"、"门对"、"对子",古时有"门贴"、"桃符"之称,就是过春节时,张贴悬挂的对偶语句,分上下两联。

春联的前身叫"桃符",是古人用桃木板制成的,其上并不写字,而是画神荼、郁垒之像,用意是驱鬼避邪。古人认为鬼怕桃木,桃木能治百鬼。《太平御览》引《典术》云:"桃者,五木之精也,故厌伏邪气者也。桃之精生在鬼门,制百鬼,故作桃人梗著门,以厌邪气。"与此相对的另一种解释是:相传东海渡朔山有大桃树,其下有神荼、郁垒二神,常以苇索缚鬼喂虎,因而桃木能制鬼避邪之说,是当时人们一致的认识。于是,在汉代便有了用桃木作厌胜之具的风习,所制诸如桃人、桃印、桃梗、桃板、桃符等,将桃人、桃梗立于门旁,印、板、符都有巫术咒符,后来又有画神荼、郁垒像的。再后来人们便在桃符上题词,称题桃符。如"姜太公在此,百无禁忌"或"有令在此,诸恶远避"等一类压邪话和咒符。接着又有人在题桃符的基础上题联语。到了五代又有了新的发展,在西蜀亡的前一年(964年),后蜀皇帝孟昶在除夕之日令学士辛寅逊在桃板上题词,以挂寝门,因其词对仗不工,孟则亲笔写了:

　　新年纳余庆,
　　嘉节号长春。

这两句桃符诗,就是我国最早的一副春联。以欢庆的祝辞,换掉了难以捉摸的符咒,是对联这一文体诞生的标志。到宋代,对联开始兴起,文人撰写对联成风。如苏东坡访王文甫时赠联:

　　门大要容千骑入,
　　堂深不觉百男欢。

不过,当时的对联,还称"桃符"。《梦粱录》有"钉桃符,贴春牌"的记载。王安石《元日》诗有:

　　爆竹声中一岁除,春风送暖入屠苏。
　　千门万户曈曈日,总把新桃换旧符。

桃符改叫春联与纸制春联始于明代。公元1638年,明太祖朱元璋帝居金陵(南京)时,除夕之夜,令公卿士庶之家都贴春联,并亲自微衣出行,逐门观看,以为乐趣,还乘兴亲笔题联,一赐大官陶安:

　　国朝谋略无双士,
　　翰苑文章第一家。

一赐贫民阉猪人家:

　　双手劈开生死路,
　　一刀割断是非根。

此后,春联替代了桃符的呼称,红纸春联替代了木板桃符,在广大的农村和城市,普遍盛行起来。

到了清朝,乾隆、嘉庆、道光三朝,春联犹如盛唐的律诗一样兴盛,大城市均有专门为人书写春联的市肆书棚。

纸制春联易于制作，费用也小，相对地，形制便多了起来。明、清仍说的桃符，除少数木制之外，大多数仅是纸制春联的古语、雅称，并不都是桃木做的。

春联一副为两幅条联，条幅的长宽相等，上联（首联）贴挂于左门，下联贴挂于右门，因左右对称，故称"对联"。后来人们又增加了门楣上的"横披"，亦叫"对脑"、"横楣"、"躺子"、"横联"、"门脑"等，一般四字，意思要与两边的联语相配，起到画龙点睛和相互补充的作用，如灶神书"一家之主"。民间有《对脑歌》：

对脑对脑，穿衣戴帽；

不贴对脑，遇事乱套。

如此而构成了现代完整的对联类型。

此外，还有斗方、帖子。斗方是在一块方纸上对角写字，或写一个字，如"福"；或在每角各书一字，成四字吉语，如"吉祥如意"，贴于影壁、独门扇、柁头上。帖子，亦叫"小帖子"、"立帖帖"，是单条的字纸，贴在一些窄小而显眼地方。如米面柜、缸书"米面如山"，车辕上书"日行千里"，槽头上书"槽头兴旺"，碾子上书"青龙大吉"，磨子上书"白虎大吉"，梯子上书"步步登高"，挂油灯处书"灯光如月"，大门前方物上书"出门见喜"等等。春联一般是红纸墨字或金银字，所谓金银，即用金粉、银粉而写的字。就颜色看，旧时宫廷用白宣在红纸上镶边，庙宇用黄纸，守孝之家用黄、绿、兰纸（一色一年），一般都是用红纸。

春联，言简意深，对仗工整，作为人们喜闻乐见的一种独特的艺术形式，经过多年演化，应用范围逐渐扩大，小至记事抒怀，大至国家大典，无不应用。由它派生出寿联、婚联、挽联、贺联、名胜联、宅第联、答赠联、中堂联等，真可谓名目繁多。后来，它不仅冲破了这些范围，进入名山大川、佛殿书院、清泉仙洞、画阁芳园、亭榭馆所，而且应用到宗庙祭祀、寿诞生辰、营建修造、落成迁进、出行远游、入学考第、送往迎来……总之，一应大小事务，都有品题赠答。而今，这联那联的诸多名称，统称为"对联"，亦叫"楹联"，春联也变成了"对联"的一种。

对联,长短不一,形式多样,但不管属于何类,都必须具备以下特点:

一要字数相等,断句一致。除有意空出某字的位置以达到某种效果外,上下联字数必须相同,不多不少。

二要平仄相合,音调和谐。传统习惯是"仄起平落",即上联尾字用仄声,下联尾字用平声。

三要词性相对,位置相同。一般称为"虚对虚,实对实",就是名词对名词,动词对动词,形容词对形容词,数量词对数量词,副词对副词,而且相对的词必须在相同的位置上。

四要内容相关,上下衔接。上下联的含义必须内容衔接,但又不能重复。

联语多为四言、五言、六言、七言、多言不等,清乾隆间诗人孙髯撰的昆明大观楼联语,长达180字,被称为"天下第一长联"。但不论几言,必须合乎以上要求。

春联,就是过春节时贴的对联。旧时民间讲究,有神必贴,每门必贴,每物必贴,所以春节时春联最多,内容最全。神灵前的对联尤为讲究,多为敬仰与祈福之言。常见的神联有:

天地神:(天地三界十方万灵真宰神位)

  天恩深似海 有道唐虞世
  地德重如山 无私天地春

土地神:

  土中生白玉 土厚物华茂
  地内出黄金 地灵文运昌

财神:

  天上财源主 圣德无私主福禄
  人间福禄神 福威有感司财源

龙王:

  井能通四海 庆四时风调雨顺
  家可达三江 祝八方物阜平安

仓神:

米面如山厚
　　油盐似海深
牛马王：
　　牛似南山虎　　　保牛羊茂盛
　　马如北海龙　　　佑骡马平安
观音：
　　无我无人观自在
　　非空非色见如来
在一般器物上都要贴大小"福"字、斗方和小帖子。

当今的春联，意在渲染气氛，祝吉求祥，已经失去了旧时的驱避作用。在广大的城乡，人们只是祭祀祖先，各路神仙早不知跑哪去了，一旦说起也只能是访古了，但对春联的讲究，比古人有过之而无不及，尤其是这些年来，佳联妙对何止万千，贴挂地址也不限于原初的门板上，有的用气球悬挂于高空，使人一目了然；有的用霓虹灯辉映，五颜六色，绚丽多彩，使节日锦上添花。

春联使千门万户焕然一新，欣欣向荣；使人们心怀宽阔，生机盎然，意气风发，大志昂扬，产生无比的力量，为来年夺取硕果接福接祥。其联语艺术结构，是由古典诗、词形式演变而来，是我们中华民族文化的瑰宝。略择几例，以供鉴赏：

通用春联：
　　一元初复始　　　物华天宝日
　　万象又更新　　　人杰地灵时

　　江山千古秀　　　人随春意泰
　　花木四季春　　　年共晓光新

　　春催千山秀　　　九州花似锦
　　花开万里香　　　四海歌如潮

凯歌传四海 春色满神州	艳阳照天地 春色满人间
黄金新岁月 锦绣好河山	几阁文墨暇 园林春景深
岁月增中减 诗书苦在甜	春风辉物彩 淑气焕人文
爆竹一声除旧 桃符万象更新	春风吹遍天涯 阳光普照人间
江山如此多娇 风景这边独好	春光洒满大地 彩霞映遍神州
国强家富人寿 花好月圆年丰	年年五谷丰登 岁岁六畜兴旺
事事吉祥如意 人人福寿长春	万紫千红争艳 五湖四海同春
一元复始天增岁 万物昭苏梅报春	人寿年丰家家乐 国泰民安处处春
向阳门第春常在 积善人家庆有余	全民共饮新春酒 举国同庆盛世年
人民江山千古秀 祖国花木四季春	日出神州张正气 春来华夏展宏图

岁时年节

江山如画千年秀
祖国多娇万代春

天增岁月人增寿
春满乾坤福满门

一年又过一年春
百岁增吾百岁人

屋满春风春满堂
门迎喜气喜盈门

天边共睹风云气
世上方生将相才

千管文毫争色彩
万家诗墨竞风流

门迎春夏秋冬福
户纳东西南北财

和睦一家添百福
平安二字值千金

春风大雅能容物
秋水文章不染尘

春风一扫千山绿
南燕双归万户春

万户管弦歌盛世
百般红紫绣春天

一年四季春常在
万紫千红花永开

村村欢乐家家乐
人人迎春处处春

锦绣河山遍地画
幸福生活满园诗

冬去春来一元复始
云开日丽万象更新

春回大地河山壮丽
阳光普照玉宇澄清

一代风流九州生辉
八方锦绣四季呈祥

一元复始九州同庆
八方和谐四季平安

劳动致富六畜兴旺
勤俭持家五谷丰登

莺歌燕舞普天同庆
鸟语花香大地皆春

明媚春光百花齐放　　　瑞雪飞神州多壮丽
欢乐岁月五谷丰登　　　爆竹响山河尽朝晖

日丽风和城乡春正好　　山明水秀处处皆春色
年丰物阜华夏业方兴　　年丰岁余人人尽笑颜

辞旧岁爆竹声声人添喜　五谷飘香香透千山万壑
迎新春红灯闪闪国增辉　山鹊报喜喜达万户千家

"福"字 迎春接福,张贴"福"字,是我国人民过春节的传统习惯。这个习俗大约从宋朝以前就开始了,宋人吴自牧著的《梦梁录》中就有"贴春牌"的记载。所谓春牌,就是方块的大红纸上写的"福"字,或是用金纸、红纸剪成的"福"字。每逢新春佳节到来,随同春联,家家户户要在墙壁、物器上贴大大小小的"福"字。有的还要带各种各样的图案,或是寿星、寿  桃,或是鲤鱼跳龙门、龙凤呈祥、五谷丰登等等,真够丰富多彩,把"福"字衬托得更加金墨闪耀。有的将"福"字故作倒贴,因"倒"与"到"是谐音,为的是讨一些多舌者说一句"福到了"的吉利话。

贴"福"字,寄托人们对新的一年的善良愿望,追求美满生活。"福"字在古书里有很多的解释,如"信也、休也、祥也"等,但它总的涵义是"长命富贵"和"吉祥如意"。不过,民间一般认为"平安"就是"福"。《韩非子》中说:"全寿富贵之谓福。"意思是说,所谓"福就是富贵加长寿"。所以,过去的春联中,"福"字往往与"寿"字联在一起,如"福如东海长流水,寿比南山不老松"。总之,福是人类生存在社会上的共同愿望。

年画 过大年时挂贴的绘画而故名。它是伴随着农历春节送旧迎新活动,装点居室环境,源于古时的门神画演变而产生的。古代很早就有在门上贴画的习俗,多是神话传说中的人物,以驱邪避害,谓之门神,即门的守护神。东汉蔡邕所著《独断》中记载当时的门神是神荼、郁垒、古成庆等。南潮梁檩所著《荆楚岁时记》中说:"正月一日,绘二神贴户左右,左神荼,右郁垒,谓之门神。"王充《论衡·订鬼》引《山海经》:"沧海之中,有度朔之山,上有大桃木,其屈蟠三千里,其枝间东北曰鬼门,万鬼所出入也。上有二神人,一曰神荼,一曰郁垒,主阅领万鬼,恶害之鬼,执以苇索而以食虎。于是黄帝乃作礼,以时驱之,立大桃人,门户画神荼、郁垒与虎,悬苇索以御,凶魅有形,故执以食虎。"唐时,门神形象改为秦琼和尉迟敬德与钟馗等现实人物。相传唐太宗(627—649年)患病,听到门外抛砖弄瓦,鬼魅呼号,怕得夜不入眠。秦叔宝请尉迟敬德戎装门外以伺,夜果无事,太宗乃令画二人形象悬于宫门左右,后世相沿。画像以门神镇邪,不让恶鬼进屋,保护家中人畜平安。唐时水印木刻已很发达,到了北宋时,随着木板雕刻技术的发展,在出现木刻印刷门神的同时,出现了木版印刷的纸画,即年画。现存最早的木刻画是宋版的"随朝窈窕呈倾国之芳容",画着王昭君、赵飞燕、班姬、绿珠,习称《四美图》。到了明末清初,发展为套色木刻,出现了许多反映一般民众理想、心愿和生活情趣的年画,如"丰年有余、迎春接福、五谷丰登、六畜兴旺、风调雨顺、荣华富贵",以及戏曲、故事、传说、风景、花卉的年画。当时出现了三大民间木刻年画:天津的"杨柳青"、苏州的"桃花坞"和山东潍坊的"杨家埠"。传统的年画,多为木刻水印,线条单纯,色彩明显,画面热闹,计有着色、套色两种。其形式有中条、屏条、窗顶、灶画、喜幡等数十种。题材有民间传说、戏曲人物、山水花鸟等。在艺术风格上各有千秋,风采各异,为人们所喜爱。

上个世纪从抗日战争开始,出现了新年画,大都以爱国主义、劳动生产、移风易俗等为题材,反映现实生活。建国后,随着科技的发展,年画已可用多种先进方法印刷,其形式有门画、单幅、斗方、窗花、桌围、喜福、四扇屏等多种式样。近代又加进了摄影艺术,把年画与月历合二为一,制成"月历牌"和"挂历"年画,采取胶版精印,细润柔和,色泽缤纷,别有情趣,风行全国,更烘衬出新春佳节的热闹气象与人们的欢乐情绪。

爆竹 也称"炮仗"、"鞭炮",有两千多年的历史。据传说它起源"庭燎"。《诗经》有"庭燎之光"的记载。庭燎,就是当时用竹竿之类做成的火炬。竹竿燃烧后,竹节里的空气受热膨胀,竹腔爆裂,发出噼啪的炸声,以此惊吓与驱鬼除邪,这就是最早的"爆竹",也叫"爆竿"。晋宋廖军的《荆楚岁时记》载:"正月一日,是三元之日也。鸡鸣而起,先于庭前爆竹,以避山魈恶鬼。"到了唐朝,炼丹家经过不断的化学实验,发现硝石、硫磺和木炭合在一起能引起燃烧和爆

炸,于是发明了火药。火药的发明,使爆竹进入了一个全新的发展时期。到了宋代,随着火药的发明,开始出现了火药制作的爆竹,用纸筒代替了竹子,并用麻茎把爆竹编成串,叫"编炮"。因爆炸时声音清脆如鞭响,也叫"鞭炮"。周密的《武林旧事》有"内藏药线,一发连百余响不绝"。孟元老的《东京梦华录》中记载开封除夕,"是夜梦中爆竹山呼,声闻于外"。此时的爆竹不只是驱邪了,已掺进了除旧迎新之意,无怪乎王安石有"爆竹声中一岁除,春风送暖入屠苏"之句,生动地描写了当时人们迎新去旧的喜悦心情。老百姓放爆竹除避邪之外,更重要的还有迎财神、灶神的含义,以此来讨个吉利,作为"爆发"的象征。

由于爆竹能增添喜庆,本身又小巧轻便,因而在民间广为传播。其品种繁多,五花八门,尤其是随着科技的发展,形式也越来越多,诸如小鞭炮、电光雷、母子雷、射天炮、百头、千头、万头,甚至几万头的巨型鞭炮,还有能喷出种种颜色火焰的烟花礼炮等等,使节日更加绚丽多彩。

我国的爆仗和烟花在世界上素有盛名,享誉中外,是国际市场的热门货。

除夕 亦称"除夜"、"岁除"、"年三十"、"大年夜";沁域乡间叫"年除夜";此外,还有"分岁"、"守岁"、"闹年"、"年关"等特定意义的别称,是指农历一年最后一天的晚上,全天叫"除日"、"年除"。除,是指旧岁将尽、至此而除的意思。"除夕"二字,最早见于东汉应劭的《风俗通义》"常以除夕饰桃人",到晋时,才有分岁、守岁之俗,则含送旧延年之义。南北朝时,每逢岁暮(除夕),家家具肴蔌诣宿之位,以迎新年,相聚酣饮(《荆楚岁时记》)。唐代则称"除夜",王建《宫词》有"金吾除夜进傩名"之句。宋代,度岁成为年终大事。是夜,士庶家不论大小,俱洒扫门闾,去尘秽,净庭户,换门神,挂钟馗,钉桃符,贴春牌,祭祀祖宗;遇夜则备迎神香花供佛,以祈新岁之安(《梦粱录》)。明代,其活动更为丰富,并发展了许多新俗。诸如五更焚香,迎灶君下蜀,悬拜祖先影像,点旺火,全家聚坐食饮(《帝京景物略》)。清时则承此俗,该日要向尊亲师友辞岁,归而盥沐,祀祖祀神,接灶,合家团拜,更尽分岁,吃水饺,坐以待旦,以兆延年(《帝京岁时纪胜》)。今民间尚有祀年、辞岁、守岁、吃分岁酒、给压岁钱、挂年画、贴春联、守旺火、游乐、看春晚、换新衣、放鞭炮烟花等风俗。

除夕另有特定意义的别称为：

分岁：除夕夜,全家团聚守岁,饮宴、祭祖,既有对即将逝去的旧岁留恋,又有对即将到来的新年希望,古联有：

一夜连双岁，

五更分二年。

所以,又将守岁活动谓之"分岁"。

守岁：除夕夜,吃罢年夜饭,焚香燃烛,全家男女老少围炉而坐,有的包饺子(亦叫"扁食",其形状如元宝),有的边吃点心瓜果糖类,边话闲情旧事,或进行各种游戏娱乐活动。

随着科技发展,当今如看电视、听音乐或歌舞活动等,直至深夜,或通宵达旦,谓之"守岁",民间亦称"熬年",含有送旧迎新,祝祈爷娘长寿之义。晋时即有此俗,据晋周处《风土记》载：除夕之夜,"各相与赠送,称曰馈岁;酒食相邀,称曰别岁;长幼欢聚,祝颂完备,称曰分岁;大家终夜不眠,以待天明,称曰守岁。"唐代守岁时,有庭燎、歌舞等活动,至宋益盛。《岁时杂记》有："痴儿騃女,多达旦不寐。"俗语有"守冬爷长命,守岁娘长命"。旧时除夕夜,祀先后,全家长幼毕拜,聚坐食饮,直至天明,谓守岁。清代守岁之俗更盛。《帝京岁时纪胜》有"高烧银烛,畅饮松醪,坐以待旦,名曰守岁,以兆延年"。守岁时,为消磨时间,有下棋、拼七巧板、解九连环、打相思结、猜字谜、掷骰子、打五关等娱乐活动与饮屠苏酒等习俗。

守岁,既是对即将辞去的旧岁有留恋之情,也是对即将来临的新年怀着希冀。

闹年：除夕夜守岁时,家中各室都燃灯,通宵不灭,人们放爆竹、饮酒,嬉闹至天明,故称。

年关：旧指农历年底。旧例在农历年底，剥削阶级逼租讨债，广大劳动人民"过年如过关"，故称。民间有"债不隔年"之谚，每到腊月，民间为讨账索债的日子，尤为二十三送灶之日起至除夕这一期间，是债务人向债权人清偿债务的关键时刻。因为新年伊始是不讨债的，否则对债权人不利。即使是吹胡子瞪眼的在除夜讨债者，只要接神炮一响，便会立即换成笑脸，拱手向债务人拜年，并随即"打道回府"，因此，还不起债者，往往避而不见，称"逃年关"或"躲年关"，盼到安神炮响了，才敢露面回家，便算过了年关。年关，是旧社会穷苦人家最难活的日子，有的甚至过不了这一关。他们倾家荡产，卖儿卖女，甚至悬梁自尽，苦不堪言。

有歌《难过年》：

> 寒冬腊月数九天，家家户户闹过年。
> 财主逼债收利钱，穷人难活这几天。
> 饥荒年年还不完，闹了一年原照原。
> 春夏秋冬常困难，天下穷人难过年。

新中国成立后，劳动人民成了国家的主人，这种现象就不复存在了。但是，随着经济社会的发展，当今出现了另一种在性质上截然不同的现象。过去是有钱人向没钱人讨债，没钱人难过年关；而今是没钱人向有钱人讨债，一些企业老板，为了扩大利润，到年终故意躲避或找种种借口，拖欠或克扣劳动者应得的工资，使工人难以回家过年。正如一首《打工歌》所咏：

> 一年在外边，打工三百天。
> 工资不兑现，回家难过年。

这虽然是个别现象，但引起了各级政府的重视，由政府帮助打工者讨工资的事例，屡见报端。

年关的由来，民间还有另类说法。

传说，在很早很早以前，有一种叫"年"的怪兽，头顶长独角，口如血盆。它的栖居地说法不一，北方传隐藏于深山老林，南方说在海里，每逢腊月三十晚上，便窜出来掠食噬人，不知有多少人活活被它吃掉。因此,每到除夜,家家大门紧关,户户举家团坐,长夜不眠,以防"年"来侵袭。有一次,"年"刚到一村口,一牧童正在噼噼啪啪放鞭炮,它听到炮声,惊恐万状,吓得赶紧躲开,没跑多远,看见一件红衣随风飘动,那鲜红的颜色又使它掉头就逃。气喘吁吁惊魂未定的"年",企图在一户人家的房檐下缓气,见门上贴的春联,门缝里射出的旺火和灯笼烛光,刺得它头昏眼花,又听到屋里剁饺子馅的菜刀之声,便急忙跑回山里(海里),再也不敢露面了。这样,人们发现"年"怕响声、怕红色、怕火光,所以每到除夜"年"出动的时候,家家户户门上贴春联,挂大红灯笼,院里点起堆堆篝火,放鞭炮,人们穿红绿新衣,围炉而坐,以度过"年"来侵袭的这一关口,故称"年关",亦叫"过年",听到鸡叫就算过了"年"的这一关,人们才开门相见,知道尔存我在,互相祝贺未被"年"吃掉,于是拜年之风便流传开来。

压岁钱 亦称"押岁钱"、"压祟钱"、"压腰钱"、"岁岁钱"等。除夕,吃年饭后,由尊长向晚辈分赠钱币,并以红线穿编铜钱成串,挂于小儿胸前或压枕下,谓能压邪驱鬼,故称。清《燕京岁时记》说:"以彩绳穿钱,编作龙形,置于床脚,谓之压岁钱。尊长之赐小儿者,亦谓之压岁钱",自汉魏六朝起即已流行。俗谓佩此能驱邪镇魅,因"岁"与"祟"谐音,"压岁"即"压祟",故称"压岁钱"。如所挂铜钱数目,与小儿岁数相同,则称"带岁钱"、"岁岁钱";因守岁之夜给钱,又称"守岁钱";若系挂腰带处,而称"压腰钱"。

分到压岁钱时小儿的喜悦心情,前人有诗:

百十钱穿彩线长,分来角枕自收藏。

商量爆竹汤(糖)箫价,添得娇儿一夜忙。

唐代宫廷内,立春日嫔妃掷钱为戏之风很盛。又"妃子院中初降诞,内人争乞洗儿钱。"洗儿钱除致喜外,主要还是长者给新生儿镇邪去魔力的护身符。这些风俗逐渐流传到民间,成了宋代的重要风俗,不少原立春日风俗移到了正月初一的春节上。洗儿钱与散钱风俗混合在一起,演变为压岁钱风俗。不过,早先的压岁钱并不用流通货币,而是一种特制的币制,以兆小儿长命富贵。到了清代儿童度岁,长者与以钱,惯用红绳,置之卧所,曰压岁钱。今民间仍行此俗,然多代之以纸币或镍币,改用红纸包钱,置小孩衣兜内,已无镇邪之意。

压岁钱有的是在除夜吃年饭时给,有的是在子时祭祖之后给,有的是在初一孩子们给长者拜年时给,这是新年见面礼,以企吉祥富贵。

接灶神 又称"迎灶神,简称"接灶"、"迎灶"。除夕夜,待过午夜零点,家主燃烛、焚香、叩头、净手,贴新灶神像于厨房神龛,在像前供祭品,意在迎接灶神从天上回到人间。从腊二十三送灶,至除夕接灶,共7天。清人张明墉《燕京岁时杂咏》有诗:

纸幡甲马到厨东,司命巡行薄醉中。

天上去来才七日,凡人无此大神通。

为尊灶神,是日禁恶声漫语,忌泼水于地。

除夜礼多话多事多,民间有《除夜五更歌》:

一更一点半,乒乒乓乓剁上馅。

二更二点半,扁食捏下几大案。

三更三点半,打开箱柜拣衣衫。

四更四点半,敬神祭祖摆供献。

五更五点半,拜年小子跪下多半院。

除夕,是一年中最为独特和神秘的日子。这一夜的节俗活动真够太多,所涵意蕴也太多了。在这短短的一宵之中,天上、地下、人间、人、鬼、神之间,似乎都产生了神秘而充满人情味的沟通,是那样融洽,是如此密切。当除夜的帷幕渐渐撤去,元日的曙光照耀着一幅幅新窗花的时候,山乡醒了,城镇醒了,华夏大地醒了,人们踌躇满志,朝气蓬勃地跨入了新的一年。

拜年 亦称"贺正"、"贺年"、"贺岁"、"走春",是人们一种节日祝贺的活动形式,表示辞旧迎新。

除夜守岁,闻鸡即起,先放三声"开门炮",抢烧拜神祀祖"头排香",争放烟花长鞭"抢头炮"。噼噼啪啪的鞭炮声,映红满天的起火(烟花的前身),大地沸腾的四始之际,不仅有驱邪迎神敬祖之意,且含有喜庆五谷丰登、人寿年康、吉祥如意之情,并寓有接财接福、家基昌隆,象征"爆发"之希冀。当

此,家中拜年开始:首拜天地神祇,次拜祖先真影,再拜高堂尊长(尊长要给孩童压岁钱),最后合家卑幼以次序拜,平辈间只拱手致语祝好。礼毕,出拜族门长辈,尤重五服之内,拜时也是先拜先祖神位。有交往的邻友长者与平辈,也要拜会。熟人首见,要以"新年好"、"恭喜发财"等吉祥语句祝贺。春节期间,每家都备有核桃、柿饼、红枣、瓜子、花生、糖果、烟茶等食品,以给来拜年的孩子和招待客人。

从正月初二开始,亲戚之间拜年。人们领着小孩,带上礼品,轮流到亲戚家走亲(春)拜年。初二要到娘舅家,初三到姑姑家、姨姨家。女婿给丈人家拜年的日子各地不同,有的是初二,如沁域则是老女婿初四,新女婿初六,岳丈家要给磕头钱;同样,新媳妇到男方亲戚家拜年也要收红包。给另一些至亲好友拜年,月内随日皆可,如不及会晤者,可捎"飞帖子"。还有一种拜年形式,是机关团体举行的聚会团拜。汉代的"元旦朝会",就是我国最早的团拜。

拜年习俗兴盛于宋,定型于明。文征明(1470—1559)有《拜年》诗云:

不求见面惟通谒,名纸朝来满敝庐。
我也随人投数纸,世情嫌简不嫌虚。

到近现代,拜年的方式变得多种多样,既有用贺年片来拜年,

又有互相登门拜贺,也有是大家聚在一起互相祝贺的"团拜",还有用电话、手机、网络等互相祝贺。

食俗 儒家代表人物老早就确定一条生活原则:"饮食男女,人之大欲存焉。"这是人们最基本的需求。除了"男女"之外,唯余"饮食","民以食为天",可见饮食的重要,而饮食又与文化搭钩,组成了"饮食文化",此地位就更不能小瞧了。这种重视饮食的传统和农业文明以及礼俗活动的渊源很深。就饮食的文化因子而言,日常口服之间并无太多内容,而礼俗活动中的宴筵才是最充分的体现。作为礼俗重要门类的岁时礼俗,更是如此,无不具有丰富的文化蕴涵。

春节食品,多于年前做好,吃时只用"回锅"而已。民间讲究"熟为顺,生则逆"。即吃熟食可全年诸事顺利,以生米生面为炊,则意味着全年诸事不能尽如人意,因此年前家家户户都要蒸、煮、烹调(下锅子)食品,准备正月食用。大凡肉食要制成成品或半成品,山药蛋、红薯、豆腐之类也要下锅子加工。蒸食更为讲究,有白面或掺玉米面的圆馍,包馅子的豆馍;有大圆馍上加双手捏着两个铜元(或硬币)的叫"抓钱馍"或"抓钱手";有形如大龟背上堆花插枣的叫"枣山馍";还有糯米面与玉米面按比例搭配,内包小豆馅子,捏成如惊堂木形状的黄馍叫"黄蒸",俗有"黄蒸包小豆,越吃越实受"之谚;糯米面多玉米面少搭配而捏成小饼状包馅子的叫"黄糕"、"糖糕",再经油煞(炸)叫"油煞糕"或"油糕"、"年糕"。这些蒸食在食用时都有一定的含义和讲究:除夕早晨吃油糕,含有步步高之意;初二早晨大盘菜,每人一个"大抓钱馍",意味着人人会抓钱进财;十五早晨食元宵后全家人分吃"团圆枣山",含有福禄年丰、长命富贵团圆之意,因"枣"与"灶"谐音,并寓灶上食品堆积如山之意;就个惊木疙瘩的黄蒸,也寓诚实处世之意。

初五之前,不食粗粮,不喝稀粥,要将米碾成面,上锅炒熟,与沸水相拌为"喝面茶",这是由古时人们以辟邪祈福饮桃汤喝柏酒而演变来的。在年节的饮食中,既充满了浓厚的人情味,又有一些约定俗成的巫术味。

在众多的岁时食俗中,饺子是首位。饺子变称"扁食"、"煮角"、"煮饽饽"等。《燕京岁时记》说:"每届初一……无论贫富贵贱,皆以白面作角而食之,谓之煮饽饽,举国皆然,无不同也。富贵之家,暗以金银小锞及宝石等藏之饽饽中,以卜顺利;家人食得者,则终年大吉。"新年包饺子讲究皮薄馅多,要捏得严实。煮时不能煮破(烂),如不慎煮破了,忌说破、烂、开等不祥之语,要说"挣了"。饺子有荤素之别,荤者有猪、羊、牛、鸡等肉,也有两种肉拌在一起的鸳鸯饺子,以及百味杂陈的"饺子宴"。饺子多配白菜、韭黄、葫萝卜(配羊肉)、白萝卜(配猪肉)、大葱等鲜菜作馅料。饺子形态甚多,有冠顶饺、蝴蝶饺、金鱼饺、花边饺,也有推捏、叠捏、扭捏、花捏的月牙饺,以及挤捏的肚大馅饱的木鱼饺。

饺子是我国最具代表性的传统食品之一,中国人没有不知饺子的,春节吃饺子已成为传统习惯。据古籍记载,饺子的前身是馄饨,改其惯常的圆形为月牙形,称之为"粉角"。北方人说话"角"、"饺"同音,叫来叫去,粉角就叫成了饺子。经人考证,饺子是由南北朝至唐朝时期的"偃月形馄饨"、北宋时的"细料骨出儿"和南宋时的"燥肉双下角子"发展演变而来的。还有另说,夜间零时古代叫子时,春节一早吃除夜包好的饺子,交子饺子,交在子时,取"岁更交子"、辞旧迎新之意,也就是新旧年交替从子时起的意思,饺子的名字便由此而来。现代饺子造型精美,风味浓郁,被人们传为美食,品种达四十种之多。作为代表中华民族的食品之一,如今饺子已经走出国门,风靡东南亚、欧美等国。

禁忌 民间为了择吉避凶,禁止同"神圣"或"不洁"的事物相接近,是对某种神秘力量产生恐怖而采取的消极防范性措施。这种习俗历史悠久,多是原始信仰的遗留,一部分带着迷信色彩,一部分脱去迷信转为规范社会生活的习俗。禁忌渗透在生活的各个方面,大体上可分为两类:一是崇高的、神圣的东西;一是忌神秘的、恐怖的、不利的事物。俗话说:"入境问禁,入国问俗,入门问讳。"对于禁忌,应看作是一种风俗文化现象,既要看到它愚昧、迷信、消极影响的一面;也要看到在人们行为规范中的自我调节和约束作用,以及符合人们生活需要的成分。

新正作为一年中最特别的时日,有关俗信非常之多。这一天忌动刀、斧、剪之类器物;忌挑水、下地干活、借火种、讨债、购物、做针线活、杀生、啼哭;忌说一切不吉利的话,凡"破、坏、死、光、鬼、输、穷、完、杀、病"等字眼都要避免;父母亡后,忌三年内不贴红对联,贴黄、绿、蓝色;初五前忌往地上泼水、倒垃圾于门外;忌恶声骂人说话、随地大小便与泼水,忌新婚少妇在外留宿和在娘家过年;初一至初四垃圾不外倾等。如小孩犯忌,家长应立即说"童言无忌"来禳解,如不慎打碎碗碟杯盆,要说"越打越发"或"落地开花"、"过年打个碗,人家往上翻"。偶遇事不顺或犯忌,都要用相应的吉语禳解。这里举则《放炮》小例:

某年春节清晨,全家人到院里看某君放三个天地(两响)炮,若响六声,象征举家一年四季诸事顺利,万事如意;若听不到六响,这就不好说了。某君点燃第一个炮捻,只见火花哧哧一闪便灭火了,气得老伴暗暗直跺脚,某君拉开嗓门儿来了句"平安无事!"接着点燃第二个炮捻子,只听"吱"的一声,冒了股烟火。家人又傻眼了,某君则高唱一句"上下通泰!"第三个炮捻刚一点燃,随着"啪"的一声,那纸炮飞到了空中,孩子们蹦呀跳地等第二声响,不料那半截纸炮筒从空中落在了地上,老半天也不见动静,变成了哑巴炮,这时,某君却连连高喊:"一定高升,一定高升!"

舞狮 春节期间,城乡会出现舞狮,这是我国一项传统的民间体育活动。人们爱以舞狮来助兴,希望狮子那威武、勇猛的形象驱魔避邪,带来和平安宁的好日子。这个活动大约起源于南北朝即佛教兴起的时代,随着佛教的流行,异域的狮子形象便从塞外传入中原。唐代已有舞狮的游戏,白居易《西凉伎》诗就对舞狮进行了描述:

西凉伎,(西凉伎),假面胡人假狮子。

刻木为头丝作尾,金镀眼睛银贴齿。
奋迅毛衣摆双耳,如从流沙来万里。
紫髯深目两胡儿,鼓舞跳梁前致辞。
……

　　清代《北京走会图》所画的狮子舞,一大狮由二人扮演,三小狮各由一人扮演,另有二人手执"绊子"逗引狮子,完全同现代舞狮的形式一样。
　　舞狮的外形与真狮相似,全身狮披覆盖,舞者仅露同狮披同色的筒靴。大狮是双人舞,小狮是单人舞,另有一人是武士打扮,手执绣球(灯)作引导。动作多为跌扑、翻滚、跳跃、搔痒、滚绣球、过跳板、上楼台、直立行走等,还有双狮戏逗、抢绣球等高难技巧动作。舞狮时配有锣鼓打击乐,舞者需按节奏、动作合拍,使出浑身解数和不同招式的武功技艺。
　　龙灯　亦称"耍龙灯"、"逗龙灯"、"龙舞",流行于民间的一种舞蹈,是新春佳节的传统习俗。龙是中华民族的象征,在中华文化中占有极重要的地位。古人将龙、凤、麒麟、龟称四灵,作为吉祥物而加以崇拜尊敬。舞龙灯带有祭田租、祈甘雨的含义,亦出于祈生育和祛病强身的企盼。耍龙灯早在汉代民间就已经普遍了,唐、宋时期已是常见的表演形式,经过历朝历代的民间艺人加工创造,现在已经发展成为一种形式完美、具有很高的表演技巧、极富有浪漫色彩的民间舞蹈艺术,是深受人们喜爱的文艺节目。

耍龙灯分为"单龙戏珠"与"双龙戏珠"两种表演形式。在耍法上,各地风格不同,各具特色。耍九节龙身的侧重于花样技巧,较常见的动作有蛟龙漫游、龙头钻裆、龙摆尾和蛇脱皮等;耍十一、十三节龙身的,主要表演蛟龙的动作,飞腾跳跃,气势夺人。舞龙灯时,龙头本身就是一盏灯,每段身节也装有灯,周围还有许多花灯助威,有时还要燃放礼花,情景异常壮观。

高跷 又名"高蹻"、"高脚"、"拐子",表演者的双脚分别绑在木棍上,木棍中部钉有一块小踏桥,脚踩在踏板上距地一、二尺、四五尺不等。表演者人数不定,少则几个人,多则几十人。每人手里持有戏剧道具,着装化妆,与舞台上的人物一样,分生、旦、净、末、丑等行当,表演时配有文武场乐队,带唱的亦叫"高跷秧歌"。高跷又有文跷与武跷之分,文跷以走唱为主;武跷以表演上台阶、倒立、跳高桌、叠罗汉、跌八叉等动作吸引观众。

高跷这一传统艺术,源远流长,远在两千多年的汉代就已兴盛了。《列子·说符》中记载踩高跷场面说:"宋有兰子者,以技于宋元,宋元召而使见。其技以双枝长倍其身,属其胫,并趋并驰,弄七剑迭而跃之,五剑常在空中。元君大惊,立赐金帛。"这似乎和而今杂技演员脚踩高跷,双手耍串珠一样。清人恩竹樵《咏秧歌》诗中对踩高跷描述有:

捷足居然逐队高,步虚应许快联曹。

笑他立足无根据,也在人间走一遭。

民间踩高跷最大的特点是乡土气息浓厚,形式自由活泼,因此广泛流行。沁域还有专门为高跷表演的《高跷调》,形成了独特的《沁州高跷秧歌》,很受群众欢迎。

旱船　是一种船舞。因在广场或大街上表演,故称"跑旱船"或"划旱船"。船多用竹木或高粱秆做架,用彩绸或彩纸糊制。船由一旦角驾驶,在手持桨板的艄公导引下进行表演,双人合舞,如行船于水面一样自如。据传,当年大禹治水时,划破了几十条船,后人为纪念禹王,所以在喜庆佳节之际,诞生了这项活动,年复一年,经民间艺人们加工创新,成为一项深受人们喜爱的民间艺术。

　　春节期间的娱乐习俗,除上述之外,还有耍背棍、扭秧歌、扮会会、串黄河、八音会、打花棍、打花鼓等多项社火活动和唱大戏,以及武术表演等体育竞技活动,使节日充满了喜庆气氛。

　　破五　初五是大年之后一个重要日子,因新正前几天的诸多禁忌过此日可破,故称。破五的习俗主要是"送穷",各地的称谓不一,诸如"送穷土"、"送穷灰"、"赶五穷"、"倒残土"、"送穷媳妇出门"等。所谓"穷",也就是初一以来所积存的垃圾。前几天的垃圾是不能倒的,由此可以聚财,否则就倒了"福气";到初五,这些垃圾就不能不倒了,垃圾成山,影响卫生,于是就变成了"穷土"。其实,破五之前不倾倒垃圾是以万物有灵信仰而来的,怕触犯了万物诸神遭来凶恶,可是到了直接影响生活和身体健康的时候,就必然有变通的法子,这就是许多俗信构筑的基点与逻辑,因为神是人造的,人事总在神事之上,人总是胜利者。

　　送穷的方式很多,简单的只是清晨扫垃圾倒往粪堆,复杂些的则要用纸剪个穷媳妇送,甚至还要其背个装着垃圾的纸口袋。还有,破五要将水缸盛满水,并饱食,这称"填五穷",或者把别人家扔的穷媳妇拿走,因"妇"与"富"谐音,称"得富",反映了先民们希望辞旧迎新、脱贫致富的心理。

　　民间俗信中,新年的最初几天是狂欢的日子,在这个"节日时段"的生活是特殊的,直到初五又回到了平时日常生活,可以正式炊煮了,可以向外倒"残土"了,各路神明的供品也撤了,早晚再不焚香叩拜了,祖先的牌位傍晚也送走了(也有初一当晚送的)。

　　是日是路头神(五路财神)生日,要格外享祭。商号店铺都祭祀利市仙官,开市大吉,在鞭炮声中,正式营业。

人日 亦叫"人七(日)"、"人庆(日)"、"人节"、"人生日"、"七元日",唐代还称"人胜节"。时在正月初七,源于古代占卜活动。古人相信天人感应,岁后第七天为人生日,其日晴,所主之物育,阴则灾。汉魏以后,人日从单一的占卜活动发展成包括庆祝、祭祀为内容的节日。明杨慎《艺苑雌黄》说:"古人七日贴人于帐,重人也。"

人日最主要节俗是作人胜,或戴鬓发,或贴于屏风、床帐,或用来馈赠。在南北朝时的梁代,这种风俗就比较风行。胜,本来是妇女的一种首饰,取意"优美"、"优胜"。传说西王母曾"蓬发戴胜"。胜有多种,如人胜、方胜、宝胜、花(华)胜、春胜等。人日主要用人胜与花胜,即用彩布(纸)剪成人形,或镂刻金铂为人状;花胜一般以花鸟为题材,形状近似于现代的花结。人日戴胜"人人新年,形容改从新也",表示既对人的尊重,又有美化装饰的实用功能。此俗长久流传不衰,直至近代。唐李商隐《人日即事》诗中有"镂金作胜传荆俗,剪彩为人起晋风"之句。

是日,旧时还有在庭院里做煎饼,以烟火熏天避瘟习俗;七日亦为火神生日,夜间必放花炮,是谓烟火;取七种菜或七种果实做七宝羹,荐祖祈福及吃线面庆寿等;另有人日与七月官府不处决犯人之俗规。

十不动·老鼠娶妻 初十是一个"整日子",相传是"石头生日",又称"实日子",有"十(石)不动"之俗,即凡碾、磨、碓、臼、捶布石等均忌动用,甚至还要设供烧香祭拜。

初十的另一俗信是老鼠娶妻(嫁女)。夜晚燃灯于旮旯等偏僻之处,给老鼠们照明;做食品放土穴之处,供其婚事之用。沁域有的孩提辈将食品放于暗处,并将锅盖簸箕等类大打大敲,为老鼠催妆上轿,实为娱乐取闹。此俗用意旨在禳解鼠害,希望老鼠们不再为害于人。

元宵节

节日由来 元宵节亦叫"灯节"、"灯夕"、"元夜"、"灯期"、"元夕节"、"上元节"。

每年正月十五,是我国传统节日中的大节,颇为显要。家家户户要挂彩灯、放焰火,大街上高挂千万盏琳琅满目的花灯,一家老小要品尝各种风味的元宵。

关于元宵节俗的形成,说法颇多,但在两千多年前的汉代就粗具雏形。史载武帝汉室要祭祀一位叫"太一"的神明,《太平御览》引《史记·乐书》说:"汉家常以正月上元祭祀太一甘泉,以昏时夜祀,至明而终。"太一也叫"泰乙"、"泰一"、"太乙",据称是当时相当显赫的一位神明,地位在五帝之上,并有恩于汉武帝刘彻,所以奉祀比较隆重。每逢正月十五夜,宫殿里花花绿绿的所有宫灯都要大放光明。又传,汉高祖刘邦死后,吕后霸占了朝廷权位,是大将周勃在此日勘平"诸吕之乱"而使汉文帝刘恒即位的,因此每逢正月十五夜晚,文帝要出宫游玩,以示纪念登基之日,并明确定为元宵节。到了东汉明帝刘庄时,为提倡佛法,则令正月十五夜宫廷和寺院"燃灯表佛",令士族庶民家家挂灯。此后,元宵节张灯、赏灯、玩灯,由深宫禁苑逐渐成为一种民间风俗,到南北朝时,梁简文帝曾作《列灯赋》:"南油俱满,两漆争燃。苏征安息,蜡出龙川",并有祀门户、祭蚕神、迎紫姑等活动。隋时,每年举行盛大灯会,招待外国使者。到了唐代,元宵节成了万民同庆的灯节。由于唐朝前期政治稳定,经济繁荣,老百姓安居乐业,国力雄厚,节俗活动也极尽姿态,年盛一年。皇帝把宫内的花灯搬到了大街上展览,并且亲临观赏。唐明皇李隆基曾令人制作一盏高150尺的彩灯,被人们称之为灯楼。皇帝一带头,皇亲国戚们更是争先恐后,极为炫耀。杨贵妃的姐姐韩国夫人,令人制作的百枝灯树"高80尺,立之高山,上元点之,百里皆见,光明夺月色也"。从历史记载可知,颇有几位皇帝对元宵节俗活动有所作为:睿宗制作20丈的巨型灯轮,燃灯五万盏,千余少女踏歌舞灯;玄宗制作灯树、灯楼等等。到了宋代,就灯火的种类、形制而言,较唐代更是花样翻新、色彩纷呈。万盏彩灯垒成灯山,"乐声嘈杂十余里"。到了明代,灯会伴着烟火,大街小巷的灯市、灯社、灯谜、灯宴、赛灯会大放异彩,光影五色、通宵达旦。元后,满族入主中原,全盘接受了汉家习俗。清代节俗活动更增加了舞龙舞狮、旱船高跷、秧歌腰鼓等所谓"百戏"。

元宵节期习俗活动,是随着历史的发展而延续扩展的。就灯期而言,从汉代的一天到唐代的三天、北宋的五天与南宋的六天,明代朱元璋增加到十天,初八至十七夜罢,昼为市,夜为灯,蔚为壮观。灯节张灯始日叫"试灯",十五叫"正灯",最后一天叫"收灯"或"残灯"、"阑灯"、"落灯"。又有十四夜谓之"神灯",放于家祀各神、宗祠木主;十五夜谓之"人灯",放于门窗、床头、坐卧常用物之处,俗信可避蝎;十六夜谓之"鬼灯",放于丘墓、原野,俗信游魂得灯可脱离鬼域。

元宵节缘何而名?因"夜"在古汉语中又叫"宵",宵者天河夜空也,正月又称元月,在一年的第一个月(元)望日十五的月圆之夜(宵),举行节俗活动,所以就叫"元宵节"。此外,元宵节也叫"上元"、"上元节"、"元夜",这是从道教而来的说法。道教有所谓"三元神",即上元天官、中元地官、下元水官,这三官神分别以正月、七月、十月十五日为诞辰,因此这三个日子就分别叫"上元、中元、下元"。

火树银花不夜天 张灯、放火是元宵最主要的节俗活动。从灯的发展来说,是经历了一个从独立到组合、从静止到活动、从单纯到装饰的发展过程。最先迈出步伐的是装饰,灯的里外都被加以雕琢、修饰,形状也变得五花八门起来。各种几何形状如圆、矩、方、角等出现了,仿生的动植物以及人物也出现了;除灯框多加装饰外,灯笼上有了彩绘,所绘内容或吉庆图案,或花草动物,或小说戏曲故事,不一而足。与此同时,相互组合也出现了,唐有形状如树的灯架组成的灯树、灯楼;宋有兼具山林形胜的灯山,灯山上绘的是神仙故事,更有结彩而成文殊菩萨跨狮子、普贤菩萨骑白象等造型,并且菩萨的手臂还能活动自如,手指又能出水。组合型的花灯自唐宋大盛之后,受到各代朝野士庶的青睐,人们匠心独运,别出心裁,使得更加宏伟壮观与精致巧妙的花灯不断涌现。

花灯的组合过程,开发了"活动"渠道,如宋代的走马灯,它的动力不是机械能,而是热能:在一个纸轮上粘贴纸剪的人马形象,灯点着时,火焰驱动纸轮下的木杆转动,人马也随之而转,往来不停,故称"走马灯"。《燕京岁时记》谈及其原理说:"走马灯者,剪纸为轮,以烛嘘之,则车驰马骤,团团不休,烛灭则顿止矣!"这种灯在唐代已有,叫"影灯",后世的走马灯,并不专以人马为题材,各类故事与戏曲人物也是其内容。

元宵花灯的种类、名目繁多,真可谓数不胜数,诸如蟋蟀灯、芝麻灯、鼓型灯(纱灯)、宫灯、绢灯、巨型灯等。在机械化、电气化的今天,凡自然界及社会所有的能够运动的东西,花灯都可以模拟,并且因为用电灯,明灭闪烁也成为运动的一种形式,再加上有电子声控之类的灯具和华丽的霓虹灯,为花灯增色添彩,极富中华民族文化内涵。

张灯之外,使元宵不夜天更为增色的是烟花,明人吴宽《和陈粹之元宵五咏·火花》写道:

细蕊纷纷顷刻开,坐观火候亦奇哉。

春回玉琯微微动,风定金沙飒飒来。
桂子忽从天上落,莲花谁向水中栽。
夜庭一霎聊供笑,坐客休将见跋猜。

绚丽耀眼的烟花发展,也与花灯一样,由简单而到复杂组合,可以构思设计得宏大持久。它的动感远较花灯为胜,可以急如流星,可以灿若花开,且有声有色,颇能激动人心,撼人魂魄。

爆竹只有声响,无多可观;花灯只有色彩,没有声响;烟花则综合二者,既可观又可听,达到了声色俱佳的境界,还有如爆竹一样迅捷或像某些花灯一样舒缓的动感。简单的烟花,只有可动可观却无声响;复杂的烟花,则如现代的实战模拟,可以构拟一曲"炮打襄阳城"的活剧。烟花的名目也像花灯火炮一样,复杂多样,五花八门。明沈榜《宛署杂记》对当时的烟花情状如是说:

元宵游灯市。……放烟火,用生铁粉杂硝、磺、灰等为玩具,其名不一。有声者,曰响炮;高起者,曰起火;起火中带炮连声者,曰三级浪;不响不起,绕地上者,曰地老鼠。筑打多有虚实,分量有多寡,因而有花草人物等形者,曰花儿。名几百种。其别以泥函者,曰砂锅儿,以纸函者,曰花筒,以筐函者,曰花盆。总之曰烟火云。勋戚家有集百巧为一架,分四门次第传热通宵不尽,一赏而数百金者。

清代的烟花花样,更是韵致别出。《燕京岁时记》谈到了盒子、花盒、烟火杆子、线穿牡丹、水浇莲、金盘落月、葡萄架、炮打襄阳城等。

元宵夜灯火辉煌,万灯展姿,绮丽无比,通宵达旦,火树银花不夜天,无怪乎南宋词人辛弃疾在《青玉案·元夕》中写道:

东风夜放花千树,更吹落,星如雨。
宝马雕车香满路,凤箫声动,玉壶
光转,一夜鱼龙舞。

可见,当时赏灯情景是何等壮丽,真是:

"今宵闲杀团团月,多少游人只看灯。"

打灯谜 与灯相关的另一项娱乐活动,是比较后起的打灯谜。

相传汉代大将李广曾有射虎故事,而灯谜又像虎一样难"射",故亦叫"射虎",灯谜叫"灯虎"。

谜语实际上是一种隐语。文学理论家宋人刘勰,在其巨著《文心雕龙》中对谜语解释说:"自魏以来,颇非俳优,而君子嘲隐化为谜语。谜也者,回互其词,使昏迷也。"谜语是我国特有的一种文学游戏,也是民间语言花园里一朵奇葩。它曲折别致,变化多端,寓意奥妙,耐人寻味,不仅有其独特的思想艺术价值与社会文化功能,而且源远流长。曹魏时代,谜语正式形成。到了宋代,因元宵节要悬挂彩灯,为了招徕观众,赏灯时将谜语写成字条,贴挂于灯上让人品猜,于是有了"灯谜"、"灯虎"、"射虎"、"打灯谜"之称。由于灯谜有一定的文化蕴涵,又颇能撩人兴致,启发智力,后世长足的发展,使谜语普及与提高,起到了推波助澜的作用。再且,后来打灯谜也不是元宵的专利了,每当重大节日,文化宫、俱乐部、各地的游园活动等,都少不了猜灯谜这个游艺项目。

一条谜语包含谜面、谜目和谜底三个部分。

谜面,是谜语的喻体,又叫"表"。它是巧妙地隐喻着谜底(本体)的单字、多字、成语、古今诗词文句或作者自拟的句子,也可以是图形或其他符号与公式,但多数采用短语、韵语或诗词句子形式。

谜目,是指谜面要求猜射的事物的范围;若否,猜谜者则无所适从,难以猜测。

谜底,是指谜面指出的实际要猜射的事物,即谜语的本体和"里"。猜谜者要通过谜面的暗示,在谜目规定的范围内,找出它所指的实际事物,达到猜中的目的。

谜语是将智力游戏、知识教育和诗情画意融为一体,以最为短小精悍的语言形式来包容大千世界与人类智慧的一种特殊载体。猜谜不但能增长知识,开发智力,陶冶情操,锻炼和培养观察能力、思维能力、认识能力和审美能力,激发想象力和创造力,而且可以为家庭创造生活情趣,因而历来深受人们的喜爱。

例打一谜:
一时欢乐一时愁,想起千般不对头。
如若想到千般到,自解忧来自解愁。

(谜底:猜谜)

吃元宵 元宵节吃元宵,节日和食品同名,显然食品名是因借而来或由节名而命名。元宵是由汤丸演化来的。《楚辞·招魂》中用米粉和蜂蜜制的"蜜饵"便是一种汤丸,唐代始有元宵节吃汤丸的风俗。当时,棉农们用糯米做成粉果,祭神后给孩子们分吃。北宋时用糯粉做成有馅的汤元丸叫"圆子"、"浮圆子",南宋时叫"乳糖圆子"。元宵煮浮圆子有"时节重三吴,圆匀万里同"之句,明代的《大明一统赋》则称"糖元",明、清以后,元宵开始普及,成为一般人都能问津的食品。清代诗人李调元在元宵赋诗云:

元宵争看采莲船,宝马香车拾坠钿;
风雨夜深人散尽,孤灯犹唤卖汤元。

汤元也写作"汤圆",后来人们称作"元宵"。元宵佳节吃元宵,既有团圆之意,又尝甜蜜之味。这样,吃元宵之风,流行全国。

元宵的种类很多。馅有多种多样,味分香、辣、甜、酸、咸五种;做法有包元宵、摇元宵两种;熟食方法有煮、炸和蒸三种。各地元宵有不同的风味特色。

民国初年,袁世凯篡夺革命成果做了大总统。他一心想当皇帝,又怕人反对,一天到晚总是提心吊胆的。因为"元"和"袁"、"宵"和"消"同音,"元宵"有"袁世凯被消灭"之嫌。他做贼心虚,便在1913年的元宵节前,下令将"元宵"改称"汤圆"。袁世凯垮台之后,人们才又恢复了"元宵"的名称。

随着时间的推移,元宵已成为一种四时皆备的点心小吃。

元宵说"闹" 元宵节离不开"闹":制灯、张灯、赛灯、观灯叫"闹花灯";排练演出小节目叫"闹秧歌";排演百戏社火叫"闹社火"、"闹红火";整个活动叫"闹十五"、"闹元宵",好像不闹就不成其为元宵节了。

元宵之夜,火树银花,锣鼓喧天,载歌载舞,人山人海,满街鼎沸,不能说不是"闹"吧!历代文人墨客对此"闹"也深有感受:

游人总带孟家蝉,争托星球万眼圆。
闹里传呼大官过,后车多少尽婵娟。

——宋·姜夔

文锦坊西后市南,闹竿挑过百花篮。
少年游手夸英俊,拾得双头碧玉簪。

——明·瞿佑

轰连爆竹近还摇,到处喧阗破寂寥。
听去有声皆有节,闹来元旦过元宵。

——清·范来宗

究竟怎么"闹"呢?爆竹、烟火自然有几分闹意,但主要闹还在于人。多少年来,在乡里社会,从腊月开始,闹元宵就开始准备了。筹资、组织队伍、布置活动场地,是乡里社会公共活动中的大事,城镇乡村的头面人物要出面商定、安排,接着就是排练、试演,其间的锣鼓声昼夜不绝,早透出几分闹的气息来。大年初一,随着人们的走春礼拜,社火秧歌就开始串院到户进行贺岁试演。初十之后,正式演出,走街串巷,穿村越寨,十五推向高潮。大闹之后,断断续续,有的闹到二月二。

　　元宵之闹中闹,当然首数社火,其规模与影响更大,诸如踩高跷、跑旱船、耍狮子、舞龙灯、扭秧歌、打腰鼓等。一队社火过来,除声震四野的锣鼓声外,踩高跷装扮出八仙过海、西天取经、白蛇传等故事来。八仙、唐僧师徒、许仙、白蛇、小青以及虾兵蟹将俨然其中,孙猴子自然是跑前跑后,吆三喝四的,更有一个耳戴红辣椒、手拿笤帚的老太婆扮演丑角,一忽儿逗端庄的白蛇,一忽儿逗古板的唐僧,洋相百出,引人发噱;跑旱船的当然是年轻闺女媳妇,手提船帮,摇风摆浪,摇橹板的则毫不费劲,同时又要显出上波峰下浪谷的情形来,让船里的年轻女子前仰后合,乐呵呵美滋滋地担惊受怕。跟着船跑的小伙子们,在大饱眼福的同时,还要起哄助兴;还有推车子的,情况与跑旱船相近,车上的女子和推车的男子,造出一番逗人的故事来,乃至丑老推美妇,追求戏剧效果。在此之后,或许还有美人骑驴男人赶驴的。人从驴身子中间穿过,把驴扎在身上,下边的拖地帷幔把驴腿(其实根本没有)与人腿都遮起来,如同真是驴子在奋扬四蹄。赶驴的花招百出,让驴一忽儿跑,一忽儿停,一忽儿跳,一忽儿踢,一忽儿卧地戏逗;后面或是哑老背妻,或者老夫背少妻,再或是猪八戒背媳妇,其实只是一人扮演;上半截装成妇女,而男人的上身和下身都是假的,那男人的脖子下有个机关,可以不时地转过头与女人亲嘴。至于耍狮子、舞龙灯、扭秧歌、打腰鼓,在当今的大众传播媒介并不鲜见,那情形自然可以想到的,只是当今的大型中、西乐队、鼓车、彩车(灯车)等,更突出了元宵之"闹"。

　　元宵之闹,除了花灯烟火、百戏社火的装饰、点染之外,最突出的还是人多。从节俗形成年代不久的记载可知,当时元宵观灯游玩的人们已经是肩摩踵接、街填巷塞了。从"拾得双头碧玉簪"之句也可看出,人是多么拥挤,要不还能挤掉贵妇人发髻上插的簪子?尤其是那时候实行宵禁,平日夜晚难得游玩,其间的反差就更大了。闺阁绣楼里小姐丫环和平时没工夫游玩的村姑农妇,这天也可以来,人之多就更可想而知了。古时的妇女,尤其是未出嫁的姑娘,受封建礼教束缚,平时不说晚上,就是白天也不出大门,因此元宵期间当然要作全日游的,甚至日出灯昏的时候,也还恋恋不舍。也正是如此,元宵节引出了无数风流故事,谱写了许多可歌可泣的爱情篇章。

说闹,又不能不摆摆戏。这里所说的戏,不是相当于现代杂技的上述杂戏、百戏,而是舞台演出的戏曲。没有台子的乡村,要搭野台子唱戏。大戏诸如文武带打的《白蛇传》之类,当然"闹"就在其中了;如《偷南瓜》之类二、三人的小戏,看似闹不起来,但有它的绝招,不是注重在故事情节上闹,而是注重情趣、气氛,演员表演十分注重逗趣、打闹,使人前仰后卧捧腹大笑。当台子上载歌载舞、花团簇锦旋转起来的时候,不能说不闹。

闹自有其本身价值,人们比较欣赏闹中取静,所以对"大隐在城中"要比"小隐在山林"多几分敬慕。其实从闹年开始,到元宵之闹,也都有闹中取静的意义。人们平时都是忙忙碌碌,每到节庆才可稍事休息,而这闹也正如当今青年人到迪斯科舞厅一样,也是一种休息;只有闹够了,才能休息好,闹的活动,是最好的休息,只有休息好,才能更好地做事。

元宵之闹,举国若狂,怪不得有人称:"元宵节是中国人的狂欢节!"倒也不无道理。不过,狂欢之闹,也要掌握尺度,尤其是组织者。曾记得,上个世纪末叶,某省城举办元宵节灯展,不料发生踩踏事件,百余人命归黄泉。这个沉痛的教训,应永远记取。

元宵节还有一些其他俗信,如走桥、摸钉、占卜等。走桥叫"游百病日",还叫"除百病"、"走百病"、"散百病"、"烤百病"(跳火堆)等,有在十五夜进行,也有十六日进行,目的是驱除百病,保佑健康长寿。所谓走桥,就是妇女们结伙,由一人持香开道,从桥上走过。摸钉就是已婚女子在庙门或城门上摸门扇上的钉子,俗信能生男孩。占卜就是看天象预测未来,如最忌有风、雨、雪、雾等,人们总结了不少天气谚语:"八月十五云遮月,正月十五雪打灯";"明冬暗年黑十五","元宵有星光,人畜都安康,有风又有雪,人病牛也折","灯笼被雨浇,早稻一束蒿"等等;又如正月十六日为"耗磨日",忌开仓、费钱等。

此外,还有一些已经失传的古时习俗,诸如祭门、祭户、逐鼠、迎紫姑等活动,既然已被历史淘汰,说明没多大意思,也就不必再说了。

添仓节

添仓节,又叫"天仓"、"填仓"。正月二十为小添仓,二十五为大添仓,也称老添仓。一般以老添仓过节。是日,人们要把水缸盛满,煤池加满,粮囤加粮,称"添仓",并要作仓打囤,象征性地用簸箕盛柴灰,用木棒均匀敲打,在院里撒画出几个圆的、方的图案为粮囤粮仓,再将少许粮食撒入圈内,用砖石盖住称"压仓",在圈内放炮取"爆满"之意。夜间,要燃灯祭祀仓、箱、井、水缸、天地神明。民间有歌谣云:

过了年,二十三,填仓米面作灯盏。
拿扫帚,扫东墙,捡到虫虫是丰年。

点遍灯,烧遍香,秋后必定粮满仓。
燃灯后,要烧香,给仓囤烧香时要念添仓歌:
添仓爷爷往这走,
把粮添俺仓里头。
黑豆喂了牛,
黄豆炸了油。

天天常有红烧肉，

五谷杂粮仓满流。

填仓节，人们讲究喜进厌出，囤里要添粮，缸里要添水，门口放些柴炭以填宅。天仓之俗，宋时已有记载，《东京梦华录》："正月二十五日，人家市牛、羊、豕肉，恣飨竟日。客至苦留，必尽而去，名曰填仓。"清代潘荣陛《帝京岁时记胜》填仓条载：每年正月二十五日，全家加菜盛餐，有客来，必苦留，使之醉饱而去，俗称填仓，取预祝填满谷仓的吉兆。

仓神，远在晋时视为仓星，"天仓六星，在娄南，谷所藏也。"后来将神人格化了，附会西汉开国元勋韩信，实不知其然。

据说，添仓与女娲补天有关，后世常将一些薄饼或米糕扔于房顶，效法女娲补天。

二月二

二月二，亦称"春龙节"、"青龙节"、"龙头节"，俗称"龙抬头日"，还称"土地节"、"花朝节"，时在农历二月初二，故名。此节俗唐代已有记载，明以后有撒灰引龙之举，俗叫"龙抬头"，历代民间尚有上工、试犁、炒蝎豆、戴蓬草、祭龙王、敬土地、谒高禖等俗。

古时，人们认为龙冬天在地下睡眠，从春分到秋分，在天上行云布雨。二月初二，正是春分前后，冬眠动物开始苏醒。古书记载，龙"春分登天，秋分潜渊"。民间纪念这一天，是在盼望风调雨顺的好收成。

在旧时众多的民间节日中，龙头节虽不大起眼，可是在过去沁州（含沁源、沁县、武乡三县）应节活动却不少。

是日一早，将柴灰从井台撒作龙蛇状回院围屋，并布入宅厨，旋绕水缸，呼为引龙回，亦为挡蚰蜒毒虫侵害；一早将铜钱放入水桶挑水，谓"引龙钱"；又有"照房梁熏虫害"之说，即用蜡烛或面灯照射房梁和墙壁，以驱除虫害，保证健康。古有"龙传人"之说：龙抬头这天,女要洗发理妆,男要剃头美容,称"剃龙头",加个"龙"字,为取吉利,以示"龙抬头"了,故有"二月二,龙抬头,有钱没钱先剃头"之谚。是日有吃油炸糕、搬枣山之俗,食饼者谓之吃龙鳞饼,食面条者谓之吃龙须面,食菜团子谓之吃龙蛋,吃炒豆子叫食"龙眼豆"咬虫。这天,女子停做针线活,怕刺伤龙的眼睛。

俗说"惊蛰无硬地",此时正是春风之际,降雪为雨,天暖地开,农家开始下田,民谣说:

　　二月二,龙抬头,
　　春雨下得满街流,
　　点点滴滴都是油。

　　二月二,龙抬头,
　　脱了鞋袜下犁沟。

　　二月二,米糕软,
　　提起谷垛提灯盏。
　　煞(炸)下油糕一老碗,
　　填硬肚子好种田。

二日二,又为土地节。人们都要到土地庙烧香,乡间的土地庙也不等,人常说"土地爷本姓张,有钱住瓦房,没钱顶破缸"。传说,狼是土地爷的看门狗,山域地带狼伤人为害,尤伤小儿孩童,所以为辟祸灾,要敬土地神。是日傍晚,孩童结伙于土地庙周围,或者村口道边,燃火烤馍,叫"烧狼狐",以示剥狼皮、糊狼口、求平安。有谣:

　　二月二,龙抬头,
　　家家户户撵麻狐①。

　　二月二,狼背糕,

---

① 麻狐:狼的别称。方言。

背了大大背小小。

在沁域地带,二月二挺红火:白天多为各村镇社火秧歌交流演出;夜间逗龙灯,以示龙抬头,祈盼人寿年丰:

二月二,龙抬头,
蚊虫蛇蝎出洞口;
敬好龙王和山神,
粮丰人安不犯愁。

二月二,还叫花朝节,亦称"挑菜节"。相传该日是百花生日,届时有种花、赏花、踏青、赏红(闺女们剪五色彩粘花枝上)等活动。民间认为花朝日晴,主全年百花繁盛,禾苗旺壮。是日,女孩穿耳孔,孩童留发,民间嫁娶、纳采、问名均以此日为吉。不过,由于历史和地理原因,从唐宋时其节期就诸说歧出,有二月二、二月十二、二月十五之说。《世俗恒言》:"二、八月为春秋之半,故二月半为花朝,八月半为月夕也。"

三月三

三月三,亦称"上巳节"、"三巳"、"重三"、"元巳"。古时以农历三月的第一个巳日为"上巳"。其起源有两说,一说源于周公曲水之宴,徐坚《初学记》引《续齐谐记》:"昔周公卜成洛邑,因流水以泛酒,故逸诗云:'羽觞随波流'。"另说起源周时水滨祓禊之俗。《周礼·春官·女巫》:"女巫掌岁时祓除衅浴。"郑维注:"岁时祓除,如今三月上巳如水上之类。衅浴谓之香熏草药沐浴。"春秋郑国,每逢上巳,人们在溱、洧两水之上,招魂续魄,秉执兰草,祓除不祥(见《诗经·郑风·溱洧》),到汉时确定为节,后增加了临水宴宾和求子之俗。魏晋以后,上巳节期改为三月三日。南朝时,是日人们并出江渚池沼间,为流杯曲水之饮。唐时,赐宴曲江,倾城禊饮踏青,"三月三日天气新,长安水边多丽人"(杜甫《丽人行》)。宋时还有求子之俗,至元代,有水上迎祥之乐。明清以后祓禊之意日益减淡,逐渐演变为春游节,有"寻春直须三月三"之谚。该日,民间有流杯、流卵、流枣、乞子、戴柳圈、探春、踏青、吃青粳饭及举行歌会等活动。

曲水流觞 上巳节所玩的一种游戏。觞,古代盛酒的酒杯,通常为木制,底部有托,可浮于水中。也有用陶制的杯,两边有耳,称"羽觞",因体积比木杯重,玩时则放在荷叶上,使其浮水而行。每年农历三月初三,人们坐在环曲的水渠旁,在上流放置水杯,任其顺流而下,杯停在谁的面前,谁即取饮,彼此相与为乐,周代"羽觞随波流"就是此俗。汉代也有"引流行觞,遂成曲水"之说。晋永和九年三月初三,王羲之在会稽(绍兴)兰亭举行春禊仪式后,在此项活动中又增加了吟诗的内容:就是酒杯在谁面前打转或停下,谁就要即

兴赋诗并饮酒,作不出诗就要罚酒。《兰亭集序》:"又有清流激湍,映带左右,引以为流觞曲水。列坐其次,虽无丝竹管弦之盛,一觞一咏,亦足以畅叙幽情。"上巳赋诗之俗,由此而起,对后世影响很大,一时民间也很盛行。到了清代逐渐减少,只是宫廷里修亭筑水绕之,作曲水流觞之戏,称为"流杯亭"。清后此俗逐渐消亡。

戴荠菜花 亦称"戴地荠花"、"簪荠花"、"戴喜喜菜"。俗谓三月初三是荠菜花生日。是日,人们踏青时,男女竞采荠菜花,男子佩

于胸,女子戴于发,以为装饰。荠菜花俗名野菜花,春天开花,花小而白,清香耐寒,有明目驱睡之效,亦称"眼亮花"。民间传说,唐代薛仁贵投军,其妻王宝钏独守寒窑十年之久,夫妻相会那天,正是三月初三,王宝钏正在挖荠菜,头上插着荠菜花,后相沿成俗。有谚:

　　　　三月戴荠花,桃李羞繁华。

蟠桃会　上巳节亦为道教北极佑圣真君诞辰,上天蟠桃会。相传,是日,是西王母蟠桃盛会之辰,各路神仙都要赴会祝贺。有歌:

　　　　年年家有一个三月初三,
　　　　王母娘娘赴蟠桃会同八仙。
　　　　上八洞下八洞中山八洞,
　　　　三八二十四洞大罗神仙。

　　　　八仙庆寿正堂前,
　　　　王母娘娘坐中间,
　　　　娃娃们,站两边。

旧时,有富贵人家请道士念经祈恩、贫民在道观酌水献花之俗。

清明节

每年四月五日前后为清明节,亦称"踏青"、"植树"、"聪明"节,是二十四节气之一,也是我国传统的四大年节之一。从太阳到达黄经15°开始,气候温暖,雨水充沛,万物萌生于此时,让人感到格外清洁而明净,故名。其节有两层含义,既指节气,又指节日。活动习俗有寒食、扫墓、踏青、植树等。

寒食　昔称"寒食节",亦称"禁烟节"、"禁火节"、"熟食节"、"冷节"等。时间在冬至后105日,有说106日,还有说103日,即清明前一二日。是日,民间禁止烟火,吃冷食,故称。此来源有二说:一说源于周代禁火旧制。《周礼·秋管·司恒氏》:"中春以木锋修火木禁于国中。"当时有逢季改火之习,在季春出火之前,要告诫人们禁止生火,只吃冷食。

一说为纪念介子推:

相传,两千六百多年前,晋献公的儿子重耳,为了躲避后母骊姬的陷害,在国外流亡19年。一次路过卫国的时候,被人追击,慌不择路,逃到一个渺无人烟的地方,甚是饥饿。这时重耳发现随从大臣介子推不见了,他人都说其乘危脱逃,重耳则摇头。过了一会儿,果然介子推给公子端来一碗肉汤。重耳饥不择食,狼吞虎咽,一饮而尽。这汤原来是介子推从自己腿上割肉来熬的。公子得知此情,表示若继位之日,一定重加封赏。后来,重耳真的继位了,犒赏功臣时,却唯独忘了介子推。介子推不愿邀功请赏,悄悄地跑到沁源和介休交界的绵山躲了起来。

人们赞赏介子推的同时,对公子重耳的无情无义感到不满,有人在他的门上挂纸写道:

有龙娇娇,顷失其所;五蛇从之,走遍天下。龙饥无食,一蛇割股;龙反其渊,安其壤土。四蛇入穴,皆有处所;一蛇无穴,号于中野。

晋文公重耳见到纸书,猛然想起了介子推,遂派人去请子推出山。子推不从,文公便假意烧山要撵他出来,不料介子推在大火中与母抱株大柳树而死。晋文公有感于此,下令以后每年介子推被烧死的这天,全国禁火,吃干粮、冷饭,这就是所谓寒食节、禁烟节、禁火节,民间有"望绵日"、"挂子推燕"的习俗。

其实,寒食、禁火的日期,最初是根本不确定的,就如同禁火之举也根本与介子推没有关系一样。到汉末,蔡邕《琴操》才将禁火之举与介子推扯到一块附会起来。不过,联系起来也不无好处,使节日的内容更充实些,人们过节的心情更踏实些,孩子们问起来,也有个说的。

由于寒食节和清明节相距很近,从唐代就逐渐融合为一个节日了。

扫墓 清明祭扫坟墓是和丧葬礼俗有关的节俗。据载,上古时代"墓而不坟",就是只打墓坑,尸体埋入与地填平。后来墓而且坟,筑起墓丘。人们常在坟上种些树木,以资保护,作为纪念标志。经风雨吹打,墓土不免流失,树木难免枝乱凋残。因此,到了春日清明,后人前去看望,供献食物祭品,追忆悼念先人,并整修坟墓,称为"上坟",又叫"扫墓"。上穴合葬,冥婚娶嫁,券筑寿城,立碑修树也多于此日。当今,每到清明节,机关、学校、群众团体都要到烈士墓前祭扫,就是继承了"饮水思源,慎终追远"的传统美德,通过祭扫表示对死者、先辈的尊敬和思念。

民间清明上坟的习俗,一直可上溯至西周。近年来的考古发掘证明,早在殷商时代,就有了春天祭祀祖先的习俗。秦汉时代,墓祭已经成为不可或缺的礼俗活动,后世得到了进一步认可:"士庶之家,宜许上墓,编入五礼,永为常式。"(《旧唐书·玄宗纪》)。有官方的肯定,墓祭之风必然大盛。魏朝官府允许官吏请假祭扫,并时间很长:"任事之官,吉凶请假,定省扫拜,动辄历十旬。"(《魏书·高阳王传》)。民间花不起那么多时日,但届期也是"田野道路,士女遍满,卑隶佣丐,皆得上父母丘坟"(柳宗元《许京兆书》)。白居易一首《寒食野望吟》描写了当时墓祭之情形:

乌啼鹊噪昏乔木,清明寒食谁家哭。
风吹旷野纸钱飞,古墓垒垒春草绿。
棠梨花映白杨树,尽是死生别离处。
冥冥黄泉哭不闻,萧萧暮雨人归去。

唐宋元明如此,清及晚近也不例外。清明作为鬼节之一,其习俗独特之处就是墓祭,这是清明节最主要的活动内容。清明节扫墓,除宣扬孝道之外,还有着表示家族兴盛的功能,坟头纸钱、纸幡、花圈正是后继有人的标志;供品多而讲究以及家人参拜之多,又是家庭殷实富有的象征。正因如此,手拿纸扎,挑供担盒,热热闹闹,去坟头扫墓者络绎不绝,有道是:

衣冠稽首祖茔前,盘供山神化楮钱。
欲觅断魂何处去,棠梨花落雨余天。

春游 又叫"踏青",古时亦称"探春"、"踏春"、"寻春"。此俗来自三月三上巳节,后来由于上巳、寒食、清明相距很近,有时上巳正是清明日,故三合而一。再说扫墓要到野外,本身就是春游。

清明节正是春回大地、四处生机勃勃的时候,桃花开,蜜蜂闹,"江水冰消岸草青,三三五五踏青行",是最有生命力的节俗活动。这种活动历经两千多年,至今仍然盛行不衰,并必将继续发展下去。

阳春三月,丽日晴天,微风和煦,绿草如茵,人们郊原驰骋,山野纵横。在春游中有不少游戏活动,也正如人们说的"三春游戏多",诸如:

秋千:春秋时代由北方山戎民族所创造,开始时仅是一根绳子,两头拴在两高树上,人们抓绳而荡。《古今艺术图》说:"秋千,北方山戎之戏,以习轻矫者。"齐桓公北征山戎族后,将其带入中原,逐渐演变成为用两根绳子加踏板,《荆楚岁时记》说:"悬长绳以高木,士女服,坐立其上,推引之。"唐宋时代,秋千盛行,清明荡秋千,充满了诗情画意,浪荡皇帝唐玄宗称谓"半仙之戏"。

风筝:亦称"纸鸢"、"鹞子"、"纸鹞"、"风禽"等,历史悠久。相传春秋时公输班做木鸢以窥宋城。五代汉李邺于营中做纸鸢,引线乘风为戏,后于鸢首以竹为筒,使风入竹中如筝鸣,故称"风筝"。风筝在唐代是宫廷贵府的一种玩具,北宋后流行于民间。其制法:先用细竹或竹片(也有用高粱秆的)扎成骨架,模拟蝴蝶、蜈蚣、凤凰等禽、鸟、鱼、虫形状,糊上棉纸或薄绢,上画图案即成。玩时用麻线牵引,利用风力,放上天空,牵引线上还可悬挂装有滑轮的小灯笼,随风飘上,夜间望去,好似一串星星,别有情趣。

蹴鞠:鞠是一种古代的足球,用皮子做成的圆形球,内装毛发,比赛时以足蹴之,前后交击为胜。相传殷代已有这种游戏,战国后流行民间,汉代盛于军中,用以练武,唐代已设球门,并分队比赛,

与现代足球相似。

拔河：我国民间体育活动项目之一。其源于古代的游戏。即人数相等的两队，各执粗绳的一边，同时用力拉绳，以把绳中间系的标志拉过规定界线为胜。

清明是个驰禁的节日，男女野外游乐、接触的机会较多，而蓬勃春意又最逗人春情。据说，唐代诗人崔护春游时口渴求饮，给他水的是一位楚楚动人的女子，两人对视，明眸含情，但男女大防，二人未通语言，恋恋而别；次年清明，崔护又来踏青，已经是"人面不知何处去，桃花依旧笑春风"了。这种追悔与无奈，如同青年男女不愿让元宵天亮一样，正如韩偓《踏青》诗道：

　　踏青会散欲归时，金车久立频催上。
　　收裙整髻故迟迟，两点深心各惆怅。

此外，踏青时还有射柳、采百草、斗鸡、扑蝶等娱乐活动。

植树　植树是由插柳演变而来的。上巳戴柳圈，寒食插柳，踏青时用的轿、车要插柳枝；在房檐插柳，以柳枝是否青焦来占验晴雨天气；妇女插柳枝于鬓旁，以为能驱毒和明目；男子戴柳可驱疫；

孩童戴柳可避邪。柳枝成了一种节日装饰。民间有"清明不戴柳，死了变成狗"之谚。其起源有五种传说：一说唐太宗给诸臣柳圈以示赐福驱疫；二是古代皇帝赐杨柳之火，使柳枝身价大增；三则认为柳枝有灵性，可以避邪；其四因介子推是抱柳而死；五者是纪念"教民稼穑"的神农氏，故柳枝成为人们的装饰物。

插柳、戴柳，将一串串"子推燕"馍拴于柳枝挂在门楣，这都是表示对介子推的纪念。据传，介子推死时抱的柳树当时也被烧死，但后来又复活了，晋文公赐名为"清明柳"，并折柳枝成圈戴在头上，此俗传入民间，纪念春的复活。此习俗，以后逐渐演变成植树，所以，古时把清明节称为"植树节"，可是，这一沿袭了很长时间的民俗，直到1915年才由于孙中山先生提倡植树正式规定下来。1929年，又把孙中山先生逝世纪念日3月12日（公历）改为植树节。到1979年，第五届全国人民代表大会常务委员会第六次会议决定，3月12日为我国的植树节。

其他习俗 清明节还称"聪明节"，这是因"清明"与"聪明"谐音而来。民间把此日生的孩子，称为"聪明儿"，并有抱婴向邻里乞讨"清明团"的习俗，说是"讨聪明"，俗信讨了"聪明"的孩子最聪明。

清明，在沁域还有如下习俗：

戴红翎翎鸡：即以红为主色，剪彩布成小铜钱状与等距的空心草茎或鸡翎根杆，一钱一杆（节）地用线穿起，上端系一布剪红公鸡，将鸡缀于孩童衣肩上。俗信戴鸡可避灾，孩子好存，也就是不怕夭折能成活的意思。

戴子推燕：就是像燕飞一样的布三角包，内装香末和谷糠之类，有柳绿春开、南燕归来纪念介子推之义。

抛馍馍：将馒头抛空中落墓顶而滚下，故称。据传，冷吃此馍后，全年不怕吃冷食生病。

压纸钱：将五色纸或白麻纸剪成钱贯或条状，压于墓头，故称。寓示后世富有，当然先人也不缺钱花了。

清明古会：王氏集居地册村，每逢清明，孳生外地的族人来寻根祭祖，按不成文的族规，家道一来，本家就得管吃管住。有的家客除祭祖外，还要去九连山、阏与古城、皇后寨等周边名胜游赏，一住就是三五天，甚至七八十天。久而久之，寻根祭祖的人一年比一年多，一个百十户的村子，每家至少也得管五、六个人的食宿。一些周边村的小商小贩见此情况，便乘机前来，在街道摆起了饭摊，卖起了食品。家客们见此情景，也觉得一直打扰家道不好意思，除买吃外还要带点干馍点心之类给家道。此情此况，一年胜似一年，从明代开始，逐渐形成了一种祭祖集会。到了清代，东道主修起了带戏楼的祠庙，后来又组织了自乐班，每逢清明要唱祭祖戏。如此一来，外村外姓的人也纷纷前来看戏，尔后，发展成集农具、粮食、百杂、牲口的大型物资交流会，10天的会期往往要延长到半个月，至少要有两台戏班子来助兴。不仅周边县的人蜂拥而来，而且河南、河北等外省外地的商贾也会届时云集。

册村清明古会，经久不衰，几经烽火岁月也从未中断，而且越办越好，至今民间还流传着：

清明踏青，赶会册村。

看戏买货，回来春耕。

清明节功能 综上所述，清明节是一个十分重要的传统文化节日，具有以下六大功能：

农事功能：我国古来各种节日，大都出自农耕文化传统，一年的四时八节主要是与农事、农时和农耕生活有关，清明节就是其中之一。"清明谷雨两相连，浸种耕种莫迟延"、"谷雨前后，安瓜点豆"等农谚，显示了节气的气候特点，提醒农人不要误了节令，要适时耕耘。

娱乐功能：人们在这天踏青迎春、曲水流觞等活动，正如宋代吴唯信《苏堤清明记事》诗中所说：

梨花风起正清明，游子寻春半出城；

日暮笙歌收拾去，万株杨柳属流莺。

保健功能:"洁齐清明"的本身就有卫生保健的含义。如今的清明,正是将上巳、寒食节综合。上巳节就有在水边的修整、沐浴习俗。

纪念功能:构成清明节的寒食节,正是为纪念春秋时晋国忠臣介子推。

悼亡功能:清明节祭祀祖先,祭尊过世的亲友,尔今扩展到缅怀民族和国家英烈。此举对后人具有激励和教育意义,是我们中华民族精神的凝聚力。

绿化功能:清明节亦为古时的植树节,当今民间仍保留了这种习俗,从公历3月12日植树节开始种树、剪枝、嫁接,一直到过了清明节才算结束。

端午节

农历五月五日是端午节,是我国传统的四大年节之一。这一天,人们吃粽子,饮雄黄酒,挂香袋,戴香包,插艾蒲,采百草,傍水之地还有龙舟赛等活动。

节名略考 此节称谓甚多,竟有20多种,并各具其说。

端午节:"端,初也",也就是开始的意思;"午"与"五",既同音古时又通用。所谓端午,也就是初五。

端五节:因"午"与"五"同,故名。

重五节:正逢月、日均为五,所以叫"重五"。重五、端五节称,唐代以前就有了。因为唐太宗的生日是八月初五日,为了避讳,改"五"为"午",始有端午节、重午节之称。

端阳节:据《月令广义》载:"五月初五端阳节。"由于"午"时为"阳辰",正值烈日当空,阳光灿烂,故名。

夏节:端午是最大的夏季民间节日。它的节俗活动有许多和夏令有关,并与夏至时隔较近,故称。

天中节:也叫"朱明",都是从阴阳术数的角度来定义的。《梦梁录》里说到:"五月五日为天中节。"民谚有:"五月五日天中节,赤口白舌尽消灭。"

地腊节:道教每年有"五腊",即天腊、地腊、道德腊、民岁腊、王侯腊。五月五日为地腊。

浴兰节:唐宋时人们对端午的称呼。《梦粱录》说:"五日重五节,又曰浴兰令节。"《大戴礼记》说:"五月五日,蓄兰为沐浴。"因古代有于是日兰汤沐浴的风俗。

午节:按照农历以地支纪月的方式,正月为寅月,二月为卯月,三月为辰月,四月为巳月,五月为午月……因为节日处在五月,故称"午节"。

蒲节:《幼学句解》称:"端午是蒲节"。昔时端午节用菖蒲酒以辟毒,五月称"蒲月",故称"蒲节"。

药王节:五月五日相传为药王菩萨生日,故名。人们习惯采集草药熬水洗澡,称之为"沐浴兰汤,除病健康。"也有以金银花、土茯苓、甘草等药物煮豆或蛋吃的习俗,有利于清热解毒和去风湿。还有此日采车前草、枯草洗净晒干,待夏日泡凉茶喝的习俗。

龙舟节:傍河近水之地端午举行赛龙舟,故名。

女儿节:亦称"妇女节"、"女娟节"。旧俗是日少女须佩灵符、簪榴花,接出嫁了的女儿归宁"躲端午",有"癞蛤蟆躲端午"之谚。《宛署杂记》有:"五月初一至初五日,饰小闺女,尽态极妍;出嫁女也各归宁,因呼为女儿节。"

诗人节:古代诗人雅士为了纪念爱国诗人屈原,是日举行集会,并击钵吟诗,颇有情趣。抗战时期,广大知识分子抗日爱国激情高涨,诗人集会,团结抗日,并将五月五日定为诗人节。

此外,还有天长、解粽、粽包、五月、龙船、女娲、娃娃、大端午、大端阳等别称。另有说端午节是古代祭祖活动日。

起源之说 端午节的由来,历来众说纷纭,说法不一。

兰浴说:远起于夏、商、周三代的兰浴,即"蓄兰为沐浴也"。故周代以来,有朱索桃印饰门、艾人悬户、系五彩缕、挂赤灵符禳灾避邪风俗,至今民间尚在流行。

龙的生日说:来源于吴越一带人民原来举行图腾祭的节日。这是闻一多先生经考证建立起来的学说,娱神娱己的竞渡习俗,即由此而来。

恶月恶日说:早在战国时代就视五月五日为恶月恶日,这是我国较早出现的岁时禁忌习俗。这种俗信在先秦以后一直存在着,直到近现代。

勾践说:春秋越王,勾践在这天操练水兵。

伍子胥说:伍尽忠于吴国,后被吴王夫差所杀,抛尸于江,化为涛神。因其死于五月五日,凡此日以纪念为"迎涛神"。

介子推说:为纪念介子推,晋文公重耳令五月五日为禁火日。《琴操》、《邺中记》都有记载。南北朝以后,由于民族迁移和风俗融化,介子推的纪念日固定在寒食节。

地腊说:祭地腊之日。《道书》说:"五月五日为地腊,五帝校定生人官爵,血肉盛衰,外滋万类,内延年寿,记录长生。此日可谢罪,求请移易官爵,祭祀先祖。"

曹娥说:《会稽典录》:"女子曹娥,会稽上虞人。父亲弦歌为巫。汉安帝二年五月五日,县江折涛迎波溺死,不得死骸。娥年十四,乃缘江号哭,昼夜不绝声七日,遂投江而死。"故江浙一带五月五日有纪念曹娥之事。

夏至说:端午习俗与夏商周三代的夏至习俗相同,如夏令饮食、服饰、禁忌等,并有文字可考,端午始源于夏至。

屈原说:屈原是战国时代的楚国人,生在湖北秭归,青年时代颇有抱负,决心革新政治,统一国家。约二十五岁的时候,他进入楚国国都,因其"博闻强记,明于治乱,闲于辞令"而受到楚怀王的重视,不久便担任了仅次于宰相的左徒之职,后来,楚怀王听信谗言,疏远了屈原。太子子兰当政后,他又被流放于外地。当楚国首都被秦攻破时,屈原无力挽救危亡,感到理想已经完全破灭,写成绝笔诗篇《怀沙》之后,在公元前278年的五月五日,抱石投身于滚滚的湖南汨罗江中,以死来发泄自己的忧愤,为自己的理想献身。

屈原不仅是政治革新家,更是诗人。他的诗歌是我国古典文学中的经典佳构,更重要的是他创造了一种新的诗歌体式"楚辞",因以《离骚》最为著名,所以也称"骚体"。唐代大诗人李白曾有"屈原诗赋悬日月"的赞语,鲁迅先生也称《离骚》是"逸响伟辞,卓绝一世"。

屈原之死,楚人哀之,每至此日,以竹筒贮米投水祭之,并命舟楫拯之。由于他的高尚品格、爱国主义精神和优美诗篇的深刻影响,秦汉以后,屈原一说由楚地逐渐传播到全国,受到了历代人民的爱戴和崇敬,被人们所公认,并相沿至今。

端午节的由来,各地还有不少的说法,诸如山西晋北的纪念明初大将常遇春母之说;云南龙舟竞渡的白洁夫人和岩洪鳖之说;《来凤县志》载的马援之说,《后汉书》载的陈临之说;等等。

节俗活动 端午由来诸多说法,起源歧出,节名众多,各本其源,习俗殊异。龙舟竞渡之俗起源于南方,将五月五日视为恶月恶日则起源于北方。由于屈原之说在全国范围内占了正统地位,因此端午节成为一个风俗活动十分丰富的传统节日,是南北风俗融合的产物,而且,随着社会的发展又不断地注入了新的内容,这可以从以下诸多的习俗中看到。

驱五毒:民间以蛇、蝎、蜈蚣、蜘蛛、蚰蜒(也有为蛤蟆)为五毒。俗传,五毒都从端午日午时开始滋生,通常人们均于是日午前在屋角及各阴暗处撒石灰、喷雄黄酒、燃药烟,以灭五毒,驱秽气,将灰尘垃圾打扫干净。

挂艾虎:将菖蒲、艾倚在门旁,有"艾旗迎百福,蒲剑斩千邪"的俗信;或剪纸虎纸人粘在艾上称"艾虎"、"艾人儿",挂于门楣,或戴于胸前。王沂公《端午帖子》云:"钗头艾虎辟群邪,晓驾祥云七宝车。"

戴香包:小孩以五色线系香包挂于胸前,以示驱邪恶、保平安。所谓香包(亦称荷包),形状有老虎、燕子、孔雀、蝴蝶、桃子、小猴、寿桃、梅花等,下坠五光十色的丝线缨穗,内装艾叶、雄黄、香节等香料或独瓣圆大蒜。有的用纸折成粽子形状,外编各色丝线,民间以为有辟瘟除病之效。

端午索:端午驱邪辟祟的材料中,辟兵缯等缯、缕、索、结是发展最为完善的一类,围绕这一主题节物达十余项之多。明刘侗、于奕正《帝京景物略》说:"项各彩系,垂金锡,若钱者,若锁者,曰端午索。"端午索的许多别称,又可分成几类:从色彩看有朱索、五色丝、五彩缕、五彩缯等;从辟兵看,称辟兵缯;从延寿看,称寿索、长命缕、续命缕、续命丝、延年缕、长寿线、百索、百岁索;形制特殊一些的还有合欢结、宛转绳等。不论名称如何,功用大体相同。一般是悬于门楣,或戴于小儿颈项、系于手、脚腕,或挂床帐、摇篮等处,或敬献尊长,以辟灾除病,延年益寿。它的形制大体有:一是简单地以五色丝线合股成绳;二是五彩绳上缀饰金锡饰物;三是将五彩绳折成方胜或结为人像等;四是以五彩丝线绣绘日月星辰花鸟兽类等物。此俗在汉代约已形成,《风俗通·佚文》云:"午日,以五彩丝系臂,避鬼及兵,令人不瘟病。"所谓五彩(色),指青、赤、黄、白、黑。这是按阴阳五行观念确定的,青、赤、白、黑在四方,黄为中央。到了唐代,这种习俗尤为炽烈,端午索除了驱邪辟祟外,更成为一种装饰品,且相互赠送表情达意。有皇帝赐臣百索之仪,有青年男女作为情物互赠,宋、辽时常见的合欢索、合欢结就是如此。此俗历经各代,相承不衰,直至当今。

采百草:也就是踏青,城市人叫"郊游",乡村人称"跑坡",还有的叫"踏百草",就是赤足在露水草上行走,"祛泥中湿热之气,去夏秋疟痛之苦"。端午清早,人们纷纷出游,最初有丢百病禳灾之意,后来成为"斗百草"、"射柳"等娱乐活动。在游玩的同时要采集百草,回去熬汤洗澡,或熬成糊状称"百草膏"或"百药膏"。有的还专搜捕五毒动物熬"五毒膏",以便消炎治病。制药之俗至晚在汉代就已形成,一直传承到明清至今。俗信,是日采拮的药草,尤其是艾叶之类,同是日捕获的蟾蜍一样,最有药用价值。

梳河发:女孩们是日清晨到河边蘸河水梳头,故称。据传,能使头发黑、粗、长、亮,并不易脱落,惹人喜爱。民间有《梳头歌》:

一木梳粗二木梳长,
三木梳梳到河喔厢①。
四木梳梳得云雾绕,
五木梳梳得油光光。
六木梳黑七木梳亮,
八木梳梳成王母娘。
九木梳梳成七仙女,
十木梳梳成花中王。

端午粽:粽子,最初叫角黍,"角者,形也。黍者,料也"。其做法是将粽叶煮泡,南方多为竹叶,北方多芦苇叶。粽米水泡数日发开,以枣、豆沙、腊肉等为馅,分荤素两种,包成三角、四角、锥粽、简粽、菱粽、九子粽、秤锤粽不等,煮熟而食。传说端午节吃粽子是为了纪念屈原,初本多见于南方,尔后逐渐在北方流行起来,在魏晋时代已经盛行。汉代,有皇室赏赐百官粽子的习俗,到了唐宋已成端午名食,唐玄宗有"四时花竞巧,九子粽争新"的诗句。

食粽不仅纪念屈原的意义十分明显,而且它

---

① 喔厢:那边,方言。

的社交、娱乐意义也长足发展,当然,这些都是在粽子本身花样翻新的基础上产生的。从唐代诗人们的笔下也可见一斑:

  彩缕碧缯粽,香粳白玉团。(元慎)

写出了粽子的味道和形式。

  盘斗九子粽,巨擘五云浆。(温庭筠)

描写了粽子的大小和质量。

  诸闹渔歌响,风动角粽香。(郑谷)

说明了粽子已成为民间过端午的普及食品。

  其实,粽子原先并不一定有纪念意义,况且也不固定于端午食用。它和端午的避恶驱毒,本来都是一种夏令风俗。俗谚有"吃了五月粽,才把棉衣送",可见是一种既可口应时,又标志季候转换的夏季食品。古时用于祭祀水神或龙,后来才把纪念屈原附会上去。时至今日,粽子还是人们所喜爱的夏令食品,不仅端午吃,而且整个仲夏时节也多有食用。试想烈日炎照,人身燥热,从凉水中捞个粽子吃,充饥、解渴、打凉、下火,浑身上下真有说不出的舒坦。因此,这种夏令美食,一直长盛不衰。

  雄黄酒:将雄黄研成末和酒,为雄黄酒,具有消毒作用。民间有"早端午,晚中秋"之说,古人以为辰属龙,辰时正是群龙行雨之时,端午一早设雄黄酒以饮宴祈雨,希望有个风调雨顺、五谷丰登的好年景。有的还要把雄黄酒或雄黄水洒在屋墙床头,涂在小孩头上,以避除毒虫,驱散瘟疫毒气,消灭病菌。李时珍《本草纲目》称:雄黄味辛温有毒,具有解虫蛇毒、燥湿、杀虫、祛痰功效,主治百虫毒、蛇虺毒。端午饮、洒雄黄酒的习俗悠久,民谣有:

  喝了雄黄酒,

  百病远远丢。

古诗上有:

  唯有儿时不可忘,

  持艾簪蒲额头王。

诗中的"额头王",即是用雄黄酒在孩童头额上画的"王"字。头上有"王"字者非虎莫属。人称虎为兽中之王。古代视虎为神兽,俗以为可以镇祟辟邪,保佑安宁。小儿额头之"王",也同插戴艾虎一样有同等功用。《风俗通》说:"虎者阳物,百兽之长也,能噬食鬼……亦辟恶。"

赛龙舟:亦叫"龙舟竞渡",是一项历史悠久的水上竞技活动。龙舟的出现大约在先秦西周时期。《穆天子传》中说,西周周穆王时便有龙舟,汉成帝时史书亦有"刻大桐木为虬龙"的记载。至于龙舟竞渡这一习俗,则产生于春秋时期。到了汉代,这一习俗就更盛行了。关于文字记载,始见于公元五百多年梁代吴均的《续齐谐记》:"楚大夫遭谗不用,是日(农历五月五日)投汨罗江死,楚人哀之,乃以舟楫拯救。端阳竞渡,乃遗俗也。"《荆楚岁时记》也有此说。诗人余靖对当时活动写道:

龙舟争快楚江滨,

吊屈谁知特怆神。

所谓龙舟,就是龙与船的结合,是一种以龙为标志的竞赛船只。龙舟的特征表现在龙头、龙尾上,此外还有各种装饰,如舟身的龙鳞,舟身上有神楼、神位、旗帜、彩灯、大鼓、铜锣等等。每逢端午节时,事先要修龙舟,训练水手,到节日进行比赛。赛前,要隆重举行竞渡仪式,必须请龙、祭龙,尔后进行竞渡。比赛有一定的胜负标准和规则,古今差不了多少,只是胜负标准有所不同。现在的竞渡以到达终点先后取名次,旧时除速度外,同时还有许多花样,如以抢夺水中的目标物定胜负。赛龙舟,不仅是竞渡,也有是娱乐性的,宋时有夜龙舟之戏,四面各垂小灯,竞渡如白日。《梦粱录》记有:"龙舟六只,戏于湖中。"明代已有专著《武陵竞渡》,详记了竞渡之缘由、船式、人数及技术等。

当今的龙舟竞渡,又由纪念和娱乐习俗发展为体育活动。活动地区也在逐渐扩大,从屈原生活的荆楚湘沅一带发展到江南各个水乡,进而传到了北方。如2009年端午期间,在太行山区"北方水城·中国沁州"举办的龙舟赛,赛队之多,地域之广,劈波斩浪,竞争激烈,观众如潮,欢声震天,场面壮观,影响之大,闻名遐迩。

古都遗风　沁域乌苏,远在春秋时期为韩国别都阏与城,历经各代,至今还保持着古都端午遗风古俗。

古人将五月前几天分别以"端"来称呼。"端者,初也。"初一称端一,初二称端二,数以至五,谓之端五。沁域西乡乌苏一带,乡民从初一就开始过节了,一早出游跑坡、采百草、游河湾,女孩儿蘸河水梳头,人人戴天师艾,遥传为:

　　五月初一不戴艾,
　　出门跌煞圪膝盖①。

在乌苏,宋天圣四年(1026)始建的古刹大明禅寺,简称"大明寺",与寺数十步远有奶奶庙、阎王殿、先轸庙(亦称"西神庙")、王氏宗庙。这里的人们保持了古时端午敬神祭祖的传统,从端一开始焚香上供,直至端午。王氏族后祭祀隆重,周围的乡人有的来寺庙还愿,有的来许愿敬香。由于四乡香客年胜一年,形成了庙会,正如其碑文所述:"四乡来会者若云集。"在助兴戏班每日首场开箱(演出)前,必由王家祭祖上香。随着岁月流逝,寺庙毁于上个世纪的日寇之手,然祭祖活动与庙会一直沿袭至今,并有"抽刀断水水更流"之势,尤其是庙会,更是一年胜似一年。在仲夏五月人倍忙的日子,人们忙里偷闲来赶会,看戏,既是精神调节,激发劳动热情,又是市场调节,满足生活需要,所以,乌苏五月初一古庙会,越来越好。

六月六

六月六　亦称"晒虫节"、"晒衣节"、"晒书节"、"晒龙袍日"、"晒经日"、"天观节"、"牛羊节"、"半年节"、"猫狗生日节"等。传说是日为龙王晒鳞之日,届时民间多晒衣服,宫廷官府多晒官服,文人晒书籍,僧人晒经卷,可防霉防蛀,晒后不返潮,年内不生蛆虫。六月六,取月日重数,故名。沁域等地,在此读"六"为"录"音。

牧工节　是日给羊剪毛,叫"换季",喂食盐,让牛羊开胃喜食。

---

①　跌煞圪膝盖:跌断膝盖,方言。

牧主是日要犒慰牛羊工,在沁域一般早食油糕、黄蒸或馍食配菜,午设酒宴,并赠送牧工草帽、雨伞、衣饰物品。

天贶节 传说是日宋代有天降圣书之事,禁屠,皇帝要亲领百官行香上请宫,佛、道界僧侣要翻晒经书,据说可得灵气,读起来悟解颇深。

半年节 与六月初一同,俗信是过节免灾。

猫狗生日 河滨浴猫犬,俗谓不生虱。

六月六,沁域民间流传歌谣有:

六月六,晒被褥,

放羊小子一日福。

七月七

七月七 又称"重七"、"双七"、"巧夕"、"兰夜"、"女节"、"星期"、"女儿节"、"乞巧节"、"少女节"、"鹊桥会"、"七夕节"、"香桥会"、"巧节会"。每年七月初七夜,相传为牛郎织女在天河相会,民间有妇女乞求智巧与男人乞文之事。

节日由来 其起源甚早,系由星名衍变而来。最早见于《夏小正》:"七月,初昏,织女正东向。"在夏天的夜空,可以看到一条繁星组成的光带,这就是天文学所谓"银河系",我国传统习惯称"天河"。在河西的星座中,一颗发青光的明星就是织女星,隔河遥遥相对、发橙黄色光芒的明星就是牵牛星,亦称"河鼓星"。织女星旁边四颗小星组成平行四边形,象征织布梭子;牵牛星和它旁边的两颗小星构成牛郎的担子,象征牛郎担着两个小孩。这些夜空的星象,正是构成牛郎织女传说的基础。汉时出现了描写牛郎织女故事的雏形,东汉应劭的《风俗通》中有了人格化的描写:"织女七夕当渡河,喜鹊为桥。"汉代的《古诗十九首》有:

迢迢牵牛星,皎皎河汉女。

纤纤擢素手,札札弄机杼。

终日不成章,泣涕零如雨。
河汉清且浅,相去复几许。
盈盈一水间,脉脉不得语。

到了南朝,才有了比较完整的记载。梁殷芸的《小说》云:

天河之东有织女,天帝之孙也,年年机杼劳役,织成云锦天衣,容貌不暇整。帝怜其独处,许嫁河西牛郎,嫁遂废织纴。天帝怒,责令归河东,许一年一度相会。

牛郎织女的神话梗概略于斯,但故事中的织女似乎有些疏懒,牛郎何许也缺笔描叙。后来,民间在广泛流传中,又有很多变异,并进一步将其加工完善,成为我国四大民间传说之一的爱情故事。

牛郎织女 相传,牛郎父母早逝,常受哥嫂虐待,令其自立门户,分与一头老黄牛为伴。织女为天帝孙女,王母娘娘外孙女,机杼巧艺,善织云锦天衣,织纴之余,常和仙女们下凡间一条河里洗澡玩耍,每次下凡,都被在河边吃草的老黄牛看在眼里。老黄牛本是天上金牛星座,落凡只是看不惯人间的不平,想救助忠厚的牛郎。它告诉牛郎,织女是个手巧善良的女子,你要娶她为妻。有一天,仙女们果然又来洗澡,并在水中嬉戏。由牛金星指点,牛郎从芦苇中突然跳出来,拿走了织女的衣服。惊慌失措的仙女们,急忙上岸穿上衣裳飞走了,唯独剩下了织女。在牛郎的恳求下,织女也动

了情,答应做他的妻子。婚后,他们男耕女织,相亲相爱,生活得十分幸福美满,先后生下一男一女。后来,老黄牛临死时叮嘱牛郎,要把它的皮留下来,到危难时披上以求救助。老黄牛死后,夫妻俩忍痛剥下了牛皮,把牛埋在了向阳坡上。

玉帝和王母娘娘知道织女和牛郎成亲的事后,勃然大怒,令天神下界抓回织女,王母娘娘怕天神疏忽,也一同前往。这天,正好牛郎不在家,当他从地里回到家门口时,见两个孩子朝天号哭,一看,织女已被抓到半空,当无奈何之际,忽然想起了老黄牛的嘱咐,便披上牛皮,用箩筐担着两个孩子追去。眼看着就要追上时,王母娘娘从头上拔下金簪在空中一划,成了一条波涛滚滚的天河,牛郎再也过不去了,从此,牛郎织女,只能泪眼盈盈,隔河相望。

天长日久,感动了玉皇大帝和王母娘娘,准许每年七月七日牛郎织女相会一次。是日,人间喜鹊都飞上天去,在银河为牛郎织女搭鹊桥相会。所以,七夕夜深人静之时,在葡萄架下或其他瓜果架下,人们还能听到牛郎织女在天上的脉脉情话。

乞巧节俗 七月七日之夜,都有祭拜织女的习俗。一般是在庭院设案陈设瓜果焚香燃烛,隆重一些的要举办"乞巧会"。这种习俗自西汉形成以来,一直沿袭至今。整个节俗活动,围绕着一个"巧"字,正是"年年乞与人间巧,不道人间巧几多"。民间有《乞巧歌》:

乞手巧,乞貌巧,乞心通,乞颜容。

乞我爹娘千百岁,乞我姊妹千万年。

此歌正表明,乞巧活动是妇女们为了追求心灵手巧、美丽迷人,期望能过上美好幸福生活,同时也祝愿姊妹、双亲幸福长寿而开展的一种仪式。

古今乞巧方法甚多,列举几例以一管而窥全豹:

种生试巧:即在节前,把小麦、小豆、绿豆等放在器皿中浸水,使其生芽数寸,于七夕日时用红蓝彩线束扎起来,作为一种得子得福的象征。

浮针试巧:也叫漂针试巧,丢巧针、投花针。方法是容器盛水,放露天处使水面生膜后,投细草或针于膜上,看底部针影的图案纹样,以验智巧。明代《帝京景物略》有:"七月七日之午,丢巧针。妇女曝盎水日中,顷之,水面生膜,绣针投之则浮,遂观看水底针影,有成云物、花头、鸟兽影者;有成鞋及剪刀、水茄影者,谓乞得巧;其影粗如槌,细如丝,直如轴蜡,则拙征矣。女或叹,女有泣者。"

穿针试巧:也叫金针度人。这是流传最久的乞巧方法。其法于七夕月下,数女孩一起以丝缕等穿针孔,先穿过者便是"得巧",落后者为"输巧"。所穿之针相传有汉代的七孔针、元代的九孔针等,统称为"玄针"。南朝宋孝帝刘骏《七夕》诗云:

沿风被弱缕,

迎辉贯玄针。

蛛网乞巧:此法是取一只蜘蛛放于小盒过夜,次日看是否结网或结网多少,以验智巧。网丝圆正者为得巧,此法适用于少男少女,为开元遗风。

乞巧的节俗活动丰富多彩,不仅种种方法异彩纷呈,更有搭建彩楼的。据传,七夕夜见天空有奕奕白气或光耀五色,即为二星相会之征候,此时在瓜果架下,人们可听到牛女私语。并可乞巧、乞富、乞寿、乞文,三年可得,但不得兼之。从汉代开始,就有搭建楼台,饰以五彩,在其上设供拜仙、观云乞巧。这种楼台汉时称"开襟楼",南北朝的梁称"彩楼",唐宋后统称"乞巧楼"、"穿针楼"或"彩楼"。唐代诗人李中《七夕》诗云:

星河耿耿正新秋,

丝竹千家列彩楼。

宋人钱惟演《戊申年七夕》诗云:

欲闻私语犹嫌远,

更结三层乞巧楼。

在民间还有乞巧棚、乞巧市、送巧人、接牛女泪、香桥会等习俗。

不过,在诗人墨客的盛赞中,也有人反弹琵琶唱反调的,说什么"岂知巧拙本生定,仰乞天孙亦何必"。其实,乞巧只不过是反映了民间小女儿的美好愿望,又岂可坐实。在日出而作、日落而息的传统社会的广大农村,老百姓要的只是饮食男女、妻儿老小、男耕女织、自给自足,牛郎织女的忠贞爱情则是他们对幸福家庭的向往。这种生活虽然俭朴、艰辛,但它悠闲、自然,没有市尘的扰攘,充满田园情调,这正是人们向往的生活。所以,七夕之俗至今还在延续。

七月十五

农历七月十五日,道教称"中元节",佛教称"盂兰节,"民间旧称"鬼节"、"七月半"、"送羊节"。

中元节 其源头应与我国流行的土地祭祀有关。道教盛行后,附会传统,创立了天、地、水三官神祇。据说天官生日在正月十五日,称"上元节",其主要职责是为人间赐福;地官生日在七月十五日,称"中元节",其主要职责是为人间赦罪;水官生日在十月十五日,称"下元节",其主要职责是为人间解厄。《道经》:"中元之日,地官校勾搜选众人,分别善恶。……囚徒饿鬼,当时解脱。"

盂兰节 与道教相抗衡的佛教,确定七月十五日是盂兰盆节。佛教提倡慈悲为善,古印度雨季的三个月里,有禁止僧尼外出的仪规,说外出容易伤害草木虫蚁,要求僧尼在寺内坐禅修学,接受供养,这段时间称为安居期。佛教传入我国后,根据我国的季节变化,规定安居期为四月十六至七月十五日。经书《目犍连救母》传说:释迦牟尼弟子目犍连,看到死去的母亲在地狱里受苦受难,惨不忍睹,使尽一切办法相救,均告失败,只好求救于佛祖。释迦牟尼解释说,其母生前罪恶颇大,非一人之力可救,要在七月十五日,众僧安居终了之日,备好百味饮食,供养十方僧众,借助众僧之力,才可使其母解脱苦难。目照办,果然凑效。这种佛教活动,被称为盂兰盆会。盂兰,是古印度梵语的音译,意为倒悬,形容亡人之苦;盆是汉语,指盛放供品的器皿。盂兰盆会,即指这样的佛教活动,可解脱亡人的倒悬之苦。

鬼节 唐韩鄂《岁华纪丽·中元》说:"道门宝盖,献在中元。释氏兰盆,盛于此日。"后演变为民间祭祖日,家家追念祖先亡灵,并有放河灯活动,意为超度亡魂野鬼。清代中元节祭扫,尤胜清明。庵观寺院,设盂兰会,街巷搭起高台、鬼王棚座,诵念经文,演出《目犍连救母》剧,做水陆道场,施放焰口,俗谓"济孤魂";燃河灯,俗谓"慈航普度",并扮秧歌、狮子诸杂技。

七月十五日,民间还盛行祭祀土地和庄稼,供品撒进田地;烧纸后还要把剪成碎条的五色纸缠绕在禾苗杆上,传说可以避免冰雹虫害,还可以让孤魂野鬼享用,以示当地人情温暖,请勿胡作非为。

送羊节 七月十五前,民间妇女盛行面塑,在蒸花馍的同时,要蒸以"羊"型为主的面塑,另还有虎、鱼、谷穗、瓜、果等造型的花馍,供小辈食外存放,给出嫁了的女儿家送去"羊"馍,俗称"送羊羊"。

为何要送面羊呢?羊,在我国古时被视为一种美丽的吉祥物,吉祥,便是由"吉羊"的谐音而来。明吴承恩《西游记》第九十一回有"设此三羊,以应开泰"之言,唤做"三阳开泰"……同时取意羊羔吃奶双膝下跪,希望小辈不要忘记父母的养育之恩。因此,女儿接到面羊后,要给家人和邻居小孩分吃一部分,以寓吉祥如意、喜迎丰收之意;其余部分要悬放高处,等来年再行更换。民间有歌:

七月禾苗旺,祭祖一炉香。

旧羊见新羊,年年有余粮。

沁域俗传,小儿拉肚子时,吃点旧羊馍,可止泻和肚。

中秋节

八月十五中秋节,是我国传统的四大年节之一,也是国务院规定放假日的五大节日之一。秋季三月称孟、仲、季,八月居秋季之中,十五又是八月的月半,故称中秋节;八月是秋季的第二个月,称仲月,故也称仲秋节;因节在秋季八月,又称秋节、八月节;与二月十五花朝相对而言又叫月夕、月节。《梦粱录》说"此夜月色倍明于常时,又谓之月夕";又有直接以月称节的,如唐代把中秋节叫"端正月",韩愈诗有"三秋端正月,今夜出东溟"之句;仲秋时节,适逢各种瓜果成熟之际,人们以其供月、走亲,故将此日又称果子节。在众多的别称中,除民间直呼"八月十五"外,就是普遍说的"团圆节"。于奕正《帝京景物略》说:"八月十五祭月,其饼必圆,分瓜必牙错,瓣刻如莲花。……其有妇归宁者,是日必返夫家,曰团圆节也。"中秋节亲人团圆是相沿已久的习俗,如亲人在异地,则望着月亮表达思念之情,正如宋代词人苏轼怀念弟弟一样:"但愿人长久,千里共婵娟。"婵娟,就是美丽的月光。

中秋节的别称之多,大多同月亮有关,其节俗活动,大多也是同月亮有关。这是为何呢?此与前人为月亮创造的神奇传说是分不开的。

月宫揭迷 月宫泛指月亮,狭义则指月中的宫殿。相传,月亮中不仅有宫殿,还有玉兔、蟾蜍(嫦娥)、桂树、吴刚等,并各有其说。

蟾蜍:亦称"金蟾"。月宫又称"蟾宫"。唐人许昼《中秋月》诗谓"应是蟾宫别有情,每逢秋半倍澄清";月轮又称"蟾盘",唐人曹松

诗谓"无云世界秋三五,共看蟾盘上海涯";月光又称"蟾光",明人童轩《中秋对月》诗谓"吟倚南楼思爽然,蟾光飞上一轮圆"。蟾蜍是何物? 就是两栖动物癞蛤蟆或疥蛤蟆。

玉兔:也叫"金兔"、"白兔"。它是汉代出现的。《太平御览》两处文字都谈到此。刘向《五经通义》中说:"月中有兔与蟾蜍。"经后世人的渲染,兔拥有了金兔、玉兔等美称。晋人刘孝绰诗有"丛叶映金兔"之句。玉兔在月宫中何干? 捣药! 乐府中就有此说:"采取神药若木端,白兔长跪捣药虾蟆丸。"因为月宫里有兔子,月亮也被称作"金兔、玉兔、蟾兔",并演化出个"兔儿爷",还形成了供兔儿爷之俗。月宫里的兔子从何而来? 据说是嫦娥吃金丹升月后,顿生悲凉之感,不由地呕吐出白丹云母外衣,化成了一只兔子,色如白玉,故有前面之称。

吴刚伐桂:汉晋以来,有月宫桂树之说。《淮南子》说:"月中有桂树。"桂树亦名"娑罗树"。唐段成式的《西阳杂俎·天咫》更演绎出吴刚伐桂的故事,说月桂高达五百丈,河西吴刚学仙被谪,罚他在这里砍桂树,但桂树随砍随合,永无尽日。由此,人们又称月亮为"桂月"、"桂轮",称月宫为"桂窟"、"桂宫",并比喻科举考中为月中折桂或蟾宫折桂,又演化出赏桂和饮桂花酒之俗。

嫦娥:也叫"姮娥",是后羿之妻,因偷吃其夫向西王母求得的不死之药后,成仙奔月。也有说奔月后变成了前说的蟾蜍。嫦娥奔月,众说纷纭,另作别论。

月宫:谓月中宫廷。《海内十洲记》:"(东方朔)曾随县主履行,比至朱陵扶桑,蜃海冥夜之丘,纯阳之陵,始青之下,月宫之间。""月宫"一词始见于此。《逸史》云:"罗公远引明皇游月宫,掷一竹枝于空中,为大桥,色如金。行十数里,至一大城阙。罗曰:'此乃月宫也'。仙女数百,素衣飘然,舞于广庭中。"唐郑綮《开天传信记》:"吾(唐玄宗)昨夜梦游月宫,诸仙娱予以上清之乐,寥亮(嘹亮)清越,殆非人间所闻也。"自此,月宫之说始昭于世而为人所艳称。

嫦娥奔月 嫦娥,亦作"常娥"、"恒娥"、"姮娥"。月宫最美丽动人的传说当然首数嫦娥奔月的故事了,但因神仙鬼怪都为人所创造,故其说法不一,版本多样。

据《文选·王僧达〈祭颜光禄文〉》注引《归藏》:"昔常娥以西王母不死之药服之,遂奔月为月精。""月精"一词,初见于此。月精,即蟾蜍。蟾蜍,即癞蛤蟆。汉代《淮南子·览冥训》记载说,后羿向西王母求得不死之药,而其妻姮娥偷来吞了,成仙奔月,可到月宫里却变成蟾蜍。唐徐坚《初学记》引古本《淮南子》说:嫦娥"托身月宫,化为蟾蜍,而为月精"。

此说,出于伦理道德考虑,嫦娥因不忠实于自己的丈夫,偷吃不死药除变成了癞蛤蟆外,还要不停地执杵捣药。李商隐《寄远》诗说:"嫦娥捣药无穷已,玉女投壶未肯休。"对于嫦娥在月宫孤单冷寂之情,他在《嫦娥》诗中又道:

云母屏风烛影深,长河渐落晓星沉。
嫦娥应悔偷灵药,碧海青天夜夜心。

明代诗人边贡也对嫦娥处境惋惜道:

月宫秋冷桂团团,岁岁花开只是攀。
共在人间说天上,不知天上忆人间。

嫦娥偷吃灵药化为癞蛤蟆,本身就是罪有应得,却形成了诗人们的惋惜。对于这样一个不道德的人,人们在中秋为什么还要祭祀?这就需要看另一版本了:

据《淮南子》与高诱注说:

嫦娥原为古代射九日英雄后羿的人的妻子。后羿从西王母处得到不死之药,嫦娥偷吃后,遂奔月宫。传说嫦娥偷吃升天药,长住月宫,故有保持青春的神性。因此,人间女性为求得保持青春美丽,中秋之夜设案供奉瓜果、糕饼、烧香祭之(见《中国风俗辞典》)。

此说,似乎有番道理,因此旧有"男不拜月,女不祭灶"之说。不过向一个不道德的人求美,也实在太有些那个,不妨再看另一个版本:

相传,嫦娥是远古时候一个力大无比名叫后羿的妻子。当时空中十日齐出,炎热无比,给大地带来了巨大的恐怖和灾难,使人们难以生存。后羿为民除害,射落九日,留下一个太阳正常运行,人们得到了正常的生活。后羿曾听说昆仑山西王母那里有种"不死药",一人吃了可以升天,两人分吃可以长生不老,于是他跋山涉水,前往讨取,终于得到。后羿和嫦娥感情恩爱,他舍不得妻子与众乡亲,不愿一个人上天成仙,就把药交给妻子保存。后羿有个徒弟叫逢蒙,他趁后羿八月十五日出猎之机,威逼嫦娥交出不死药。嫦娥为了不使坏人抢去,便把不死药一口吞下肚里,不料,吃药后身轻如燕,不由自主地飞上了月宫。后羿十分思念妻子,便在院子里设下供案,摆上瓜果食品,面对月亮遥祭嫦娥,于是便形成了八月十五中秋节。

此说,嫦娥是为使坏人不能得逞,自食灵药,并非"偷"也。后羿遥念,然天上、人间,奈何?再看另一版本:

……后羿到昆仑山向西王母求要不死之药以祛死气,王母说:"此药不是容易得到的,即使有缘也得静养几年,吃了才能飞升云外;如果性急吃了,反会遭殃。念你为民除害,可以说与仙界有缘,今给一颗,但你需静养之后再服。"羿带了金丹,回家密藏于房梁之间,从此终日静养。过了几个月,帝尧命他前往南方除害,羿服从君命,带兵速往除害。

自羿南行之后,嫦娥独自在家。一天,正是八月十五,忽见梁上白光旋舞,异香满室,非常奇怪,就驾起梯子,上去一看,见是白丹。因惧怕羿的威力,也不敢马上吃。她听说东市有个黄先生善于卜卦,便请他算了一卦,得卦大吉,回来便吃下白丹,顿时觉得身轻如燕,栩栩如飞。后羿回来,见她精神恍惚,就觉可疑,到晚上发现白丹丢失,急忙奔向卧室。嫦娥匆忙间,跳到窗外逃避,忽然觉得两腋生风,直上云天。后羿忙问侍女,侍女说夫人吃了白丹。羿挽弓便去追赶,一阵罡风把他吹了回来。

嫦娥来到一处,完全是一个琉璃世界。这里寒威四注,空旷无垠,只有一株丹桂。嫦娥顿生悲凉之感,不觉呕吐起来。吐出来的东西,是白丹的云母外衣,化成了一只兔子,色如白玉。嫦娥也就栖身于此,渴饮露华,饥食桂英。

后羿随风来到了东华宫殿,东华帝君告诉他:"不要埋怨嫦娥窃取金丹,凡事总有定数。你尘世功行已满,可以入仙界了。嫦娥借你的力量,住在月府,你曾有功于太阳,应当住在日宫。"于是命侍童端来赤苓糕、太阳玄符,告诉他说:"你吃了这赤苓糕,就能不怕太阳真火,佩上此符,就可以入月府相会,要注意只可日就月,月不可就日。"又赐一鸟。他便骑着鸟进入太阳之中,至夜晚与嫦娥相会,并锯下桂板、采冰沦修筑了一所宫殿,称为"广寒宫",从此,他每晚都到月府。后来,羿在太阳上又建了一所宫殿,名为"郁仪殿",从此,太阳、月亮都有君主了。

此说,嫦娥吃不死药白丹,是受巫师黄先生卜吉卦使然,东华帝君告诉后羿此为"定数",最后来了个"大团圆"的各占一方。

诸说之中,在月宫里有嫦娥化蟾蜍的,有嫦娥仍是嫦娥的;又玉兔捣药,嫦娥捣药。屈原在《天问》中有"夜光何德,死则又育?厥利维何,而顾菟在腹"的疑问。王逸注:"夜光,月也;言月何德于天,死而复生也。"以月释夜光。然自王逸以来,诸家咸以"顾望之菟"释"顾菟则非"。闻一多《天问释天》举有十一证,言顾菟即蟾蜍,则汉代以前以蟾蜍为月精已明。至汉刘向《五经通义》(已佚,从《太平御览》引)则云:"月中有兔与蟾蜍何?月阴也;蟾蜍,阳也,而与兔并,明阴系于阳也。"于蟾蜍之外,又增一兔。闻一多《天问释天》云:"盖蟾蜍之蜍与兔音易混,蟾蜍变为蟾兔,于是一名析为二物,而两设蟾蜍与兔之说生焉。""白兔长跪捣药虾蟆丸",亦可为旁证。至晋傅玄《拟问天》乃云:"月中何有?白兔捣药。"其《歌词》中也有"兔捣药月间安足道!"则又舍蟾蜍而单言兔,自后,月中玉兔之说乃渐占优势,直至玉兔成为月之代词。

拜月 中秋节的节物、节俗大多是与月亮有关的,拜月、玩月、赏月就是如此。显然拜、玩、赏有着不同的性质。拜是信仰,玩是娱乐,赏是领略其美好意味;往往又玩中有赏,赏中有玩,趣味无穷。

拜月,是一种礼拜月亮的习俗,也叫祭月、供月、礼月、供兔爷、斋月等。这种礼俗大体形成于唐代,但秋夕礼月则是古已有之。《礼记》说:"天子春朝日,秋夕月。朝日以朝,夕月以夕。"夕月,也就是秋分晚上祭月,这应是祭月的先河。《提要录》载:"八月十五为月夕。"早在汉代,我国就把立秋之日作为"秋节"了,到了宋代,中秋节的活动和记载就多了起来,成为仅次于春节的第二大节。唐宋两代,祭月之典风盛,且多是与赏月之举联系在一起。到了明清,这种风气更加盛行,不论城市还是乡村,多是十五日晚间家人团聚,当月亮升起之时,开始拜月,最简单的是徒手望月而祭;有的是设案摆月饼、瓜果,朝月亮焚香跪拜;有的则将刻有桂殿蟾宫的大月饼当神位,还有用纸印太阳星君像的月光马儿当神位的。焚香礼拜后,烧月光马儿、撤供,家人边看月说月,边分食团圆饼。

至清代,拜月仍是一项国家祀典。《帝京岁时纪胜》说:"至于先丁后社,享祭报功,众祀秋成,西郊夕月,乃国家明礼之大典也。"由此可以看出先秦"秋夕月"与后世中秋祭月一脉相承的关系。

中秋拜月何所祈求?按一般来说,"男不拜月,因为月为太阴,女属阴,男属阳,故女拜男不拜;但实际上,旧时男人少不得玩月,就连拜也是有的。就同七夕节一样,本来是女乞巧,可是男的也借机来乞文。清代拜月,一般是女子主祭,全家叩拜,因此,相对于女子的祈愿,男子也凑所求。《新编醉翁谈录》说:"登楼或于庭中焚香拜月,各有所期。男则愿早步蟾宫,高攀仙桂……女则愿貌似嫦娥,圆如洁月。"

赏月 赏月习俗渊源于西周。宫廷在镐京(今西安)城西设月坛,方四丈,每逢中秋之夕,帝王穿白衣、骑白驹前往祭祀。到汉代,赏月风俗形成,相传汉武帝曾造"俯月台",台下挖有"影娥池",是用来映现台上宫娥嫔妃的。每当登楼眺月时,影入池中,如仙人乘舟,笑弄明月,这便是赏月、玩月、弄月、望月之始。汉人因中秋天阴无月可赏而作《霜娥怨》诗赋,这便是文人咏月之始。到盛唐李隆基唐玄宗时代,赏月盛极。据《开元天宝遗事》载,唐玄宗与杨贵妃每年中秋都要在太液池赏月,后来还专修了"赏月台"。《龙城录》还记载着天师作法,唐玄宗得以中秋游月宫的传说。仙娥们歌舞于桂树之下,乐音清丽。玄宗素解音律,遂记其声,编律成音,这就成为著名的古典舞曲《霓裳羽衣》的由来。宋代赏月之举比之唐代有过之而无不及。据载,中秋之夕,帝王在京都临安德寿宫内桥上赏月,一切用具都以水晶制成,与月色相映成辉。池之两岸宫女与教坊乐工用白玉笙等乐器奏乐,其中吹笛者就多达200人。当时,富贵之家要搭架,装饰台榭,民间小户则争占酒楼的有利地形赏月。《梦粱录》记载:当金风送爽、玉露生凉、丹桂飘香、银蟾光满之时,王孙公子、富家巨室,莫不登危楼,临轩玩月,"或开广榭,玳 罗列,琴瑟铿锵,酌酒高歌";至如铺席之家"亦登小小月台,安排家宴,团圆子女,以酬佳节。虽陋巷贫窭之人,亦解衣市酒,勉强迎欢,不肯虚度"。入夜,"大街买卖,直至五鼓,玩月游人,婆娑于市,至晓不绝。"宋代孟元老《东京梦华录》中记载:"贵家结锦台村,民间争占酒楼观月。"这天晚上"丝篁鼎沸,近内庭居民,夜深闻笙竽之声,宛若云外。宫里儿童,连宵戏嬉,市井并闐,至于通晓。"是日,人们渴望团聚康乐和幸福,以月寄情,望月思乡,怀念亲人。唐代吟月诗众,宋代咏月词多。代表性的如苏东坡《水调歌头》:

> 明月几时有?把酒问青天,不知天上宫阙,今夕是何年。我欲乘风归去,又恐琼楼玉宇,高处不胜寒。起舞弄清影,何似在人间。
>
> 转朱阁,低绮户,照无眠。不应有恨,何事常向别时圆?人有悲欢离合,月有阴晴圆缺,此事古难全。但愿人长久,千里共婵娟。

唐宋之后,中秋赏月、玩月之举似乎不那么绮丽奢华了,但其俗仍相承不衰。明田汝成《西河游览志余》说:"民间以月饼相遗,取团圆之义。是夕,人家有赏月之燕,或携榼湖船,沿游彻晓。苏堤之上,联袂踏歌,无异白日。"清代各地还形成烧斗香、放天灯、树中秋、点塔灯、舞火龙、走月亮等活动。直到当今,每逢中秋之夜,全家围坐月光下,一杯琼液,几盘瓜果月饼,共同赏月,谈论月球天体知识、宇航新闻,联系古代神话讲故事,或观看当夜的气象变化,预测来年正月十五的阴晴。谚语有:"八月十五云遮月,正月十五雪打灯。"家人团聚之后,有的去看中秋晚会,有的去参加中秋舞会,有的三三两两去野外"走月亮",有的青年男女结对游园谈情说爱,已成为今天欢度中秋的新风尚。

古人几经选择,最后选定八月十五日为中秋节,是深含"天地人和"的科学哲理的。古人并不懂得气象科学,但对中秋节日的选定,却显现出对气候学已相当重视,并有了初步知识。一年有十二个月圆之夜,只有八月十五日夜最圆、最明、最亮,俗说"月到中秋分外明","十二度圆皆好看,其中圆极是中秋"。这是因为农历八月十五日晚,月亮、太阳、地球的位置正好成180度,月球得到太阳照射的光线,全部朝向地球的东半球,所以这一天晚上月球的光面又圆又大,称为"满月",亮度也大,如同白昼。此时又是夏秋交替的气候过渡时期,大气环流处于调整之中,南方暖湿气流热力减弱,已逐渐退出大陆,而北方冷空气还在孕育过程当中,势力还不够强大,来不及南下影响,副热带高压气候形成,多是秋高气爽的晴朗天气。同时在这种天气形势下,空气中的水汽与杂质较少,大气透明度高,月亮反射到地球上的光线比较集中,从地球上看到的月亮,也格外清晰明澈,所以,选择八月十五日晚为赏月的吉日良宵,是十分科学的。因此,中秋赏月久盛不衰。

月饼 又叫胡饼、宫饼、月团、丰收饼、团圆饼等,是古代中秋祭拜月神的供品。沿传下来,便形成中秋节吃月饼的风俗。

据史料记载,早在殷商时期,浙江一带民间就产生了纪念太师闻仲的"边薄心厚太师饼"。汉代张骞出使西域,引入胡桃、芝麻等,为饼食加工增加了佐料,出现了以胡桃仁为馅的圆形"胡饼"。唐高祖李渊和群臣欢度中秋时,手持吐蕃商人所献装饰华美的圆饼,指天上明月笑道:"应将圆饼邀蟾蜍",随即分圆饼于群臣。北宋皇家中秋爱食一种"宫饼"，民间称为"小饼"、"月团"，其品种已有"桂饼"和"五福饼"等，不过这些饼与月还没有挂起钩来，在民间还没有形成中秋吃月饼的习俗。"月饼"一词出现在南宋吴自牧的《梦粱录》中，但它只是一种象形饼食。宋代几本专门记载风俗的书，都未提及中秋食月饼。元代中秋，民间有互赠麦饼之俗。最早把月饼同中秋联系起来的，是明代田汝成的《西湖游览志》，上面写道："八月十五谓之中秋，民间以月饼相遗，取团圆之意。"明《帝京景物略》也说："八月十五祭月，其祭果饼必圆。"沈榜在《宛署杂记》中记叙明代北京月饼盛况时指出，每到中秋，坊民皆"造面饼相遗，大小不等，呼为月饼。市肆至以果为馅，巧名异状，有一饼值数百钱者。"当时，一些心灵手巧的制饼大师，把嫦娥奔月的优美传说作为食品艺术图案刻在了月饼上，制作月饼的技术相当高明，那时八月十五吃月饼已很普遍。到了清代，月饼的品种质量都有新的发展，馅好、味鲜、形美，饼面上印有"嫦娥奔月"、"三潭印月"以及福、禄、寿、喜等图案。各地在用料、调味、形状上的不同，形成了不同风格的品种，主要有京式、苏式、广式、潮式、滇式等多种。《燕京岁时记》载："至供月，月饼到处皆有，大者尺余，上绘月宫蟾兔之形。有祭毕而食者，有留至除夕而食者，谓之团圆饼。"其馅更是种类繁多，甜、咸、荤、素各有特点，色味香俱佳。制法尽管各地有所不同，但不外乎提浆、酥皮、硬皮三大类。农历八月十五日，清宫供月御案陈列的"月饼山"，从下往上，案上的月饼由大渐小，垫底的直径达尺余，而顶上的小月饼则只有两寸许，名曰"桃顶月饼"。可见清代月饼名目之繁多，花色品种之丰富。当今，月饼依然是人们喜爱的节日食品，且质量更高，花色品种更加丰富多彩。

中秋之夜，月圆如镜，银光满地，阖家老幼围桌而坐，赏明月，谈古今，饮美酒，吃团圆饼，真乃天伦之乐。民间歌谣有：

八月十五月儿圆，
银光遍洒人世间。
西瓜圆，月饼甜，
家家户户大团圆。

重阳节

重阳节,亦称"登高节"、"吃新节"、"女儿节"、"重九节"、"九月九"、"茱萸节"、"菊花节",今称"敬老节"、"老人节"。《易经》:"以阳爻为九。"九为阳数,象征吉祥、幸福、光明。两九相重,故为"重九";日月并阳,两阳相重,故名"重阳"。屈原有"集重阳入帝宫兮"的诗句,说明重阳节在两千多年前的战国时代已经形成。重阳之际,正是秋收扫尾之时。民谣有:

九月九,荞面角子咬一口。

九月九,吃上新粮登山头。

九月九,搬回女儿歇歇手。

因为吃上了新粮,故有"吃新节"之称。节日之前,乡民多有接嫁出去的女儿归宁之俗,也叫"女儿节"。

登高会 重阳节最突出的节俗活动就是登高野游,远在战国时代就有了此活动。宋高承《事物纪原》说"齐景公始为登高"。不过当时的登高并不固定在重九,固定于重九的是在西汉。刘歆《西京杂记》说:"三月上巳,九月重阳,士女游戏,就此祓禊登高。"又将重九和重三相对,并指出了登高驱邪免祸的用意。魏晋南北朝时代,重九登高之俗已经完备,甚至是以游乐为主要内容了。登高野游,有人认为源于西汉长安登高台之俗,或谓与辽代中原地区的拜天古礼有关,而较为普遍的则为"桓景避难"之说。南朝梁代吴均《续齐谐记》有所记载。其大意是:

东汉时,汝南汝河一带瘟魔为害,疫病流行,呻吟痛苦之声遍布。有个名叫桓景的人,历经艰险入山,拜仙人费长房为师,学消灾救人的法术。一天,费长房告诉桓景说:"九月九日瘟魔又要害人,你快回去搭救父母亲人!"并告诉他,"那天登高,再把茱萸装入红布口袋里,扎在胳膊上;喝菊花酒,就能挫败瘟魔,消除灾殃。"桓景回乡,遍告乡亲。九月九日那天,汝河汹涌澎湃,云雾弥漫,瘟魔果然来到山前,但因菊花酒气刺鼻,茱萸异香刺心,难于靠近。桓景挥剑激战,斩瘟魔于山下。傍晚,人们返回家园,只见"鸡犬牛羊,一时暴死",而人们却免了这场灾难。

随着桓景避难故事的"传而说之、说而传之",每逢农历九月九,人们取"九"、"久"同音的"长久平安美意",为避灾消祸,故佩戴茱萸,饮菊花酒,食重阳糕,登高野游。一些不便登高者,也要吃块重阳糕,因"糕"与"高"音同,表示"高"了。一些文人墨客,更热衷于登高活动,登高远眺,观赏山河美景、触景生情,同端阳、中秋一样,写下许多动人心弦的诗词,诸如:

魏文颂菊蕊,汉武赐萸囊。
年年重九庆,日月奉天长。
———唐·沈佺期

九日天气晴,登高无秋云。
造化辟山岳,了然楚河分。
———唐·李白

天边树若荠,江畔舟如月。
何当载酒来,共醉重阳节。
———唐·孟浩然

九月九日望遥空,秋水秋天生夕风。
寒雁一向南飞去,游人几度菊花丛。
———唐·邵大震

独在异乡为异客,每逢佳节倍思亲。
遥知兄弟登高处,遍插茱萸少一人。
———唐·王维

人生易老天难老,岁岁重阳。今又重阳,战地黄花分外香。
一年一度秋风劲,不是春光。胜似春光,寥廓江天万里霜。
———毛泽东《采桑子·重阳》

九九登高,并不是仅仅登临饮宴、赋诗作文而已,还有其他活动,综合而称为"登高会"。晋周处《风土记》说:"以重阳相会,登山饮菊花酒,谓之登高会。"登高会也叫"茱萸会",因登高时有插茱萸、戴茱萸囊之俗,故称。唐张悦有"西楚茱萸节,南淮戏马台"之句。同时也被称作"茱萸节"。《梦粱录》有:"今世人(重阳节)以菊花、茱萸浮于酒饮之,盖茱萸名'辟邪翁',菊花为'延寿客'。"

登高秋游是九九重阳的标志性习俗。再溯其源可能与古时的狩猎活动有关。登高本来就是一种体育健身活动,正逢深秋季节,天高云淡,秋风送爽,金桂飘香,菊花盛开,果实满枝,真可谓景色如画,此时登山野游,可尽得赏心悦目之乐。人们走出户外,活动筋骨,进行体育锻炼,这也是增强体质、预防疾病、延年益寿的有效途径,何乐不为呢!

菊花会 金秋九月,菊蕊笑绽,千姿百态,氤氲芬芳,美不胜收,故而九月也叫"菊月";重九也称"菊节"、"菊花节"。唐王维有"无穷菊花节,长奉柏梁篇"的诗句。菊花是一种常见的观赏花卉,开放期正逢农历九月,很自然地与重阳节紧密相连了。古人偏爱菊花,还不仅仅出于它的容颜,更由于它的品格。它不畏风霜,天姿高洁,在草木遍枯之中芬然独秀。春兰秋菊,向来被人们视作花中神品。赏菊之风,在战国时代就已出现。汉代,人们饮菊花酒以延寿,《西京杂记》载有此事。晋时赏菊饮菊酒已成为重阳节重要习俗。诗人陶渊明隐居时,"采菊东篱下,悠然见南山。"他写道:

菊花如我心,九月九日开。

客人知我意,重阳一同来。

到唐宋,赏菊之举蔚成大观。《东京梦华录》记录了北宋开封"九月重阳,都下赏菊"的盛况。清代,有的地方在重阳节前后举行菊花大会。在那"万菊竞艳,菊龙欲飞"的大会上,人们往往是倾城出动看菊花,热闹空前。

赏菊必咏菊。菊花姿色娇艳但又傲然坚强,历来为人们所赞赏,重阳节赏菊,又派生出饮菊花酒的习俗。唐朝诗人崔曙有"且欲近寻彭泽宰,陶然共醉菊花杯"之句,菊花杯即菊花酒。据晋人葛洪《西京杂记》说,菊酒的制作是"菊花舒时并采茎叶,杂黍米酿之,至来年九月九日始熟就饮焉,故谓之菊花酒"。在饮酒赏菊的同时,文人们以菊喻志,咏菊抒怀,便纷纷题咏,留下了不少脍炙人口的佳作,诸如:

夕餐秋菊之落英。

————战国·屈原

尘世难逢开口笑,菊花须插满头归。

————唐·杜牧

髻垂不嫌黄菊满,手香新喜绿橙搓。

————唐·苏轼

今日登高樽里酒,不知能有菊花无。

————唐·王缙

辟恶茱萸囊,延年菊花酒。

————唐·郭震

九月重阳节,开门见菊花。

————唐·王勃

风俗尚九日,此情安可忘。
菊花辟恶酒,汤饼茱萸香。

————唐·李欣

不肯拿钱买珠翠,任教堆插阶前菊。

————宋·司马光

头风便菊枕,足痹倚藜床。

————宋·陆游

待到秋来九月八,我花开后百花杀。
冲天香阵透长安,满城尽戴黄金甲。

————唐·黄巢

奇花独立树枝头,玉骨冰肌眼底收。
且盼和平同处日,愿将菊酒解前仇。
——朱德

重阳节,最初的登高活动本是避灾求吉,后来则多是游乐宴赏,成为一项健身的体育锻炼活动了。由此又生出了与三月三踏青对应成趣的"辞青"。九九重阳,时令近冬,天气渐冷,树木花草凋零在即,人们登高野游,也是一年中最后一次户外活动,有辞别青翠绿色之意。《帝京岁时纪胜》有:"都人结伴呼从,于西山一带看红叶,或于汤泉坐汤,谓菊花水可以怯疾。又有治肴携酎,于各门郊外痛饮终日,谓之辞青。"辞青,就得走出户外;登高,有益于身心健康;佩茱萸、饮菊酒,相得益彰。茱萸是一种散发着浓溢香味的小乔木药用植物,有驱虫除湿、逐风邪、治寒热、消积食、利五脏等功用。菊花酒有清热解毒、明目等作用。两者对人体都有保健与防疫的功能。

此外,有关重阳的天气谚语也很多。民间是日忌无雨,有"重阳无雨一冬干"、"重阳无雨看十三,十三无雨一冬干"、"三月三,九月九,无事莫到河边走"等谚语流传。重阳以后,日渐天寒,农谚又有"九月重阳,移火进堂"等。

1988年,我国正式规定农历九月九日为敬老节。每年九月初九,全国开展敬老活动,关心老人生活,请老人参加庆祝会,观看文艺演出等。

十月一

十月一为鬼节,亦叫"寒衣节"、"冥阴节"、"烧衣节"、"哭节"、"牛王节"、"开斋节"等。十月初一(朔日)是进入冬季的第一天,人们由生者的御寒加衣,想到死者的防冷需求,特别注重祭奠先亡之人,谓之送寒衣。"十月一"与清明、中元并称为一年中的三大"鬼节",但前两个节俗活动中,都有游乐赏玩的成分,唯独此节是一个纯粹祭祀的鬼节,所以又称"冥阴节"。

送寒衣 祭扫祖墓时,于坟前焚烧用纸糊扎的衣服鞋帽,因冬季来临,气候日冷,为阴间的鬼魂送衣取暖,故名。此俗流行甚早。《东京梦华录》载有北宋京城汴梁(开封)在农历九月下旬即有"卖冥衣靴鞋席帽衣段,以十月朔日烧献"的习俗。元代在七月进行。《析津志》说:"都(北京)中人民七月祀先,用麻秸奠酒为诚,买纸钱冥衣烧化于坟,谓之送寒衣,仍以新土覆墓。"明代于十月进行。《帝

京景物略》说:"十月朔日,纸坊剪纸五色,作男女衣;长尺有咫,曰寒衣。有疏印缄,识其姓字辈行,如寄书然,家家修具夜奠,呼而焚之其门,曰送寒衣。"又演化为把衣服式样刻板印在纸上。清代仍有此俗。清张英《渊鉴类函》有:"旧俗刻板为男女衣状,饰文五色……焚之祖坟,名曰送寒衣。"《中华全国风俗志》载,烧衣节是"十月朔,俗称十月朝;人无贫富,皆祭其先,多烧冥衣之属,谓之烧衣节"。

现代的人们也不乏古人之孝思,当然继承了这一习俗,只是除了寥寥寒衣之外,更增添了许多现代化的玩艺,纸扎的楼房、彩电、汽车等应有尽有,想让先人也过过现代化的生活。有的除冥国银行票子外,还仿制了外国货币来烧纸,好让先人也能出国逛逛。将送

寒衣的范围逐渐扩大,这是缘何呢？说到底还是慎终追远,亲情所致。

是日,同清明节一样,是合葬、迁坟、冥婚的入穴吉日。大凡此节,民间家家户户要吃蒸食、糕与面食,以慰藉先人,告其后辈生活美满,请放心好了。在此同时,也含有犒劳耕作者的含意。

牛王节 又传,十月一为牛王神诞辰,为牛神节,敬牛王菩萨,祭牛王。是日尤忌棍打鞭甩牲口,并熬糯米粥喂,以谢其辛勤劳作。有谣：

打一千,骂一万,十月初一一顿饭。

十月初一不吃面,犁铧打下一串练。
十月初一不吃糕,犁铧打下一圪窂。

十月一,不仅要为亡人送寒衣,就是生者,也要进行一些过冬的传统活动。妇女们要拿出做好的冬衣让家人换季,如果天气仍然暖和,就让家人试穿一下,图个吉利。男人们要整理火炉、烟筒、炕,以保证取暖。

开斋节 回族民众皆信奉回教,即伊斯兰教,亦称清真教。教徒通称为穆斯林,在回历纪年的十月一日,为欢度的开斋节。

教仪规定,成年穆斯林每年要守斋一个月。在守斋期间,每天于日出前吃好封斋饭,从日出到日落这段时间里不准进食,人人要谨言慎行,克制一切私欲,以表示笃信真主安拉。不过老弱病幼者,可以除外。

开斋节既是宗教节日,又是民族节日,是回族的年节,就像汉族欢度春节一样。这一天,清真寺要张贴赞颂真主的对联。每个穆斯林要沐浴,穿上最洁美的衣服,到清真寺参加会礼仪式。家家要备节日美食,宴请宾客,还要探亲访友,互致节日问候。男子这一天,也习惯走坟扫墓。

冬 至

冬至，二十四节气之一。《易·复》："先王以至日闭关。"王弼注："冬至，阴之复也。"时间是立冬后46日即阳历新年前十日，有"冬至十日阳历年"之谚，阳历12月22日前后太阳到达270度时开始。我国早在春秋时代已经测定此节气，与"夏至"统称为"二至"，并应用到农事中来。《月令七十二候集解》："（农历）十一月中，终藏之气，至此而极也。"古代黄河流域的物候现象为蚯蚓结，麋角解，水泉动。《通讳·孝经援神契》："大雪后十五日，斗指子，为冬至。十一月中，阴极而阳始至，日南至，渐长至也。"天文学上规定冬至为北半球冬季开始。我国处于北半球，此日为一年中夜最长、昼最短的日子。其后阳光直射位置向北移动，白昼渐长。在农业生产上，我国大部分地区，这一时期除继续进行防冻、积肥、深耕等农事外，还注意保护牲畜安全过冬，民间有"冬至十日不使牛"之谚。

别称之说 冬至同端阳节一样别称很多，这是人们从自然和文化两个角度的认知，从而出现了丰富多彩的一节多名。

亚岁：这是与年节相比较而产生的别称，意思是冬至亚赛年节，谣有"冬至大如年"之说。三国魏曹植《冬至献袜履表》："四方交泰，万汇昭苏。亚岁迎祥，履长纳庆。"该日，君受万国朝贺，因小会，其仪亚于岁朝，谓"亚岁朝"。六朝，俗重冬至，已将冬至与岁首并称（见《颜氏家训》）。到宋代，更为重视，《岁时杂记》："冬至既号亚岁，俗人遂以冬至前之夜为冬除，大率多仿岁除故事而差略焉。"明代，尤盛。《中华全国风俗志》："冬至俗名亚岁，大家互相庆贺，一似新年，吴中最盛，故有'肥冬瘦年'之说。"

冬节：在南北朝时，已成为正式节日。《荆楚岁时记》："去冬节一百五日，即有疾风甚雨，谓之寒食。"当时，民间有食赤小豆辟邪之俗。

长至：冬至也叫"长至节"。这是以自然为基准的别称。自夏至以后白昼渐短，到冬至达到极点，其后白昼渐长，因此称"长至"，意为白昼之长即至。

短至：冬至也叫"短至节"，也是以自然为依托的别称，只是解释的角度不同，与长至相反，意为白昼达至短之至。

肥冬：这是从习俗的角度认识冬至的称谓。冬至早于年节，饮食丰富，并以有酒肉馈送亲友的习俗，故称。

贺冬：也称"拜冬"、"喜冬"，特指冬至日的祝贺活动，汉代即有此俗。宋代，每逢此时，人们更换新衣，往来祝贺，一如年节。清顾禄《清嘉录》："至日为冬至朝。士大夫家，拜贺尊长，又交相出谒。细民男女，亦必更鲜衣以相揖，谓之拜冬。"辛亥革命仍有此俗。冬至前夕称冬至夜，全家合聚欢筵，祀祖先，拜长辈。冬至日，男女出门互访。

履长节：这是从自然与习俗两个角度认识冬至的，因"履长"之意有两种解释：自然之说谓时及冬至，日当南极，晷影最短；律当黄钟，其管也最长，因有履长之贺，故称。习俗之说谓冬至一阳生，白昼从此渐长，妇女以示女红开始，献履袜给舅姑（公婆），故称。《中华古今注》说："汉有绣鸳鸯履，昭帝令冬至日上舅姑。"三国时有"亚岁迎祥，履长纳庆"。后来，此俗逐渐变成了舅姑赠鞋帽于甥侄了。

祭冬坐九 殷周时期，定冬至前一天为岁终之日，叫"除冬"。冬至，当然就相当于今天的春节了。后来实行夏历制，但冬至一直排二十四个节气之首，故有"冬至大如年"之说，称之为"亚岁"。既然如年，也就离不了祭祖祀天之仪。祀天是封建王朝的国事大典，一般为夏至在都城的北部祭地，冬至在南郊祀天。《史记·封禅书》说："冬至日，礼天于南郊，迎长日之至。"汉代以后，是日都要举行庆贺仪式，高峰时朝廷休假三天，君不听政；民间歇市三日，欢度节日。明、清两代，保持着"冬至郊天"之礼。这天，必出动文武百官，设三牲大供，九九香酿，以九盘、九碗、九样、九色、九盅为祭，天子亲往祭坛，躬行大礼，酹酒敬奠。天子祭坛，本来是他求福求吉，还打着代万民谢天的旗号，百姓自然喊万岁爷万岁！

这种隆重仪式，传到民间便简单多了。冬至这天，五鼓天晓时候,全家出动,集于庭院,席地而坐,进行祭奠。黄表纸书"九天圣君"与"玉皇大帝"神位,左右设先祖灵牌,摆清供,上清香,请屠夫来杀猪宰羊,祭天、祭祖,俗称"祭冬坐九"。

夏至祀地、冬至祭天是宫廷的礼仪。民间二至则有"冬至馄饨夏至面"或"冬至饺子夏至面"之俗。作馄饨为食,取开天于子,因按干支算,农历十一月属子。混沌初分,人食之可益聪明。饺子的"饺"与"交"同音,除含交之子月外,吃饺子俗叫"安耳朵",俗传冬至不吃饺子会冻掉耳朵。沁域叫饺子为"扁食",冬至吃饺子有"羊肉扁食不吃饱,冻得耳朵离得脑"之谣。羊肉,性阳,可暖胃,属热补食品;扁食似人头状,两边形似耳朵,故食之大吉。

尊师敬长 冬至也是传统的尊师节。是日,有许多与学校有关的节俗,其中最主要的是礼拜、宴请教书先生,同时商定来年事宜,还要拜圣(孔子)、请教习、学馆放假、烧字纸等。这些习俗都反映了人们尊师重教的传统观念。

《中华全国风俗志》有"十一月冬至节……拜父母尊长,设家宴"的记载。是日,媳妇除礼拜之外,还要向公婆献鞋献袜表达孝心。勿论新旧媳妇,不能在娘家过节,必须赶回婆家,有"过个冬,去个公"之谣,意思是在娘家过节,来年会害死家长。这种履长古义至晚在魏晋南北朝时已流行。魏崔浩《女仪》中说:"近古妇人,常以冬至日上履袜于姑舅(公婆),践长至之义也。"其后,唐宋元明清一直盛行此俗,可说冬至节是我国传统的"敬老节",不过后来此俗逐渐演变为尊长送鞋帽于甥侄小辈了,也正是"尊老爱幼"的遗风美德。

拜贺馈赠 冬至除祭祖、拜师、礼奉尊长外,还要拜贺有血缘、姻缘、地缘的人们。士庶人等你来我往,驰贺不迭。"亲朋各以食物相馈遗,提筐担盒,充斥道路,俗呼冬至盘。"这种礼尚往来,使人与人之间,亲者更亲,密者更密,疏者变密,远者趋近,甚至仇者也可尽释前嫌,重归于好。不过,如此礼品馈赠,相互周转,也会出现一些笑话,正如前人颜度的一首诗云:

至节家家讲物仪,迎来送去费心机。

脚钱尽处生闲事,厚物多时却再归。

九九消寒 冬至,民间叫"交九",也称"数九"。连冬起九,进入一年的"阴极"之日,共八十一天,分九个时段,每段九天,依次称一九、二九、……九九,合称"九九",与"三伏"相对。这个时节,天寒至极,人们以九数之,屈指度日,因此叫"数九",这一段的天气也相应地称"数九天"。"数九"习俗起源甚古,最早记载见于550年前后梁朝的宗懔所著《荆楚岁时记》:"俗用冬至日数及九九八十一日,为寒尽。"人们通过对天气寒暖、物候以及人事物事的长期观察与实践,联缀了《九九歌》,广泛流传,以致数九消寒九尽寒尽。其巧妙地用自然界中某些生物的各种生态反应,形象生动地表明"九"里各个时期不同地域的气候特征。如北方《九九消寒歌》:

一九二九,不出手;

三九四九,冰上走;

五九六九,沿河看柳;

七九河开,八九雁来;

九九加一九,耕牛遍地走。

冬至后约一个月,最冷的时段有:

三九三,冻破砖;

三九二十七,见火如见蜜。

沁域地带流行的九九歌为:

一九二九,闭门搓手;

三九四九,冻死鸡狗;

五九六九,隔河看柳;

七九冰开,八九燕来;

九九寒尽,春暖花开。

和《九九消寒歌》同出一辙的是《九九消寒图》,其形式很多,以图形或字句等形式逐天记录九"九"的进程和天气变化。

有的画素梅一枝,八十一朵花,从冬至起逐日用红笔染其中一朵,画梅红遍,而九九毕,谓之《消寒画》。

有的画表一幅,九行八十一格,日涂一圈于其中一格,上阴下晴,左风右雨,雪当中,格满则寒消,谓之《九九消寒表》。

也有在九个格子里描或写九个字,每字九笔,如"亭前杨柳珍重待春风"(繁体),从冬至开始填写头九之字的第一笔,九天填完一个字为"一九"。九个字八十一笔填完则九尽,谓之《九九消寒句》。

还有人创作"九体"对联,每联九字,每字九画,如"故城秋荒屏栏树枯荣;庭院春幽挟巷草重茵"。这些字描成空格,每天在上下联上各填一笔,全联填完,春暖花开,谓之《九九迎春联》。

以上种种统称为《九九消寒图》。

此外,人们通过冬至的天气观察,占验主年的阴晴谚语有:

干冬湿年,

湿冬干年,

干净冬至邋遢年。

腊八节

腊八节,亦称"庆丰日"、"成道节"。

腊日 古时对农历十二月的别称至少不下十多种,不过最有影响、流传至今的还是"腊月",或"蜡月"("腊"与"蜡"古通用)。这是新旧年衔接之际,举行连天地神灵加祖先一起的"合祭",称"腊祭"或"蜡祭"。所谓"腊者",也有多种解释,如涵"合、索、接、猎"等义。用"腊"还是"蜡",古代各朝并不统一,腊祭的时间也不统一。《史记·秦本纪》:"十二年,初腊。"张守节《正义》云:"十二月腊日也……猎禽兽以岁终祭先祖,因立此日也。"汉许慎《说文·肉部》:"腊,冬至后三戌,腊祭百神。"以"腊八"为"腊日"亦早形成,如南朝梁宗懔《荆楚岁时记》所载:"十二月八日为腊日。谚语'腊鼓鸣,春草生'。村人并击细腰鼓,戴胡头,及作金刚力士以驱疫。"其时,已由祭祀百神及先祖衍入驱疫禳灾之俗了。后来,食用"腊八粥"则成为腊日习俗的主要内容了。

腊八粥 腊月初八古称"腊日",是岁终祭祀百神之日。原本"年节",后演变成一般节日。是日食粥,故称。俗源有三说:一说源于佛教:

相传,佛教创始人释迦牟尼得道成佛前,曾游历印度名山大川,为深究人生之究竟,寻奇人,访长者,刻苦修行。他来到摩揭陀国,因又饥又饿,加之酷热难熬,昏倒在地。牧女苏耶妲(意译"善生")见状,送来了自己的午餐乳糜。乳糜即乳粥,是用牛马等乳汁和米粟加野果煮成的,是印度各种食粥中的上品。释迦牟尼食后,感到无比甘美,恢复了精力,在菩提(毕钵罗)树下悟道成佛,此正是腊月初八。后来每逢这天,佛寺僧众都要诵经演法,取香谷及果实等造粥供佛斋僧,以示纪念,并逐渐流行于民间,用各色杂粮做腊八粥渐成习俗。

二说源于食粥驱鬼:据传,怒触不周山共工氏,其七个不孝之子死为疫鬼而畏赤豆,于是日作小豆粥以袯除瘟神疫鬼。古时腊八食赤豆粥时,先行以赤豆"打鬼"仪式,驱鬼后再食粥,祈年丰人旺。

三说源于明太祖朱元璋赐名:俗传,朱元璋年轻时曾给某地主放牛,饥饿难忍,掘鼠洞得五谷杂粮,熬粥充饥;登基后,于某年腊月初八忽想起此事,遂命御厨以五谷杂粮熬粥进食,吃后大悦,因是日为腊八,遂赐是名。

吃腊八粥之俗,至少在唐代已经形成。唐人李福有《腊八粥》诗说:

腊月八日粥,传自梵王国。

七宝美调和,五味香掺入。

用以供伊蒲,借之作功德。

到宋代,此俗十分流行,粥的配料、制作、食法谈论颇多。孟元老《东京梦华录》说:"初八日,诸大寺作浴佛会,并送七宝五味粥与门徒,谓之腊八粥。都人是日亦以果子杂料煮粥而食也。"《梦粱录》、《武林旧事》等书也都有记载。清人富察敦崇的《燕京岁时记》记录最详细,其词谓:

腊八粥者用黄米、白米、江米、小米、菱角米、栗子、红豇豆、去皮枣泥等合水煮熟;外用染红桃仁、杏仁、瓜子、花生、榛穰、松子及白糖、红糖、琐琐葡萄以作点染;却不可用莲子、扁豆、薏米、桂圆,用则伤味。每至腊月七日,则剥果涤器,终夜经营,至天明时则熟矣。除祀先供佛外,分馈亲友,不得过午,并用红枣、桃仁等制成狮子、小儿等类,以见巧思。

不过,如此的腊八粥远非原意,与其说是佛粥,倒不如说是中上层社会的美食。在沁域乡间,配料多为小米、软米、红小豆、豇豆、江米、红枣、花生米、核桃仁等。过去一些穷苦人家没米,就用玉茭面糁糁代替,也不一定总得凑够几样配料才行,只要能熬成糊状就叫腊八粥。

良药粥俗 佛门众僧很看重给佛祖力量的粥,视其为良药:"粥名良药,佛所称扬;义冠三种,功标十利"(《释氏稽古略》卷三载五代齐己《粥疏》)。由于佛门众僧将腊八粥视为良药,传到民间就神奇得多了,相关俗信便接踵而来。首先是早食为佳,必于五更前食之,俗传食粥早则五谷之收成亦早。俗云:"谁家烟囱先冒烟,谁家高粱先红尖。""黎明食之,稍迟则忌之,曰犯红眼病。"因此,人们彻夜不眠,精心熬粥。其次是涂粥四处,以除不详。"以粥抹果树上,则多实,或戏贴妇人背上,以祝生子。"还有七日到河边凿冰做腊八粥,或取冰块准备熬粥时化冰为水用;也有"凿冰祀神,并置粪土上,以为禳来年旱灾",所以,腊八一早东方天发亮时,人们便忙了起来。祀神祭祖后,便将腊八粥喂点牲口,让其膘肥体壮;喂点鸡鸭,让其多多下蛋;尔后向院里与房前屋后的果树上抹粥,让其来年果实累累;在抹粥后,还要用木棒槌或棍子、斧把敲打,让树从冬眠中醒来,知道春天将要到来,准备发芽开花。对不同的树种,在敲打的同时,还要念不同的口诀,如:

杏树:
　　　结杏不结杏,先打三棒棍。
枣树:
　　　结枣不结枣,先用棒槌敲。
果树:
　　　结果不结果,先用斧把扩①。
桃树:
　　　结桃不结桃,给你三斧脑②。

把所有的能结果的树喂粥敲打后,天已麻麻亮,全家人开始吃早饭。除红粥之外,还要炒几个素菜吃,民间有"荤年素腊八"的讲

---

① 扩:打的意思,方言。
② 斧脑:斧头的简称。方言。

究。

腊月初八,正是严寒至极之时,民间有"腊七腊八,冻死王八"之谚。腊八粥营养丰富,有益健康,并有御寒防风作用,故有的地方称其为"防风粥"。人们品尝着粥的美味,议论着各种作物的优劣,享受着丰收的喜悦,因此,有的地方把腊八日叫做"丰收日"。腊八风俗流传至今已无迷信色彩,人们喝腊八粥,有的只是到超市买些瓶装八宝粥以应节令而已,有的则非常讲究,配料品种以多为胜,竞巧争奇,较之古人有过之而无不及矣!

腊鼓鸣,把人撵,置办吃穿买火鞭。

小孩小孩你别馋,过了腊八就是年。

年节的传说

各个年节,都是由节日各自的时间、习俗与传说相构成的。前两者中,离开任何一个,节日就不复存在。传说虽不是决定节日的关键,但由于这种口头散文故事的代代相传,内容逐渐丰富,情节逐渐完善,神秘玄妙的遐想,独特的艺术魅力,使人们倾注着极大的情趣,因而在年节文化中占有相当重要的地位,这正是民俗文化发展到一定阶段的结果。一个节日,往往有一种或多种传说,对节日给予了解释,说明了为何会有这个节日,为何会有那些习俗;由于它具有神奇与群体性,使节日更加充实与丰满,并增加了许多离奇幽远的浪漫色彩。

为什么会产生节日传说呢?其因有二。首先,在人类社会里,人们的求知欲望,不论对任何事物,总喜欢问个为什么,如为什么会有日月星辰,为什么会有山川河流,为什么会有树木花草,为什么会有男人女人,等等。这种对事物起源与探索的好奇心,是人们共同的心理特征,是人们的认识与求知的需要。为了满足心理上的需求,通过实践活动,很自然地产生了口头创作,久而久之,日渐完善,自然形成了有的是与岁时历法、气候季节的转换相关连的,有的是与图腾崇拜、万物有灵等观念有关的传说故事。其二,产生于民族价值观念与道德观念。一些传说故事,正是这些观念在人们情感上的外在表现。在历史的演变过程中,人们往往采用多种方式寄托自己的理想、愿望与要求,采用不同形式来表达自己的不同情感,并充斥着民族或地域文化的价值与伦理观念。在传统节日传说中,有很多人们敬佩和同情的人物,如大智大谋的诸葛亮,爱国诗人屈原,忠心保主不为升官的介子推,追求婚姻自由的牛郎、织女等。节日传说虽然有着许多种类型,但都有一个共同点,即它与节日有着密切的关系。

从内容上看,节日传说可分为两类。一类是着重解释社会上为什么会有这个节日或其习俗,如祭灶、守岁的来历,元宵节挂花灯、闹社火,端午节吃粽子、划龙船、跑坡、插艾叶,中秋夜赏月、吃月饼等节日传说等。另一类型传说,只解释节日习俗的起源,而不涉及其起源时间,如贴春联、门神、寒食、跑旱船等。这两类节日传说,都与节日有着密切的联系,只不过是这些传说产生于节日或其习俗之后罢了。

同样一个节日,由于地域不同,会产生不同的节日传统,这是一种实用主义和文化传播的变异现象。如春节"守岁"的传说,有的说是为了等灶王爷五更回来;有的说是怕睡觉做不祥之梦;有的说是为了叙旧迎新;有的说"年"是一种可怕的动物,专在除夕夜出来吃人,因此全家人闭门团坐,院燃旺火,防止"年"来,故初一一早,人们见面互问"新年好"等祝辞。又如端阳节的传说,有说起源于屈原,有说起源于伍子胥、勾践、马援、白洁夫人等等。凡此种种,都是把外来文化因素加以吸收,并与自身地域文化相适应,再把本地域人们所熟悉的英雄人物或历史人物加以附会,从而形成了各具特色、地方性很强的节日传统。

从节日传说的文化学角度来看,有如下特点。

首先带有很大程度的主观性,甚至有一定程度的随意性,往往是真真假假,假假真真,大大地超出了历史事件的本来面貌,达到了超越的地步。其次,节日传说的艺术风格与手段,因地域或民族及其文化背景不同而异,尽管有所差异,但它表现的艺术形式是共同的,都采用了神话的幻想形式。再次,它与神话有区别又受其影响,只限于解释节日,习俗与起源、来历不像神话而没有局限性。节日传说,是以浪漫主义的艺术手法,对社会历史作人为的艺术加工,给人以真切和亲近感。神话传说给人以扑朔迷离、变幻莫测的感觉,产生一种敬畏恐怖与宿命的心情。

节日传说之所以产生并长期流传,绝非偶然,是民间口头文学创作的产物,得到了人们认可。它与节日中的功能有着密切关系。首先,它具有强化民族或区域文化的作用,如龙舟竞渡本来是一种娱乐活动,当有了屈原等英雄人物传说之后,将这种活动与之附会,就变成了纪念历史上英雄人物的活动。同样,寒食节也是如此,自从有了介子推传说故事后,就赋予了新的意义,其实早在介子推之前,《左传》、《史记》等书中就有寒食节之记载了,后人附会于介子推,人们也觉得天衣无缝。每年在重复历史上某日或其习俗的纪念活动中,本民族或本地域道德伦理观念、价值观念得到不断强化与扩展,从中潜移默化地熏陶与教育后代,使其得以保持与传承下去。其次,具有群体凝聚力的功能,起着使本群体、本民族认同的作用,能促进群体内部的亲近感。最后,节日传说还具有保持节日和节日习俗的功能,成为一种有意义的、严肃的地域或民族文化的象征。

年节的效应

岁时年节是在特定的环境与文化俗性下产生的,尽管各有千秋,但其基本功能是互通而一致的。同是为了调节生理与平衡心理状态,保持群体或地域民族文化,增强团结,共同进步,达到发展,有以下效应。

加强血缘联系与巩固亲属观念

传统节日,是以家庭成员团聚度过的,诸如春节、元宵、端午、中秋等节日,节前家人都要想方设法回到长辈所在地聚会。如春节,小辈要向长者拜年,长者要给小孩子压岁钱,这一习俗使长辈的名分一次次被小辈确认,从而保持家族人伦关系。家与年节的联系,是非常密切的,形成了节日是团聚的代名词,故有"每逢佳节倍思亲"等名句,节日是亲合状态的集中表现。

保持家庭人伦关系的同时,并与亲族名分认同相互结合,逢年过节的走亲习俗正是如此。每一个重大的传统节日之后,都要进行走亲。正月初二外甥要去外祖父家拜年,初四或初六,女婿要到岳父家拜年;清明节嫁出的女儿和外出的家族成员,要回去给祖先烧纸扫墓;端阳节要给嫁出的女儿送粽子,叫"送端午";七月十五要给女儿送"羊羊"馍;中秋节给女儿送月饼叫"送十五";等等。一般来说,受礼者都要反馈礼品,尤其是晚辈,含有"孝敬"的意义。如此礼尚往来,影响着年节的习俗形式,而年节又加强了血缘亲族的联系,巩固了亲属观念。

此外,年节还有着加强和调节人际关系的作用。如春节拜年,先拜族人长辈,后拜邻居、亲朋、长辈或同辈,见面互贺新年好,礼让如意,既联络了感情,又增进了友谊。即使是平时有点纠葛的,在这喜庆的日子里,也会礼让三分,一拜了之,既往不咎,团结共进。在节日的习俗活动中,也能起到密切人际关系的作用。如闹社火、观灯、龙舟竞渡、登高、荡秋千等,通过集体活动,进行社会交往。有友好往来关系者,要进行请客送礼,进一步加深感情,互帮互助,以持之永恒。不过也有目的不纯的人,钻这个传统节日的空子,把正常的礼尚往来变成了行贿受贿,进行危害社会的勾当,这不能不说是传统节日的一大悲哀,给年节文化带来了遗憾。

增强社群集体意识与树立爱国主义精神

传统年节源于民众之中,约定俗成,成为人们行事的规范。它的社群活动形式,具有一定的社会意义。在家人团聚共同欢庆的同时,使人强烈地感受到社会群体的存在。要观看各种庆贺与游乐活动,就得有人主办与参与,本身就是一种没人组织的自行组织,由此一部分人由观众变成了参与者。活动的形式很多,诸如舞狮子、耍龙灯、踩高跷、跑旱船、闹秧歌、扮会会、对歌、放河灯、龙舟竞渡、采艾叶、赏菊、踏青跑坡等等,场面之热闹,人口之众多,交际之频繁,社群意识自然地得到了加强,人们的言行礼仪同以社群集体为宗旨,必须同心协力,进行配合。尤其是在那些群体竞赛的习俗中,参赛者往往是两个人以上的集体、村、乡或地区,人们有着强烈的竞争心与集体荣誉感,互相配合得如何,是胜败的关键。旁观者很自然地会倒向本方,局外者往往也会有一定的倾向性,他们呐喊助威,拍手鼓劲,与参赛者拧成了一股劲,强烈地体现了社群集体意识,从而又提高了群体的向心力与凝聚力。随着时代的前进,年节习俗的传播与延展,小群体扩展为大群体,小地域扩展为大地域,小活动扩展为大活动,华夏的炎黄子孙,逐渐形成与树立了爱国主义精神,成为一种美德。

调整身心与饮食

在年节未形成之前,人们只知道终日劳劳碌碌为生存而生活。尤其是农民,只知道"日出而作,日落而息",身心处于紧张状态,很不利于生理与心理健康,甚至达到无法承受的地步。人们为了更好地生存与适应,根据客观规律与主观能动性相结合,创造了在"一年当中由种种传承线路形成的固定的或不完全固定的活动时间,以开展特定主题的约定俗成的社会活动日"(《中国民俗学》)。有规律、有间隔的传统年节的出现,在一个轻松欢乐的文化气氛中,有利于人们身心健康的调整。各种习俗活动,使人们趣味无穷。那些竞技比赛,更是群情激昂,在音乐旋律的伴奏下,人们载歌载舞,常常使人兴奋达到极点,身心得到了自发调适,心理达到了自然平衡,身体得到了休息,恢复了元气,以利于更好地为谋生而创造世界。

传统节日,给青年男女创造与提供了求偶的机会。他们利用习俗活动,进行社交往来,有的暗送秋波,以表爱慕;有的含情脉脉,暗赠物品；有的故意丢失东西，以试对方；有的通过竞技，联络感情；有的通过对唱，确定终生；等等。这种自由恋爱，能满足社群的需要，起到了重要的调节作用。

年节之日，除人们的精神需求满足外，在饮食习俗上更为讲究。古有"国以民为本，民以食为天"之训。《礼记·礼运》中说："饮食男女，人之大欲。"饮食像历史的一面镜子，折射出一个地域社群的社会生活，也反映出他们的宗教意识、道德观念和审美情趣。不同的节日，有着不同食俗，每一种食俗都有一定的文化内涵。如大年初一吃的饺子，也叫"扁食"，其形状犹如元宝、老鼠、弯月等，它集面食菜食于一身，兼充饥调味于一体。饺子要除夕守岁时包好，初一早晨食用，象征元宝进来，有的内包铜钱、花生等，意味着钱中带钱与男女交替而生之意，它从充饥的生理需求出发，扩充到内涵丰富的文化。它不仅在制作时讲究，连摆放时也很讲究，有"千忙万忙，不让饺子乱行"之谚。元宵节的元宵，二月二的油糕，清明节的飞燕馍，端阳节的粽子，七月十五的羊羊馍，中秋的月饼等食品，都有着丰富的食文化与审美观点。人们平时忙碌，过节有时间来精心制作，调剂食品，改善生活，增强营养，尽情地享受节日的欢乐。

促进物资交流与商品经济繁荣

过年过节，是人们生活中重要的日子。为迎接节日的到来，人们除身心准备外，主要是物质准备，贮存各类物资，生产各种食品与所用东西，购置缺短货物。节日到来之前，是商品交换的旺季，常常是购销两旺，商品成交额远远超过平时。社会商品生产，使年节衍生出与商品经济有关的功能，而这一功能，又促进了社会的商品生产和商品交换，彼此的互渗性很强。随着当今的改革开放，市场经济的进一步繁荣，促进了物资交流，商品经济的发展。

积淀社会文化

节日的相沿传承，对社会文化产生了心理积淀，其表现在熟悉历法、节气与年节习俗。一年二十四个节气，构成了岁时节令的计算基础。一些传统节日与节气有直接关系，是为农活而排定的。如春节定在农历正月初一,为岁首,正是寒往春来的季节。端午节定在五月初五,为夏天初时。中秋节定在八月十五,为新秋之季。冬至定在北半球全年中白天最短、黑夜最长的一天,标志着最寒冷的时候已经到来。在这种循环往复的传统节日的背景下,节气的概念深入人心,无形中培养了人们不违农时的习惯。如农谚"清明前后,安瓜点豆","清明谷雨两相连,浸种播种莫迟延","芒种不种"等。

传统节日都有独特的习俗,这是节日的个性。互不雷同的习俗构成了各个节日的文化要素,体现了其特征,给人以不同的感受。年节习俗是社会文化的一个方面,是社群模式的体现,给人以文化熏陶,对人格的形成产生长久的影响,表现于价值与道德观念,以及审美情趣。

综上所述,岁时年节文化是社会文化的一个组成部分,它是由社群自发地发展起来的,体现了群众文化群众办的特点。在各个地域独特的风格中,形成了五彩缤纷的年节文化,在整个民族的社会文化中,永远放射出灿烂的光芒。

民间信仰

择 吉

择吉术

择吉,古称"选择",又称"涓洁",民间叫"看日子"或"检日头",民间过去非常流行。举凡祭祀祈福、婚姻丧葬、修房动土等都要先选吉日吉时,然后方可行之。这种选吉日吉时的方法,即为择吉术,就是给人一种价值判断,告诉人们应不应该做,能不能够做,做了有吉还是有凶。这是根据人们趋吉避凶、冀福忌祸、恋生恶死、向往成功、担心失败的心理特征而兴的。通过占卜得知,要做的某件事在何时与何方去做最有利,实质上是围绕着"吉祥"二字打转。

择吉的由来 我国是一个盛行自然崇拜和多神崇拜的国家,从天到地,从动物到植物,从一座巍峨的山峰到一小块土地,从死去的祖先到活着的尊者贤人,都可以成为崇拜的对象,都具有不可捉摸的神力并作用于人世。

早在先秦时代,就具有了"天人感应"观念,后经汉代董仲舒发扬光大,愈使"天人感应"、"天人合一"观念深入人心,不仅成为中国哲学的精髓,更成为古代人不可摆脱的思维模式。因此,在我国的历数和易、律或神之间就有了一种必然的联系。从《汉书·律历志》起,已开始用易数来注解历数了。《新唐书·天文志》称:"盖历起于数,数者自然之用也。其用无穷,而无所不通,以之于律于易,皆可以合也。"到了宋代,就有了较完整的历书,如《会天历书》等。清代是择吉术和择吉黄历发展最为成熟、形式最为完备的时期。当时,清政府下设的钦天监每年颁发时宪书一册,这就是我们后人所称的黄历、通书。

由此可以看出,择吉术的产生与发展,孕育于先秦,萌芽于两汉,产生于唐代,成熟于宋代,集黄历大成于清代。

择吉的名称 从广义上说,一切追求及选择吉祥信息的行为都是"择吉"。包括八卦、太乙、六壬、奇门遁甲、禽星、丛辰、建除、堪舆、风角、占星、孤虚等在内的所有术数,都可统称为择吉术。它们都是通过一定方法给人们提供关于吉凶信息的。

从狭义上说,择吉术是指以干支历法为基础,附注以八卦、九星、二十八宿、十二直、六曜、干支五行,并根据年、月、日、时各种神煞进行推算,寻找吉日吉时的一种方法。简而言之,就是根据一定的方法,选择吉利的日时和方位。所以,民间直接称"看日子"、"检日头"。

基础理论

天干地支 天干十位,地支十二位,原意乃取象于树木。古人说:"夫干,犹木之干,强而为阳;支,犹木之枝,弱而为阴。"可见,天干地支的原意源于木,但是对它们的原始意义,却有着奇趣的说法。

天干:

【甲】象征草木破土而萌,阳在内而被阴包裹;

【乙】草木初生,枝叶柔软屈曲;

【丙】柄也,如赫赫太阳,炎光万丈,万物皆炳然著见而明;

【丁】草木成长壮实,好比人的成丁;

【戊】茂也,象征大地草木茂盛;

【己】起也,纪也,万物抑屈而起,有形可记;

【庚】更也,秋收而待来春;

【辛】金味辛,物成而后有味。另一解说,辛者,新也,万物肃然更改,秀实新成;

【壬】好也,阳气潜伏地中,万物怀妊;

【癸】揆也,万物闭藏,怀妊地下,揆然萌芽。

地支:

【子】孳也,像草木种子,吸土中水分而出,为一阳萌生的开始;

【丑】草木在土中出芽,屈曲着将要冒出地面;

【寅】演也,津也,寒土中屈曲的草木,迎着春阳从地面伸展;

【卯】茂也,日照东方,万物滋茂;

【辰】震也,万物震起而长,阳气生长已经过半;

【巳】起也,万物盛长而起,阴气尽消,纯阳无阴;

【午】万物丰满长大,阳气充盛,阴气开始萌生;

【未】味也,果实成熟而有滋味;

【申】身也,物体都已长成;

【酉】鞦也,万物到这时都鞦缩收敛;

【戌】天也,草木凋零,生气灭绝;

【亥】劾也,阴气劾杀万物,到此达到极点。

十天干和十二地支的最小公倍数是六十,所以它们依次从头结合到底为一个循环,共六十位。其次第是甲子、乙丑、丙寅、丁卯……到癸亥称"六十甲子",每个单位都可按照先后顺序分别代替不同的年、月、日、时。六十甲子循环往复,周而复始,以至无穷。

在年份上,满六十甲子称为一个花甲。人们说的"年逾花甲",就是超过六十岁的意思。记年时,满一个甲子后再从头算起,也与记日一样,周而复始。

公元前104年,汉武帝改用太初历,正式确定夏历建寅之月的正月,作为一年的开头。夏历建寅之月作为岁首的月份与地支对照名称,如表:

月份	正月	二月	三月	四月	五月	六月	七月	八月	九月	十月	十一月	十二月
地支	寅	卯	辰	巳	午	未	申	酉	戌	亥	子	丑

记月之外,古人还用十二地支记时,把一昼夜分为十二个时辰,用现在时间观念来说,一个时辰正好等于两小时,一个小时就是半个时辰。

时辰与小时对照表:

十二时辰	子	丑	寅	卯	辰	巳	午	未	申	酉	戌	亥
古俗称	夜半	鸡鸣	平旦	日出	食时	隅中	日中	日昃	哺食	日入	黄昏	人定
现代钟点	23~24	1~2	3~4	5~6	7~8	9~10	11~12	13~14	15~16	17~18	19~20	21~22

特别需知的是,用十二地支记月、记时,固定不变的是子月必定是十一月,子时必定是夜半23至24时。然而,与之相对的天干,却不是一成不变的,它们循环往复的顺序就是六十甲子。

用干支纪年纪日的办法,一直沿用到清末,直到现在的港台新编择吉通书,还是主要依据此。

阴阳五行 阴阳学说是我国古代劳动人民通过对各种事物和现象的观察,把宇宙间的万物万象,分为阴与阳两大类,而建立起来的一种朴素的唯物论与辩证法思想。

阴阳:原本为向阳为阳,背阳为阴,后来发展为广泛包含着事物对立统一的两个方面。比如一本书,封面是阳,背面是阴;书本的表面是阳,里面为阴;如果打开一本书,暴露在阳光下的内页为阳,翻到背面的封面则变成了阴。这就说明,阴阳并不是一成不变的,它可以随着外界的条件而转化,所以《老子》说:"万物负阴而抱阳。"

阴阳可以互相转化,同时二者又是互相依存的。就是说,阴与阳的每一个侧面都以另一个侧面作为自己的存在前提。没有阴,阳不能存在;没有阳,阴也不能存在,正如没有天,就没有地一样。它们是互相依存,互相为用的。

阴阳还是互相消长的。事物和现象中对立的两个方面,是运动变化的,其运动是以彼此消长的形式进行的。如由白天变黑夜,又由黑夜变白天;天气由热变冷,又由冷变热等,这是事物发展的规律。由于阴阳两个对立的矛盾,始终处在此消彼长、此进彼退的动态平衡之中,才能保持事物的正常发展变化。当阴阳的消长到达一定程度时,就可以引起质的变化,即实现转化。

尽管阴阳具有彼此对立、互相依存、彼此消长、互相转化等种种特性,但它们基本属性却是基本固定的。即阴阳具有两种相反的不同属性,并且是既不能任意指定,也不能任意颠倒的,它是按照一定规律归类的。如阳为刚:为天、为上、为夫;阴为柔:为地、为下、为妻;等等。

五行:五行学说为我国人民所独创,同阴阳学说一样,在其早期也是朴素唯物的。五行为:金、木、水、火、土。

最早记载五行的是《尚书·洪范》。书中说道,水具有寒冷、向下的特性,五味为咸;火具有炎热、向上的特性,五味为苦;木具有生发、条达的特性,五味为酸;金具有清静、收杀的特性,五味为辛;土具有长养、化育的特性,五味为甘。古人认为天地万物都是由金、木、水、火、土五种基本物质构成的,这五种基本物质的运动变化,构成了丰富多彩的大千世界。

古人信奉五行学说,并摸索出一套"相生相胜"的原理。相生,就是一种物质对另一物质具有滋生、助长的作用,如木能生火。相胜,就是相克的意思,指一事物对另一事物具有制约、克制、抑制的作用,如水能克火。其生克规律,相生为:木生火、火生土、土生金、金生水、水生木;相克为:木克土、土克水、水克火、火克金、金克木。这种关系,按木、火、土、金、水排列,规律为"顺次相生,隔一相克"。

五行为什么会相生呢?
《命理探源》解释说:"木生火者,木性温暖,火伏其中,钻灼而生,故木生火。火生土者,火热故能焚木,木焚而成灰,灰即土也,故火生土。土生金者,金居石依山,津润而生,聚土成山,土必生石,故土生金。

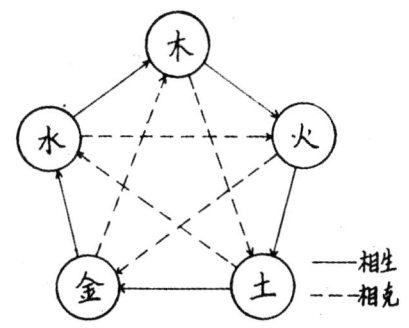

金生水者,少阴之气温润流泽,销金亦为水,故金生水。水生木者,(木)因水润而能生,故水生木也。"

五行为什么又会克呢?《白虎通义》这样解释:"五行所以相害(克)者,天地之性,众胜寡,故水胜火也;精胜坚,故火胜金;刚胜柔,故金胜木;专胜散,故木胜土;实胜虚,故土胜水也。"

天干地支与阴阳五行的配合 阴阳最初是代表两种气的物质,是先人对世界万物对立统一的高度概括。五行则是化学家归纳的物质构成的几个元素,同时也是可以概括天地自然与人类社会的一切哲学概念。到了后来,把天干地支也配以阴阳五行,形成所谓"干支五行说"后,它便成为包括择吉、造命、堪舆、太乙、六壬、奇门遁甲、禽星、孤虚等一切术数在内的理论渊数了。而一些荒诞不稽的迷信之说,也接踵而来。

干支与阴阳配合挂钩,前面已说,可再看下列图表:

	天 支	地 支
阳	甲丙戊庚壬	子寅辰午申戌
阴	乙丁己辛癸	丑卯巳未酉亥

天干配五行,两个一组,从头各分配于木、火、土、金、水。即甲乙属木,丙丁属火,戊己属土,庚辛属金,壬癸属水。地支与五行的分配为寅卯属木,巳午属火,申酉属金,亥子属水,辰戌丑未属土。但将它与十二个月结合,即春正二月(寅卯)属木,夏四五月(巳午)属火,秋七八月(申酉)属金,冬十一一月(亥子)属水,四季月即三、六、九、十二月(辰、未、戌、丑)属土。二者也可列图表示:

五行	天 干	地 支
木	甲乙	寅卯
火	丙丁	巳午
土	戊己	辰戌丑未
金	庚辛	甲酉
水	壬癸	亥子

天干的五行要比地支的强些,再加上干支的阴阳不同,因此同样是木,并不完全相同。如天干的甲乙木与地支的寅卯木不同,而同是天干的甲乙木,其强弱也不同,因甲为阳,为兄,属于森林之木;乙为阴,为弟,属花草灌木。其余天干也是如此。

天干的五行有兄弟之分,地支的五行则有"本气"与"藏气"之特色。如寅支,除了含有本气天干甲木之外,还兼有丙火戊土的成分在内,其余地支也一样,尤在算命时应用较多。以上所说的干支与五行配合,属正五行。此外还有一种把六十甲子和五音十二律结合起来,其中一律含五音(宫、商、角、徵、羽),总数共为六十的"纳音五行"。过去通行的时宪书和所见的择吉通书以及民历等,每日干支之下都有所注。

此外,十二地支在应用时,还依次代替十二属相,即鼠(子)牛(丑)虎(寅)兔(卯)……

五行的旺相休囚死和寄生十二宫

旺相休囚死:它和四时密切相关。其总的精神,就是在春夏秋冬四个季节里,每个季节都有一个五行处于"旺",一个五行处于"相",一个五行处于"休",一个五行处于"囚",一个五行处于"死"的状态。什么叫"旺、相、休、囚、死"呢?解释是:

【旺】处于旺盛状态;

【相】处于次旺状态;

【休】处于休然无事,相当于退休;

【囚】衰落被囚;

【死】被克制而生气全无。

五行在四季中的旺、相、休、囚、死(或称废)情形如下:

【春】木旺 火相 水休 金囚 土死

【夏】火旺 土相 木休 水囚 金死

【秋】金旺 水相 土休 火囚 水死

【冬】水旺 木相 金休 土囚 火死

根据上述情形,可以看出其规律,即当令者旺,我生者相,生我者休,克我者囚,被我克者死。以木为例,春天是木当令的季节,所以木旺;火是木生出来的,故火相;水是生木的母亲,现在木已长成旺盛之势,母亲就可退居一旁,故水休;春天木旺,金已无力克伐,故靠边站而金囚;土为木所克,现在木正当令,气势强盛,故土死。其余亦然。为便于理解记忆,再反过来,以五行为主线,分别考察它们在四季中旺相休囚死的情况,列表如下:

	旺	相	休	囚	死
木	春旺	冬相	夏休	四季囚	秋死
火	夏旺	春相	四季休	秋囚	冬死
土	四季旺	夏相	秋休	冬囚	春死
金	秋旺	四季相	冬休	春囚	夏死
水	冬旺	秋相	春休	夏囚	四季死

寄生十二宫:五行寄生十二宫的原理,就是每个具体的五行在十二个月中从生长到死亡的原理。按照《三命通会》的说法,十二宫的名称与解释是:

【绝】又叫"受气",或"胞"。表示万物在地中,未有其象,犹如母腹空空,尚未怀胎。

【胎】就是受胎。指天地气交,氤氲造物,其物在地中萌芽,始有其气,犹如人刚刚秉受父母之气。

【养】就是成形。万物在地中成形,犹如人在母腹已经成形。

【长生】指万物发生向荣,犹如人刚诞生。

【沐浴】又叫"败"。指万物始生,形体柔弱,容易受损,好像人初生三日,给他沐浴,容易受凉一样。

【冠带】万物逐渐荣秀,如同人已长大成人。

【临官】好比人的出仕,为官作宦。

【帝旺】万物成熟,如人之兴旺发达,荣华富贵,达于鼎盛。

【衰】万物由盛而衰,有如人之年老气衰。

【病】万物由衰而病,有如人之老病。

【死】万物由病而死,如人因老因病而死。

【墓】又叫"库"。指万物成功而藏之库中,如人死后而最终归于坟墓。

为简明起见,将五行寄十二宫的情况,列表如下:

	五阳干顺行					五阴干逆行				
	甲木	丙火	戊土	庚金	壬水	乙木	丁火	己土	辛金	癸水
长生	亥	寅	寅	巳	申	午	酉	酉	子	卯
沐浴	子	卯	卯	午	酉	巳	申	申	亥	寅
冠带	丑	辰	辰	未	戌	辰	未	未	戌	丑
临官	寅	巳	巳	申	亥	卯	午	午	酉	子
帝旺	卯	午	午	酉	子	寅	巳	巳	申	亥
衰	辰	未	未	戌	丑	丑	辰	辰	未	戌
病	巳	申	申	亥	寅	子	卯	卯	午	酉
死	午	酉	酉	子	卯	亥	寅	寅	巳	申
墓	未	戌	戌	丑	辰	戌	丑	丑	辰	未
绝	申	亥	亥	寅	巳	酉	子	子	卯	午
胎	酉	子	子	卯	午	申	亥	亥	寅	巳
养	戌	丑	丑	辰	未	未	戌	戌	丑	辰

天干地支的刑冲害化合 在天干地支中,彼此间的刑、冲、害、化、合,既是看命的重要依据,也是选择日时的重要依据,尤其是男女合婚,选择"六礼"的吉日良辰,更是必须据此详加推论,避免相刑、相冲、相害,追求两性的相合吉祥。

刑:就是彼此刑妨、互不相和的意思。按命书的说法,十二地支中相刑者有三种情况,即:

子卯:一刑;

寅巳申:二刑;

丑未戌:三刑。

自刑者有二,即辰与辰、午与午。这种情况,如果在一个人的八字中碰上,是很不吉利的。挑选吉日良辰,当然更应避免。

冲:有天干相冲和地支相冲的不同。天干相冲的有甲庚、乙辛、丙壬、丁癸四对关系。因为东甲西庚,东乙西辛,南丙北壬,南丁北癸,方向两两相对,性质截然相反,所以就冲了起来。此外,甲庚都属于阳,乙辛都属于阴,丙壬都属于阳,丁癸都属于阴,如此阳阳阴阴,同性相斥,配不起来,也是原因之一。

在十二地支相冲中,因为每隔六位数就要彼此冲激起来,所以叫"六冲"。六冲是:子午、丑未、寅申、卯酉、辰戌、巳亥。

从六冲的方位上来看,都是相对的,就五行来说,不是相克,就是相重。通书认为同气相重的日子,天地之气有所偏重,天地朦胧,人缘失和,百事不顺。就阴阳而言,都是阳克阳,阴克阴,阴阳不能配合,所以就冲了起来。在旧时,男女缔结婚姻,一般都要避开六冲。

害:又名"穿"。就是彼此损害之意。害也有六种情况相害,即子未、丑午、寅巳、卯辰、申亥、酉戌。

"六"指六亲,如果上述六者相遇,"主六亲上有损克",所以叫做"六害"。

化:是就十个天干而说的。命书上说,十个天干两两相化,共有五种情况。

就是:

甲己化土;

乙庚化金;

丙辛化水;

丁壬化木;

戊癸化火。

化的条件是合,只有合起来才能化,所以又称"合"或"合化"。所谓"合",就是和谐的意思。为什么合化以后就和谐了呢?古人说法是:东方甲乙木最怕西方庚金来克。甲是阳木为兄,乙是阴木为妹,于是甲木想方设法把妹妹乙木嫁给阳金庚做老婆,这不就阴阳和合了吗?古来女子嫁鸡随鸡,嫁狗随狗,所以乙木嫁庚金后,就从一而终了。其余四对也是一样。这大概可说是一种不那么光彩的"和亲政策"。

合:在十二地支中,又有六合与三合的不同。其中六合是:

子丑合土;

寅亥合木;

卯戌合火;

辰酉合金;

巳申合水;

午未为太阳太阴。

《三命通会·论支元六合篇》解释说:"夫合者,和也,乃阴阳和,其气自合。"也就是说,六合是指地支阴阳相和而言。

三合与六合不同。六合是十二地支阴阳两两相和,总起来的数目是六。三合则是说十二地支中三个三个合起来的意思。三合是:

申子辰合水;

亥卯未合木;

寅午戌合火;

巳酉丑合金。

据说一个人如果生辰八字与三合配合得好,可以出现一种"三合禄格"的格局,可望"折月中之仙桂"。这是一种极好的命格,自然为人们选择日时与合两姓之好时所追求。尽管是"后天三合",古人有谁折到了月中仙桂?只不过是当今不讲究"三合"的人,才开始了登月探索。

九星术 无论哪一种黄历,在首当其冲的年神方位图和各月之下,都有一个呈方形的写着一白、二黑、三碧、四绿、五黄、六白、七赤、八白、九紫内容的历注。其中属于紫、白者为吉,九紫尤佳,其他色者为凶,这就是"九星术",也叫"九宫算"。它是把洛书方阵的各数,加上颜色的名称,分配在年、月、日下,参考以五行生克,用以鉴定日时与人事吉凶的一种方法。

九星:在奇门遁甲或其他一些术数里,指天蓬、天任、天冲、天辅、天禽、天芮、天英、天柱、天心九个星辰,但在这里却与星辰无关,它只是一种数字游戏。

传说,伏羲时代,政治清明,人民富足,世风淳美,黄河出现一匹马身龙鳞、踹水不没的龙马,马背有旋毛的圈,好像一幅旋毛星象图铺在马背上,称为河图。伏羲按照图画的自然数,画成八卦。又说,大禹在位时,降伏滔滔洪水,划分九州,造福于民,洛水出现神龟,背上成书,称为洛书。大禹根据其数字和所提示的神意,创作了《洪范》。河图洛书是大圣伏羲与禹的功绩,感动了上天神灵而降赐人间的祥瑞。

由于九星与洛书的联系,使之与八卦九宫的坎宫、坤宫等也发生了对应关系。

九星配年、配月、配日的叫"三轮",始于唐代;配于年、月、日、时的称"四柱",始于宋代。

九星循环图及推算法:万年历表中的天星是以九个为循环记月的图如下:

一白→九紫→八白→七赤→六白
↑　↓
二黑→三碧→四绿→五黄

已知当年的某月九星,要算任何一年的九星,只要把年数的后两位数乘以12,除以九,所得整数为相同的月(闰月不计),若有余数,则根据循环图向前后数即可万世不休。

如2000年正月为五黄,要计算2015年的3月,即用$15 \times 12 \div 9 = 20$。即2015年正月为五黄,三月为三碧(从五黄顺时针向后数三即是)。

建除十二客　建除十二客,亦称"建除十二直"。依次为建、除、满、平、定、执、破、危、成、收、开、闭。最初是诸月的命名,与十二辰相参伍,用以表示日的吉凶。关于它们的由来,《协纪辩方书》解释说,建乃一日之主,所以从建起义。建之后为除,"除旧布新",由一生二,二而生三,三为数之极,所以叫满。满则必溢,溢则严,故满后为平。平则定,定则可执,所以相继为定为执。执是守成之意,而事物无成则不毁,所以继之以破。打破之后,你心里就知道危险了,心知危险而小心谨慎,肯定能成就大事,事既办成,必有收获。所以破以后为危、为成、为收。由建至收,刚好为十,十为极数,但数无终极之理,所以要"开"之。这"开"是一种勃发的生气,气太刚猛,不但无助于事物的滋长,反倒要坏事,所以要加以约束,"受之以闭","唯其能闭,故复能建",周而复始。

俗传,十二直就是十二位神祇,各有吉凶,为:

【建】这天一般是吉日,但修造动土之事还是不做为宜。

【除】这天去旧迎新,是吉利的,很少不宜做的事。

【满】只宜祭祀、祈愿,其他都不吉,特别是上官赴任,问名纳采结婚姻,不宜采用。

【平】万事皆吉。

【定】宜宴会、协议,忌医疗、诉讼及选将出师。

【执】宜新建、种莳、捕捉,忌移居、旅行、开市、出财货。

【破】万事不利,只能干破垣坏物之事。

【危】万事皆凶。

【成】宜开业、入学、结婚姻、上官赴任、移徙等,但不利诉讼。

【收】意味着事物的终结,因而收五谷财物修仓库、畋猎等有利,开始的事业则不利,忌旅行、葬礼。

【开】结婚、开业等百事皆吉,但破土、安葬、畋猎、伐木及其他不净的事则凶。

【闭】一般说来,这天万事皆凶,但筑堤防、补垣塞穴之类的事却很适宜。

从以上所说十二直的吉凶来看,可以说是毫无科学根据的迷信。观其排列,不过是以两个字为一组,即建除、满平、定执、破危、成收、开闭,是仅按文字意义来认定吉凶的。但旧时选日择时,总少不了用它来推论一番。

二十八宿 二十八宿,原是天空中东南西北四方七组星宿的统称,分别代表天空二十八星座。这是我国古代天文学家,观察天象及日月星辰在天空运行而选择的标志。即:

   东方苍龙七宿　角亢氐房心尾箕
   北方玄武七宿　斗牛女虚危室壁
   西方白虎七宿　奎娄胃昴毕觜参
   南方朱雀七宿　井鬼柳星张翼轸

东方苍龙、北方玄武(龟蛇)、西方白虎、南方朱雀(雀鸟),这是古人把每一方的七宿联系起来,想象成的四种动物形象,称为"四象"。二十八宿中的有些星宿,还是古人测定岁时季节的观察对象。如古人认为初昏时参宿在正南方,就是春季正月;心宿在正南方,就是夏季五月;虚星主秋分;昴星主冬至等。从它们的运行规律逐步推算出一年中的二十四个节气,用来指导农业生产,这是我国古代天文学的重要贡献。

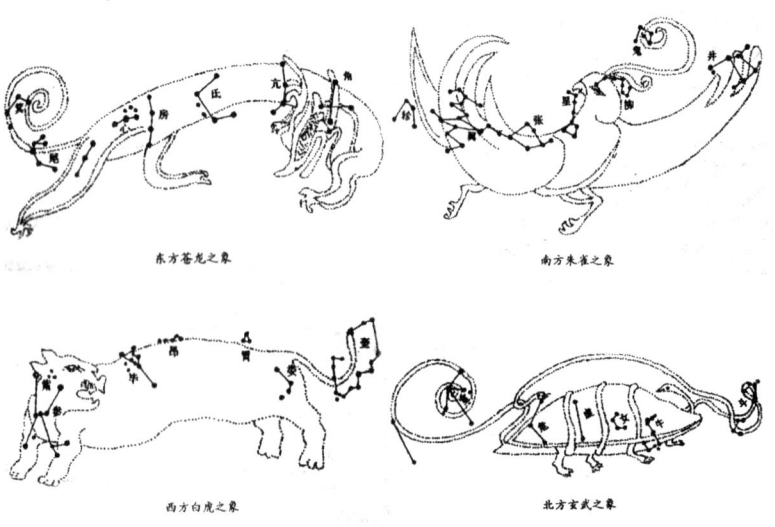

东方苍龙之象　　　　　南方朱雀之象

西方白虎之象　　　　　北方玄武之象

随着天文知识的发展,出现了星空分区的观念,把天上的星宿,分别指配于地上的州国,使它们互相对应,说某某星是某国的分星,某某州国是某星宿的分野。星宿分野,主要是为了观察所谓"禨祥"的天象,以占卜地上所配州国的吉凶。

当时,人们由于科学水平与历史条件所限,对一些异乎寻常的天象不能作出科学的解释,于是在尊敬天帝的思想基础上,把天象的变化与人间的祸福联系起来,认为天象的变化,预示着人事的吉凶。如日食被认为是上天对最高统治者的警告,彗星的出现被认为是兵灾的凶相,甚至行星运行的情况,也被当作吉凶的预兆。如此,二十八宿也就在其中了,再加上它与五行相配和禽兽相配轮流值日,这就更玄了,成为一种推论日时吉凶的重要理论依据。

关于二十八宿与二十八种禽兽的配合及其吉凶,民间流行的择吉通书有很详细的记载,而且是以通俗歌谣表述的,但其所言二十八宿的五行属性,却和前述者不同。

角宿,属木,为蛟:
  角宿值日不非轻,祭祀婚姻事不成;
  埋葬若还逢此日,三年之内有灾星。

斗宿,属水,为獬:
  斗宿值日不吉良,婚姻祭祀不吉昌;
  埋葬不可用此日,万般万事有灾殃。

奎宿,属木,为狼:
  奎宿值日好安营,一切修造大吉昌;
  埋葬婚姻用此日,朝朝日日进田庄。

井宿,属水,为犴:
  井宿值日事无通,凶多吉少有瘟情;
  一切所求皆不利,钱财耗尽百灾临。

二十八宿各宿都有歌谣表述,以上仅是四象中各举一例。二十八宿轮流值日记日法,是一宿代表一日,二十八宿代表二十八日,为一个周期,周而复始,正好是四个星期。其顺次为东方苍龙七宿,北方玄武七宿,西方白虎七宿,南方朱雀七宿。

黄道黑道 过去,出门或办事,总要选个"黄道吉日",作为人们行动的心理基石。这黄道吉日,从广义上说,不论用什么方法推择出来的吉日,都可称为黄道吉日;从狭义上说,仅指黄道诸星所值的日辰。

黄道本来只是古人观察到的太阳运动的轨道,并没有吉凶祸福的含义。但古人是非常敬天的,以天为乾、为君、为父,认为它"主御群灵,司万物生死",具有无上的威力,故称"司命"。因它掌管万物的滋长盛衰,所以又叫做"天符",后改称"天府"。而太阳以其具体可察的形体,给人类带来光明与温暖,并哺育大地万物,使之发育、长养、成熟,给人类的滋生繁衍提供源源不绝的衣食之源,所以,太阳与天一样,同被远古先民所崇拜。太阳有形而天无形,不知从何时起,太阳运动的轨道竟变成了天皇上帝居九重之内出入所履之道,并美其名曰"天黄道",而且在天皇履经这一通道时,逐年、逐月、逐日都有相应的神祇轮流值日。这些神祇,当然有善有恶,善者称"黄道",恶者称"黑道"。

这黄道黑道诸神,凭借天皇上帝的势力,具有莫大的神威。善则善得不得了,恶则恶得不得。所以,凡黄道诸神所值之日,一切凶神恶煞甚至连人们最害怕的大将军、月刑等,也要远远躲避,故而万事可为,大吉大利。相反,凡黑道诸神所值之日,所理之方,一般吉神绝难挡其凶焰,所以百事不可为。因此,这黄黑二道便成为世人择日办事最为注重的一个方面。那些可能会给人带来大吉大利的日子,即被称为"黄道吉日";那些可能会给人招惹凶祸的日子,则被命名为"黑道凶日"。

据《曜仙肘后经》,黄黑二道各六诸神的吉凶宜忌为:

青龙黄道,太乙星,天贵星,利有攸往,所作必成,所求皆得。

明堂黄道,贵人星,明辅星,利见大人,利有攸往,所作必成。

金匮黄道,福得星,月仙星,利道释用事,阖者女子用事,吉,宜嫁娶,不宜整戎伍。

天德黄道,宝光星,天德星,其时大亨,作事有成,利有攸往,出行吉。

玉堂黄道,少微星,天开星,百事吉,求事成,出行有财,宜文书喜庆之事,利见大人,利安葬,不利泥灶。

司命黄道,凤辇星,月仙星,此时从寅至申时用事大吉,从酉至丑时用事不利,即白天吉,晚上不利。

天刑黑道,天刑星,利于出师,战无不克,其他动作谋为皆不宜用,大忌词讼。

白虎黑道,天杀星,宜出师,畋猎祭祀皆吉,其余都不利。

朱雀黑道,天讼星,利于公事,常人凶,诸事忌用,谨防争讼。

天牢黑道,镇神星,阴人用事吉,其余都不利。

元武黑道,天狱星,君子用之吉,小人用之凶,忌词讼博戏。

勾陈黑道,地狱星,此时所作一切事,有始无终,先喜后悲,不利攸往,起造安葬,犯此绝嗣。

后来,有人把十二直中的除、危、定、执、成、开称为黄道;把建、破、平、收、满、闭称为黑道,大概是因为它们造成的吉利或凶祸都特别利害之故。

通常择吉还有六曜等等,举一反三,不作赘言。

神煞类系 古人择吉涉及到的神煞极其繁多,不敢说累千计万,至少也成百上千,而且是吉凶善恶,各不相同,运行出没,各有轨道,各有领属。每日每时都有神煞值日,恶神善神有谁强谁弱之分。所谓择吉,说白了就是"避恶就善",所以,择吉首先要考虑所值神煞。成百上千的神煞,以其运行出没的不同周期划分,可分为年神、月神、日神、时神四大类;以其领属划分,可分为太岁、月令与干支五行三大系统;此外,还有编外神煞,也可说是杂牌货。

太岁系统:在所有的神煞中位分最尊、力量最大的是太岁。《神枢经》说:太岁乃人君之象,它"率领诸神,统正方位,斡运时序,总成岁功",具有莫大之神威。古人营造建筑,绝不敢在"太岁头上动土",一旦触犯,将会带来灭门绝户之灾。其实,从其所统的各种神煞名称来看，完全是人间统治关系的翻版，其人为臆造的痕迹极其明显。月令系统，就是依据月建和四时（或四序）而构成的一个神煞系统。

干支五行系统：就是因干支与阴阳五行而起的煞神。

那些为数众多的洋洋神煞，各有司长，对于迷信者来说，都是要顶礼膜拜、不可触犯的神灵；但在其实质上，只不过是历代术士们的杜撰，都是些言之有由、查无实据的莫须有的东西，具有极大的欺骗性。

择日方法

古人择日基本原则和方法，实际上就是八个字，这就是《协纪辩方书》中所说的"以事为纲，以神为目"，或者说"以事为经，以神为纬"。这八个字的意思是说，选择吉日因事而起，根据所办之事的性质与重要程度，去寻找最能带来大吉大利的善神，同时排除最可能影响和阻碍事情的进行、并造成大灾大难的凶神恶煞，然后推算出善神所值之年、月、日、时及所理之方，这就是所需要的"黄道吉日"与吉方；同时推算出凶神恶煞所值之年、月、日、时及所理之方，这就是所需避忌的"黑道凶日"与凶方。

因事以择神 古时，事情不论红白，不拘大小，几乎都要先择吉日吉时而后进行。从原则说，做每一件事情，都会遇一至若干个适宜于它的吉神和为它所忌讳的恶神。

如结婚姻：

宜天德、月德、天德合、月德合、天赦、天愿、月恩、四相、时德、民日、三合、天喜、六合、五合。

忌月建、月破、平日、收日、满日、闭日、劫煞、灾煞、月煞、月刑、月害、月厌、大时、天吏、四废、四忌、四穷、五墓、五离、八专。

又如安葬：

宜天德、月德、天德合、天赦、天愿、六合、鸣吠。

忌月建、月破、平日、收日、劫煞、灾煞、月煞、月刑、月害、月厌、四废、四忌、四穷、五墓、复日、重日。

择日检时，首先要根据要办之事去寻找能带来吉祥如意的吉神，同时回避那些对它冲防祸害最大的凶神，这就是因事以择神。

据神以择吉时吉方 所办事情有大小轻重之不同，择吉的繁简难易也不一样。一般较为平常的事情，翻一下历书，或按约定俗成的规定即可；但对于婚丧筑屋等大事，就得正儿八经地推鬼布神，选择吉年吉月吉日吉时而办。怎么找神呢？按四大类神煞出没规律即运动周期来找，尔后据神以择吉时吉方。

因时系神据神设事 吉日的选择方法，是因事以择神，缘神以择吉时与吉方。黄历即时宪书的编纂则反之，是因时以系神，据神以设事，也就是以年、月、日、时为经纬，将其所值神煞及其方位分系其下，然后根据所值神煞的方位与吉凶善恶，指出年、月、日、时吉方和凶方，并胪列其所宜所忌。

如果每办一事，都要首先找出宜忌的吉凶神煞，实在是太繁难了，但古人就是如此而为的。

后来，一些士大夫和民间术士将各种神煞分门别类，列其义例，辩其出没，编为年、月、日、时表，详列其所值神煞及其所处方位，进而推测出各年、月、日、时的宜忌，这就大大方便了世人的查检使用，比前者进了一大步。清代官修的《协纪辩方书》，就是最有代表性的一种。

把六十甲子年、甲子月、甲子日、十二时辰所值神煞一一布列出来，并将各个神煞的吉凶善恶及大小轻重详加比较，推出各年、月、日、时的吉凶方位和所宜所忌，就成了永远适用的万能择吉历。

历 书

历书，俗叫"黄历"或"皇历"，是古人通过观察天体运行规律，总结出包括节气、置闰等内容的年月日时周期节律,用历数干支表示。相传由黄帝首创历法,故称"黄历"。历代皇帝都很重视历法,历书必经皇帝审定,方可颁布,所以历书又称"皇历"。后来的历书,往往掺杂了许多宣扬吉凶忌讳的内容,在历日之下,附注了所值干支五行、十二直、二十八宿及各种神煞,并据以推算出所宜所忌,成为建屋迁居、婚嫁丧葬等有关择日的迷信通书。

当把六十甲子年、六十甲子月、六十甲子日及六十甲子日十二时所值神煞——布列出来,并将各个神煞的吉凶善恶及大小轻重详加比较,推出各年、月、日、时吉凶方位和所宜所忌之后,一个永远适用的万能择吉历就宣告完成了。因为旧时以干支纪年,六十甲子一循环(月日时都是如此),无有穷止,而此法已将六十甲子年与各月各日各时,所值神煞和方位详细开具,只要知道当年的干支,即可找到该年与各月各日各时的吉凶宜忌,把其中一年十二个月的内容抽出,再加些当年历法内容,如交节时刻、闰月等,就可得到一本独立而完整的"时宪书"或"黄历"。

黄历起先以朝代年号与农历推排,近代以公历与农历推排,年月日相互对照。农历首注本年流年事款大利与不利之方,月下注有神煞方位,日下是干支、节气、星期、五行、时辰、二十八宿、十二日建、九星方位、喜神方位、财神方位、八卦方位、行事宜忌栏目,一看便知某日凶吉。

旧时黄历,或称"宪书"与"通书",封面上画有喷水的怪龙与不死不活的呆牛。所谓怪龙,也就是说几龙治水是根据每年正月第一个辰日(辰属龙)在第几天决定的,如在正月初四,即"四龙治水";在初六,即"六龙治水"等。据说龙越多,年内雨量越少。民谚"龙多不治水"大概是由此而来。所谓耕牛,即是"几牛耕田",每年第一个丑日(丑属牛)在正月初几,就是几牛耕田,若在初八即"八牛耕田"。耕田的牛是多多益善,越多越好。另外还有"几人分丙"、"几日得辛",也是依丙日、辛日而定。

十二月历日中则附注有"天赦日、犯土、五墓日、三邻亡、五鬼、空亡、胎神、月害、天狗、白虎"等离奇古怪的名词,极其阴森神秘。占卜算命先生大多利用黄历来推断人的命运和日期的吉凶。解放以后,这些东西随同旧的统治制度一齐被扫进了历史的垃圾堆。这些年来,随着改革开放特别是商品经济的迅速发展,一些人的贪求与机遇心理也在迅速滋长,于是沉渣泛起,各种通书、黄历又死灰复燃,充斥于城乡各地。我们现在谈择吉,说黄历,是把它们作为一种历史和现实的文化现象来对待的。目的是要使广大的人民群众都了解它、认识它,并能正确对待它。而且也正是这些离奇怪诞的名称概念,把个择吉黄历粉饰得如同天书一般,神秘莫测,谁能破解? 只好听任不知其然的那些术士摆布了。

起八字方法

"八字"由出生年、月、日、时的天干和地支组合而成。八字又可分为四柱,即年柱、月柱、日柱、时柱,每柱由一个天干和一个地支组成。

八字命局是秉承阴阳、五行的配置。阴阳五行配置好坏与否(所谓好坏是指八字中阴阳是否相称,五行旺弱是否合宜,八字中是否相合或相克冲者,或有无落空亡者及神煞种种而言),是决定一个人命运的关键。

年柱排法 排年柱,首先注意前提,命学上的年,不是农历的正月初一日为一年的开始,而是以农历的节气"立春"节为新旧年的交接点。

由于"立春"这节日,有时在农历十二月,有时在农历正月,所以排年柱要注意。

月柱排法 排月支,必须注意的前提是,命学上的月,不是以农历每月的初一为一个月的开始,最后一日(三十日或廿九日)也不是月之终。每月的第一天是以"节"为开始的,(可查阅万年历)必须明了二十四节气。

十二月支建：

正月月支寅——由立春(节)至雨水(气)。

二月月支卯——由惊蛰(节)至春分(气)。

三月月支辰——由清明(节)至谷雨(气)。

四月月支巳——由立夏(节)至小满(气)。

五月月支午——由芒种((节)至夏至(气)。

六月月支未——由小暑(节)至大暑(气)。

七月月支申——由立秋(节)至处暑(气)。

八月月支酉——由白露((节)至秋分(气)。

九月月支戌——由寒露(节)至霜降(气)。

十月月支亥——由立冬(节)至小雪(气)。

十一月月支子——由大雪(节)至冬至(气)。

十二月月支丑——由小寒(节)至大寒(气)。

上列一节一气，各占每月的一半，一年十二月总共二十四个节气。

命学上的月支，是以"节"为准，例如月支是寅，寅是从立春开始，至交惊蛰时为止。闰年闰月也是如此，月支仍是以节为准。

求月干，是依据年干与月支来推定的。有一首由年起月的"五虎遁年起月诀"，必须熟读：

甲己之年丙作首，乙庚之岁戊为头；

丙辛岁首寻庚起，丁壬壬位顺行流；

若言戊癸何方发，甲寅之上好追求。

这歌诀的意思是，凡甲或己之年干，正月起"丙"；乙或庚之年干，正月起戊；丙或辛之年干，正月起庚；丁或壬之年干，正月起壬；戊或癸之年干，正月起甲。然后向后顺推，一月一位，看月支为几月，就顺推几位，看最后一位天干是哪一位即为所求月干。兹列表以便查对。

月干求法查对表

年干\月支	寅	卯	辰	巳	午	未	申	酉	戌	亥	子	丑
甲己	丙	丁	戊	己	庚	辛	壬	癸	甲	乙	丙	丁
乙庚	戊	己	庚	辛	壬	癸	甲	乙	丙	丁	戊	己
丙辛	庚	辛	壬	癸	甲	乙	丙	丁	戊	己	庚	辛
丁壬	壬	癸	甲	乙	丙	丁	戊	己	庚	辛	壬	癸
戊癸	甲	乙	丙	丁	戊	己	庚	辛	壬	癸	甲	乙

例如,某人一九四六年(丙戌)年五月初五日生,查万年历,这年五月初七日申时芒种,所以月支仍为"巳"月,至于月干查表,年干是丙,月支巳则月干是癸。排列如下:

丙戌(年柱)

癸巳(月柱)

上例如用五虎遁年起月诀,正月起庚,月支巳为四位,向前推四位为癸,故知月干为癸。

日柱排法 日柱干支的排法,最简单的办法是,查现成的万年历,一个月中,每日的干支一查便得。

时柱排法 命学上把一日分为十二个时辰,叫时支。每一个时辰计两小时。十二时辰共计二十四小时(见前时辰与小时对照表)。

时柱天干根据日干与时支来推定。有一首由日起时的"五鼠遁日起时诀"必须熟读:

甲己还加甲,乙庚丙作初。

丙辛从戊起,丁壬庚子居。

戊癸何方发,壬子是真途。

这歌诀的意思是,凡甲或己之日干,子时起甲。乙或庚之日干,子时起丙。丙或辛之日干,子时起戊。丁或壬之日干,子时起庚。戊或癸之日干,子时起壬。向后顺推,一时一位。兹列表于后,以便查对。

时干法查对表

年干\月支	子	丑	寅	卯	辰	巳	午	未	申	酉	戌	亥
甲己	甲	乙	丙	丁	戊	己	庚	辛	壬	癸	甲	乙
乙庚	丙	丁	戊	己	庚	辛	壬	癸	甲	乙	丙	丁
丙辛	戊	己	庚	辛	壬	癸	甲	乙	丙	丁	戊	己
丁壬	庚	辛	壬	癸	甲	乙	丙	丁	戊	己	庚	辛
戊癸	壬	癸	甲	乙	丙	丁	戊	己	庚	辛	壬	癸

例如,某人是一九二七年(丁卯年)二月十四日上午五时十六分出生,其四柱排列,年柱"丁卯",月柱"癸卯",日柱"庚戌",五时十六分,时支为卯时,由乙庚之日干起丙,顺推顺数,时支子时推算至卯时为四位,则时干由丙干也推算四位得己,则时干为己。列式如下:

丁卯(年柱)

癸卯(月柱)

庚戌(日柱)

己卯(时柱)

上例时干,查时干求法表,一查即得,更加简便。

通过以上各种择吉术的介绍,可以看出,它们都是利用我国古代阴阳五行学说与天文历象学,扯虎皮做大旗。其实这些代表着哲学和科学的杰出成就,与择吉术根本就没有实质性的联系,只不过是古代术士为了招摇惑众玩的一种伎俩。正如街头卖狗皮膏药的江湖骗子,为了兜售他们的伪劣商品,大言不惭地吹嘘其膏药,说什么药方源自三国华佗独传,后经华山某道士多年研制成功,本人祖父好不容易才获得真传,实乃药到病除,绝世佳品。华佗和华山道士均非虚有,只是和他的狗皮膏药根本就对不上号。择吉术与上述理论的关系,也是如此。

将凶转吉的变通

择吉必须变通 无论何种择吉,目的都是为了取吉避凶。避凶,就是回避各类凶神恶煞。可是,在各类鬼魅魍魉广布于世的同时,太岁、月令、干支五行三大神煞系统,以及年神、月神、日神、时神四大类神煞,累千上万,不胜枚举。这些名目繁多的神煞,当然是善恶不一,吉凶相异,而且几乎每年、每月、每日、每时都是既有吉神,又有凶神,它们无时没有,无处不在。如果凡遇凶神,一概回避的话,那就一年365天什么都不能干了。

但就择吉术中可以确知的几种凶日,粗粗统计一下:

按择吉黄历书的说法,每月有4天是"万事无成日",一年共48天。

十方墓日,即六十甲子中从甲申到癸巳之间的10天。这10天除了丙戌与己丑外,都是上下两气相克。由于天地不和,因而这10天是凶日。六十甲子一年循环六次,这样一年约有60天。

八专日,即居于六十甲子之末的8天,从壬子至癸亥,这8天都是同气相重,天地朦胧,百事不顺,称为"八专"。一年约有48天。

十二直以建破为大凶,百事不宜。一年约循环30次,共60天。

二十八宿有13天,称"杨公忌日"或"百事忌",尤为凶险。

在六十甲子中,干克支为"制",有12日;支克干为"伐",也有12日。仅此一项,一年就得144日"诸事不宜"。

旬中空亡,每旬有两日"支孤无干",称为"空亡",这样一个甲子就是12日,一年下来就有70来天是劳而无功、白费气力的凶日。

再加上六曜、九星,以及天地争雄、五行无气、天聋地哑、伏断暗金、天地转煞、四季红沙煞、五离等凶日,一年到头,难得几个吉祥日。

如果这些说法真的可信,整日整月的"诸事不宜",人们无法劳作,世上早就没人了。因此,择吉办事,遇凶必须变通,并非完全拘泥于神煞吉凶,而是有个取舍原则与变通方法,否则择吉术就完全没有市场了。然而这么一来,择吉术就更加披上了神秘莫测的面纱,更利于术士们信口开河和胡编乱造了。

用日原则与权变之法 古人择吉的取舍原则,据《协纪辩方书》卷十说:

"凡吉足胜凶,从宜不从忌;凡凶吉相抵,德喜之事仍忌。若(吉)不足胜凶,则从忌不从宜。"

就是说一天之内,神煞总是有吉有凶,从数量上看,如吉神多则吉,凶神多则凶,吉则从宜,凶则从忌。从力量大小强弱来看,如吉神力量强大,足以战胜凶神,则此日为吉,可从其宜;如果凶神的气势压倒了吉神,则此日为凶,从忌不从宜;如果吉凶神煞力量相当,婚姻嫁娶、开市立业、兴造动土、上官赴任等"德喜之事"仍需避忌,而埋葬、拆垣倒屋之类的凶事就不论了。并非一遇凶煞,不分青红皂白,不论轻重主次,都一概回避。

"诸事不宜"权变法:所谓"诸事不宜",就是说这天凶神在数量与力量上都超过了吉神,吉不胜凶,故"诸事不宜"。若遇急事,不得等待到吉日,就择一吉时也可;如果是求医治病,遇有急症,连时也不及择了,就找一吉方,去求医讨药也行。

四纵五横法:通书说,当事情急迫无暇选择日时,可采用"四纵五横"以权变。即出门之时,两腿并拢站直,叩齿三十六遍,尔后以右手大拇指划地,先四纵,后五横,划毕念咒七遍:

"四纵五横,吾今出行,禹王卫道,蚩尤避兵,盗贼不得起,虎狼不得行,还归故乡。挡我者死,逆我者亡。急急如九天玄女律令。敕。"

咒毕,以土压在"四纵五横"之上,即可起步前行。百步之内不可回顾,可保平安无事。

建房权变法:择吉通书说,修造一定要身命年月与方位皆利才吉,如不利又不得不做者,可采用迁居之法,从所迁之处,视所做之方为吉就行了。如年命利作兑(西)不利作震(东),而你想在东方某处建房,那你就迁居到该处的东面。这样从新居之处看所作之方,原来是震(东)的,现在就成兑(西)了。经过此番处理,即可尽情兴建,大吉大利了。

如果修造房屋时,用家主名姓昭告神灵,家主行年不利时,可在众子弟中找个行年吉利的名姓变通。

凡修造房舍,在大寒后五日择日拆屋起建,赶在立春前完工,可不忌太岁、开山立向、年月克山家及其他凶神,这叫"乘乱",可百无禁忌。

此外,凡房屋遭火灾,可在七日之内择日起工,半月之内竖造完毕,神煞的吉凶方位也可一概不管。看来神煞也与人一样,有着恻隐之心,不会趁火打劫,落井下石。

安葬权变法:有三种。其一,"乘凶"埋葬。当人初死,不必久待,乘凶葬之,虽值凶神,也不为害。所以大多在人死后三天或一旬内,不问开山立向及年月神煞,择吉日吉时破土、埋葬。这种葬法,州人也叫"热埋热葬"。其二,"乘乱"埋葬。即在大寒五日后到立春前的这段时间,同上述建房一样,属于"百无禁忌",不过一定要在来年清明节加土谢墓。其三,"亡在重丧日"之禳解。所谓重丧日,是亡日犯重丧,也就是家里还得死人。重丧日有死期与生期年月日时相重,犯重丧。《论衡·辩祟篇》有"辰日不哭,哭有重丧;戊己死者,复死有随"的记载。就是说辰日死了人不能哭,否则还会死人;而戊己两日死者,家人不论哭与不哭,都会有再死人的危险。这是为什么呢?阴阳书解释说,辰为水墓,又为土墓,所以不能哭,要不,正好有两个墓在那里等着呢!鉴于戊己二日,古时的病危者,无论如何也要强挺过这两日,以免给家人再添伤亡。葬期忌"重葬日"有正月甲日、二月乙日、三月戊日、四月丙日、五月丁日、六月己日、七月庚日、八月辛日、九月戊日、十月壬日、十一月癸日、十二月巳日。一旦避不过重丧日怎么办？乡间也有一种变通的办法，即仿棺材样制一个几寸大的小木盒，出殡时放于大材上，与大棺一并埋葬，表明已从家里抬出了两口棺材。

娶嫁权变法：选择结婚之日，若对家人有者不利，或属相有碍新人，可在新娘进门之时，出外稍避，当新娘已入洞房之后，方可打道回府。

难以权变之日：有些凶神恶煞所值之日，却是无法通融权变的；凡遇这类凶日，不可轻举妄动。

百事忌：也称"杨公忌"，共有十三日。即正月十三日、二月十一日、三月初九日、四月初七日、五月初五日、六月初三日、七月初一日、二十九日、八月二十七日、九月二十五日、十月二十三日、十一月二十一日、腊月十九日，据说，这十三日是神仙特意留下的，极凶极恶，百事不可为，故叫"百忌日"。汉《出行宝镜》有民间歌谣：

神仙留下十三日，举动须防多损失。

一切起造共兴工，不遭大盗必遭凶。

婚姻嫁娶亦非宜，不得到头终不吉。

人生下世遇此日，巴巴漉漉难度日。

安葬若还遇此日，后代儿孙去乞食。

上官赴任遇此日，是是非非无休息。

建破凶日：阴阳诸家历法都说，凡值月建、月破、天罡、河魁百事大凶，虽值吉神，也不可用。

其他：据《臞仙肘后经》，百事忌凶日还有"五行无气"凶日，"冰消瓦解"、"灭门大祸"凶日、"天地争雄受死"凶日，"干支无气"凶日等。在民间择吉习俗中，还有"天地转煞日"、"冷败日"、"暗金日"、"天贼地贼日"、"四季大败日"等许多名目的大凶大恶日。这些日也万事不宜，只好躲在家里焚香祈祷，消灾避难。

制煞与化煞：择日断吉凶，除了一日之中看吉神、凶神之多寡、力量之大小之外,还可参详诸神煞吉凶的大小深浅,看其五行的生克制化,是有制还是无制,是可化还是不可化,以定从违。总的原则是:大煞避之,中煞制或化之,小煞不管。就是说,对像太岁、岁破、月建、月破之类的凶神大煞,只能远远回避,或找个机会钻其空子;对于如坐煞、向煞、月刑、月害、病符、死符等中等神煞,可用制或化的办法对付;而一般无名小煞,可不予理睬。这所谓的"制煞"与"化煞",就是古人择吉的第二种变通方法。

制煞:就是根据凶煞的五行,以其相克者来制。如煞属金,以火制,属火以水制,属水以土制,属土以木制,属木以金制。煞的五行由所居方位决定,如煞居西方庚酉辛属金,用丙日,若年月日时四丙更妙,则金煞为火神所克,无法为虐。如煞居南方丙午丁属火,则用癸亥等水日,同样可制其凶焰,转凶为吉。

化煞:也是根据凶煞的五行,以其相生相亲者来化。《择吉会要》说:"如煞属木,用火局,使木生火以生土,则贪生忘克反为恩中之恩。又如煞属水,用水局,同类相亲,则煞又为比辅之神。依《择吉会要》之说,若凶煞在东方寅位,用甲日(年月日时四甲更妙),一方面甲属木,同类相亲,另一方面,甲禄在寅,煞即转为我之禄,甲命用之,又为生命之禄,甲山甲向用之,并为山向之禄。诸如此类,不但不为凶恶,反为大吉,所以古时择吉书常说"若要发,修三煞"。

制煞犹如以力服人,化煞则如以德服人,不怕日后报复,因此,民间有"制煞何如化煞高"之说,一般不轻易用制煞的方法。

通过以上如此这般的一番摆弄,一些需要紧急办理的事就可以放心大胆地去干了,这也是"活人不能叫尿憋死"。对于崇信择吉的人来说,确实解决了很大的问题,择吉术因此也似乎更加灵活和迷人了。但其实质,所有这些变通和权变措施,并没有给择吉术增添了什么光彩。因为择吉术本质上是种心理信仰,根本经不起科学与逻辑的验证。在前提是错误的情况下,任何变通之法,也都是南辕北辙罢了。

试看权变之法,年凶了可择月,月凶了可择日,日凶了可择时,连时也凶的话,可找一吉方。顶不济,还可以闭上眼睛来个"四纵五横法",只要你需要,总会给你个满意的变法。如此一来,还有什么吉凶可信呢?

再看凶方,如东方凶可搬到东方的东方,由新地看原址,则东可变西,凶转为吉了。其余各方均可以依法炮制,这方位的吉凶,还不是由人来定吗?

还有,大寒五日至立春前的"乘乱"期间,正值旧岁新年交替,众神煞忙于交接班,争功讨赏,大吃大喝,无暇关照人世,所以人们就钻了"乱岁"这个空子,百无禁忌,干什么都行。难道神仙世界的时序节令,也与凡间一样吗?即使相同,神仙们无处不在,无时没有,怎么会同凡人一样贪杯误事?而且,古人常说"天上只一日,地下已千年",在此短短的一日里,人们任意妄为一次,就等于千把次冒犯了"天条",怎能不受神灵责罚?说白了,这实际上是以凡人之俗度鬼神之世,是俗骨凡胎们的一厢情愿,根本就没有这么回事,择吉术只不过是人们自欺欺人的心理安慰。

在漫长的历史长河中,从封建帝王到平头百姓,无不笃信择吉,以为"从之者则家强国富,违之者则辅弱朝危",而且如影随其形、响随其音一样,是立竿而见的。如果不幸而遭灾患,大则说是触犯岁月,小则说是不避日禁,所以不论大小公私俗事,统统要翻黄历推甲子,选择吉日吉时而后行。

古人办事择吉,目的是为了避凶求吉,但"黄道吉日"真的能给人们带来吉祥如意吗?随着时代的发展与社会的进步,实践证明,择吉术是一种没有科学依据的迷信,在建国初期就已扔到了历史的垃圾堆,然而当今还有些人又去捡这些破烂,充斥于世,愚弄群众,使旧的风俗死灰复燃,自由泛滥。

古人对择日的批判

对择日选时,古人虽然信者居多,但不信者也不乏其人。特别是汉代的王充,在他的代表作《论衡》中,总结了当时自然科学的成果,继承了荀况、韩非的唯物主义思想,对当时风行的"天人感应"神学目的论和谶纬、禁忌、择日等迷信思想,作了极其有力的揭露与批判,可说是无神论者之代表。

在其《讥日篇》中指出,春秋之时,天子、诸侯等高官死以千百数,查其葬日,大多数与后世要求的"刚柔相得,奇偶相应"吉日不合,证明当时并无埋葬择日之习,是后来术士们的无稽之谈。又说葬棺入土要择日,殓尸入木却不择日,这"土"与"木"在五行中是平等的,岂不是一样神圣两样看待?如以挖土葬棺为"贼地之体",那么,耕地植谷,锄园种菜,也要择日,这就显然是说不过去了。

汉代历书说:"血忌月杀"之日杀牲祭祀必有凶祸。王充批驳道,人们"感物思亲",所以才祭祀,其他百神之祠,虽非死人,但祭祀之礼同死人是一样的,活人饮食不择日时,供祭鬼神为什么要择日?如果死人同活人一样有知觉,则祭祀不宜择日;如果不能饮食,虽然择日避忌,又有什么益处呢?实际上,死人不知,百祀无鬼,人们所以祭祀,不过是表示不背祖先、不忘其恩德罢了。祭之无福,不祭无祸,祭与不祭,尚且没有祸福,所谓日之"吉凶",又有何损益呢?

《沐书》说:"子日沐,令人爱之;卯日沐,令人白头。"王充驳斥说,人们之所爱所憎,在于容貌之美丑,头发之白黑,在于年岁之大小。假如一个人相貌丑如"嫫母"(古时传说奇丑之女),专于子日沐发,能让她变得美丽而让人喜欢吗?倘若一个15岁的妙龄少女以卯日洗头,她的头发真的能变白吗?这完全是一派胡言。

王充在论述中,对择日迷信作了总结性的批判。他说,世间不行道德,莫过于夏桀商纣,妄行不轨,莫过于周幽王和周厉王,但夏桀商纣并不早死,幽厉二王也不夭折。由此说来,逢福获喜,不在择日避时,涉患罹祸,不在触犯岁月,这是再明白不过的。况且古往今来,千君万臣,其得失吉凶,官职高下,位禄升降,各有不同;芸芸百姓,耕耘商贾,其贪得失,寿命长短,千差万别,这绝不是因为高大尊贵者举事以吉日,穷弱卑贱者则以凶时的缘故。人的诞生是一件大喜事,但未必就是得吉逢祥,那为什么偏偏把贫穷、疾病、死亡等说成是犯凶触忌呢?因此,所谓择日检时,完全是一种不堪评说的迷信。

唐代卢藏用以问答的形式,写下《折滞论》一书,针对国家择吉行政的迷信,作了尖锐的批判。书中说:

"国家将兴,听于人;将亡,听于神。祸福无门,唯人所召。人无衅焉,妖不自作。由是观之,得失兴亡,并关人事,吉凶悔吝,无涉天时。"

接着以丰富的历史事实,批驳了这种迷信行为。指出,只要为政者刑狱不滥,则人民长寿;轻徭薄赋,则人民富足;法令持之有恒,不朝令夕改,则国家稳定;赏罚得中则兵强。假如违背这些原则,任你卜时行刑,择日出令,也终无成功富强可言。最后总结道:

"任贤使能不(择)日时而事利,法审令正则不卜筮而事吉,养劳贵功则不祷祀而得福,此所谓天时不如地利,地利不如人和。"

如姜太公犯雨而阵,这是违逆天时;韩信破釜沉舟背水而战,这是乖舛地利,但都成了大业。

国家行政如此,个人办事亦然。假如你择日动土建房,但建房者却给你偷工减料,房子能够牢固持久吗?假如你择吉日在大街上杀人抢劫,能保证逃出法网吗?不少古人有见于此,得出了"择吉不如修德"的结论,所以民间有"禳灾延寿,莫若修德"之说。

从逻辑与科学看择日之术

自相矛盾 判断日时的吉凶,主要就是前述的各种花样,即干支甲子、二十八宿、十二直、阴阳五行等,以及数量众多的年、月、日、时各类神煞。这些东西分属不同的系统,彼此间毫无关系,用它们来判断日时的吉凶,难免有许多矛盾之处,令人无所适从。俗话说:"一个桌子上坐不下俩先生",这先生并不是指教书先生,一个

"天"字,他们绝不会一个说"天",一个说"地";而是指术士阴阳先生,同是一个日子或一处地方,就会你说好,他说坏;你说吉,他说凶。

《史记·日者列传》载有:孝武帝曾召集各种占卜家,问某月某日可不可以娶妻?五行家说可,堪舆家说不可,建除家说不吉,丛辰家说大凶,历家说小凶,天人家说小吉,太乙家则说大吉,辩论纷纭,争得面红耳赤,谁也说服不了谁。孝武帝最后以行政命令金口玉言下判断说:"一切宜忌,以五行家为主",一言定了乾坤,了结了这场争论,也给五行术以后的发展,提供了极佳的氛围。

又如1933年12月23日这一天,按干支是"癸亥",相当于水水,又好又不好;按六曜是"大安",非常好;但按十二直,是"闭",是万事皆凶的日子。这仅是按干支、六曜、十二直三系统就矛盾重重,如果再把二十八宿、纳音五行以及每日神煞统统列上,真不知矛盾要有多少。由此可知,所谓"吉凶",是根据字面"分析"的毫无依据的骗术,纯属欺人之谈。

即使是同一系统,也是自相矛盾,难以自圆其说。

干支五行的生克制化、刑冲化合与旺相休囚,是择吉术判断吉凶的重要理论依据,然而,就是这个举足轻重的标准,却也是举自己的矛,刺自己的盾,谬误百出:

被称为"干支相生,天地和平"大吉之日的天赦日,其中立春后的戊寅日,却是支木克干土,实为"制日"、小凶。

被誉为"鸟虫不食"的七天耕田吉日,除辛丑一日外,其余丁亥、癸未、庚寅、辛卯、甲寅、丙午6日,不是干支相克,就是上下两气相重,谈何吉祥。

关系重大的下谷种的8个吉日,除壬寅、癸卯、丁巳3日外,也有5日不合义例:甲戌是干木克支土,壬午是干水克支火,庚午是支火克干金,己卯、庚申则干支五行相重。

据说是有"十全"之美的大吉日,同样混有干支相克或相重的日子。如所谓可得"五男二女,利益大吉"的丙子日,是支水克干火。

"主得外财大吉"的乙丑日,是干木克支土。同样可得"五男二女"的乙卯日,则是两木相重,"同性繁殖"。

干克支为"制",主凶。但择吉书中男婚女嫁,却以木土、火金夫妻为大吉。如果说夫克妻象征着夫唱妇随,男尊女卑,阳刚阴柔,妻从夫德,正是封建时代家庭的模式,为什么同一模式的"夫金妻木"、"夫土妇水",又一变而为大凶大恶,不是家贫少子,就是夫死妻孤了呢?干生支为"宝",支生干为"义",均主吉祥,但在择吉书的婚姻组合中,水土、水金夫妻均为"贫穷孤寡",又有什么"木水夫妻老来凶,年年常有祸来临;生得男女多病死,长时寒苦一世终"。

"冷败凶日"共有9个干支日,其中甲午、乙巳、丁丑、庚戌、戊申、庚子6个是干支相生、非"宝"即"义"的吉日。

凡此之类,不胜枚举。既然吉日不吉,凶日不凶,则所谓的吉凶有什么依据呢?吉凶无据,福祥和祸患又缘何而来?

臆造神煞 以上所述,虽然自相矛盾,但总还有其出处和根基,另有许多神煞,像什么嫁娶周堂、五姓修宅、男女合婚大利月、驿马临官、神在、上吉七圣、红沙煞、满德吉庆、冰消瓦解、灭门大祸、支退流财,根本就是历代术士们凭空捏造,是毫无根据的一派胡言。术士们骇世惑众的伎俩很多,总的是抓住人们趋吉避凶的心理,你喜欢什么就给你来点什么。人们向往多子多孙、升官发财、延年益寿,他就给你来个合婚大利月、喜神、贵神、满德吉庆、福星贵人、太阳升殿、天喜、天寿、天宝、天贵、天福、天禄、天良、天瑞、极富星、九仙吉时,如此等等,让你看着心动,听着身痒,欲罢不休,这叫"骚痒术"。你哪里痒,他就抓你哪里。

另一种是你怕什么,他就给你编造什么。老百姓最怕刀砧火血、官府衙门、香火断绝、贫穷疾病、鳏寡孤独,他就编造出支退流财、刀砧血火、逆血刃、暗刀煞、红沙煞、冰消瓦解、灭门大祸、火星、官符、冷败、暗金、四绝、四离、四废、四穷、天贼、地贼、天狱、天火、破败五鬼、丧门等等数不清的煞,数量之多,名称之凶奇恐怖,让你一看就害怕,一听其名就吓得浑身起鸡皮疙瘩,这叫"戳痛术"。你哪里痛,就偏往哪里戳。

所有这些神煞都没有一个有姥姥家的,同是无根之草,都是术士们的胡编乱造。但为了让世人相信,使之更能迷惑与欺骗人,他们挖空心思、想方设法往周易八卦、天干地支、阴阳五行等身上靠,给它们涂上一层神秘的理论色彩,来进行招摇撞骗。诸如:

男女合婚大利月:其法以女命为主,子寅辰午申戌六阳年自本命前一月向前顺数,丑卯巳未酉亥六阴年自本命后一月向后逆数,第一月为大利月,第二月妨媒氏、首子,第三月妨翁姑,第四月妨女父母,第五月妨夫,第六月妨本身,到第七月又依前轮转。实际上,十二月为女命,则第六月为本命之冲,是不吉利的。如果说不忌地支一字,那阳前阴后一月又凭什么说它是大利呢?而且第一月大利了,以后五个月又为什么通通不利呢?这些与各种择吉术都挨不上边,实为荒诞之至。这种说法从何而来?术士们说是吕才创造的,实际上吕才是唐代著名哲学家,对阴阳术数的批驳深刻有力,可怜术士无知,连抱大腿都抱错人了。

百事忌:亦称"杨公忌"。民间最怕此忌,择吉黄历必详载其日,就连现在港台出版的通书,也是每值必书。按其起例,乃是二十八宿的"室火猪日"。具体推算法是:元旦日起角宿,依二十八宿次序顺数,凡值室宿之日即为杨公忌。不论月大月小,二十八日一周,每月递退二日。故正月为十三日,二月为十一,以至七月初一、二十九,共13日。以二十八宿值日,犹如以干支甲子纪日,由来也非常久远,但记载室宿值日有何禁忌,这杨公也不知其何许人。据考察,百事忌的说法大概出于西域。西部地区居民信奉伊斯兰教者多,忌食猪肉,且闻声辄厌,所以连同室宿(猪)所值之日也忌讳起来了。以此,其他不信奉伊斯兰教、以食猪肉为贵的人,也遵行其忌,就有点滑稽可笑了,还什么"神仙留下十三日",实是不察之故。

对于各类神煞和吉凶日的谬误,有不少已作过剖析,可以说,整个择吉术的吉凶神煞,都是根本不存在的凭空胡编乱造。那么,择吉术骗人的实质,不是显而易见吗?

太岁乌有 择吉术以判断吉凶的千百神煞,分属太岁、月令、干支五行三大系统,又以太岁最为尊。太岁是众神之魁,是吉凶之母。它"率领诸神,统正方位,斡运时序,总成岁功"。俗说"谁敢在太岁头上动土",谁就会遭来大凶,可见太岁之厉害和可怕。移徙最怕"负太岁"、"抵太岁",修造埋葬所有动土之事,最怕"冲太岁"、"犯太岁"、"太岁头上动土"。年月日时的吉凶,也大多依据太岁所处方位,以及众神煞与太岁的相互关系与相互位置而定。

那么,这在择吉术中起关键作用的太岁是个什么样的怪物呢?所谓太岁,只不过是春秋战国时期人们为了便于纪年而假设的一个虚岁星,并非实有此物。既然是个假想之物,依据它建立起来的神煞系统,当然也就是子虚乌有的海市蜃楼。太岁并非实有,什么岁德、岁德合、岁干合、岁支德、岁破、大耗、大将军等等所有依据太岁产生的吉凶神煞,也就失去了存在的根基。如此,根据这个并不存在的体系,来判断日时的吉凶,也就失去了令人相信的依据,成了一种"假设游戏"。随着择吉支柱的太岁虚无,整个择吉大厦也就不攻自垮了。

对于太岁,民间还有另类说法与记载。唐段成式《酉阳杂俎》续集二卷有:莱州即墨县有王丰兄弟3人,王丰不信太岁方位之忌,于太岁所居之地掘坑,发现一个肉块,其大如斗,蠕蠕而动,王丰急忙将坑填上,但其肉块却随填而长,越长越大,不几天,王丰兄弟3人及家中奴婢全部暴亡,仅一小女孩存活。

元好问《续夷坚志》卷一也载有宋金时期怀州一花姓人家,带佃仆挖地,挖出一个肉块,约有三四升那么大,外有肤膜包裹,花氏用刀切割,好像羊肉一般。随他挖地的佃仆说:"土中肉块,听人说就是太岁,见者将遭凶祸,不能再挖了。"花氏说:"管它太岁不太岁,给我挖!"又挖出两个肉块。以后不到半年,花氏一家死亡接踵,连牛马也死个净光。

唐代张读《宣室志》卷五说,兰陵县有个叫肖逸人的人,经商致富后修治园林,挖地时挖出一个肉块,肥而且润,色微红。肖以为是冲犯了太岁,非常惊恐。他听人说若把这种肉块吃掉的话,或许可以免祸。于是把它烹煮来吃,没想到味道还非常美,竟然全部吃了。从此以后,肖逸人身体愈发强壮,视觉聪明,容光焕发,显得更加年轻。

上述这种肉乎乎的东西,就是民间所说的太岁。

近年,也有人在种地时挖掘到这种土中肉块,并送交有关部门鉴定。经现代科学分析,发现这种所谓的"太岁",是由若干种元素,在土中经过多年的长期作用,演变而成的一种特殊物质,对人体有着强身和治病的作用,可治多种疑难杂症,是种极其珍贵难得的药材。因此,挖到这种肉块,不但不会招致什么祸患,反而倒会使你更加健康,延年益寿。

由此看来,王丰、花氏的故事是否真实,还得存疑。即便是真,也不奇怪。"太岁"之怕,人言可畏,由恐吓而至病死,也不无可能,为什么小女孩竟安然无恙呢?

北宋仁宗皇帝,也否认太岁。《见闻后录》记有:嘉祐中,将修东华门。太吏言:"太岁在东,不可犯。"仁宗皇帝批其奏曰:"东家之西乃西家之东,西家之东乃东家之西,太岁何在?其兴工勿忌。"连封建社会的皇帝都不信太岁,我们生活在当今时代的人还怕"太岁头上动土"吗?

荒诞不经 以假卖假的择吉术,实际上是作茧自缚,当其回天乏术之时,又不得不以假中之假来诡辩解脱,如前所述的变通权变之法,无一不是如此。就像"四纵五横法",那和小孩玩"家家"有何两样?又如民间有选择安香火吉日的"八个鬼字法",就是将八个"鬼"字写得或正或倒或卧,然后以大月从左至右数,小月从右至左数,正者为吉,倒者、卧者为凶,一字一日。还有安门择吉日是"数圈数点法":将三十个圈或点按一定间隔排列,大月从左往右数,小月从右往左数,一日一位,白圈为吉,黑点为凶。那些颠三倒四的"鬼"字凭何而排,根据什么说"正鬼"吉,"斜倒之鬼"为凶?那白圈黑点又是依何而排,为什么圈吉点凶呢?像这样没有任何依据和道理的择吉法不胜枚举，都是些自欺欺人的哄骗伎俩，没有一点可以信赖的根据，只不过是解解疑心而已。

择吉术纯属迷信，绝不可信。

事实上，一年365天，每天都是24小时，除了阴晴风雨不同外，哪天都一样，毫无差别，根本没有什么黄道黑道。在社会进步与科学发展的今天，若外出与办事，看一看天气预报，那些风和日丽的天气，都是好日子，完全没有必要把迷信的枷锁往自己的脖子上套，命运要由自己掌握，要做生活的主人。

择吉避凶，冀福忌祸，好生恶死，乃人类之本性。择吉也可说求吉，是一种心理信仰。人为了实现自我，谋求吉祥、平安、顺遂、成功，避免凶祸、疾病、失败，便成为人的一种本能。这种心理现象的产生，原因是多方面的，并形成了择吉民俗。

择吉术是一种迷信，是建立在人们求吉心理上的一种迷信，已经无可怀疑。前面已说，它据以判断吉凶的各个系统，以及凭空捏造的各类神煞，互相矛盾，无所归依；就是同一系统，也是自相矛盾，笑话百出，难以自圆其说，根本无吉凶可言。

择吉术的千年传承，积淀的糟粕实在太多，本篇讲择吉，说黄历，并不是指导人们如何去选择黄道吉日，而是作为一种历史与现实的文化现象来研究，使广大读者了解认识它迷信的一面，运用唯物主义的观点，从科学、逻辑、历史、文化、心理等层面，多角度地分析批判，从而阐发其中的文化内涵。

随着国民经济的繁荣，人们文化素质的提高，以及科学的发展，择吉术将会最后消失。而择吉作为一种习俗，同禁忌一样，只会改变它的表现形式与热衷程度，将永远不会消失。

风 水

风水之说

作为特定术语的风水,晋代山西闻喜的郭璞,人称风水鼻祖,最先作了解释。在他所著的《葬书》(亦称《葬经》)中说:"葬者,乘生气也。气乘风则散,界水则止。古人聚之使之不散,行之使有止,故谓风水。"这里所说的风水,是指关于阴宅葬法的原理。风,空气流动的现象。水,是水流。气,即所谓的地气。生气,即有生机的气。风水,就是乘生气的一门术数。

清人范宜宾注郭璞《葬经》说:"无水则风到而气散,有水则气止而风无,故风水二字为地学之最重,其中以得水之地为上等,以藏风之地为次等。"这是说,相地的关键是因水聚气,如果没有水,风一吹会把气吹散了;只要有了水,气就会聚集,风也不会吹拂,所以有水之地最佳,避风之地次之。

因此,历代风水师总是从龙脉入手,龙脉为地之气,气之末有水异之,气之止有水限之,气之聚无风以散之。一言概之,就是有了生气,葬者就有了福音,意指选择葬地是何等重要。

据风水说,山脉象征为龙,称龙脉。又据山形,分为龙脑、分龙、起龙、注龙(龙尾)以及末龙、太祖(山)或称祖山、太宗(山)、少祖(山)、少宗(山)、父母(山)或称主山。土乃龙之肉,石乃龙之骨,草乃龙之毛。除龙脉外,还配以五行,分水木金火土五山。地有福地、吉地、凶地、绝地之分。

《辞海》说,风水也叫"堪舆"。旧中国的一种迷信认为住宅基地或坟地周围的风向水流等形势,能招致住者或葬者一家的祸福。也指相宅、相墓之法。

《辞源》说,风水,指宅地或坟地的地势、方向等。旧时迷信据以附会人事吉凶祸福。

《黄帝宅经》序说:"夫宅者,乃是阴阳之枢纽,人伦之轨模。宅者,人之本。居若安,即家代昌吉;若不安,即门族衰微。"

上个世纪80年代末,由东南大学出版的《风水探源》一书,潘谷西先生在序中指出:风水的核心内容是人们对居住环境进行选择和处理的一种学问,其范围包含住宅、宫室、寺观、陵墓、村落、城市诸方面,其中涉及陵墓的称为阴宅,涉及其他方面的称为阳宅。风水施加于居住环境的影响主要表现在三个方面:第一,是对基址的选择,即追求一种能在生理上和心理上都能满足的地形条件;第二,是对居住的布置形态的处理,包括自然环境的利用与改造、房屋的朝向、位置、高低大小、出入口、道路、供水、排水等因素的安排;第三,是在上述基础上添加某种符号,以满足人们避凶就吉的心理需求。

由中央民族学院出版的《住宅风水勘吉凶》前言中说,所谓风水,如果用现代字眼叫,应该叫做"地球磁场与人类关系学"。以内容来说,风水这一学问分成两大部分,一部分是讲究峦头形势,另一部分讲究方位理气。

英国著名学者李约瑟先生说,风水是"使生者与死者之处所与宇宙气息中之地气取得和合之艺术"。这"和合"二字,更确切地表明了风水的思想。

著名学者王其亨先生考证:"风水说的内核,就是中国古代建筑之精华。"

新西兰学者尹弘基先生说,风水是寻找建筑吉祥地点的景观评价系统。它是中国古代地理选址与布局的艺术,不能按照西方概念将它简单地称为迷信或科学。……中国风水建立在以下三个前提的基础上:①某个地点比其他地点更有利于建造宅地或坟墓;②吉祥地点只能按照风水的原则通过对这个地点的考察而获得;③一旦获得或占有了这个地点,生活在这个地点的人或埋葬在这个地点的祖先和子孙后代,都会受到这个地点的吉祥影响。

1991年8月由广西人民出版社出版的王玉德先生所著《神秘的风水》书中如是说,风水是从古代沿袭至今的一种文化现象,一种择吉避凶的术数,一种广泛流传的民俗,一种有关环境与人的学问,一种理论与实践的综合体。风水可分为阳宅和阴宅两大部分,阳宅是活人的居住活动场所,阴宅是死人的墓穴。风水理论有形势派和理气派之分,前者重在以山川形势论吉凶,后者重在以阴阳、卦理论吉凶。风水的核心是"生气"。它的概念十分繁杂,涉及龙脉、明堂、穴位、河流、方向等。它有许多禁忌,对时间、方位、地点都有讲究。阴宅学说有浓厚的迷信色彩,极大地毒害着民众。阳宅的理论与实践有一定的合理性,可以化腐朽为神奇。

　　武汉科技大学中南分校开设的《建筑与风水》选修课,介绍说:风水学是中国传统文化中的重要组成部分,"建筑风水"是将建筑与周围环境统筹考虑的学问,人、建筑、家居如何与自然和谐相处则是课程的主要议题,是建筑设计与家居布置中如何以人为本、如何与环境协调的传统学问而已。往复杂点说,就是建筑与地理、生态、文化的一门交叉学科。

　　以上诸家对风水之见,有说是学问的,有说是迷信的,有说是科学的,有说是建筑艺术的,有说是文化的,有说是居住环境的,等等。笔者认为,仅作为一种根深蒂固的民俗事象,也值得探究。

风水名称

　　风水术　人们通常所说的风水,实际上包括两种意思:有时是指好地形和好风景,有时是指风水术,即风水的理论和实践,是人为的。严格地说,风水与风水术是有区别的。风水是一种客观存在,本体是自然界;风水术是主观对客观的活动,本体是人;不过,在日常习惯中,人们是混为一谈的。

　　形法　什么叫形法?《汉书·艺文志》说:"形法者,大举九州之势以立城郭室舍形、人及六畜骨法之度数、器物之形容以求其声(生)气贵贱吉凶。犹律长短,而各征其声,非有鬼神,数自然也。然形与气相首尾,也有有其形而无其气,有其气而无其形,此精微之独异也。"姚明辉作《汉志注解》云:"大举九州之势,以立城郭室舍即相地相形。"

形法指形貌,不仅仅是指相地。《四库全书总目·术数》说得很清楚:"然形法所列,兼相人相物,则非相宅相地之专名,亦属假借。"

堪舆 其本义是指天地。堪为天,舆为地。古人许慎说:"堪,天道也;舆,地道也。"清人朱骏声说:"盖堪为高处,舆为下处,天高地下之义也。"

堪舆,即观天象,察地理。

汉代人们说堪舆,往往是讲神怪。孟康注《甘泉赋》云:"堪舆,神名,造图宅书者。"

青囊 原本是古代相术家装书的黑袋子,后借称相术家,又以之作为书名,进而成了风水术的别名。唐代陈子昂有"传道寻仙友,青囊卖卜来"之句。

青乌 汉代有位方士叫青乌子,传说他撰写有《葬经》,后世奉之为宗祖,以他的书为经典。唐代柳宗元有"子孙万代承灵祉,谁之言者青乌子";刘禹锡有"地得青乌相,宾掠白鹤飞";王□在《轩辕本纪》中说:"黄帝始划野分州,有青乌子善相地理,帝问之以制经。"

相宅 相宅术实际上是包括两个方面,一是相活人居所,一是相死人墓地。

前者为阳宅,后者为阴宅。其共同点都是为了人而相地,相地后又有一定的建筑事务;不同点是前者为活人,有一定的意义,后者为死人,完全无意义。

相地 地,即地理。风水师常被人称为地理先生。古代的地理,往往专指风水事宜。

相地与风水术之间不能完全划等号。这是因为:

从产生时间看:相地比风水术产生得早。早在上古时代,人们为了谋取生活资源,为了居住安全和舒适,就开始了相地,而风水术是在后世产生的,在其源流中可以看出。

从范围看：相地有广泛性，农耕、狩猎、城建、居住、旅行、军事等都需要熟悉地情，而风水术仅仅用于住宅与墓葬。

从方法看：相地有严肃性，必须认真勘察一山一水，实事求是地评估；而风水术有很大的主观性，凭着头脑的臆想就可以任意解释地理现象。

从性质看：相地是人们认识世界和改造世界的活动；而风水术是宣传唯心论，靠骗人赚钱，特别是阴宅相术，完全是一种迷信行为。

从后果上看：相地有利于改进人与环境的关系，使人们更好地利用环境，达到主客观之间的充分和谐。风水术导致民俗堕落，腐蚀人们的思想，不利于精神文明建设。

风水形成前提

风水观念、风水理论、风水实践的发生并不是偶然现象，也不是外部现象强加于人的，它有着深刻的背景。它最根本的原因是贫困和愚昧，此外，它与其他社会原因也不无关系，如"孝道"，生者追思死者，采取厚葬的方式，希望弥补心理上的缺陷，以达到平衡心理。又如"相术"，自古盛行相牛、相马、相人，这其中有迷信也有科学。再如"术数"，有阴阳、算命、测字、圆梦、占课等迷信活动，都助长了风水发生。

仅就意识形态的崇拜观念和风水关系，也有以下几个方面。

自然崇拜 人们所依赖的大自然，是不以人的意识存在的客观实在。在科学不发达的时代，人们顺从于大自然，屈服于大自然，认为大自然可以任意主宰人类，于是，就神化与崇拜大自然，对日月星辰、山川河流、飞禽走兽、土石草木无不敬仰。

大自然可以赐福于人，也可以嫁祸于人，可以决定人的命运，人应当顺从大自然，这正是风水观念的基本前提；上观天文、下察地理，顺其自然，得到有生气之地，或住或葬，得到吉祥，这正是风水所乐意追求的效应。人与自然界是一个动态变化着的整体,在这一整体组成的大气生物圈中,大气对人类的影响最大。气流即风,故风水从选址到布局都考虑到是否通风、又如何避风等问题。

土地崇拜 人们世世代代背朝青天,面对黄土,生生不息生活在土地上,土地赐予人们肌体,又给予人们取之不尽的资源。我国以农立国的特点,决定了人的生存惟有依赖土地这一物质基础:"地者、底也。其体底下载万物也,亦言谛也。"(《释名》卷一)。常言道"万物土中生",也就是这个道理。但是,土地变化无穷,经常捉弄人们,洪水、旱灾、虫草、冷暖等,都会给人们带来生存的危害,人们敬畏土地、祈祷土地、崇拜土地。

古时人们对土壤质地和肥力不能得出科学的结论,出现某种异象,就认为是有生气吉地,人住在这样的土地上就可以富贵长寿,死人埋在这里就可以荫佑活人。土地对人的影响是肯定的,以阴宅为例,有的死尸埋在土里不易腐烂,这是因为土质干燥、纯净,温度稳定;相反,若把死尸埋在潮湿、蚁窝、细菌极易繁殖的土质里,很快就会是枯骨一堆了。地之吉凶,取决于能否聚气,因此,先民约定成俗,不许随意动土挖坑,怕伤了地气,引来不测之灾。

《礼记·效特祀》云:"社,所以神地之道也。地载万物,天垂象,取材于地,取法于天,是以尊天而亲地也。"《孝经纬》云:"社者,土地之神。土地阔,不尽祭,故封土为社,以报功也。"

大山崇拜 先民认为大山含泽布气,离天最近,是神灵的住所,苍天的意志是通过大山传导给人间的。

《释名》卷一云:"山,产也,产生物也……山下根之受溜处曰田川。田川,吮也,吮得山之肥润也。"

山的神化久远已始,虞舜时即"望之山川,遍于群社"。《礼记·祭法》云:"山林川谷丘陵,能出云,为风雨,见怪物,皆曰神。"山神很多,仅《五藏山经》就记载了400余个。人们祭祀山的形式也很多,复杂的由君王率领文武群臣择吉日举行隆重的仪式。

经常受到祭祀的是分布在不同地域的五岳,各山之形也有不同,北岳恒山如行,东岳泰山如坐,西岳华山如立,南岳衡山如飞,中岳嵩山如卧。五岳中又以泰山为最尊,秦始皇等历代皇帝都祭祀过泰山,山上有岱庙,这是帝王们封禅告祭的居所与举行大典的地方。

传说泰山与人事吉凶有关。《风俗通义·正失》记载:"岱宗上金箧、玉策,能知人年寿修短。"《后汉书·许曼传》记载:"(曼)少尝笃病,三年不愈,乃谒泰山请命。"同书《乌桓传》记有:"中国人死者魂归岱山。"《太平广记》卷99记:"泰山治鬼。"《太平御览》卷881记有泰山神"呼之令人不病"。《梦梁录》卷二记泰山神"掌天下人之生死"。

山与风水有关。《山海经·海外北经》记有山神之气息就是风。它吹气时,世界就是冬天;呼气时,世界就是夏天。

民间称人死为归山,坟墓就是山,墓门为山门,卜卦算命的人称山人。山形决定人的祸福。

《艺文类聚》卷七引《相冢书》云:"《青乌子》称:山望之如却月形,或如覆舟,葬之出富贵。山望之如鸡栖,葬于灭门。山有重叠,望之如鼓吹楼,葬之连州二千石。"

群山连绵,像人体的脉络,又像龙在飞舞,风水师称为龙脉,并以之大做文章。这些观念,都是由对大山的崇拜逐步演变而来。

风崇拜 风,就是流动的空气。先哲对风有各种各样的认识。庄子:"夫大块噫气,其名为风。"《淮南子·天文训》:"天之偏气,怒者为风。"《说苑》:"天地之气合以生风。"等等。

风有助于万物变化,可使草木欣欣,花粉传播;也可毁坏房屋,影响交通,造成灾害。《史记·天官书》有:"风从南方来,大旱;西南,小旱;东方,大水;东南,民有疾疫,岁恶。"沁域民间有"夏刮南风海底干,秋刮南风地不干"等谚语。

因此,先民很尊崇风,必然要观察风。相地术把风作为重要内容之一。

先秦时先哲考察方位,就有八风之说,即东北曰炎风,东方曰滔风,东南曰熏风,南方曰巨风,西南曰凄风,西方曰流风,西北曰厉风,北方曰寒风。风水先生也借以大讲"八风"之说,说什么穴的前面有凹风,则明堂倾卸,案砂不有,堂合难收,牵动土牛,主贫穷败绝。穴后有凹风,则臂膊寒,必然是无倚无靠,穴星不起,主夭寿无子。穴左有凹风,是龙砂软弱无情,主长房伶仃孤寡。穴右有凹风,必是白虎空缺,不庇小房,主弱弟幼子,败绝夭类。穴两肩有凹风,则胎息孕育之方受伤,其他方面虽有好风,亦主败绝。穴两足有凹风,则子孙祭墓朝拜之所低陷,不是冲射堂局,定然水口斜飞,主破家荡产。

　　风水先生的"八风"与人事吉凶相连,断言"贫穷败绝"、"夭寿无子"。试问,穴中葬者已深埋土中,何怕凹风?这凹风又和活人有何关系?纯是胡说八道。

　　水崇拜　除了空气之外,人类生存最基本的资源为水,水是人们生活的必需品,清洁纯净之水为开发其他一切资源的保证。《管子·水地》说水是"万物之本原,生之宗室"。水能造福于人,供饮用、洗涤、灌溉等。水也能肇祸于人,冲毁田地,住宅,淹死人、畜等。人们感激水,也害怕水,称水为神,拜之。

　　风水对水的关注,最初源于人对饮用水的本能需要。风水中所谓好的"龙脉"都是容易获得泉水的地段,这里有着水文、地质方面的科学道理。地质学还表明,一般山顶处无地下水,而风水的阳基也忌讳被选在山顶。随着风水术的演进,水逐渐被视为"血脉"、"财气"之类的虚妄的象征,称江河为"水龙",水能聚气,乘生气就可得到富贵。

　　龙崇拜　龙,是一种虚构的兴云雨、善变化、利万物的神异动物,鳞虫之长。关于龙的形象,汉代人王符认为,龙是"九似之物":头似蛇、角似鹿、眼似鬼、项似蛇、腹似蜃、鳞似鲤、爪似鹰、掌似虎、耳似牛。

　　龙的形象,民间有流行歌为:

　　　　牛头鹿角眼如虾,

鱼鳞鹰爪蛇尾巴；
　　如欲画出活现龙，
　　九曲三弯总不差。

　　可见，龙的形象是吸收了多种动物形象中最神奇的部分组成的，所以它显得是那么神奇、威武。

　　古人对龙的习性有许多记载：《大戴礼记·易本命》书中说："有鳞之虫三百六十，而蛟龙为之长。"《说文解字》有："龙，鳞虫之长。能幽能明，能细能巨，能短能长；春分而登天，秋分而潜渊。"《管子·水地篇》里说龙："欲小则化为蝎，欲大则藏于天下；欲上则凌于云气，欲下则入于深泉。"《后汉书·张衡传》："夫随龙迎夏则凌云而奋鳞，乐时也；涉冬则屈泥而潜蟠，避害也。"《易·系辞下》："云从龙。召云者龙。……"

　　人常说马首蛇身之龙，潜伏在九重深渊，掌江河湖海之水，它能升天入地，腾云驾雾，穿透铁石，摧毁山岳。

　　龙，并非中国独有。但是，与龙最有不解之缘的，就是我们的祖先。我们的国家，被人称为龙的国度，龙是中华民族的象征，龙是古老中华皇室的标志，龙是一种神圣的符号。对于每一个华夏子孙来讲，龙的形象能激励他们的思想、情感、意绪。我们常说自己是"龙的子孙"、"龙的传人"。

　　龙作为一种文化的凝聚积淀，已深入在每个中国人的潜意识中，已渗透在各个方面，与天地世间百事万物都有关联。人兽物种、山川湖海、都市村庄、衣食住行等以龙命名的比比皆是，就连男女成亲也称"龙凤配"，一胎生男女两个孩子叫"龙凤胎"，得意的女婿叫"佳婿乘龙"，近现代从西方引进的事物中，也要中国化以龙名之，如自来水管开关称"水龙头"等等。

　　龙是个庞然大物，像山一样起伏连绵。风水术借用民意有关龙的观念，称透迤曲折的山为龙脉或山龙，称源远流长的江河为水龙，并分有干龙、支龙、真龙、假龙、病龙、死龙、来龙、去龙、直龙、横龙、飞龙、潜龙、闪龙、回龙等。

风水以龙山为吉地,山的气脉集结处为龙穴。《秘传水龙经》说:"横宫龙穴生荣显,借合穿龙主发财。"可见,风水术的龙观念,是由对龙的崇拜而演变出来的。

灵魂崇拜 在远古时代,人们还完全不知道自己的身体构造,在梦中见到一些人和事,特别是那些死去的人,见他们仍在生活,与活人对话、共事等,便以为他们肉体虽然不再存在,但还有另一种东西活着,这就是灵魂,所以产生了灵魂不灭观念,并认为死者灵魂仍能干预人事,祸福活人,有超人的能力。在此基础上,发展起了以尊老、崇权、迷信圣人为显著特征的传统文化。

《礼记·郊特牲》说:"魂气归于天,形魄归于地。"这就把死人分成魂魄两部分了。认为人死了虽死犹生,死者是本,生者是支,本支永远是相连的;如果死者不安,生者就不荣。由于人们对灵魂的崇拜,很轻易地产生了风水。风水师发明了一套相地的方法,从龙脉到土质,从穴口到周围的环境,声言选择了风水宝地,死者的遗体就不会腐烂,死者的灵魂就会荫福后人。

其实,人死如灯灭,谈何灵魂。既然没有灵魂,何说荫福?显而易见,请风水先生相地,无非是一种徒劳而已。

基本常识

气 气是从云气、水气、烟气以及人们的呼吸之气概括而来的,与生命有极大的关系。人身内之气保持生机和力量,使身心得以持续稳定,大地之气维持万物生长和代谢。唯物论者认为气是构成世界本原的元素,唯心论者认为气是客观精神的派生物。先哲们认为,气无处不存在,气构成万物,并不断地运动变化。老子说:"万物负阴而抱阳,冲气以为和。"宋张载在《正蒙·太和》中说:"太虚无形,气之本体,其聚其散,变化之客形尔。"

风水术对气特别重视,引出了生气、死气、阳气、阴气、土气、地气、乘气、聚气、纳气、风气、水气等范畴,实质就是追求人生小宇宙之"气"与周围环境大宇宙之"气"相协调、统一,以保证人的生理健康和心理平和,从而获得生活上的需求和繁衍子孙,所以风水非常忌讳死气、煞气、漏气、泄气。

风水术认为,气决定人的祸福。有土就有气,人生得于气,人死归于气。郭璞在《古本葬经》中说:"葬者,乘生气也。夫阴阳之气,噫而为风,升而为云,降而为雨,行乎地中而为生气,行乎地中发而生乎万物。人受体于父母,本骸得气,遗体受荫。盖生者,气之聚凝,结者为骨,死而独留。故葬者,反气内骨,以荫所生之道也。经云:气感而应鬼福及人,是以铜山西崩,灵钟东应,木华于春,栗芽于室。气行乎地中,其行也,因地之势;其聚地,因势之止。丘陇之骨,冈阜之支,气之所随。经曰:气乘风则散,界水则止,古人聚之使不散,行之使有止。"

自郭璞提出"生气"之说以后,气的理论,便成为风水理论的中心:

张凤藻在《穿透真传》中说:"凡看地……总以气为主。"高见南撰《相宅经纂》卷四中说:"凡地气,从下荫人,力深而缓,天气煦育人身,力浮而速。故阳宅下乘地之吉气,尤欲上乘天之旺气也。"魏青江撰《宅谱指要》说:"居处据坤灵之正位,脉络穴情,乘地气也。顺阴阳以开辟,水局门向,纳天气也。"《阴阳二宅全书》说:"顺阴阳之气以尊民居。"《阳宅觉》讲:"人之居处犹游乎二气之间,有所顺逆则寿。"《相宅经纂》说:"四正四隅,八方之中,各有其气。气之阳者,从风而行,气之阴者,从水而行。现寓于气,气囿于形。"

总之,风水理论与活动都以"气"为中心。"理气"是风水术的关键之一,认为理寓于气,气囿于形。形以目观,气须理察。天星卦气,为乘气之法则。只要理气适宜,乘生出煞,消纳控制,精辨入神,就可达到相地的目的。其实这种对"气"的高度关注,实为我国古老哲学命题"天人合一"精神的实际体现和应用。"理气"是十分复杂的,要结合阴阳五行实地考得"旺象",才能得到"生气",有了"生气"就能富贵,因此,风水术实际是"相气术"。

乘气、聚气、顺气、界气……气是风水理论的总则或总纲。但风水却把"气"说得玄之又玄,虚无缥缈,谁能看得见气?只可言传,不可目识,只能"意会",也就是只能靠风水师任意解释了。

阴阳 阴阳本指日照的向背,向日为阳,背日为阴,后来用以说明万物的本源,说明相互对立和相互消长的情况,把万事万物都归于阴阳两个方面。

风水术以阴阳解天地,认为人是由阴阳二气派生出来的,人要适从于阴阳,不得违背,顺者昌、逆者亡。俗话说:"大门朝南,子孙不寒;大门朝北,子孙受罪。"南为阳,北为阴。住宅朝南,为阳,有吉;住宅朝北,为阴,有凶。相地点穴离不开阴阳,所以人们把风水师称为"阴阳先生"。风水以阴阳交感为吉,看地形时,"逆中取顺者,因脉逆转而求;顺中取逆者,因脉顺流而出。三阳从地起为逆,三阴从天降为顺。阳脉为逆,阴脉为顺。"

阴阳学术具有朴素的辩证法色彩,是先哲认识世界比较正确的思维方式;可是,风水将它与人事吉凶牵强附会,就必然陷于诡辩的泥坑。

五行 风水术认为,相地奥妙尽在五行之中。山川形势有直有曲,有方有圆,有阔有狭,各具五行。概其要,惟测其气验其质而已。质以气成,气行质中。地理千变万化,关键在五行之气。

风水五行有许多分类:

正五行,诀为:东方木,南方火,西方金,北方水,中央土。用以定方位。

八卦五行,诀为:震庚亥未巽辛木,乾甲兑丁巳丑金,坎癸申辰水,离壬寅戌火,坤乙艮丙土。以司形局。

洪范五行:又名"宗庙五行"、"大五行"。其诀:甲寅辰巽大江水,戌坎申辛水亦同,震艮巳三原属木,离壬丙乙火为宗,兑丁乾亥金生处,丑癸坤庚赤土中。以穷山音。它以八卦交通,演而伸之为二十四位五行变化之情。

以上是最常用的三种五行,此外又有四经五行、三合五行、四

金　　木　　水　　火　　土

生五行、双山五行、玄空五行，还有什么"向上、纳音、星度、浑天、河图、宿度、甲子、天干、地支"五行等，真是举不胜举，在其运用中也很混乱。

风水师认为，五行是阴阳之纲领，造化之权衡。拨砂、放水、辨方、立向都得依靠五行。《管氏地理指蒙》说："推星必由于五行，言天必由于五土，仰佑善之五音。"又说："五行之五位，五方之五色，五性之五神，五正之五德，五象之五兽，此皆不可差而不可易。"刘基在《堪舆漫兴》里叙述：

> 金星形体净而圆，弓起浑如月半边。
> 秀丽笃生忠义士，高雄威武掌兵权。
> 木星身耸万人惊，倒地人看一树横。
> 有水令人身贵显，欹斜不正反遭刑。
> 涨天水星浪交加，或落平洋曲似蛇。
> 智巧聪明多度量，荡然无制败人家。
> 火星作祖似莲花，贪巨相承宰相家。
> 只有开红堪作穴，亦须平地出萌芽。
> 土星高大厚而端，牛背屏风总一般。
> 若在后龙兼照穴，兄弟父子并为官。
> 火南水北木居东，西有金星土在中。
> 此谓五星来聚讲，天壤正气福无穷。

五星中，金星头圆而足阔，木星头圆而身直，水星头平而生浪，火星头尖而足阔，土星上平而体秀。

不仅是地形取决于五行，风水术中的所有理论都要以五行为指导。这是为什么呢？按《管氏地理指蒙》说："葬者乃五行之反本还元，归根复命，而教化之达变也。嗣续因之，而盛衰消长。"意即子孙的祸福，取决于葬者的五行，五行盛，子孙长；五行衰，子孙消。五行说就这样地被风水术引入歧途，成为迷信了。

形势 指地形和地势。形与势有区别。风水先生认为，千尺为势，百尺为形，形比势小，势比形大。势是远景，形为近观。形是势之积，势是形之崇。有势然后有形，有形然后知势。势立于形之先，形成于势之后。形住于内，势住于外。形得应势，势得就形。势居乎粗，形居乎细。势背而形住，形行而穴不结。势如城郭垣墙，形似楼台门第。形是单座的山头，势是起伏的群峰。认势惟难，观形则易。由大到小，由粗到细，由远到近。来势为本，住形为末。左右前后谓之四势，山水应案谓之三形。

风水先生怎样判断形与势的好坏呢？缪希雍《葬经翼》中说："势来形止，若马之驰，若水之波。形近而势远，形小而势大。审势之法，欲其来，不欲其去；欲其大，不欲其小。欲其强，不欲其弱。欲其异，不欲其常。欲其专，不欲其分。欲其逆，不欲其顺。"对势的要求是：势必欲行，行则远，远则腾。势不欲止，止则来无所从。势欲其来，势不畏露，势必欲圆，圆则顺。对形的要求是：形不欲露，露则气散于飘风。形必欲圆，圆则气聚而有融。形不欲行，行则或东或西。形必欲方，方则正。

风水先生之所以这样看待形与势，是因为把势作为来龙，只有来龙大、强、异、专、逆，才会带来好运气。来龙如果太小、太弱、太平常、太直奔、太多分支，那就不会造成好形。形，实际是指一隅环境。形由势造成，形又决定了穴的好坏。形要厚实、积聚、藏气，这样才能结得好穴。

风水先生的形势观念主要用于看山，它采用了有机联系、变化、依存的思维方法，这是朴素的辩证法，是可取的；但其动机和目的都是为了得到好的地气，若让葬者来保佑生者，这就使辩证法被歪曲了，失去了辩证法的实际意义。

山水 山与水的关系,《管氏地理指蒙》这样说:"水随山而行,山界水而止。界其分域,止其逾越,聚其气而施耳。水无山则气散而不附,山无水则气寒而不理。山如兵,水如城,驻兵之地,非城不营;山如堂,水如墙,高堂之居非墙不防;山如君,水如臣,君臣都俞风化斯淳;山如主,水如宾,宾主雍容情味相亲。山为实气,水为虚气。土逾高,其气逾厚;水逾深,其气逾大。土薄则气微,水浅则气弱。然水不能自为浅深,气急而凝者,实山为之也。山不能自为开拓,使堂气畅而不塞者,是又以水之充之也。"

这就是说,山水相依相存,不能舍山而言水,也不能舍水而言山。山属内气,如丘如堂,如君如主;水属外气,如城如墙,如臣如宾。内外合成一个整体,不可分割。

山贵于磅礴,水贵于萦迂。萦迂则山与水而气聚,磅礴则水与山而气浮。山高水倾,山短水直,山逼水割,山乱水分,山露水反,这为五凶。池沼无源,田塍短促,坑壕潦涸,滩激喧嘈,洲移渚易,这也是五凶。

这些认识,都是由气的观念引伸而来的。古人认为气是一种物质形态,气凝而为山,气融而为水,山水都是气。水之所出,必本于山,山之所穷即寄于水,山水是气虚实的表现,是物质存在的不同形式。

山水美是人们物质和精神的需求。人们对山水的热爱和向往,构成了人们的最高精神追求,"仁者乐山,智者乐水",就是至理名言。广大乡村民众俯于山之怀,倚在山之趾,与山融为一体,也正是"于山有穆然之恩焉,于水有悠然之旨焉,与吾共处者……"不过,说什么"君臣"、"堂气"等歪曲解释,这就不对了。

明堂 本是古时天子理政、百官朝见的场所。风水中的明堂是穴前之地,诸山聚绕,众水朝拱,生气聚合。

明堂有内明堂和外明堂之别,亦称大、中、小明堂。穴前是小明堂,龙虎山里是中明堂,案山内是大明堂。凡山势缓和、平平结穴、龙虎环抱、近案当前,就称为"内明堂"。什么样的内明堂好呢?不可太宽,宽则近乎旷荡,旷荡则不能藏风;又不可太狭,太狭则气局促,局促则穴不显贵;须是宽狭适中,方圆合格,不欹侧,不卑湿,无圆峰内抱,无流泉冲破,不生恶石,这就是最好的内明堂。外明堂在内明堂以外,山势急迫,垂下结穴,龙虎与穴相登,前案较远。对外明堂的要求是不可狭窄,四山围绕而无空缺,外水曲折,远远朝来,欲其开畅。

明堂又有吉格和凶格。

吉格者有:交锁明堂,因两边有砂交锁而得名,最吉。周密明堂,因四周拱固泄而得名。朝进明堂,因堂前有特朝之水而得名。广聚明堂,因众山众水团聚而得名。

凶格者有:反背明堂,因悖逆之象而得名。倾倒明堂,因水倾砂飞而得名。旷野明堂,因穴前空旷而得名。破碎明堂,因窟窦尖怪而得名。劫杀明堂,因尖砂顺水而得名。

堂内忌有土山、巨石、土堆、荆棘、亭台等。

朝案 朝和案都是山。离穴近而小的称"案",高而大者称"朝"。案,如人据案之义;朝,如宾抗礼之义。

风水先生看朝山歌诀:

> 点穴先须要识朝,朝山不识术非高。
> 纵有真龙朝对恶,亦须凶报不相饶。

朝山有各种分类:

> 两水夹来为特朝,朝山之格最清高;
> 尖秀方圆当面起,子孙将相玉横腰。
> 其次还求横朝山,横开帐幔于其间;
> 或作排衙并唱喏,亦须情意两相关。
> 伪朝之山形不一,过我门兮不入室;
> 翻身侧面向他人,空使有凶而无吉。
> 平原看局取回环,高一寸时即是山;
> 但得水缠看下手,窝钳乳突是元关。

风水先生看案山歌诀:

面前有案值千金，远喜齐眉近应心；
案若不来为旷荡，中房破败祸相侵。
案山最喜前三台，玉几横琴亦壮哉；
笔架眠弓并席帽，凤凰池上锦衣回。
案山虽有亦嫌粗，臃肿斜飞不若无；
压穴巉岩并丑恶，出人凶狠更顽愚。
案山顺水本非良，过穴弯环大吉昌；
若有外砂来接应，举人榜上姓名享。
外山作案亦堪求，关抱元辰气不流；
纵有穴情无近案，中房颠沛走他州。

　　风水先生讲究案朝，是认为近案则穴前收拾周密，无明堂太旷、气不融聚之患；有远朝则有配对，有证应，无逼窄窒塞之弊。

　　实际上，"朝案"观念是封建伦理思想的反映。他们把那些达官贵人生前享受的礼仪运用到丧葬中，使陵墓的四周仍然体现尊卑秩序。所谓朝案，就是讲究有情有礼，臣见君，宾见主，子奉父，妻从夫，贵贱分明。那些达官贵人葬在突出的山上，山前有案，如玉几、横琴、倒笏、按剑；山远处有林立的朝山，如宾、臣、子、妻，是何等威仪！

　　朝案观念在山区盛行，平原无山就以一寸高田为山，以田埂为朝。明朝不如暗拱，平原是暗拱，胜过山区的明朝。如此而然，平原的人也信朝案，无山都说有朝案，有山却说陵墓作朝案。这都是人为的附会，是违背自然常识的。

　　四象　《易·系辞》，说"太极生两仪，两仪生四象"，四象即太阳、太阴、少阴、少阳。

　　先哲在天文学中也有"四象"一词，不过，这与《易》的概念完全不同。是以观察星辰时，选择了黄道赤道附近的二十八个星宿作为坐标，东南西北各有七宿，每个七宿联系起来想象模拟成一种动物，称东方为青龙，西方为白虎，南方为朱雀，北方为玄武。（见择吉篇）

民间信仰·风水

风水先生将"四象"运用到地形上,以四象的形象及动作譬喻地形,又附会吉凶祸福。郭璞在《葬经》有:"经曰地有四势,气从八方,故葬以左为青龙,右为白虎,前为朱雀,后为玄武。玄武垂头,朱雀翔舞,青龙蜿蜒,白虎驯俯。形势反此,法当破死。故虎蹲谓之衔尸,龙踞谓之嫉主,玄武不全者拒尸,朱雀不舞者腾去。以支为龙虎者,来止迹乎冈阜,要如肘臂,谓之环抱。以水为朱雀者,衰旺系形应,忌夫湍流,谓之悲泣。"

青龙

白虎

朱雀

玄武

四象对民俗有很深的影响。

方位 方位,是人类最早具有的知识,前后左右或上下左右、东西南北,时时刻刻都需要辨别。

《尚书·尧典》对四个方位有明确记载:"嵎夷、旸谷是东方,南交是南方,西日、昧谷是西方,朔方是北方。"

辨别左右,一般是以坐北向南为基准,风水先生以左右为龙虎,认为木色青德像龙,金色白德像虎,水色黑德像玄武,火色赤德像朱雀。如果四势不面南,其兽之色与德均非其位。

不论阴宅还是阳宅,风水术都很讲究左右的区别。《管氏地理指蒙》以左为刚,右为柔;左为牡,右为牝。其专篇《左右释名》论左右地形说:"左右之形,谓之夹室,左右之势,谓之辅。……左断而不寿,右裂而女伤。……苟或如龙如蛇,盘身顾尾,则左右形足,四势成全。"这就把左右与吉凶联系在一起了。

风水先生很忌讳地形的左右。谢和卿《神宝经》说:"左乘右接须防翻斗斧头。穴有宜左乘者,乘金也。有宜右接者,印木也。当左而右,当右而左,是斧头翻斗。"又说:"势以左来者,穴居右畔,右来者,坟在左边。"也就是说,砂水朝此而来,应有所回避。左来则右迎,右来则左迎。又有:"后缩前伸,切忌凿伤钗股。后缩,吞葬也,穴土也。前伸,吐葬也,相水也。"这就是说伸缩要适宜,不可伤龙失穴。还有上下忌:穴上了则土薄蚁蚀,穴下了则土深水浸;需不高不低,上下适宜,具体情况,具体对待。

住宅很早就讲究方位的。我们在建设住宅时,应当讲究方向。如子午向为正南向(但民宅忌讳);丑未向为南偏西30°的西南向;亥巳向为南偏东30°的东南向。这些朝向都可以使室内阳光充足,冬暖夏凉,有利于人的起居劳作,保护视力,调养身体。同一栋大楼,朝南的房间与朝北的房间至少相差几度温度。同样体质的人,在背面(北)冻得四肢麻木,在阳面则红光满面。在阳面经常能得到紫外线杀菌,在背面经常患风湿、感冒等病。住阳面的人一般比较心情舒畅,住背面的人总有一股沉闷压抑之感。俗话说"向阳门第好风光",不无道理。

风水罗盘 罗盘,又称罗经,取包罗万象、经纬天地之意。

罗盘一般由地盘和天盘组成。罗盘上有正针、缝针、中针之分;有金盘、银盘

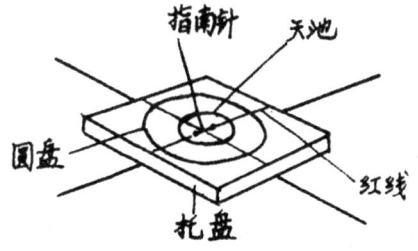

之分;有内盘、外盘之分;有天、地、人三盘之分。有的风水先生用正针度天,有的用正针格龙;有的用缝针测地,有的用缝针定坐向。没有统一规定,风水先生各行其是,都自称正宗,都说秘受先师真传。

地盘是正方形,或称托盘,上有十字形两条线,中间凿有一个凹圆。天盘是圆形,盘底略凸,置于地盘的凹圆上可以旋转。天盘中间装有一根指南针,或称磁针、金针,大致指向南方。

天盘和地盘象征天圆地方。

天盘上的指南针,风水先生称为正针。正针所指的方向实际不是正南。为了测定正南,又设立了缝针。缝针与正针之间形成磁偏角。

罗盘使用的关键是看针。如果要知道某穴或某屋的方向,就将罗盘放在穴上的石碑上,或房屋门脚正中,或院子的天井中,垫上三寸厚的米,把米压成水平面,米上放地盘,清除四周的金属物,然后用洁水洗净天盘,将指针连掷两三次,看针是不是都指在同一方向——子午线。就像中医号脉一样,对于针的晃动,风水先生归纳为"八奇":一搪,惧也,浮而不定,不归中线,说明地下有古板古器。二兑,突也,针横,不归子午,说明地下有金属。三欺,诈也,针转而不稳。四探,击投也,半沉半浮。五没,说明地下有铜器。六遂,不顺也,针浮而乱动。七侧,不正也,偏东或偏西。八正,收藏中线。前七奇皆不吉,只有第八为吉。

风水先生如果要格水的方向,就用罗盘(托盘)正中的红线(有的用白线)指定水口交合之处,再转动圆罗盘,使磁针与天池海底线平行,再看红线在圆盘上指的是什么字,就可根据风水理论推定方向的吉凶。如果方向不合适,就要调整罗盘,直到吉利为止。格龙砂、穴位、建房屋都是采取这种方式。

圆盘上的圈层有的简略,有的复杂。少则三层,多则四十多层。每层都有文字或符号,都有特定的意义。

尽管罗盘盘面繁赘复杂,但深入分析并简化之,基本框架不外乎三盘三针,其余的都是些微调辅佐的数据。三盘三针即正针、缝针、中针。

正针——天池内浮针所指南北方位即磁极子午。风水里用此针"格定来龙",起指南针功用,测定山的具体方位;

缝针——二十四山方位向左错开半格,即指杲影子午;

中针——二十四山方位向右错开半格,指北极子午。

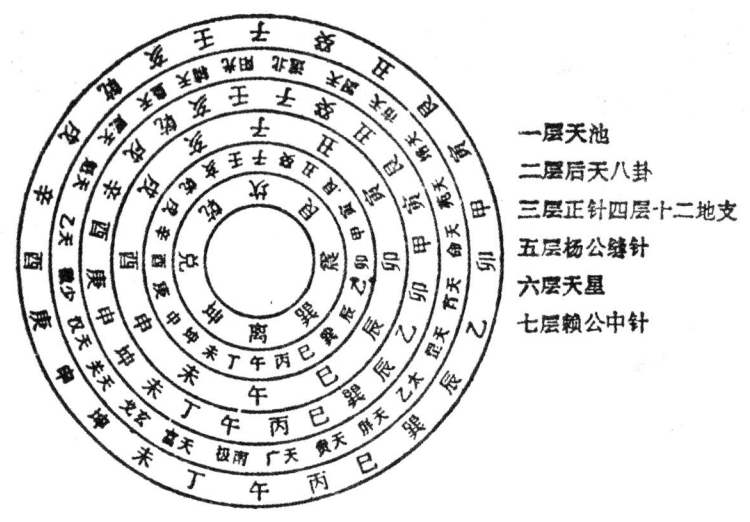

一层天池
二层后天八卦
三层正针四层十二地支
五层杨公缝针
六层天星
七层赖公中针

罗盘正针、缝针、中针示意

正针与缝针错开半格实出于对磁偏角的校正。现代物理学告诉我们,磁针所指南北,非地理之子午线,其间存在着一个角度即地磁偏角。此偏角之值各地不同,随时亦有微小差异,但风水先生却凭直觉来解释这一现象,如《罗经会心集》以为:"盖针体属金,虽经火炼,终不能胜南离真火之气,因避真火之气,故不能指其正位而偏于左,乃五行之气使然";《罗经会要》卷一则解释道:"古人春分之日,树八尺之臬,以测太阳出入之景表而定东西,再架十子线以分南北,四正定而八方之正位皆得矣。圣人以不便民用,仿元女针法,制土圭代之,即罗经也。……然天之气与地之气常略参差,臬所测较浮针而偏丙,于是适其变,立内、处两盘,以浮针所指之子午曰正针。臬所测值壬子丙午之间曰中针。"大概因为直观看来,指南针(浮针)所测之南北是基于地球上的方位,故曰地盘,而臬影所测之南北是基于天上太阳的光影,故称天盘。而北极之子午则称为人盘以示与天、地盘相呼应。用五行之气、天地之气解释磁偏角有其简单幼稚的一面,而且容易发生如《罗经会要》那样的错误,但天、地、人盘之设却颇有科学道理与哲学哲理,蕴藏着人们对地磁偏角与人体的某种心理、生理联系的认识及处理,是中国哲学的天、地、人合一思想在建筑上的实际应用。

罗盘,将天地人三者关系有机地联系在一起,将磁极子午、臬影子午、北极子午之间的关系比较准确地在盘面上反映出来,将气、理、数、形等不同的关系协调起来,用系统的方法说明各种关系,这是令人敬佩的。

但是,由于风水先生故弄玄虚,使罗盘本来是一种简单的指南工具变得十分复杂,涉及到太极、阴阳、八卦、五行、河图、洛书、纳甲、天星、二十八宿、山川、方位等。这一套东西晦涩难懂,我们也不需要去搞懂。对于牵强附会、无中生有东西,是不可能从中找出道理的。

择时 风水先生以相地为主,兼之以择时,择时也是相地术的重要内容和环节。《雪山赋》讲:"山川有一节之小毗,不减真龙之厚福;年月有一端之失,仅非吉地之祯祥。"这就是说,择时不妥,就会影响吉祥的大小多少。

又有"发福由其地脉,催福由于良辰"之说,只有选好时间,才能发福,否则,福就闷在地里了。在风水先生看来,"龙脉吉穴"是"物质","年月日时"是"精神",有物质,还得有精神,缺一不可;甚至认为,择日可弥补地形的缺陷,有"不得真龙得年月,也应富贵旺人家",只要时间吉,没有"真龙",一样可以富贵。也就是说,尽管是辆报废的破车,只要你把式好,同样可以跑起来,达到预期目的。

如此而言,既然通过择时可达到荣华富贵,何必要进行相地

呢？这不是多此一举吗？……(详见择吉篇)

相地方法

古人怎样学风水 古人是怎样学习风水术的呢？《风水讲义》介绍"学习地理秘诀"云：初学地理，先将五行、三合五行、双山五行一一记清。四局中生旺墓养，四大水口，全不相混，某是木局之生旺，某是火局之生旺，某某是水局、金局之生旺，再将罗盘层层记熟，层层讲究明白，会使会用，知龙之生旺死绝，穴之阴阳之气，砂之贵贱，得位失位，水之吉凶，进神退神，一一辨别清楚。每到一地，首看龙之生旺死绝，水口在某字上，生山生水，临官有峰无峰。二十四字用线牵开(二十四字即壬子、癸丑、艮寅、甲卯、乙辰、巽巳、丙午、丁未、坤申、庚酉、辛戌、乾亥，在罗经外盘)，以之分配生养、沐浴、冠带、临官、帝旺、衰、病死、墓、绝胎等九宫，按龙法入首二十四图，依法立向，或生或旺，或墓或养，或自生自旺，则葬后鲜有不发者也。

附：《学步》

地理之学，始于认星，中于炼格，终于达势。一峰两峰，可以论星；五星九曜，双兴叠出，可以论格；升沉吞吐，阖辟去来，可以论势。故曰：占山之法，以势为难，而形次之。形者，五星九曜之谓也。金木水火土无纤毫夹集者，此谓正体。若五形化气，二气含形，或相生而为天财金水，或相克而为天罡孤曜，此则九星九体之变也。以此五九因而重之，或水木三五而为华盖三台，或金水八九而为芙蓉帘幕，品格从此出矣。至于势则出没于金水之间，隐显于火木之界。五星混合，九曜交并，头是脚非，肩全背缺，神龙文凤，舞象旋蛇，虎踞牛奔，奇奇怪怪，风云变态，神幻化于顷刻之中，符印连行转祸福于呼吸之际，若此者可以形象，不可以星名；可以意会，不可以格泥，此势之所以为天下奇观也。

录自《玄女青囊海角经》

古人怎样相地 古人相地,首先是要会用罗盘。运用罗盘,实际上是测定方向。最简单的罗盘都有干支,如东方是寅卯辰,南方是巳午未,西方是申酉戌,北方是亥子丑。如果盘上的指针跳个不停,说明不吉。

相地要善于格物致知。宋谢和卿《神宝经》云:"学者当精于格物,审于致知,一理才通,皎若秋空之月,万疑顿释,涣若春冶之冰,体用充周,显微调贯,存之在我,应之在彼,妙夺神功,知窥天巧,地学只是一个理字。"

在风水术中,看龙脉是一门复杂学问。怎样看龙脉呢?首先是看来龙之祖山,因为祖山奠定了凶吉的根源。由远而近,祖山分别是太祖、太宗、少祖、少宗、父母之山,祖山好,才有好穴,也才有好运。

看了祖山,再看来龙。以土为龙之肉,以石为龙之骨,以草为龙之毛。龙有顺有逆,逆为贵。龙欲其聚,不欲其散;龙欲其止,不欲其行。龙有十几种,如游蛇龙、平冈龙、嵯峨龙、兴射龙、孤秀龙等。

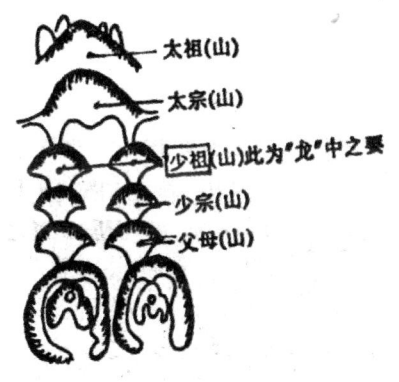

风水中山的"宗族"关系示意

龙脉有好有坏。凡是主山起伏迤逦、星峰秀丽、枝节随身、山势巍峨,就是发福的山。凡是懒散怯弱、死硬臃肿、粗恶直长、散乱尖利的龙脉都不好。还要看支山,支山要如仓如库,如旗如鼓,如天马贵人、笏印文笔、金箱宝剑,就属贵格。支山的作用是迎送、朝拱主山,使主山更加威形浩荡。

风水先生又用八卦解释龙脉,并且与人生祸福附会在一起:认为乾山主贵人高寿;坎山主忠寿贤良;艮山主人丁兴旺;震山主生男生女;巽山主出贤婿;坤山主妇女高寿;兑山主科甲高中;离山主督目之灾。

　　风水先生用"气"解释山,说气不和山不植,气未止山走趋,气未会山而孤,气不来脉断续,气不行山垒石。又有所谓的五不葬山:一是石山不可葬,因气以土行;二是断山不可葬,因气以脉来;三是童山不可葬,因气以生和;四是导山不可葬,因气以势止;五是独山不可葬,因气以龙会。这五山又可变通,如石山有土穴、童山干燥,皆是可葬之山。

　　看罢了山,又要看地形,即所谓看入首。风水先生认为,龙之入首有五格(直横回飞潜):直龙是撞背来,顶对来脉结穴,气势很大,发福极快;横龙是从侧落;回龙是曲翻身;飞龙是结上聚;潜龙是落平洋。另有所谓的闪龙入首格,即龙脉躲闪,这是要考考风水先生是否善于识别;如果入首不佳,一切都是徒劳。

　　龙脉大致如此。风水先生看罢形胜,就用罗盘测方位,看入首在某字上,系四局中乙辛丁癸,何龙生旺之地;坐其生旺,避其八煞,依法定向结穴。

　　风水先生认为看龙脉决非易事:盖龙脉绵亘,远者百里千里,近者数十里二三里,自起祖发脉,以至到头入骨,其间有太祖、少祖、穿帐、过峡、顿跌、束气等处;既怕风吹脉露,又恐穿田脉隐,所以,看龙脉是风水中最难的事情。

　　看风水吉发,要靠悟性。《青囊海角经·情性》云:"据星点穴是矣,有离星出脉者何以知之?据脉点穴是矣,有离脉出气者何以知之?若此者,非常法所能拟议,须于无中看有,去处求留,散中求聚,游神于牝牡骊黄之外,是为得之,术家所以有道眼法眼之说也。又曰,水底必须道眼,石中贵得名师,岂真有一道神光下烛九垓,若是之,异于人哉!盖其仰视后龙之势,俯察入首之情,旁观从佐,遍览朝迎,知其势之所趋,情之所至,不于此而必于彼也。此古人神解之妙,有独行独见不可以示人者。今人见其所见,不见其所不见,遂目古人所为如神如鬼而莫之及,亦可一笑矣。"

　　可见,风水先生是反对教条、反对生搬硬套的,主张综观地形

"知其势之所趋,情至所至",达到"神解之妙",这才算得上"如鬼如神"的风水先生。谢和卿在《神宝经》中也赞成这种观点,他说:"窝穴宜深宜浅,天机切要心明;乳情宜下又宜高,秘诀全凭眼力。"一切风水理论都要通过眼力付诸实践,有眼力就有了悟性,有了悟性就能相好地。

附:《锦囊篇》

天星地形,上下相因。山不入相,形不入星,崎岖反摆,家业主凶。由本寻末,由干寻枝。山异枝,水异源,阴阳之理存乎其间。阴阳交而天地泰,山水会而气脉和。雌雄相趁,牝牡相应;山不葬者单雌单雄,水不用者孤阴孤阳。山不离水,水不离山,子孙其昌,人鬼其安。不离之道,回曲关阑。山夹水行,水随山转。辰高如停,应天之星;十里之中,公侯所生。后气不随,前气不迎;二气不降,五逆囚兵。其住如禄,其行如马,其降如龙,其伏如虎。阴阳得位,而后成形,若也差殊,反招孤寡。万里之山,各起祖宗,而见父母,胎息孕育,然后成形。是以认形取穴,明其父之所生,母之所养。天门必开,山水其来;地产必闭,山水其回。天门,水来处也;地户,水去处也。开三之道,水露风也;闭五之道,以藏气也。反棺转尸,风之所吹,泥沃水积,气之所离,日月不照,龙神不依。山的者逆,水箭者绝;死魄不安,生人所害。正道之诀,道眼为上,法眼次之。揣摩臆度,灾祸必随。山脉十二,水脉随之。山狂则度,水狂则怒。欲识其子,先看其母;欲识其孙,先看其祖。兄弟二气,因归一路,此望山之要也。脉之不断其连如线,大江大河终不能界,故法有九变十二换,然后成龙。地势平夷,气脉所藏。穴居其中,不居其旁。中则福身,旁则祸家。隐隐隆隆,四方来同。突中有窟,高处低也。窟中有突,低处高也。状如仰掌,左宫左取,右宫右裁。至如山形,曲屈长短,异属方圆。大小迎财,就禄迎财,收迎砂也,就碌对秀案也。尺寸高低,随势变移。明堂正应,以次而知。福厚之地,人多富寿。秀颖之地,人多轻清。湿下之地,人多重浊。高亢之地,人多狂躁。散乱之地,人多游荡。尖恶之地,人多杀伤。顽浊之地,人多执拗。平夷之地,人多忠信。后山欲福,前山欲禄,左山欲曲,右山欲肉。坐穴如屋,明堂如局,三阳不足,六建俱足。三阳明堂,为内阳案。山为中伤,案外朝山。外阳也,六建。水抱左为天建,抱右为地建,前为人建、禄建、马建、命建,炤于前是也。故天乙太乙者,富贵之本原。天禄天马者,富贵之任用。文官武库者,富贵之应验。左辅右弼者,富贵之维持。男仓女库者,富贵之设施。寻地之要,贵全不亏。若山厚则力胜,山长则力久,势远则难败,势近则易成,自然之应也。至于倾欹斜仄,孤单蓄缩,背戾惊狂,反逆尖射,如此之类,俱不成地。一不相粗顽丑石,二不相急水急流,三不相穷源绝境,四不相单独龙头,五不相神前佛后,六不相墓宅休囚,七不相山冈撩乱,八不相风水悲愁,九不相坐下低软,十不相龙虎尖头。

录自《玄女青囊海角经》

所以,历代的风水师总是从龙脉入手,龙脉为地之气,气之来有水异之,气之止有水限之,气之聚无风以散之。一言概之,就是有了生气,葬者就有了福音,可见选择穴地是何等重要。

操作仪程与流派 一般是先形法,即注重地形地貌的风水流派;后理气,即此派注重方位,也就是先观察形势,再确定方位。其步骤为:寻龙望势、观砂、察水定局、辨龙阴阳、点穴,其实就是对穴地周围环境的观察、了解和选择。若不如此,则"不识来龙,岂明吉凶。不会点穴,其家败绝。不会消砂,凶祸如麻。不会纳水,灾来财退",这就将风水紧紧地与人联系在一起了。

风水理论不外乎两大类,亦可说两大流派,即形法与理法。形法,又称"峦头",其理论又可分山川形式和宅形格式两部分,实际上就是考察建筑四周的水上结构以及建筑本身的布局安排。理法,在考察山川形气与宅方向时,特别注重罗盘。理法是从时间和空间上考察人体与地理气候、地极磁波变化的关系。形理两派,你中有我,我中有你,但又往往互相对抗,故《山法全书》中则提出"峦头为体,理气为用"的观点。

风水与儒家伦理思想

风水盛行,与儒家伦理思想有关。孝敬父母,这本是天下人都应遵同的准则之一,而儒家特别重视丧葬之礼。父母死了,要举行隆重的礼仪,甚至要守孝三年,风水术就是在此基础上发展起来的。一些风水书籍常引用儒家祖师爷孔子等人的论述来宣传风水术。诸如孔子曰:"卜其宅兆而安厝之。"程颐曰:"卜其宅兆者,卜其地之美恶也。地之美之,则神灵安、子孙昌盛,若培植其根而枝叶茂。"又曰:"祖父子孙同气,彼安到此安,彼危则此危。"朱熹曰:"葬之为言藏也,所以藏其祖考之遗体,则必致其谨慎、审重、诚敬之心,以为安固,使形体全,而神灵得安,则其子孙昌盛,而祭祀不绝;或其择之不精,地之不吉,则必有水泉、蝼蚁、地风之属,以贼其内,使其形神不安,而子孙亦有死类绝灭之忧。"

风水术讲究天、地、人三才,三才中以地为最重要。《管氏地理指蒙》卷二云:"三才之道,地道为独重。盖凡在天丽,莫不由于地,而人则有以相论者,有以心论者,有以命论者,然相生于心,心复生于命,命虽在天,其本则根于地。"这段话是说,人命在天,人本在地;凡附着于天的东西,都是由天所决定的。这是对天命论的肯定,是唯心论的继续,也是相地术重视地道的原因。

封建时代讲究的三纲五常,是人与人之间的道德规范。纲,本义是提网的总绳;常,指永恒的道理。三纲是君为臣纲,父为子纲,夫为妻纲;五常是仁、义、礼、智、信。"地理之道与人同,人有三纲五常,地理亦然。"这就是说,风水术的具体应用,也要套入儒家的伦理思想之中。

风水三纲

气脉为富贵贫贱之纲 气脉就是龙脉,就是山川,山川似行龙,故名。所谓葬乘生气,就是葬地要选择在有生气的龙脉之上。土者,气之母,有土就有气,土肥则气壮,气壮则脉真,脉真则人发旺。龙是根本,砂水是枝叶。

明堂为砂水美恶之纲 明堂类似封建时代的衙署大堂前的场地,后面有大堂暖阁,二堂抱厅;拜台前左右分别是吏书六房,正面是大门和照壁。风水中的明堂是众砂聚会之所,后有枕靠,前有朝案,左有龙砂,右有虎砂,四周群山环抱,特别是穴后有巨大的后山、宗山、祖山屏障。这样的地势能藏风聚气,宜于人居住和埋葬。

水口为生旺死绝之纲 水口有辰戌丑未四墓库。辰为亢金龙,戌为娄金狗,未为鬼羊金,丑为斗金牛。如水口在戌,则生在寅,旺在午,死在酉,绝在乾,皆为罗盘而推。按风水先生而言,入山观水口,有地无地先看砂。

风水五常(地理五诀)

龙要真 所谓龙真,即山脉过帐穿峡,蜂腰鹤膝,缠护重重,迎送叠叠,东气起顶,左右两大水,环抱有情。

欲知龙穴之吉凶,先审龙脉之伪真,此为追本求末之要道。如何寻龙审定,《龙法》如是说:

龙者何,山脉也。山脉何以龙名,盖因龙妖娇活泼,变化莫测,忽隐忽现,忽大忽小,忽东忽西,忽而潜藏深渊,忽而飞腾云霄,忽而现首不现尾,忽而兴云而布雨;而山脉亦然,踊跃奔腾,聚散无定,或起或伏,或转或折,或则迤逶千里,或则分支片改,或则穿田而过水,或则截断而另起。龙不易令人全见,而山脉过峡处,亦必有掩护。龙有须角颈眼,而地之得结处,亦必有砂案。山脉之结美穴,亦犹龙之得明珠,二者无一不相类似,用是以龙定名,山脉直呼之曰龙脉,遂为万古不易之美称。

按方向划分,山有五势,即正势、侧势、逆势、顺势、回势。按山的形态势态,又可分为九龙,即回龙、出洋龙、降龙、生龙、飞龙、卧龙、隐龙、腾龙、领群龙。

穴要的 所谓的穴,即真龙所结之穴。穴分阴阳,阴来阳受,凹凸分明;穴土五色,红黄滋润,形如龟盖,朝拜明堂。

穴,本义是土室。穴又有孔洞、巢穴、圹穴、针灸部位等义。风水先生把穴作为死者的葬地或生者的住所,并认为穴是天造地设,既有生存之龙,必有生成之穴。怎样的穴才好呢?首先是要龙真。看地重在择穴,择穴重在审龙。真龙必结穴。其次看龙虎明堂、罗城水口,要威风排场。凡山水向是为真,山水背是为假;风藏水逆气聚是生,风飘水荡气散是死。龙逆水方成龙,穴得水在砂逆。

要得山川之灵气,受日月之光华,点穴是相地术中最关键的一环,按阴阳先生话说,是一件很难的事,什么"三年寻龙,十年点穴",殊非易事,不过,按《海角经》讲,也有奥妙,其有:"点穴无他法,只是取得气出,收得气来,便是妙手。若悟得时,横裁直剪,直裁横剪,自是明眼。若仿效比拟,依样画葫芦,何时是了。"这就是说要有灵活性和悟性,要随机应变,不要生搬硬套,奥妙在头脑里装着,有头脑就有奥妙。

砂要秀 所谓秀砂,即左旗右鼓,前帐后屏,形如眠弓;左缠右护,文笔高耸,朝拜明堂。

砂,穴四周的山。风水观念认为:山厚人肥,山瘦人肌,山青人贵,山破人悲,山归人聚,山走人离,山长人勇,山缩人低,山明人达,山暗人迷,山顺人孝,山逆人嘶。山形变化不定,有左观方者右观圆者,高视而正,低视而偏,正视而丑,侧视而美。要使山形变化,关键在点穴。穴点得好,就能使远山变近,高山变低,恶山变秀,丑山变美,去山回还,斜山端正。砂形之形态万殊,咫尺之移颇异。砂水相连,砂关水,水关砂。抱穴之砂关元辰水,龙虎之砂关怀中水,近案之砂关中堂水,外朝之砂关外龙水。穴前两边是侍砂,能遮恶风。从龙抱拥的是卫砂,外御凹风,内增气势。环抱穴前的是迎砂,面前特立的是朝砂。水左来,砂右转;水右来,砂左转。

《博山篇》论砂说:"水口之砂最关利害,交插紧密,龙神斯聚。

走鼠顺飞,真龙必去。砂有三类:肥圆正为富局,秀尖丽为贵局,斜臃肿为残局。"风水还讲究砂的宏观布局,穴之周围排列有序,层层叠叠,一律内倾,砂脚水绕,似有情意,同为好砂。这些观念,提出了山与人的关系。山势与人的肥、疲、勇、贵、高、低等是有关系的,生活在南方水乡的人,具有柔情秀丽之美;生活在北方山区的人,具有彪悍厚实之美。还提出了山形与视角的关系,人们看山时,由于站的角度不同,得出的认识也不会相同,正是"横看成岭侧成峰,左右高低皆不同",这实际上是朴素的辩证法思想,可惜被风水先生所利用,将这比较正确的认识用到丧葬中,把山作为穴的侍、朝、卫、迎,这就未免太荒唐了。

水要抱 所谓水抱,即上有开,下有合,大"八"字。帐外合小"八"字,砂外似虾须蟹眼、金鱼牛角、玉带金城。

"山水为乾坤二大神器,有山之龙,亦有水之龙。"山有行止,水分向背,乘其所来,从其所会。寻龙点穴,先观水势:水会即龙尽,水交则龙止。水飞走则生气散,水融注则内气聚。水为龙之血脉,穴之外气。龙非水送,无以明其来;穴非水界,无以明其止。凡属龙穴,端赖水为证实。山管人丁水管财,山水都造福于人。穴虽在山,祸福在水,所以点穴之法,以水而定。水有水城,为龙穴的门户,本形不一。水城分为金木水火土五城,各有吉凶。其诸城如诀:

抱城弯弯似金城,
圆转浑如绕带行;
不但荣华及富贵,
满门和顺世康宁。

峻急直流号木城,
势如冲射最有凶;
军贼流离及少死,
贫穷困苦又伶仃。

屈曲之玄号水城,
盘桓故宅似多情;
贵人朝堂官极品,
更夸世代有名声。

破碎尖斜号火城,
或如交剑急流争;
更兼湍激声澎湃,
不须此处觅佳城。

方正圆平号土城,
有吉有凶要详明;
悠扬深涨斯为美,
争流响峻贼非轻。

这五城到底是什么样子的,由风水先生任意指划解释,五城为什么与人的吉凶有关?也说不出个所以然。五城之说,无非是让人扑朔迷离罢了。

关于穴周围的水忌冲射,因水直流,难留生气,水法云:"水深处,民多富,水浅处,民多贫;水聚处,民多稠,水散处,民多离。"

刘基《堪舆漫兴》曾论及水的美恶善。其诀为:

水之美:

清涟甘美味非常,
此谓嘉泉龙脉长;
春不盈兮秋不涸,
于此最好觅佳藏。

水之恶:

冷浆之气味惟腥,
有如热汤又沸腾。
混浊赤红皆不吉,

时师空自下罗经。

水之善：

卫身绕背福悠长，
腰带鸣珂皆吉祥。
更有入怀并苍极，
田连阡陌富家郎。

向要吉 所谓向吉，即朝向要好。千里江山一向间，有绝向，无绝龙，只有朝向好，才能有生旺。风水先生又说："点穴容易定向难"，究竟啥难？又使人坠入迷茫的闷葫芦里。

四美五讲究

四美 先哲在实践中，处处讲究美的效果。《国语·楚语》中所载："夫美也者，上下、内外、大小、远近皆无害焉，故曰美。"道出了和谐是美的本质特征。这种美学思想，也被风水术所吸收，并加以发挥，归纳为以下四美。

罗城周密：所谓罗城，就是穴的四周砂水，有如罗列的星辰和护卫的城垣。立穴的位置，犹如大将军坐帐，两边排列旗鼓士卒，八面城门锁住真气。

砂水内朝：即四周的砂水环抱着穴地，顶部内倾，似有情之意，又像鞠躬的样子。

明堂宽敞：在山水环抱的地势中，穴前的平地叫"明堂"。明堂光明照四方，宽阔始为良，能使人轩豁、聪明且特达。

一团旺气：即整个地面生机勃勃，土肥气旺。

五讲究 所谓讲究，就是讲究尊卑观念。孔子说要以天子为中心，荀子又提倡尊卑有序。尊卑观念是儒家伦理思想的核心，表现在风水中，有下列讲究：

讲究中庸：就是儒家鼓吹的一种道德观念。中，是不偏不倚；庸，是平常。中庸即无过无不及。

《论语·雍语》中说:"中庸为之德矣,其至矣乎!"

讲究等级秩序:风水先生认为的最佳地理位置,就像皇帝在金殿上接见群臣的仪式一样。

讲究宗法观念:看龙脉时要由远及近,要按照太祖山、太宗山、少祖山、少宗山、父母山(亦称"后山"或"主山")的次序相地,就同一个家族一样,五代才出服。追本寻源,一定要从太祖的恩德算起,不能忘了老祖宗。

讲究人的感情:朝拱之山不能逆返之象;来朝之水不得直奔而去,应当环抱围绕,就像儿女紧紧团抱长辈一样,如此共同拥戴中间之穴。

讲究积德:诗曰:

　　世人尽知穴在山,
　　岂知穴在方寸间。
　　好山好水世不欠,
　　苟非其人寻不见。
　　我见富贵人家坟,
　　葬时后辈都贫穷。
　　追其富贵力可求,
　　人事极时天理变。

诗中"方寸"即心,也就是多想善事,正如民间俗话所说,"好坟地不如好心地"。这也是风水先生自知欺人,不得不来个自圆其说。既然好穴地在"方寸间",何必跋山涉水去寻呢?

除上述三纲五常、四美五讲究外,又有什么《九歌十诀》,地有十紧要、十不葬、十富、十贵、十贫、十贱、二十二好、二十六怕、二十八要,还有数不清道不尽的这歌那诀,真够五花八门。立意诡僻,恍如哑谜,听其言,读其书,如入云雾。

阳 宅

凡要建筑,人们都希望选择最佳地形,让建筑物处于最佳环境之中,与大自然相得益彰,令人耳目一新,得山川之灵气,受日月之光华,陶冶精神情操,颐养浩然之气。

风水称城镇村基为阳基,应选在近山傍水、土肥草美之处。

风水所追求的也正是建筑、环境、天候、人事的某种对应关系。村落,位于自然之怀,既是人类居息的场所,也是人类农耕生产的基地,因而乡村之址既要方便生活,又要满足生产环境。

寻龙 在山区,看山势龙脉,脉大气大势大。脉气为本,砂水为用。气局两全,绕为福地。在丘陵地带,选址欲其宽广平夷,四面拱卫,无空缺凹陷,既要地大宽阔,又要藏风得气。山地观脉,脉重于水。在平原,看起来似乎没有龙脉,风水先生却说土地高一寸即龙,大小田埂都是龙,还可以看水,"凡到平洋莫问龙,只看水绕是真踪","平地观水,水神旺于脉"。

"平洋地阳盛阴衰,只要四面水绕归流一处,以水为龙脉,以水为护卫。水是一村的保护神,住宅背河而建",可称为"背水、面街人家"模式,如沁域的乌苏、南陈(迎春)等村落就是如此。

在山区,山脊的起伏轮廓线为脉的外形,审脉时先粗观是否曲屈起伏,再细察山的分脊、合脊处是否有轮有晕,起伏有晕者则脉有生气,吉;否则为死气,凶。分阴阳即是考察山的向背。阴阳是风水里一对极重要的范畴,可表征各种各样相对立的概念,不同的条件下说法相异,在此,形家将之简单化,对于一座山而言,以南有阳光照射的山面为阳,朝北的山阴面为阴。对于住宅而言,以阳宅的正面(多为南

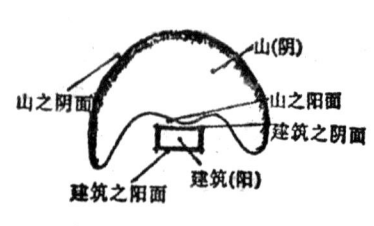

山与建筑的"负阴抱阳"关系示意

面)为阳,背面为阴。而对于山和住宅而言,山为阴,住宅为阳。为了能"负阴抱阳",房屋(阳)的阴面应与山(阴)的阳面相对。这虽是推衍之说,带有浓厚的附会硬凑成分,却决定了房屋基址的位置以"山阳"为理想,从而使建筑获得良好的朝向与通风条件。

观势喝形,定吉凶衰旺。

对于"势"的说法颇多,最著名的有"千尺为势,百尺为形,势居乎粗,形在乎细";"左右前后兮谓之四势,山水应案兮谓之三形"。可见势指的是群峰的起伏形状,一种远观的写意效果;形则指单座山的具体形状,近观写实景象。所谓"有势然后有形",故"欲认三形,先观四势",正反映出中国人的思维方式和观察问题的特点是由大到小,由粗到细。怎样观势？方法同样多而杂,有"寻龙先分九势说",即：

回龙——形势蟠迎,朝宗顾祖,如舐尾之龙回头之虎,第一龙；
出洋龙——形势特达,发迹蜿延,如出林之兽过海之船；
降龙——形势耸秀,峭峻高危,如入朝大座勒马开旗；
生龙——形势拱辅,支节楞层,如蜈蚣槎爪玉带瓜藤；
飞龙——形势翔集,奋迅悠扬,如雁腾鹰举,两翼开张,凤舞鸾翔,双翅拱抱；
卧龙——形势蹲踞,安稳停蓄,如虎屯象驻牛眠犀伏；
隐龙——形势磅礴,脉理淹延,如浮排仙掌展诰铺毡；
腾龙——形势高远,峻险特宽,如仰天壶井盛露金盘；
领群龙——形势依随,稠众环合,如走鹿驱羊游鱼飞鸽。

观势还有五势说：

"辨五势,龙北发朝南来为正势；龙西发北作穴南作朝为侧势；龙逆水上朝顺下此乃逆势；龙顺水下朝逆水下此乃顺势；龙身回顾祖山作朝此乃回势。"

不管采取什么方法,殊途同归,都是希望来龙要山势奔驰远赴,因为"势远形深者,气之府也";而山之入首处则要山碧水环,左右盘旋以形成曲折的入口,显然是出于山区居地要避风的生存需要，同时也满足了人的安全防御心理以及审美趣味。

所谓"喝形"，就是凭直觉观测将山比作某种生肖动物：狮、象、龟、蛇、凤等，并将生肖动物所隐喻的吉凶与人的吉凶衰旺相联系。实际上，这种隐喻并非真的把山川比作动物，而是借助动物建立人与自然之间的比拟关系，由此确定人在自然界的居住位置。这种隐喻手法比较直接，既方便又合乎中国人特有的对特定动物的崇拜心理。

对山形的吉凶判断还有许多方法，如赋予山形以特定的象征——五星说、九星说等。五星者，金木水火土也：金头圆而足阔；木头圆而身直；水头平而生浪，平行则如生蛇过水；火头尖而足阔；土头平而体秀。

九星者，贪狼、巨门、禄存、文曲、廉贞、武曲、破军、左辅、右弼也。此外还有三台、华盖说等等。

在观察山形时，还好作拟人化的比喻，所谓"相山如相人"，就是将山的各部分与人体的部位分别对应进行考察："因龙首尾以辨肢足爪鬣，因臂腕以辨腰脐液乳，因浅深以辨腹肠，因藏露以辨胃腑，因高下以辨颡角……盖有坐龙腕、镇龙脚、避龙爪……"还把山的轮廓线与"三才"（天、地、人）对应："额为

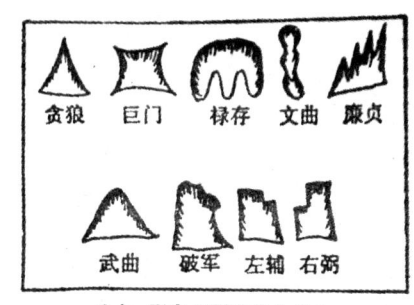

(a) 引自《阴阳宅全书》

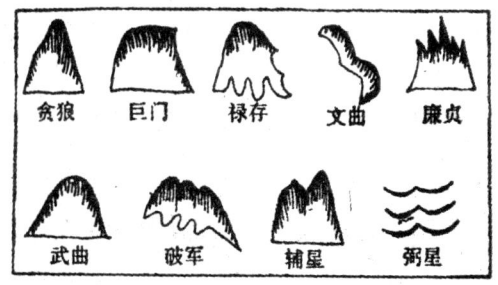

(b) 引自《地理大全山·法合书》卷首上

九星示意

天,欲阔而圆;鼻为人,欲旺而齐;颏为地,欲方而阔。"自然与人的尺度相类,于是大自然成为一种通人性的有灵肌体,有首有尾,有耳有手,并且按人的比例组合,这种比拟虽然天真幼稚,却使一切都洋溢着生机。这种环境空间的有机观念与中国特有的"天人合一"、"以天地为庐"的宇宙观察密切相关。

察分合向背,分主客正从,主龙四周要有帐幕:帐幕指主龙山之前后左右的小山。形法认为无帐幕则主龙孤单,所谓"真龙"应居中,"后有托的有送的,旁有护的有缠的,托多护多缠多,龙神大贵"。

察砂 砂即主龙四周的小山,与帐幕同意。

黄妙应《博山篇》根据其前后的位置将砂分为侍砂、卫砂、迎砂、朝砂等,足知砂与龙之间存在着一种"主仆"关系,这种"主仆关系"与中国的宗法制度颇相吻合。

通常,看砂时先认星体,即根据砂山的形体来判断吉凶,以尖圆方正呈珍贵之物类状者为吉,歪斜破碎似恶之器皿者为凶。

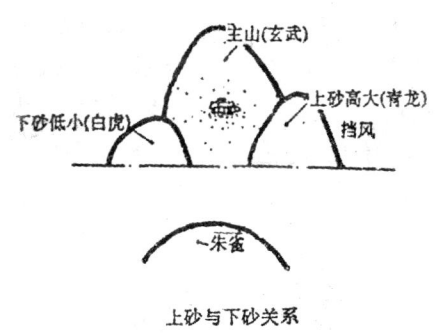

上砂与下砂关系

对于阳宅来说,形家在观砂时还特别注重左右护砂,且根据风的来向分为上砂、下砂。若风从右边来则右边之砂为上砂,反之为下砂。上砂,要长、高、大,"盖收气挡风落头结构全赖乎此";至于下砂在一里之内虽不可全无,但要低平,忌高大弯环,一里之外则便无所顾忌。这里同样出于避风、通风和回风等方面的考虑。

依此可体会到为什么风水口诀中有"青龙要高大,白虎不抬头"的说法。

此外,对主龙之前的砂(山),则根据距离的远近分为朝向(远)、案山（近），对它们的形状要求是"三台、玉几、横琴"。

观水 "水随山而行，山界水而止"，水与山不可分离，故观水往往比觅龙更为关键。

"入山首观水口"。

《入山眼图说》卷七"水口"一节曰："托长者曰，入山寻水口，……凡水来处谓之天门，若来不见源流谓之天门开；水去处谓之地户，不见水去谓之地户闭。夫水本主财，门开则财来，户闭财用不竭。"由此可知水口本有两种：一为水流入之处，一为水流出之所。对这两种水口的要求也不一样，前者要开敞，后者当封闭。即"源宜朝抱有情，不宜直射关闭；去口宜关闭紧密，最怕直去无收"。

接着便是观察水城，所谓水城指的是水的形局。先粗观大致："凡到一乡之中，先看水城归哪一边，水抱边可寻地，水反边不可下。"即是说村落要定在水环抱的一边，亦即水的隈曲的一边，也就是古人所说的"汭位"。

再接着便是审理水的具体形态，"若方圆平正有澄凝团聚之形，无歪斜倾泄之患，则水法便是七八分好了"。

至于水的流向则以由西向东流为最妙，显然又是从中国的西北高东南低的地形地貌特点推衍而出的。

点穴 阳穴的穴指的是住穴所立之基，称作阳基。点穴便是确定阳基的范围。

阳基与阴宅之穴迥然不同。总的说，阳基"喜地势宽平，局面阔大，前不破碎，坐得方正，枕山襟水，或左山右水"。通常阳基又与明堂合而论之："阳宅之穴场，宜铺毡展席，明堂宜宽畅大聚，案山宜远，分合宜宽。盖铺展则穴场阔大，宽聚则容纳百川，案山远则土牛唇厚，分合宽则界水不缠身。"这里的明堂即阳宅大门之前方的范围。《地理五诀》卷一"地理总论"中对明堂的定义是：明堂"乃众砂聚会之所，后枕靠，前朝对，左龙砂，右虎砂，正中曰明堂。"

这种对阳基的要求实际是出于一种"环境容量"的考虑，却限定了阳基的基址形状——扁矩形，而忌纵深方向长的狭长形。此外对于穴位还要"龙首当镇,龙尾当避",故山地村落的建筑群多布置于半山腰或近山脚处的中心部位。

此种村址(阳基)的空间模式,可称为"枕山,环水,面屏"。

伴随上述内容往往还有望气、尝水、辨土石等事宜:

望气:即望山川所升之气,以辨其龙之结作也。

风水认为太祖山之上,于夏秋之交,雨霁之后,丑寅之时,必有上升之气,宜于此时望之。"气之发从山巅,直起冲上,下小上大如伞,此为真气;若横于山腰者,乃云雾之气,非真气之发也。气清奇者贵,肥浊者富,端正者出文,偏斜者出武。"善望者还能辨出气的色彩,以赤黄色为上,青白黑色次之。

尝水:品水味可知地脉之美恶,故有尝水之法。

风水的做法是:平阳平冈地区尝其涧水以及井泉,高山地区则尝其溪涧水。水的味以香为贵,若带酸苦则为不吉之地。另外,还对水的色、温有所考察,喜清忌浊,冬宜温夏宜冷。辨土石:石决定阳基的取舍。

风水认为,凡石要细腻可凿,土要坚实难锄;石若刚燥,土若松散,则不吉;土石的颜色以红黄白为上,青次之,黑为下。

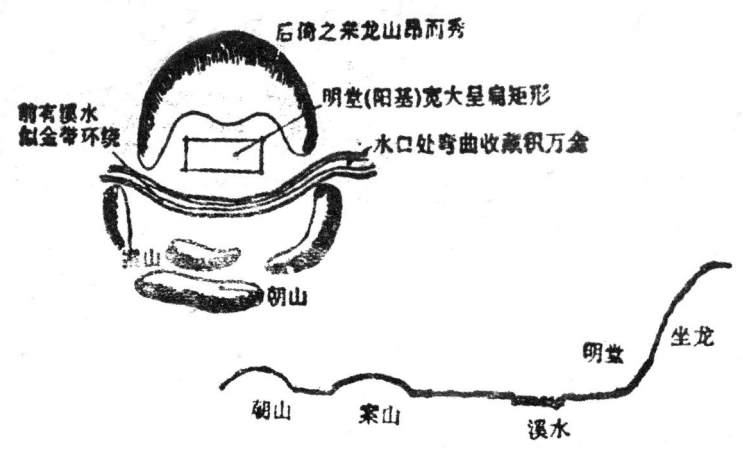

风水的居住空间理想模式示意

宅形格式则考虑住宅附近的细节问题，如宅基地形、宅旁树木、池塘、宅本身之平面布置等等。这部分的做法多遵循一定的格式。如《阳宅十书》、《鲁班经》等书就列有大量的准则。

总之，形法注重观察自然、了解自然，而且许多理论本身就是出于实际考察的结果，含有极丰富的合理的东西。

勿论形法（峦头），还是理法（理气），殊途归一，建筑物要在自然界选最佳环境为址。阳基的理想模式，不外乎以下两种：

枕山、环水、面屏。

背水、面街、人家。

但是，大自然姿态万千，并非都是佳境。面对不理想的地形，风水既不完全顺应自然，也不一味放弃，却认为"以地气之兴，虽由天定，亦可人为"。即在顺天的同时，积极处理，使之趋于上述模式。

最常用的方法是引沟开坝、挖水池、开湖、筑坝、修桥等引来活水；若龙背砂山欠缺，则植树造林培补，或建筑亭台楼阁、神祠庙宇以及佛塔华表之类小品，障空补缺，弥补自然缺陷，使景观趋于平衡和谐，以满足人们生活和心理上的需要。

民间住宅

宅 就是居住的房屋。宅，其名称本身就有风水意义，《释名》说："宅，择也，言择吉处而营之也。"宅是都市村镇的组成细胞，在具体建筑时，都须受风水支配。《阳宅总纲》说："京都以皇殿内城作主，省城以三司衙署作主，州县以公堂作主，绅士百姓以高房作主。一院同居数户，以锅灶为主，看吉凶。"

当整个村落阳基选定之后，每一组住宅的位置选择仍听从风水指导，要审度宅基的形状和地质特征，也就是察看其承载力，以及宅四周的地形、水流、水质、建筑、树木等要素与其配属关系。按当今话说，就是要选好地基，做好规划，搞好设计，而后施工建造。

《阳宅三要》论："夫曰三要者何？门主灶是也。门乃由之地，主乃居之所,灶乃食之方。阳宅先看大门,次看主房,门厨有东四西四①之分,而主房却无定位,高大者即是。只要门主相生即以吉断,相克即以凶断,此看阳宅必然之理也。至于厨灶,乃养生之所,所关甚大:第一与门相生,其次与主相生;若仅以厨灶为重直断祸福,轻去门主相克之理,亦非定论。需要门主灶三者各得其所,门生主,主生灶,灶生门,三者互相无克,或相比和,又合宅主生命之福元,则人丁大旺,福寿双全……"

《阳宅集成》卷一有"丹经口诀":

  阳宅须教择地形,背山面水称人心。
  山有来龙昂秀发,水须围绕作环形。
  明堂宽大斯为福,水口收藏积万金。
  关煞二方无障碍,光明正大旺门庭。

宅形 宅形与吉凶有关,风水先生有诀作为标准,请看《阳宅相形》歌:

  宅造四字象,发秀食天禄。
  屋造金字平,富贵人丁亨。
  屋造八字样,孤贫多瘟恙。
  屋造火字形,痰火久闭经。
  屋作木星长,克妻主少亡。
  屋作土星方,富贵名显扬。
  水星屋不齐,忤逆无立锥。
  五步两重屋,富贵多福禄。
  屋合太阳星,官职满朝廷。
  屋作斗斛星,横财旺人丁。
  屋成扇面形,痰痨必伶仃。
  屋大梁柱小,体弱不经老。
  屋小梁柱大,臃肿难长寿。

---

① 东四西四:指文王八卦方位图中的坎离震巽为东四宅,吉;乾坤艮兑为西四宅,凶。

梁小柱粗大,奴欺主母败。
梁大柱细小,常被人压倒。
下臂有横屋,多子旺六畜。
叠栋无横厢,起跌多瘟皇。
屋大不藏风,财散人丁空。
远屋见有坑,孤寡少人丁。
屋内一般平,富贵有声名。
前高后屋低,损子并克妻。
后高前屋低,老少多昏迷。
中高前后低,夫妻眉不齐。
中高左右低,口舌各东西。
栋折斜树撑,吵闹家业倾。
屋瞻广阔吉,逼窄人多疾。
瞻头水射房,岁到主刑伤。
宅内小木桥,难产总难逃。
四正反向水,臭虫白蚁蛀。

这些口诀,都不讲明为什么会造成吉凶,所得出的结论,真是危言耸听,有的充满了迷信色彩。

风水讲究住宅基地要前低后高,不宜后低前高。基地前窄后宽,富而贵,反之钱财少。呈三角形,人财两空。四角都欠缺,绝对不能住。呈正方形,吉。其实,建房应因地制宜,形状与富贵无关,只要利于居住,什么样的宅基都可建房。

布局与结构 随着住宅朝向的确定,宅的一切属性也被确定。根据《八宅周书》或类似的方法,便可推导出住宅的平面布局、门的方位乃至空间组织如主厅、卧室、厨房、厕所的位置以及某处高、某处低等等。

宅通常分静宅和动宅两类。所谓静宅,指只有一进院落的住宅;动宅是指两进以上、五进以下的住宅。旧式阳宅,强调工整、对称,方方正正,有中轴线,有中心点,给人以庄重的感觉。其布局的总要求，与封建礼制和伦理道德观是完全一致的。

　　成房建成之后，不宜再向西边扩修，《风俗通》有"宅不益西。俗说西者为上，上益者妨家长也"。原其所以。《礼记》曰："南向北向，西向为上。"这就是说南北向的房屋，西边为尊长的住处，不能扩建。其实，应根据具体情况而定。

　　乡间民宅，多呈一进院规则的合院形势，上等的为四面皆房的四合院，次者为正房前两侧有房的三合院，一般为正房前右侧或大门右边修简易的牛马棚的农家院落。在空间建造上，特别注重中脊要高，还有阴阳边的做法，就是屋顶两坡泻水面前后长度不应相等，在前坡长度较长的同时，前面立面的檐口高度要比后坡的高。

　　房屋的间数也有讲究，过去一般为三、五、七等单数，有"四六"不成材的说法，实际上是取单为阳数，中间一间为供奉祠主或老人居住，其实"四六"也未尝不可，中两间一室不也是同样道理。风水先生对房屋的布局有许多特有名词。凡旧屋前后新连接的谓之插翅房；前后左山头又盖小屋的谓之单耳房；新旧相接不成宅体的谓之偏身房；堂房左右小屋谓之双耳房；堂房前后或盖一小房的谓之卜丁房；旧房露出梁柱的谓之露脊房；旧房被水浸烂的谓之赤脚房；门窗太多的谓之漏星房；有堂无室的谓之孤阳房；两耳房于堂室两侧开门的谓之一堂两窝（窑室居多）等。

　　住宅在用木上也很讲究，宜用阳木，如松、杨等；不宜用阴木，如槐、柳等木。在屋脊中檩处，要压块椿木，传说椿树为树王，其木为木中之王，有镇屋避邪的功能。这个习俗是来自汉代王莽赶刘秀的故事，传说桑椹救过饥渴交加的刘秀之命，刘许应封桑树为树王，但当皇权在手赐封时，正是叶落西风之季，错将椿树当作了桑树，此后，民间就以椿为王了。

　　灶　是供烹煮食物、烧水的设备。民间叫"火火、锅台、锅锅、火灶、厨灶"等。《阳宅三要》中说："厨灶，乃养生之所，所关甚大。"是呀，人们一日三餐要吃要喝，当然离不了它。灶，一般在居室入门右面的靠前墙处，它是随着炕的位置而定方位的，忌对门而设。普通有地火与台火两种,地火锅台仅离地平一横砖之高,台火约一尺八寸左右高,火口大都设在台上面,也有在纵面设的。

灶是与炕、烟囱相连配套的。炕是用砖石或土坯砌成的一种床,底下有洞,分直洞、转洞和乱洞,灶的烟火通过洞可取暖。炕比锅台稍高,民间有:

尺八锅台二尺炕,
屹肘子放在窗台上。

烟囱是出烟设施,一般在后墙里,下宽上窄成直筒形状,民间也有谣:

烟囱屹溜(不正)洞子深,
不是忌热就避风。

意思是烟囱不可打弯,炕洞子不可太深;若弯、深遇天热刮风,烟会从火口倒冒,俗叫"火倒"或"火不过"。

说起烟囱,还有段故事,据《沁县志》记载:

康熙二十八年(1689)十月二十六日早朝后,康熙皇帝见文武百官个个春风满面,神情自若,唯有新任湖北巡抚吴琠心事重重,郁郁寡欢。皇感到奇怪,便问道:"吴爱卿何事忧心?"吴琠忙奏曰:"今日早朝,吾见南风劲吹,知家中老母又在断炊了,故而忧心。""何以见得?"吴琠便以实奏道:"沁州多窑洞且坐北向南,每当秋季南风吹来,半墙烟囱便要倒烟,做饭十分艰难,想到老母烧火做饭之苦,故而忧心。"康熙帝听后,深为吴琠孝敬老母之心感动,随口说道:"那就改做朝天烟囱吧!"吴琠一听,倒身便拜,并三呼万岁:"谢主隆恩!臣替家乡百姓谢恩!"

康熙帝自知失言,忙改口说:"我说的只是爱卿一家,不包括庶民。"吴琠回奏道:"家母乃庶民,不在百姓之上。"康熙帝只好默认。自此,农家都改做朝天烟囱。因为满清入关后,对汉民作出种种限制,其中有一条规定,凡庶民烟囱不得朝天,一律从半墙斜出,否则,被视为"犯上"。

门 门即住宅的出入口,是住宅最重要的附件,阳宅三要置于首位,它是居宅的颜面、咽喉,是兴衰的标志。它沟通宅内外两个空间,是"气口"、"气道"。通过门,上接天气,下接地气,迎吉避凶。门以通大路为重,气生路上,一开门,气从门而入;不过,门不宜直冲路和巷。门若背旺迎煞,诸凶必集。两家对门,门高者易发。并排开门,门大者易赢。对衙门、狱门、城门者大凶,对庙门、仓门者不安,若修门楼,必十分讲究。一般坐北朝南的民居,风水称此种坐向为坎宅,其三吉方为离(南)、巽(东南)、震(东),门应位于此三方,又以东南为最佳,俗称"青龙门"。大门之内各室的门,要依五行相生的原则而修,各门不可在同一方向上,否则"气"就大漏。大门多为面向秀峰、曲水,门内往往有一叫"影壁"的屏墙,使宅外不见宅内,宅内曲幽,既通达,又受控制。民间有"明门暗宅"之说。此外,还认为宅大门小不吉,不宜空气流通,不宜进出,也不美观;如果宅小门大,也不吉,不利安全,也不实用,给人种比例失调之感。大门外不宜堆放乱石当道,乱石碍于大门,老人和小孩容易摔跤,也不便清除院内垃圾,破坏了"门风路气"的讲究。

路 人们对门与路总是并在一起称呼的。门路原指入宅的途径,后来演变成另一种意义"方法"的专用词。这里所说的路,非指公路、铁路等大干线,而指住宅内外之路。《阳宅觉》五要第五说:"路者,兼言内路外路也。外路为宅外之路,内路者,宅内门向斜正线。"对于路又有:"步步与门同,有一门始有一路也,惟墙角与屏风转弯处,须审其何边脚步重,即是路也。"

对于外路,总要从吉方来,且曲曲折折,这样可导吉方之气,即所谓"弯弯曲曲抱门前,形似金鞭玉带护"。

围墙 围墙,就是俗称的院墙。每个住宅,自成一个世界。围墙就是这个"世界"的界限和标志。它反映住宅的风貌与衰荣,也关系到住宅的安全和舒适。《周礼》云:"墙厚三尺,崇之。"《易标》云:"千仞之墙,祸不入门。"

风水观念认为,住宅最好呈正方形,围墙最好呈曲线或圆状。这是取"天圆地方"之说,以达到天人和谐之义。正如古铜钱外圆内方一样,同一义之。但在实际建筑中,圆形围墙占地过多,也不实用。

围墙不宜有缝隙,更不宜开大窗,这叫朱雀开口,容易招惹是非。围墙前宽后窄,不吉;前窄后宽也不吉,俗叫退田笔,传说不进钱财。墙不宜过高和过低,高为囚字诀,低则不安全,也不可逼家室太近。实质上是为了实用和美观,并无吉凶之别。

邻里关系 风水讲究住宅吉凶的同时,也十分重视相邻建筑在位置及向度上的相互关系。总的要求是合乎情理,忌背众。诸如:平行几家建房,必须在一条线上,俗叫"一条龙",又必须同样高低,若错前叫"孤雁出头,屋主丧偶";错后称错牙,小两口不安。若高低不同,叫高的压了低的气,左边的房子可高于右边的房子,绝不允许右比左高,这是因左青龙右白虎之诀"宁叫青龙高万丈,不叫白虎抬了头"之故。在同一院内,即使是自家盖房子,偏房不能大于和高于主房,前边房子不能高于后边的房子,否则叫"奴欺主"。与众向相反的建筑为"众抵煞",有"烦恼皆因强出头"之谚。若是排排房,可一排比一排高,不可前高后低。若高于前后房子,俗称"二鬼抬轿",凶。对于屋前叫"地台"的空地,不可两边低而自己独高,只可人高而己略低,过低又不可,这正是"中庸"、"平均"思想在建筑中的反映,在客观上也起到了合理调节住宅间关系的作用。对于方位不同的相邻建筑群,则通过门来实现各建筑的协和关系,使村落空间秩序井然,既有条不紊,又很协调,也正好合乎宗法制度。

绿化 风水对树环境有一套完整的观点,认为:城居店铺,对树不必苛求。乡居宅基,以树木为衣毛。广陌局散,非有树障,不足以护生机。山谷风重,非有树障,不足以御寒气。而乡野居址,树木兴则宅必发旺,树木败则宅必衰落。草木繁茂则生气旺盛,护荫地脉,斯为富贵垣局。

种什么树,种于何方位?也是很有讲究的,并有不少禁忌。诸如:

宅前不种桑,

宅后不栽槐。

桑与丧谐音，门前桑是望门丧。主持死丧哭泣等事的凶煞叫"丧门神"。不正当的男女关系叫"桑中之约"。应在宅后种桑，宅前种槐。槐树象征吉祥、长寿、官职，古代朝廷门外种植三棵槐树，象征司马、司徒、司空三公的品位。《宋史·王旦传》记载（王裕）有"手植三槐于庭曰：'吾之后事必有为三公者'，比其所以志也。"

沁域流传有：

门前栽杨柳，

不愁寡妇走；

门前杨柳树，

辈辈出寡妇。

还如忌有枯树，大门前忌有大树，忌杏树种宅东、桃树种宅西等等。

这些禁忌，貌似迷信和无稽，若考察这些不同树种的生长特性，却可知其中科学道理。譬如槐树，喜光不耐荫，故适种住宅南面。在乡间一些村镇街旁，而今还有唐槐、宋槐等大树，成了人们的聚会点。每当天热人们在树下乘凉、聊天、吃饭、读书看报、对弈消闲，直到夜晚，在月光的窥视下，还有对对青年男女谈情说爱，真乃其乐无穷。

桃树喜欢温暖和阳光，树冠小，宜种于宅的东面；反之，既不利于树的生长，也起不到遮阳避暑的作用。

杏树不耐涝，如积水时间过长，就会叶落枯死。一般说，住宅的东面水分较足，故杏树多不种于宅东，加之杏树又十分耐寒，故可将其栽宅北或宅西。

榆树速生，枝叶茂盛，种于宅后西北乾方，可保护住宅主人。冬天的西北风最凶最冷，有大树可挡风御寒。特别有意思的是，榆树具有极强的吸附毒气、烟尘的性能，能净化空气保护环境，故有"百鬼不近"之说。

枣树在我国培栽已久。古人常将枣作为祭祀宗庙的珍品和初婚的见面礼，因而栽于门庭前象征吉祥，给人以慰藉，所以有"门庭

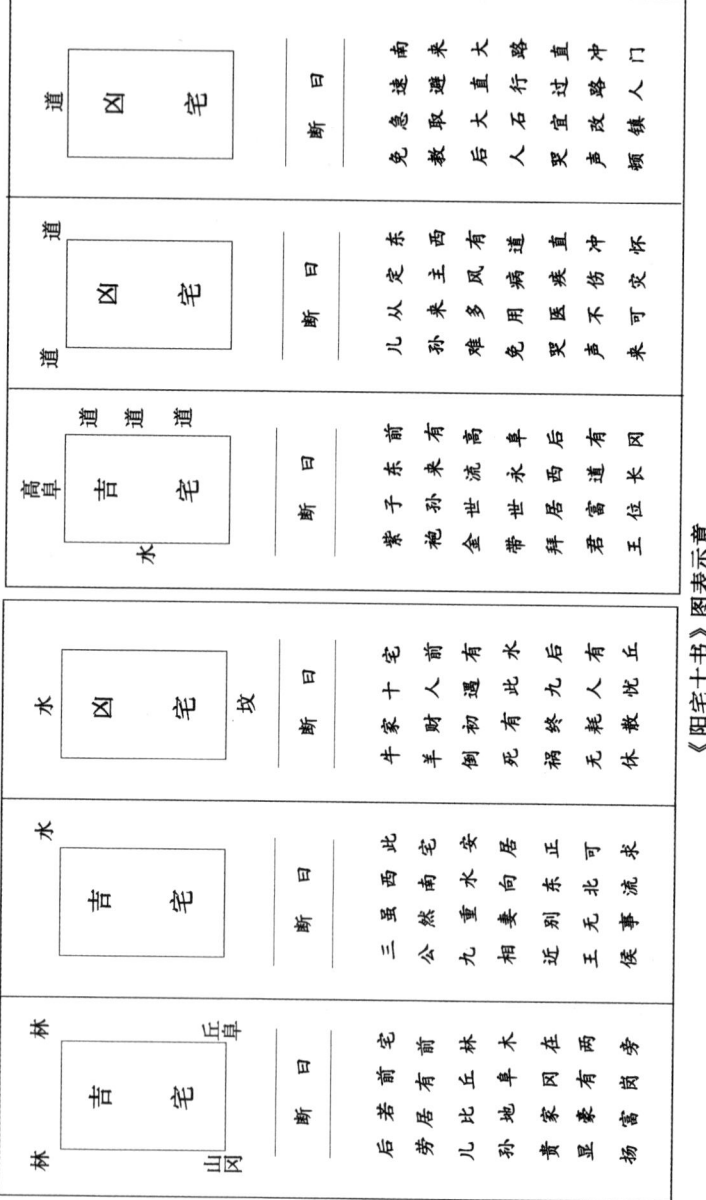

《阳宅十书》图表示意

前喜种双枣"之说。枣树树冠小,不影响室内采光,还可以室坐见绿,给人以舒畅之感。到了秋季,红丢丢大枣,悬挂树枝,像红宝珠一样地使满院生辉。

在何方位,选什么树种,这是先民们在生活中经过多少年的实践得出来的经验。若非如此,大门前种棵大树,不但形成出入不便,隔挡阳光,阻碍阳气生机进入室内,而且当春夏之际,雷电交加,湿树会导电,直接影响到住宅的安全。到了秋冬,风扫落叶,沸沸扬扬,让人心烦意乱。若院有大树,就更不好了,除有门前大树同样危害外,树根容易钻动地基,影响房屋的稳定性。树枝伸出院墙,尽管有"一枝红杏出墙来"之句,实为不够安全。再说,使人整天在阴沉沉的树下生活,不利于身心健康。

"障空补缺"的种树说,是回归自然的呼声使人们寄梦想于"绿色"建筑,以为在建筑周围的树木多多益善。风水术却提醒:"障空补缺,不薄不厚,阴阳务要冲和。"这就是说要适可而行,树不可太多,达到舒适与宁静的环境为目的。

风水先生论及树木与人的吉凶时,有很多口诀:

  树木弯抱,清闲享福。

  门前桃杏,贪花酗酒。

  门对垂杨,被髡悬梁。

  独树当门,寡母孤孙。

  桃株向门,阴庇后昆。

  门对林中,灾病多凶。

  门前双树,畜伤人愈。

  孤树平秃,二姓不睦。

  大树古怪,气痛名败。

  高树般齐,早步云梯。

  树下肿根,聋盲病昏。

  竹木回环,家足衣禄。

  大树枕旁,必多惊惶。

  左树右无,吉少凶多。

右树红花,娇媚倾家。
左树重抱,财禄长保。
树屈驼背,丁财俱退。
枯树当门,火灾死人。
树枝藤缠,悬梁翻船。
屋顶孤树,必出寡妇。
大树压门,无女少男。
果树披左,杂病痰火。
树头向外,必遭徒罪。
树头垂水,必招人溺。
两树夹屋,定丧骨肉。
树似伏牛,孀居病多。
蕉树堂前,寡妇堪怜。
门前有槐,荣贵丰财。
前有死树,失财倒路。

以上口诀,有的有一定的科学道理,有的掺进了迷信色彩,不可全信。

绿化是为了环境美,环境是人类赖以生存的物质基础,对美好环境的向往和追求,是人们的天性和愿望。环境的好恶与美丑,不仅直接影响着人们的健康、寿命、学习和工作的效率,还能影响与反映人的精神面貌和思想情操。绿色大地是哺育人类的慈母,花草树木是生命的摇篮,文明的象征,人类的伴侣,鸟兽栖息的乐园,美化自然的画师;是陶冶性情的益友,延年祛病的良医;是取之不尽的宝库,造福人类的"天使"。绿色,是春天的颜色,是青春的颜色,是生命的颜色,是魅人的颜色。绿色象征着爱情,显示着健康,蕴含着活力,代表着希望。

一座房舍,一块坟地的风水好坏,不是一个孤立的局部之事,而应该从较大范围内去考察。

江山美如画,处处绿葱葱,就是风水好的地方。

附《论阳宅》：

论阳宅,理无二。但穴法,分险易。势来趋,亦可居。势若止,须坦矣。起楼台,立亭院,俱有法,非虚语。木之星,金之星,土之星,作居宅,子孙兴。火之星,为龙神,须博换,乃可扦。水之星,须止聚,和土铖,水口固,财星临。明堂阔,更垣平。路要环,水要缠。门中正,家道成。看城居,论入局,论明堂,论水曲,论卑高,论广狭,论门庭,论比屋。虎忌冲,龙忌压,反巷伤,楼台杀。天井深,天井揭,岭太高,岭太促,入首来,覆金局。逢土安,逢木发。水则倾,火则覆,细推详,毋恍惚。看乡居,论胎息,论阴阳,论缓急,论浮沉,论起伏,论龙虎,论缠托,论朝案,论城郭,论水口,论八国。明饶减,乃架屋。妄增高,恣穿凿,伤龙神,消己福。路从水,门从木,精水位,详作法。

宋·黄妙应《博山篇》

都市形胜

都城是政治、经济、文化中心,是军事的城堡,因此,在地理上必须讲究。选择城址一定要考虑自然条件,诸如山川地利,水土物产,气候风景,都要经心选择与分析。如此,就产生了都城的风水和实践。古汉语中"国"字往往是都城的代名词。《释名》说:"都者,国君所居,人所都会也。"《管子·乘马》说:"凡立国都,非于大山之下,必于广川之上。高毋近旱而水用足,下毋近水而沟防省。"《管子·度地》又说:"圣人之处国者,必不倾之地,而择地形之肥饶者。"

都城又称京师,取"京者,大也。师者,众也"。夏商称都为邑,周朝起称京师。

风水关于都城,与阳宅理论基本相同,只是有两点区别:

一是求大,必须选择大环境。地大、山大、明堂大、水的弯曲大。只有容量大,才能修建庞大都城。

二是龙脉集结处。就是要地势磅礴,地形博广,大龙大脉。

我国的城市与地理形势的关系,大致有以下几类:即群山环抱类,三面环山一面临水类,三面环山一面平原类,依山傍水类,水口交合类,临水类。

作为一个城市,可以不靠山,但一定要临水,无水则不能生存。如果有山靠更好,可以防止水淹,又可以取得木材和矿产资源,还可以得到胜景观赏,所以要采用最佳选择,建设现代化城市。

寺观庙塔

寺观:天下名山多僧占。凡是名山,都有宗教寺观。一般来说,寺是佛教供佛,观是道教供仙,庙是总称,供神。

为何僧侣要占据名山呢?因为名山风水好,能吸引游人,游人越多,香火越旺;再则,市井已被世俗贵族垄断,僧侣们只好到山间寻找归宿,山间也最适宜他们修行。

占据名山,应当以点控面,点面结合,善于选择制高点、转折、空白点,使寺观选择在最佳位置,"略成小筑,足征大观",成为"千山抱一寺,一寺镇千山"的格局。

寺观要处理好山水相依的关系,"山以水为脉,水以山为面","山得水而活,水得山而媚"。依山面水,善于借景、让景,巧用自然地形,使建筑与自然相协调。

寺观多选在山顶极峰,或半山腰,再或依傍悬崖峭壁,便于极目远望,俯临凡界。同时可以超世脱俗,表现出神秘的色彩,使人仰望半天云中的寺观,就会想到它是神与人的媒介,是天帝与人间的中转站,是非常神圣的地方。

寺观建筑往往采取"土包屋"的形式,即三面群山环绕,奥中有旷,南面敞开,寺庙隐于万树丛中的幽深之处,这样可以藏气避风,十分幽静;敞开的一面是明堂,是进出的场所。

寺观建筑又采取"屋包山",即寺庙沿山坡覆盖,背枕高峰,拾级而上,气宇轩昂,一片黄澄。

寺观建筑还采取虎踞龙盘之势,背倚大山,两翼侧岭远远回包如襟带,又像伸开屈抱太极的双手。

寺观最基本的建筑原则是因其自然,相彰得益。

文塔:又称文峰塔、文风塔、文笔塔、文昌塔。它盛行于明代中叶至清朝;一般修得细长,如毛笔插入云霄,好像要在苍天上书写什么;大多修在县城郊外或村镇进出口的土丘上,标志着这个地方的人们重教育,是儒家用来兴文运的一种建筑形式,也是风水观念的一种产物。

有的地方讲究气派,将文塔变为文昌楼阁或奎星楼,这样耗资更大,人可以登临其上。这种楼阁,可以弥补自然环境的某种缺陷,还能使人心理上得到满足。明清学人个个都想考中科举,塔、阁、楼对他们来说,是一种精神支柱。坐向以去处为向,来处为坐。位居水口,乃邑都乡水门之华表,它点缀的山川更加美丽。

景观名句择

风水术在选择吉地时,大体不外乎傍山、依水、傍山依水、山青水绕等方面。这些风水景观,先人在古典诗词中有所描绘。

傍山:山体是支撑阳宅的骨架,也是人们生活的天然库府,先民的村庄总是傍山而建。

山当日午回峰影,
草带泥痕过鹿群。
——唐·项斯

山从人面起,
云傍马头生。
——唐·李白

采菊东篱下,
悠然见南山。
——东晋·陶渊明

依水:水是万物生机勃勃之源,无水人就不能生存;近水而居,这是人类生活经验的总结,也是一种民俗。

　　气蒸云梦泽,
　　波撼岳阳城。
　　　　——唐·孟浩然
　　楼观沧海日,
　　门对浙江潮。
　　　　——唐·宋之问
　　梨花院落溶溶月,
　　柳絮池塘淡淡风。
　　　　——宋·晏殊

傍山依水:智者乐山,仁者乐水。风水术则乐于有山有水,小到住宅,大到都市,都应当傍水依水。

大环境:
　　三万里河东入海,
　　五千仞岳上摩天。
　　　　——宋·陆游

中环境:
　　楚山横地出,
　　汉水接天回。
　　　　——唐·杜审言

小环境:
　　窗含西岭千秋雪,
　　门泊东吴万里船。
　　　　——唐·杜甫

这些不同范围的环境,正是对风水明堂的生动写照。

山青水绕:山要青,要有葱翠的林木;水要绕,要环护在宅居的四周。

　　青山横北郭,
　　白水绕东城。

——唐·李白

岭树重遮千里目，
江流曲似九回肠。
——唐·柳宗元

一水护田将绿绕，
两山排闼送青来。
——宋·王安石

美好的景观，正是人们所追求和向往的地方。

阳宅建筑的文化内涵

建房造屋首先是确定方位看风水，建房过程，其实也就是一个民间信仰的礼仪过程。在我国发现的新石器时代的房屋遗址，大多是坐北朝南，形成了后世建筑确定不移的基本方法，相继出现了看风水相宅的系列活动。传统观念中，住居与人事、社会和世界息息相通，并可以反映在任何尺度的住居中。"山色湖光共一楼"，正是表达了人们通过一个楼的造建，把所有景色尽收其中的境界。

中国式的建筑，几乎没有个体的建筑。简单的民居，也以中庭天井为中心合成一个组群，整个系统，是以神、人、自然的组合。权威建筑的特点，更体现出整体组合与对称平衡。对称源于对偶，对偶的来源是阴阳观念。从这点出发，才能明了为何传统建筑的间数为单数((似乎有失对称原则)。实际上一明两暗的三间，中为阳，两旁为阴，是阴阳两性结合的极为对称的形式，因此成为我国传统住居的基本格局。此外的一切格局，都是这个基本格局的推衍。

后来，阴阳观念从民间而成为中国传统思想的核心，故而这种对称布局在宫廷、宗庙建筑上的反映最为严格。这种对称平衡的布局，是我国传统的中庸、不偏不倚的观念的充分体现。建筑组群讲究曲折含蓄，民居院落也多设照壁屏风，也正是我国人民内向含蓄民族性格的体现。由此可见,民族文化心理已经体现在生活的每个角落。

建筑是一部石头的史书,是人类文化的纪念碑。建筑的综合性最能代表一个国家、一个民族的形象。我国的万里长城和天安门,就代表了中华民族和中国,看到它们,就能联想到中华文明史与伟大的文化成就。这些都和建筑文化的内涵有关。

建筑作为人类最重要的文化现象之一,具有两个明显的特点:一是普遍性,即每一个人从生到死都要时时事事与建筑打交道,在建筑物内、建筑群内或建筑文化的氛围里生活;二是复合性,即建筑既要满足人们的物质生活需要,又要体现政治、经济、科技、哲学、宗教、美学观念等精神方面的要求,还得满足不同时代、不同地域、不同民族的生活和生产方式、思维方式、风俗习惯、社会心理等的需要。复合性也可简单地说是各种文化的综合表现。

现实的民族建筑中,至今仍能看到窝棚式、帐篷式、窑洞式、干栏式、灯笼式、土墙瓦顶式的各种民居建筑,它们几乎包括了人类早期建筑的各种形态,鲜明地勾勒出建筑发展的轮廓。自秦砖汉瓦出现以后,大量的建筑物单体式样与形制得以确立,斗拱和梁柱的使用也成为基本定制,砖砌结构与石砌结构得到发展,中轴对称的布局方式广泛使用在建筑物组合中,中华建筑体系得到确立。从三国到两晋南北朝时代,佛教的传播,使建筑吸收了不少外来文化与艺术样式,并加以融合发展。

我国绝大部分地区的建筑都采用木构架的建筑体系,其主要特点是:木料是主要建筑材料,梁柱是主要承重构件,除一些穷家平房外,一般墙不承重,所以门窗安置自由灵活;外轮廓壮丽而有动感,大屋顶的屋脊、角梁、翼角、飞椽、檐口曲直相得,奇特美观;利用一切工艺手法把建筑装饰得气象万千;总体布局符合传统道德礼仪规范,尊卑贵贱、长幼主从十分明确;重视建筑物的环境选择,强调"风水",很注意正直空灵观念的体现。这些特点,在许多少数民族传统建筑中都有体现,反映了中华建筑文化的多元一体性。

修房盖屋，历来视为重大事件，因而有传统的礼仪要遵守。从选址、奠基、破土到伐木、立柱、上梁、盖项，直至乔迁，都有相应的仪式。最重要的是选址、上梁、"合龙"、落成等关节，一般由专人主持问卜、献祭品、放鞭炮、念祝词等。在乡间一家建房，全村乡邻义务帮忙，视为共同的大喜事。

阴 宅

阴宅，其名源于阴阳学说。地面为阳，地下为阴。生人的住宅为阳宅，死人的葬地为阴宅。阳宅以月偶卜祸福，阴宅以日奇定吉凶。阴宅以安葬先人祖父辈的首丘，上以敬送终之孝，下以为启后之谋。按风水师讲的，神灵安则子孙盛，所以对阴宅的重视超过了对阳宅的好多倍，把风水的主要内容放在了阴宅上，书籍也以阴宅为多。首推三礼《周礼》、《仪礼》、《礼记》，还有《孝经》。其《丧亲》说："卜其宅兆而安措之，为之宗庙，以鬼享之。"

宅，即墓穴，兆，即茔城。占卜测定墓地吉凶，然后安葬死者，并设立宗庙，以鬼祭祀。这种做法，后世风水一脉相承。

有关风水之书，少则数百种，多则上千种，其中多为阴宅方面。这是为什么呢？民间阳宅建筑，俗称"百年大计"。一座房屋，一个庭院，久经风雨吹打会败落不堪，但可以通过揭瓦补修焕然一新，最少可供几代人居住；可死人的事是经常发生的，人死就得安葬，安葬就得请风水师，这是很自然的事。往昔多少年来，我国推行科举制度，能金榜题名者寥寥无几，绝大多数者名落孙山。一些失意的文士，为了生计，在风水里寻找生路，迎合人们避凶求吉的心理，阴宅本来是阳宅理论的翻版，只是环境占地面积有别，可是他们挖空心思，添盐加醋，故弄玄虚，大作文章，五花八门的阴宅书充斥社会，使人神秘莫测。若此，风水师才有生意，才有饭吃。正因为这样，在人们的头脑中，一提及风水，就误认为是看坟地筑坟墓，清浊难分，堕入泥潭。

墓葬的由来 人类的初始阶段,没有丧葬行为。《孟子·滕文公上》说:"盖上也尝有不葬其亲者,其亲死则举而委之于壑。他日过之,狐狸食之,蝇蚋姑嘬之,其颡有泚,睨而不视。"后来,人们一方面由于亲情所致,不忍心自己亲人的尸体被狼拖狗拽禽兽糟践,再且腐尸污染环境,细菌传染疾病,于是渐渐有了丧葬行为。《周易·系辞》说:"古之葬者,厚衣之以薪,葬之中野,不封不树,丧期无数。"就是对时间、地点、墓形都不讲究。

自从有了丧葬行为,逐渐就形成了一定的规制。早在原始社会,墓葬的方向就趋向一致,墓向都朝南或稍偏西。这与当时人们的心理、信仰、习俗有关,反映了人们的向往与禁忌。随着丧葬的规范化,出现为活人修墓地的情况。要修墓地,自然不会随便找块荒土,一定要选择地点,测量地形。在相地过程中,风水观念得到了孕育。《墨子·节葬》中说:"下毋及泉,上毋通臭垄。"这与后世风水提倡的深浅观念一致。

春秋战国时,民间墓向朝南、死者北首,这是人们根据住宅朝向而形成的习俗。我国地处北半球,房屋朝南有利于养生,所以明堂以南向为尊,圣人面南称"孤",诸侯面北晋见。墓室坐北朝南,实际上是死者"面南",处于尊崇的地位。活人事死如事生,朝北面供奉死者。

上古对葬地已有讲究,一般选在高阜之处,环山抱水之处,傍山依水之处,正如《海内西经》所说:"后稷之葬,山水环之。"

坟墓 埋葬死人的处所。古时封土成丘的称"坟",平的叫"墓",后来以坟墓联称。最初,将尸体或棺木放进墓穴,用土填满,上平,人们照常在上面往来;后发展为堆土成坟,其形式、规格、质料历代均不同,并因人而异。沁域民间,死者按辈份埋在祖先墓父母足下,叫"上了穴",称集数十代于一地的家族墓群为"坟";给死者另择吉地立主筑墓的,称"新坟"。除坟地如长馒头墓堆外,还有暂时寄埋的墓,一般在地塄下挖洞,口外堆土而成,俗叫"爬坡坡"。这种墓,也可说是准备二次葬的墓。有的是因死者亡期正好逢坟地不空,不宜动土;有的是因妻室先亡,俗约女先亡不能先入祖坟,因是外姓,必须等丈夫死后才可迁来坟地合葬;也有的是未成家的男女死者,男的要迷婚个女尸骨才可入坟,女的要和异性冥婚,不能入娘家坟;还有的是外乡人客死当地的,这些都是寄埋墓。不过,每遇忌日或逢年过节,人们去扫墓烧纸时,也都称"上坟"。

坟墓是人的最终归宿,墓地象征着人们潜意识中的阴间世界。它依现实社会构想,墓室与棺材都是仿照阳间房舍而制,形象地反映了人们"事死如事生"的观念。我国古代对阴间世界称呼很多,如"幽冥、阴间、冥府、冥都、泰山、蒿里、南山、丰都"等,在汉代的镇墓文中,便有:

上天苍苍,地下茫茫,
死人归阴,生人归阳;
生人有里,死人有乡。

在一些古诗词中,也不乏其句,如:

冥冥九泉室
漫漫长夜台。
——汉·阮瑀《七哀诗》

伤歌入松路,
斗酒望青山。
——宋·吴迈远《临终词》

晨登南山望彼中,
阿露团秋槿风卷。
寒萝凄凄伤心悲,
如之何尽若穷烟。
——宋·鲍昭《伤逝赋》

墓地历来为人们所看重。朱熹说:"葬之为吉藏也,所以藏其祖考之遗体也。以子孙而藏其祖考之遗体,则必致其谨慎、审重、诚敬之心,以为安固,久之计使形体全,而神灵得安,则其子孙昌盛,而祭祀不绝。"这意思就是择一吉地葬其祖上的遗体,既是儿孙尽孝的一个方面,又可使祖上的灵魂得到安固,保佑后代子孙繁荣昌盛。为此,民间一贯极力反对随便埋葬其祖上遗体的做法,置亲骸于蚁泉沙砾之中,还算什么孝子？这是一种不顾礼法的不孝行为。为避凶就吉选择葬地,产生了风水之说,相应地出现了风水师,发明了一套相地方法。从龙脉到土质,从穴口到周围的环境,说是选择了风水宝地,死者的遗体就不会腐烂,死者的灵魂就会荫福生者。理论之神秘虚玄,陆离古怪,说得天花乱坠,似乎在耍一场令人眼花缭乱、瞠目结舌的"魔术"。但就此立意诡僻、恍如哑谜的风水说,成了丧葬必不可缺少的一道程序,一直流行了两千多年,直至当今还有人在葬礼中迷信风水。

坟墓名称 随着坟墓制度的出现,丧葬观念成了礼制的一种体现。《荀子·礼论》特别强调葬礼,说:"礼者,谨于治生死者也。""丧礼者,以生者饰死者,大象其生以送其死也。"丧葬规模反映了人的贵贱和等级。君主是天子,是国家的最大家长,有至高无上的权利。他们不仅生前要统治民众,死后也要穷奢极欲,在地下世界表现出最高的地位。因此,除上述坟墓外,阴宅还有许多名称:

丘:本义是土山。春秋时以丘为葬地,后来丘与墓、坟、冢、垅、封连称,有丘墓、丘坟、丘冢、丘垅等,有"王公曰丘,诸臣曰封"之讲究。

冢:本义为山顶。古有"百种沸腾,山川崒崩"之诗,后称高坟为冢。

陵(陵园):本义为大土山。埋葬帝王的墓地称"陵"或"陵园",陵园地面建筑的宫殿称"陵寝"。陵园是以陵墓为主的园林。近现代人们对为革命或正义事业牺牲生命的人称"烈士",为了对他们永恒纪念,将其墓地园林化,称"陵"或"陵园",如中山陵和各地的烈士陵园。

山:本义为石头山。山与陵同是埋葬帝王的坟墓,只是在时间上有区别,"秦名天子冢曰山,汉曰陵"。

葬:本义是掩埋或用其偏方法处理死者遗体,沁人又作墓室的专用名词,将墓室称为"葬",分为土葬、石葬、砖葬三种,这是民间通用的墓室。不论哪种葬,都得挖出和墓室深度一样的6至8尺深、8尺长、3尺宽、直通墓门的俑道,俗叫"仰亭圪道",以便下材入室。土葬从俑道挖洞穴即可,叫"打葬"或"打墓";石葬、砖葬要先挖好坑,然后用灰泥与石砖砌筑成像房舍或窑洞一样的墓窟,俗叫"券葬"。葬顶一般距地面3尺左右,长8尺宽6尺叫"八六"葬,或"八八"方葬等。按风水术而论,土葬直通龙脉地气,为上;石葬有乱石与加工后的条石之分,石堵气脉,为次之;砖葬是土过火而烧制成的砖,有断脉之说,为下,因此,砖石葬在后壁和底部都要留龙脉气孔。钱势之家多筑砖、石之葬,并筑可关可开的青石墓门,以及清幽秀观的城府门面。

筑墓室时,第一锹土由孝子焚香后挖,叫"破土"。墓室筑成后,都要像棺制成一样举行"合龙口"仪式。

棺材 亦叫"寿材"、"寿木",简称"棺"、"材"、"木",是装殓尸体的用具。民间一般用木料制作,呈长立方形,前大后小,上宽下窄,普通盖、底前宽分别为2尺2寸、2尺,后宽分别为2尺、1尺8寸,帮前高1尺8寸,后高1尺2寸,长度为6尺6寸至7尺3寸,有谚:

> 天下棺,七尺三,
> 够不够,六尺六。(以木经尺为准)

制棺的目的是为了更好地保护尸体,因此在用料上也很讲究。一般以柏、松、榆、杨等木制作。松柏象征长寿,忌用柳木,因柳树不结籽,怕用柳断子绝嗣。板厚有二寸半与三寸的,成棺用板块数必为双数,故有4、6、8、10、12块之分。俗称"块"为"头",或在"块"后加个"瓦"字,如叫"四块瓦"、"六块头"、"八仙瓦"、"十头瓦"等。成棺棺内六壁要贴呈文纸,或者用红漆"吊里"。棺头里面贴上用金银纸剪的太阳、月亮、北斗图案。棺外涂刷油漆,年轻者棺涂红色,老年之棺涂黑色或棕色作底色,边处画"富贵不断头"、"蝙蝠"等图案装饰,两面画"百年"、"八仙"、"松鹤"等图画,题写"驾鹤西游"等吉词,棺盖上画一带所系的七星钱币,棺头中间竖写"某公某某之灵柩",两边写其生卒年月日;也有的男棺写个大"福"字、女棺写"寿"字的。棺尾头画香炉香火。女棺也有的画朵大"莲花",以示脚踩莲花升天之意。

老者生前早备好的棺材,称"寿城"。

七星板 与棺配套内放的垫尸板,板上凿有和北斗星对应的大如铜钱的七孔,斜凿枧槽一道,将七孔相联贯,故称"七星板"。其意有说是像诸葛亮一样,用七星灯求寿,也有说是七星在天,尸在其上,如卧云床之上,不在棺中,含有已升天成仙之意。板上铺有面表朝天绣"八仙过海"、"姜公垂钓"等图案棉褥,俗称"铺金",也有为超度死者成仙意蕴。民间以"成"谐音,称入殓为"陈仙",大概也不乏其成仙之意。

合龙口 亦称"合拢口"。制成棺材最后加盖合拢过程,称"合龙口"。此时要朝材头设案,上放寿桃花馍20个,红布2尺,红包一个。棺主儿女等下辈,焚香燃烛叩头,并放鞭炮,以示祝贺。仪毕,往棺内七星板上放大寿桃花馍一个,馍上插纸制彩花一朵,放用红线系柄的新笤帚一把,放香蜡纸火若干。此俗源于民间有"棺材空,必死人"之说。放物后由木匠上好棺盖(不钉),放于干燥之处,越干燥越好,并不宜随便搬动。案上物品归匠人师傅享用,称为谢礼,也是寿城之礼;若死后制棺,棺内就不放东西了。

木匠在棺成合盖时,总要将刨出的刨花落在棺内,棺成而不取出,也有棺不可空之意,若将棺底打扫干净,对其不吉,故忌。

椁:古代棺材外面的套棺。从西周时期起,丧葬等级开始制度化、法律化。据《周礼》记载,当时设有"冢人",专司土室贵族的"公墓",又设有"墓大夫"掌管平民的"邦墓"或"族坟墓"。当时对墓葬大小、棺椁层数、随葬品种类、多少,都有明文的规定,如棺椁数规定天子为7、诸侯为5、大夫为3、士为2等。到了汉代,丧葬习俗更为巨变,为适应夫妻同墓合葬,将过去的竖穴墓坑改为横穴式洞穴墓,椁数也有明文规定:诸侯王为2,以下至县令同为1层。

棺椁种类,除木棺外,我国历史上曾有瓦棺、瓮棺、碗棺、革(皮)棺、石棺、船棺、铜棺、玉棺、金棺、水银实棺、水晶棺等。

古代对棺椁称谓:

椟:指小棺。

榿:指小棺。

属椑:指小棺。

柩:装着尸体的棺。

梓:棺材。

须材:棺椁。

周衣:棺椁。

四阿:四柱椁。

梓宫:皇帝用的棺。

墓饰　墓葬的装饰可分为地下地面,亦即内外。

地下的一般指墓室、棺椁、随葬物品等。这要依死者的年代、身份地位、家庭情况等来看。埋葬历代帝王的称"地下宫殿",其规模与奢华可想而知。

在地面上采用各种形式装饰墓地,多为石雕石刻等,除表示高贵排场外,还名之曰为"避邪"。

石刻动物:狮、虎、牛、马、猪、羊、鹿、象、龟、麒麟、独角兽等。

石刻人像:文臣武士,武士居多。

不论石刻动物,还是石刻人像,都讲究偶数对称,但立在墓地的往往要少一个成为奇数,形成对称缺一。如沁域小河村的石人坟,一个石猪竟在离坟不远的河滩;又如寺庄村的杜宰相坟,一个石人竟躺在了离坟一里以外的上寺庄一家农户的窑傍。这是为什么呢?在民间,说起来都有一段神话故事。

据小河村人相传,从前,一个照(看)羊人晚饭后沿河岸小道去卧场,在月光下见一口猪在河里喝水,他怕猪伤害田禾,便用石头连连击之,那猪既不跑也不哼叫,便自言自语了句"倒像是口石猪",就向卧羊的地里走去了。

天亮后照羊人返家时,无意间看见石人坟少了口猪,心里顿生疑虑,返至击石处再看,河滩果然有口石猪,吓得他急忙向村里跑,逢人就结结巴巴地讲河滩的石猪,后来大病了一场。

再说躺在窑傍的石人:多少年来,人们口耳相传,宰相坟里有个石人,因年深日久护坟敬业,加上平时的刻苦修炼,成了神仙,夜里常去三里开外的清泉奶奶庙,和圣母娘娘幽会。有天傍晚,它路经上寺庄村边,见一农妇在院里喂鸡,便说:"大娘,请给碗汤喝!"农妇抬头,见一大汉站在院外东窑顶,说句"行"后,回家从做好的和子饭里,盛了一碗汤走到院心说:"你下来喝吧!"没想到那大汉不言不语也不动身,她放下碗又说:"给你放石桌上了,来吧!"那大汉还是不言不动。农妇有点不耐烦地又说:"怎么不吭声,难道你是个石头人?"那大汉"咚"地一声倒在了地上,震得房舍还动了一下,吓得农妇忙喊左邻右舍,当人们赶来时,见一石人躺在那里。从此,宰相坟里就少了个石人。

类似这样的故事,听起来有鼻子有眼的,还怪像真的一样。尤其是在那个神权时代,世间万物无不是神,勿论何物都可成人成神成仙成精怪,一切都可以唯心想象。如小河坟不仅石头猪会跑到河滩喝水,而且石头人还会到村里串门子,并生下了大力士神行太保李存孝。其实这都是统治者为了愚弄人民玩出来的鬼把戏,无非是为了增加阴森恐怖的氛围,让人知道坟里埋的死者是圣人,由神仙精怪看护着,牛羊不得入内,任何人不可动一草一木,否则,将会带来凶祸,这也正所谓民间所说的"禁坟"。

石柱:民间又称"望柱"或"旺柱",一种巨大的石柱。柱身多刻龙凤图案,有的上部多插雕花石板,还有的是笔尖形的,古代多设于城阙和宫殿等建筑物前面,称"华表"。后人在坟里也设石柱,以示寓远视、旺盛和出人才之意。

石碑:原本是用于观察日影的。《仪礼·聘礼》郑玄注:"宫必有碑,所以识日影,引阴阳也。"后来,碑用作下葬时牵引放下棺椁入穴,又有人在碑上刻字,碑就成了墓碑。《释名·释典艺》说得很清楚："碑,被也。此本葬时所设也,施鹿卢,以绳被其上,引以下棺也。臣子追述君父之功美以书其上,后人因焉。故建于道之头显见之处,名其文,就谓之碑也。"

碑楼：碑石两边用条石刻画图案或书联,下设底座,上端将条石横放,并刻制成楼亭房顶式样,称碑楼。

牌楼：入坟处用条石制成的门面。

树：古时于坟前天子栽松,诸侯栽柏,大夫栽栾,士栽槐,庶人栽杨柳。这些树都各有风水意义,后人逐渐演绎为松柏杨柳,也不讲究什么等级了。

寝殿：亦称"享堂"。寝本是君主及其家族饮食起居之处,从秦始皇开始却修到了葬地上,这是耗资最大的墓地装饰。

世界最大的帝王陵,首数秦始皇陵园,建在陕西省临潼县。《史记·秦始皇本记》记载："秦始皇初即位,穿治郦山,及并天下,天下徒送诣七十余万人,穿三泉,下铜而致椁,宫观百官,奇器珍怪徙藏满之;令匠作机弩矢,有所穿近者辄射之;以水银为百川江河大海,机相灌输,上具天文,下具地理,以人鱼膏为烛,度不灭者久……大事毕,已藏,闭中羡,下外羡门,尽闭工匠藏者,无复出者,树草木以象山。"

坟墓深挖到见水处,便灌入熔化的铜液加固,墓中建有宫殿及百官的位次,墓顶镶有珍珠当日月,墓底用大量的水银,造成江河大海,并用机械转动使水银流注,水银上还漂浮着金银铸的野鸭和大雁。又用人鱼油膏做蜡烛,在墓里点燃,特别明亮,能经久不灭。同时墓中塞满各种珠玉珍宝。为了防止有人盗墓,令工匠特制了会自动发射的弓弩。秦始皇死后,在公元前210年9月下葬。殉葬的宫女、嫔妃1万余人。工匠3000多人被埋在了陵墓中。

不停地修了40年、征发来的劳工曾达70余万人的秦陵,分为内城和外城。内城方形,周长2525.4米,6个城门,南部有一高76米、底宽485×515米的夯土陵丘;外城长方形,周长6294米。城四周有大门,四角有望楼,地下则是豪华的宫殿,俨然是一个标准的帝王阴宅。陵园占地63.7平方公里,规模是仿照都城咸阳的样式。

秦始皇很迷信风水,以为骊山吉地可保秦万世江山,没想到沉睡地宫只4年之后,秦朝就遭到了厄远,项羽入关,火烧咸阳,秦朝就灭亡了。

历史无情地嘲笑了秦始皇,嘲笑了风水,正如唐代诗人王维《过秦墓》的诗中感慨：

古墓成苍岭,幽宫像紫台。

星辰七曜隔,河汉九泉开。

有海人宁渡?无春雁不回。

更闻松韵切,疑是大夫哀。

说的是:古老的陵墓已变成了青山,幽深的墓穴像帝王居所。日月金木水火土七个星辰被隔绝在墓中,银河在九泉下流动。地下的大海有人能渡吗? 地下无春大雁不回。听到地上松枝凄切地吹动,仿佛是被称为"大夫"的松树在为秦始皇的虚妄而哀痛。秦始皇啊秦始皇,你修地宫丝毫没给秦朝带来好处,反而加速了灭亡;你辛辛苦苦打下的天下,实际上是断送在你的手上。

附:《阴宅入门诀》

龙穴砂水与堂聚,生成自天地。

取之为用则在人,有术验如神。

第一要知点穴法,仔细去看踏。

前后左右要端祥,切记莫慌张。

第二要知开茔诀,阔狭依前说。

若然锄破太极圈,水蚁便侵棺。

第三穿坟要详悉,浅深莫强失。

个中造化莫精微,不许俗人知。

第四作堆各有利,不可言容易。

五行相克便为凶,灾祸见重重。

第五与水要步数,赴卦用天铺。

先量坐下后朱雀,阴阳有凶吉

第六取路贵于曲,要合水星局。

莫挨白虎避黄泉，犯着祸连祸。
第七喝形须相像，当把九星相。
只论形穴误人多，星体没偏颇。
第八绘图要法度，笔笔休错连。
看图富贵便先知，纸上露玄机。
第九课验宜真实，仙居从此出。
莫谈怪异使人疑，祸福要详推。
第十传授休轻泄，德人方可说。

风水的特征

闪光而蒙垢 风水是人类生存基本需要的产物。有说起源北方黄土高原，从修窑洞的洞穴时代就开始有了风水观念，尔后逐渐创造出"背山面水"，即有利于接受阳光、避风，与天上星象对应的"四灵兽"（四象）式地形。这种模式是人们对山水美的需求与向往的居住环境。俯于山之怀，倚以山之趾，与山融为一体，对任何一个中国农民来说，都是选择住地的最佳模式，久而久之，成为一种约定俗成的传统习惯。

风水追求天、地、人（三才）的协调理论，符合了封建礼制—礼三本的需要。《荀子·礼制》说："礼有三本：天地者，生之本也；先祖者，类之本也；君师者，治之本也。……上事天，下事地，尊师祖而隆君师是礼者三本也。"尤其是将阳宅理论翻版的阴宅葬说，为儒家正统所认同，不仅使风水理论在发展过程中日趋宗法礼制的规范系统，而且也使风水理论走向邪说的歧途，进而越走越邪，成为邪中之邪。再加上历史的湮没与蒙尘，使有关风水资料鱼龙混杂，戴上了迷信的帽子。

普遍而顽固 从时间上看，风水从先秦一直流传至当代，已有两千多年的历史了，对后世仍会有影响。从地域上看，可说遍及全国各地。从民族看，以汉族为主，渗透到少数民族之中，甚至外来宗教也受影响和同化。

　　风水术从萌生开始直到现在，历经不少唯物主义思想家的抨击，可惜没有批臭。建国后，伴随着对封建迷信的横扫，风水术受到了严重的打击，处于休眠与消亡状态。在城市人或者有文化的人看来，简直是臭不可闻了；但是，风水术变成了一股暗流，尤其是在广大农村，它潜伏在一些人的头脑里，表现在行动上。我国的农村，大多是一姓一村同宗共祖，村与村都有姻缘关系，正是人们常说的"疙瘩亲"，要根除一种陋俗并非易事。随着改革开放的到来，在传承传统文化的同时，风水术这股暗流又从地下转向地上兴风作浪，大兴土木，修筑坟墓，大操大办，相互攀比，浪费钱财，行迷信之事。其实，此种愚不可及的逆流，人们也是怨声载道，正如前面所说的"不怕失火搬家，就怕死爹死妈"。

　　正因为这种普遍性，带来了它的顽固性；反言之，由于它的顽固性，助长了它的普遍性。如何破除这种迷信呢？压制和命令适得其反，必须采取得力的措施和有效的宣传途径，提高整个社会的文明程度。

　　复杂而保守　风水术的理论与实践是十分复杂的。行话有"三年相地，十年点穴"，十三年才能点穴，可见这不是一般的本领。那些以风水术混了一辈子饭吃的风水师，如果要扪心自问，自己也不知道风水是怎么回事。什么"卧龙、飞凤、玉印、伏案、皇冠、笔架、金马、睡狮、睡美人"等等术语，再加上这样那样的各种禁忌，盘根错节，上观天文，下察地理，运用十分深奥的太极、四象、五行、八卦、星象学说，构成了一套庞杂的理论体系，又附会了龙脉、生气、明堂、穴位等，真是千头万绪，剪不断，理还乱。

　　从风水师而言，他们各执"家传"或"名师点教"的幌子，自称"天机不可泄露"，各自标榜，一人一派，相互攻击，正是人常说的"一个桌子上坐不下俩先生"。他们采取近亲与单传的方式招徒收弟，本来没有真经可传，就说学风水全凭"悟性"，这么一"悟"，竟成了任意胡诌的江湖骗子。

　　神秘而欺骗　庞杂而深奥的风水理论，本来就很难搞通，加上风水师杜撰了许多奇妙而荒谬的故事，再加上历史上一些与风水偶合事件，经风水师大加渲染，涂上光怪陆离的色彩，使老百姓觉得很神秘。人们往往对神秘的、未知的、不可预测的事物，总是心驰神往。风水的理论又玄又神，颇能引人半信半疑，"不可不信，不可全信"。在这半信半疑之际，风水术便能产生意想不到的效果，使一般人深信不疑。

要卖狗皮膏药，总得把它吹得无以复加，否则，谁买？风水术正是这样，他们不仅借鉴太极学说，还从儒家经典中找一些支离破碎的依据，说什么"葬者，人之大事"，只有葬在有生气之地，死人才会安逸，活人才能富贵。他们把一些峰峦山势与一个家族、一个人的命运紧紧连在一起，说什么"玉印金箱，富贵非常"，"拜伏作案，为官为宦"，"山如笔架，兄弟齐发"，"笔现三峰，位出三公"，"案外撬天，会魁状元"，"贵人双箭，兄弟联翩"，"天马峰出，富贵神速"，"脑后迭三台，必定大发财"，"玉带金马，文臣使者"……这些东西根本就没有丝毫必然的联系，硬要扯在一起。

风水先生的四字经：

套：按其行话叫"讨口气"，就是通过察问，摸清事主的生辰八字，一旦抓住点滴底细，就会针对不同情况，施展伎俩，玩弄骗人的把戏。他们的话总是模棱两可，绝大部分像尼龙袜子，套在谁的脚上都合适。因此，州人有"听上阴阳话，死也死不下"之戏言。

哄：行话叫"笼"。针对不同人的心事，看人行事，说些逢凶化吉与万事如意的话，多数人爱听。

吓：就是觉察到墓主心情不好时，马上煞有其事地装腔作势，什么"地穴虽好，砂水反跳，不宜结穴"；"龙脉虽好，地气直冲，不宜结穴"；"地势穴位都好，时间方位却犯煞，不宜结穴"；等。或者用阴关、鬼关、白虎星、天狗星等来吓，声称如果"关"不破，"星宿"不解，便会大祸临头，以此逼你就范。

辩：就是摸不到主家的底细时，便用"不是风水不好，而是时候不到"、"对真命不假，对假命不真"的鬼话来解释，说你现在不这样，将来会怎样，引你上钩；一旦露底了，就会说"心诚则灵，心不诚则意不实",把责任推到你的身上,赖账了事。

  风水先生的花样,主要是在那些"行话"上颠三倒四、翻云覆雨做文章,特别是那倒背如流的这歌那诀,使人进入一个五颜六色的迷宫,最后成为他的俘虏。自古以来,风水先生都是以助民求福自诩,其实他们从事这个职业,不过是图个生路混口饭吃。他们并没有助民的良药妙方,只是有打混混的本领,民间流传有:

  风水先生惯说空,指南指北指西东;
  若是真有封侯地,何不寻来葬乃翁。

根深而蒂固 风水似乎在任何人心里都能激起某种潜在的意念,激起希望奇迹的憧憧之心,尤其是当生活处于碰壁之时,更会产生强烈的趋吉去灾心理渴求,于是标榜风水的神秘作用就成了人们寄托希望的焦点。一些乡民若逢遭人丁不旺、财源不济、家人凶病暴死等不幸时,最能引起对风水的敬畏,往往负债累累在所不惜,这无疑是上了风水术之当。

  人们长久不衰地保持着对祖先、自然、动植物的原始信仰,与风水理论有着很强的亲和力,对民族文化和人民生活的影响久远而根深蒂固,于是风水便如鱼得水般地浮游于民间社会之中。

  另外,风水还与历代帝王结下不解之缘,几乎自始至终受宠于宫廷,成为统治人民的御用工具。

  还有说来可笑的一点,就是笼罩于整个中国社会的官本位意识,大大促进了风水流行。如个人对祖先坟墓的偏激重视、各地的文塔之类的修造大都出于此种意愿。甚至在古装戏曲与民间故事中,也都离不开一个当官的公式:"公子(小姐)落难,贵人相扶,金榜题名,洞房花烛(嫁于权贵)"。当官,似乎是获得财富的唯一途径,有一句名言流传至今,即"升官发财"。

古人对风水批判摘录

人之所以生者,精气也,死而精气灭。能为精气者,血脉也,人死血脉竭,竭而精气灭,灭而形体朽,朽而成灰土,何用为鬼?
——东汉·王充

葬者,藏也,使人不得见之。
知官爵弘之在人,不由安葬所致。
阴阳是自然之理,与丧葬吉凶无关。丧葬吉凶是"妖妄"。
——唐·吕才

国之兴衰,在德之美恶,固不系葬地时日之吉凶。
——宋·司马光

枯蝉蜕壳欲化,老蚕化茧自缠。
一笑不拘风水,六藏姑代天年。
——元·谢应芳

智者造迷,愚者造信,诡者成术,鄙者成俗,圣人纯正之道荒矣。
——明·王廷相

气聚则生,气散则死。形既朽灭神也飘散,复将何物以子孙荫乎?
不能复生而谓其能乘生气以反荫生人,有是理乎?
——明·项乔

建都城,盖房屋,这是为活着的人打算,所以必须考察方向、地势;死尸没有知觉,怎能关系到活着的人的喜和忧呢?
古代很有名气的人都不信风水,我们何必要信风水呢?
——明·张居正

凡人与物之在天地之间也,得气而生,气盛而壮,气衰而老,气竭而死。……其生也,自无而有;其死也,自有而无也,又何有神焉!信鬼神者失谋,信时日者失时。
——清·周召

四海之大,信葬师之言者不少,人人皆求喜去忌,何以富贵少而贫贱者多也。智者创为此说,愚者尤而效之。用事实可塞千古言祥诸者之口。

凡托鬼神以敛民钱者,皆奸人射利也。

——清·熊伯龙

东方主生,死者不鲜;西方主杀,生者不寡;南方火也,居之不火焦;北方水也,蹈之不沈。故甲子昧爽,殷灭周兴;咸阳之地,秦亡汉隆。

——汉·荀悦

今世重风水者,千人而千,百人而百,此千百人岂皆康吉?一穴之子,贫富顿殊,皆葬师以衣食之故愚世人。

——明清·吕坤

青天白日,怪物公行,而人不以为怪,是为大怪。葬地之说,君子所不道。

——明清·黄宗羲

结 语

风水着重于自然界与人的协调,通过对人的外部世界居住环境的考察,建立人与自然界的良好关系,从而保证人的健康和心理满足。其核心是探求建筑的择地、方位、布局与天道自然、人类命运的协调关系,选取人在自然界中生存的最佳位置。它将古老哲学命题"天人合一"等引入建筑,注重人类对环境的感应,使人与住宅、自然环境融为一体,满足心理上的平衡,达到所谓"天时、地利、人和"。

风水的思维方式总是要化抽象为具体。其最高原则"生气",终究要转变成具体之理和具体之形,以乡村为中心,渗透在传统建筑的各个方面,赋予隐喻和象征,带来美妙的传说,让人生出无限的希望。

不过,由于中国文化的"道"、"器"相分,中国传统建筑中除园林外,无不归于"器"的行列,风水理论也就自始至终地被笼罩在

"器"的氛围之中,而未能完全走出巫术迷信的帐幔,而且其对自然、建筑、人的考察在任何场合都被五行主义、神秘主义刻板地投上了阴影,使闪光的思想蒙上了污垢。

由于风水理论和实践吸收了传统文化中的一些合理因素,成为各种文化的综合体,因此,可以借鉴和使用,如在阳宅观念中,追求人与环境的和谐,有利于美化环境。我们适当兼顾到民间约定俗成的风水观念,对于祖国建设还是很有好处的。而就阴宅观念而论,除建造了一些陵墓景观供后人考古外,在风水理论刚兴起时,以《葬书》独说"神功可夺,天命可攻",在当时人看来,天命和神功是不可变易的,人的命运是天与神造定的,是无法改变的。风水说提出通过择地可以变易的思想是对的,人通过主观努力可以改变命运,但通过为死人择地可改变命运,这就是自欺欺人。试想人死如灯灭,怎能荫福后人?自古以来,有哪一个风水先生得到大富大贵?他们为别人选风水求富贵,自己却富贵不起来,甚至穷愁潦倒。人常说,"大夫(医生)家也常死人,阴阳家地里没好坟",就连风水祖师爷郭璞,任王敦记室参军①时,以卜筮谏阻其谋反,结果被砍了头。历代皇帝大多都讲究风水,可是崇祯皇帝吊死在煤山,同治和光绪皇帝断子绝孙,那些早夭的皇帝就举不胜举了,难道说是没选好风水吗?与此相反,刘邦、朱元璋出身贫贱,从不讲究风水,却由布衣当上了皇帝,这和风水有关吗?在丧葬中的讲究风水,纯属迷信。

风水,是千百年流传的,在现实生活有广泛影响的,对人们心理、言行有深刻作用的一种现象。它是顽固的传统、无形的信仰、约定俗成的风俗,是时代的镜子,是社会的窗口。从弘扬古代科技的角度出发,对风水术应当采取扬弃性的批判,剔除糟粕,弘扬精华,泾渭分明,辩风正俗,合理采纳风水观念,以取得化腐朽为神奇的效果。

"路漫漫其修远兮"让我们"上下而求索"!

---

① 参军:古代官职名。是王、相或将军的军事幕僚。

主要参考书目

《沁州志》(康熙、乾隆、光绪)清版
《沁县志》,中华书局版,1999年
《沁县人物志》,方志版,2004年
梁晓光:《沁州碑铭集》,2003年
吴时谦:吴家《昏礼节要》,古刻本
罗开玉:《丧葬与中国文化》,三环出版社,1990年
张建世、范勇:《中国年节文化》,三环出版社,1990年
鲁 达:《中国历代婚礼》,北京图书馆出版社,2004年
钱钟华:《婚丧喜庆大全》,伊利人民出版社,2007年
冯 逢:《百姓民俗礼仪大全》,中国盲文出版社,2005年
万建中:《中国历代葬礼》,北京图书馆出版社,2004年
乔继堂:《细说中国节》,九州出版社,2006年
林 木:《中国起名改名实用全书》,延边人民出版社,2005年
刘道超、周荣益:《神秘的择吉》,2006年
王玉德:《神秘的风水》,广西人民出版社,1992年
何晓昕:《风水探源》,东南大学出版社,1990年
王炜、陈丽芳:《揭开风水之谜》,福建科技出版社,1989年
赵九峰:《地理五诀》,古刻本
周锐、张琳:《中国民间婚丧礼俗通书》,三环出版社,1991年
顾希佳:《礼仪与中国文化》,人民出版社,2004年
叶大兵、乌丙安:《中国风俗辞典》,上海辞书出版社,1990年

后 语

《沁州夜话》面世之后,丛书主编马留堂先生要我编写古州沁域风俗卷本,并多次与我研究篇目和编写原则。能吃几碗饭,自己最清楚,深知难负重托,便如实谢绝。孰料,有时候正着也往往被歪打,本来是不胜其任的肺腑之言,却被当作客套谦让之词,又加一些同仁的帮腔附和,热忱可敬,盛情难却。出于一时的江湖义气,我这个老二杆子,没有金刚钻,竟揽下了瓷器活。

按说,我从小在州地牧羊、上学,可说是吃着"沁州黄"长大的。祖籍又是尧山人,我家的坟地现今还在那里,每年总有两三次回去祭祀先人。现籍在二沁搭界,又是毗邻,乡里的风土人情基本上和州域西乡相同。优越之处够多了。可叹往事如烟,记忆模糊,抑或遇事回乡,对一些民俗事象也很少留心观察,仅知一星半点,何以成书?

工欲善其事,必先利其器。为了金刚钻,我不得不在久远的记忆中搜索,查找有关资料,求教于祖辈们生活过的故土乡亲。所幸,在一次次采风中,珠玑遍拾,让我在不知不觉间激活了思维,从而汲取到鲜活的智慧营养。在开启心智的同时,提供了更广阔的文化视野、审美情趣、想象空间和愉快体验,感受到古州沁地波澜壮阔的悠久历史、源远流长的传统文明,领悟到耕读传家的深邃智慧,勤劳俭朴、和谐相处的淳朴民风。就在当今全球化经济大潮中,乡民们依旧是不论婚嫁丧葬,还是修房盖屋,只要一家有事,全村人帮忙。可见人间真情的良风美俗延续传承,在这块古老的土地上是多么根深蒂固。

后 语

综观州域民风习俗,除一些异中存同自然而然地接轨于外面世界之外,大多皆为本土先民历代所创,一方面世代传承,因袭着传统,一方面顺应时代的发展而有所衍变;展现出五彩缤纷的乡土风情,承载着几千年的文明史,蕴藏着深沉的精神与文化内涵。诸如生育中的各种禁忌、"叫四十天"、住百日等对母婴的关爱。命名的雅称俗呼,都有着时代的投影与人心的折射。婚嫁中的《离娘歌》、"三颗鸡蛋一壶酒,打发闺女上轿走"、下马面、《鸳鸯疙瘩歌》、"送木梳"道喜、请九天、请新媳妇吃饭等,寓意于人生第一大事喜日过后,不仅要夫妇恩爱,生儿育女闹人家,而且要孝敬长辈,与友邻和谐相处。丧葬中的撒花、吩咐马马、迎灯、吹棚、揣富贵、过七讲究等,同为"事死如事生、事亡如事存"的另类表达,好像送亲人出门去旅游观光一样,家里的一切请放心好了。岁时年节更是各具风尚,从先人留下的歌谣谚语诗文中也可窥见一斑。民间信仰中敬神祭祖的庙会,如册村的清明、待贤的二月二、南泉的三月初一、郭村的四月八、乌苏的五月初一、青修的七月七、次村的八月初一、县城的九月九等庙会,因与传统节日的相互渗透,久经历史润色,宗教取舍,逐渐由单一型的香火祭祀,演绎为多功能的集信仰、商贸、娱乐、名胜、旅游、特产、名吃等一体,民间喜闻乐见的盛会。

以上这些都是古州先民生命创造力的高度展现,是生活的经验总结,是智慧的结晶。当然,同时也存在一些恶习陋俗,如让产妇喝百日清水寡米汤,还名之曰怕吃坏肚子闹下月子病。试想不给其补足营养,身体每况愈下,母不壮儿岂肥乎?就人生礼俗而言,文稿几乎是按其礼仪顺序流程而书,实在够繁文缛节,有待删繁就简,移风易俗。

择吉与风水篇章,原本未列入出书计划,只是在写作过程中才感到不得不编,而且是责无旁贷。近些年来,随着奔腾向前的开放大潮,混入了一些市井无赖之徒,乘机兴风作浪,将早已荡涤的封建迷信,又沉渣泛起,死灰复燃,毒害民众,一饱私囊。什么"黄道黑道,神煞太岁"、"坟地风水气派,才能升官发财"之类的阴风鬼火,随之泛滥。不仅在民间，有的无公仆意识急于升迁的官员，也大修活人坟，改建官府"衙门"，实为咄咄怪事。为正确引导群众，将其一些主要理论知识的来龙去脉作简要介绍，并非让读者效仿，旨在"是骡子是马，拉出来遛遛"，在光天化日下让大家识别，同时寓观点于文中，以与读者共勉。

本人实为难胜此任，还是勉为其难竭尽全力去做了。书中有的理论观点，只是鹦鹉学舌于罗开玉、张建世、鲁达、乔继堂、刘道超、林木、王玉德、何晓昕等诸家学者大师之手笔。值此之际，除深表谢意外，恕我"学叫"得不好，有的甚至跑调，有的还添枝加叶。此外，孟政、宋金花、王奇文、侯万福、劲丰等热心为本书提供资料，田禹定先生40天闭门谢客，对书稿逐字逐句地进行了校勘，实为难得，于此一并表示衷心的感谢！

浪 音
2011年末